DAIRY SUPPLY
CHAIN NETWORK
Collaborative Governance

乳品供应链网络
协同治理研究

华连连　王建华　王建国　杨艳丽　◎著

中国财经出版传媒集团

经济科学出版社
Economic Science Press

·北京·

图书在版编目（CIP）数据

乳品供应链网络协同治理研究／华连连等著．
北京 ：经济科学出版社，2024.6. -- ISBN 978 - 7 - 5218 -
6016 - 0

Ⅰ．F407.82

中国国家版本馆 CIP 数据核字第 2024MG3954 号

责任编辑：刘　莎
责任校对：齐　杰
责任印制：邱　天

乳品供应链网络协同治理研究

华连连　王建华　王建国　杨艳丽　著
经济科学出版社出版、发行　新华书店经销
社址：北京市海淀区阜成路甲 28 号　邮编：100142
总编部电话：010 - 88191217　发行部电话：010 - 88191522
网址：www. esp. com. cn
电子邮箱：esp@ esp. com. cn
天猫网店：经济科学出版社旗舰店
网址：http：//jjkxcbs. tmall. com
固安华明印业有限公司印装
787×1092　16 开　18 印张　350000 字
2024 年 6 月第 1 版　2024 年 6 月第 1 次印刷
ISBN 978 - 7 - 5218 - 6016 - 0　定价：89.00 元
（图书出现印装问题，本社负责调换。电话：010 - 88191545）
（版权所有　侵权必究　打击盗版　举报热线：010 - 88191661
QQ：2242791300　营销中心电话：010 - 88191537
电子邮箱：dbts@ esp. com. cn）

　　本书出版获得国家自然科学基金项目"创新努力下的乳品供应链网络多维协调均衡研究"（项目批准号：71963025），科技部国家重点研发计划政府间国际科技创新合作重点专项"中蒙跨境物流网络优化及保障技术研究"（项目批准号：2022YFE0120000），内蒙古杰出青年基金项目"竞争还是合作？竞合结构创新对供应链网络竞合策略的影响研究"（项目批准号：2022JQ03），内蒙古自治区高等学校创新团队发展计划支持项目"运营与供应链管理创新团队"（项目批准号：NMGIRT2325），内蒙古自治区重点研发和成果转化计划项目"基于区块链的畜牧业智慧供应链关键技术研究与应用"（项目批准号：2023YFHH0052），内蒙古制造资源计划应用研究中心，内蒙古工业大学数字化供应链研究中心和中蒙俄跨境智慧物流与智能装备联合实验室的资助。

前　言

习近平总书记深刻指出"现在讲粮食安全，实际上是食物安全。老百姓的食物需求更加多样化了，这就要求我们转变观念，树立大农业观、大食物观，向耕地草原森林海洋、向植物动物微生物要热量、要蛋白，全方位多途径开发食物资源。""大食物观"彰显的是一种不同于历史上任何一种认识的全新食物理念，为未来我国食品产业高质量、可持续发展指明了方向。大农业观、大食物观，顺应了人民群众多元化的食物消费需求，拓展了传统的粮食边界，推动粮食产业链供应链安全向食物产业链供应链安全转变。

在大食物观视域下，食物供应链的范围和边界进一步扩大，以乳品为代表的高品质、高营养的食物资源备受关注，成为关系国计民生和生活品质的重要食物组成。本书在国家自然科学基金项目"创新努力下的乳品供应链网络多维协调均衡研究"（项目批准号：71963025）的完成过程中，系统研究了乳品供应链网络均衡理论及实践，并创新性地拓展至供应链协同治理相关研究。本书指出供应链协同治理是指建立在供应链企业竞合关系基础上，当面临机会主义和适应性问题等一系列破坏交易关系的行为时，通过供应链内外部治理主体间的相互影响以及内含经济性、竞争性和社会性的治理结构、机制和手段，来平衡供应链成员交易关系的控制规则和治理制度。全书从乳品产业运行特征、供应链网络资源配置均衡条件、供应链竞合范式、供应链结构优化、供应链传导机理五个维度展开，阐述乳品供应链网络协同治理的机理机制，为乳品供应链可持续运行提供理论参考。

具体而言，首先，从宏观产业发展和中观供应链网络架构的角度，重点关注乳品供应链网络结构特征属性、我国乳品供应链的网络架构变迁、专利布局及产业依存度和波及效应，为大食物观视域下的乳品产业发展和布局提供全面画像；其次，从供应链网络资源均衡配置的角度，研究包含原奶供应商（牧场）、乳品加工企业、乳品分销体系及最终消费者的多层级乳品供应链网络均衡运行决策；再次，结合乳品关键特征，选取时变品质度、新鲜度衰减、质量安全/努力、消费者偏好、政府补贴和资产专用性等关键参数，尽可能贴切描述乳品供应链的主要特征及上下游行为决策，并结合我国乳品供应链运营的实际情况，从检测技术投入的不同主体出发，为规避乳品供应链运行的行业性风险提供理论指导；最后，基于食品供应链安全韧性和企业社会责任的践行，研究乳品供应链企业社会责任在链条内和链条间不同的传导机制。

感谢我可敬的团队合作伙伴们：王建国教授、刘艳秋教授、彭佳副教授、杨艳丽副教授、刘丽娟副教授、吴洋副教授、王梦楠老师，我们相互扶持、协同发展，我最欣慰的是从教后有幸结交了一群至纯至真的同事，亦是能够互相扶持成全的朋友，人到中年依然坦荡赤诚，向阳而生，这是多么难能可贵；感谢我可爱的学生们：邓思捷、刘帅娟、张小芳、张宇轩、吴佳、张莉莉、韩俊敏、张诗苑、贺丽媛、李倩钰、耿培峰、王堃、赵泽玲、杨传志、冀雯彬、邵楠、张若男……感谢你们在硕士研究生阶段为本研究所做的贡献。

本书在写作过程中，参考了诸多文献资料，作者尽可能详细地在参考文献中列出，在此对这些专家学者们表示深深的谢意。也有可能引用了一些资料，但由于疏忽没有指出资料的出处。若有这类情况发生，在此表示万分歉意，并且请您与我们联系。由于作者水平所限，本书的表述与提法难免会有不当之处，希望读者批评指正。

华连连

2024 年 3 月

目 录

第1章

供应链网络协同治理理论基础

1.1 理论基础

1.1.1 成本交易理论

成本交易理论是用比较制度分析方法研究经济组织制度的理论，是英国经济学家、诺贝尔经济学奖得主科斯（R. H. Coase，1937）在其重要论文《论企业的性质》中提出来的，其基本思想是，围绕交易费用节约这一中心，把交易作为分析单位，找出区分不同交易的特征因素，然后分析什么样的交易应该用什么样的体制组织来协调。交易成本是获得准确市场信息所需要的费用以及谈判和经常性契约的费用。由于交易成本泛指所有为促成交易发生而形成的成本，因此很难进行明确的界定与列举，不同的交易往往涉及不同种类的交易成本，因此，威廉姆森（Williamson，1974）将交易成本分为搜寻成本、信息成本、议价成本、决策成本、监督交易进行的成本和违约成本。1985 年又进一步将交易成本加以整理区分为事前成本与事后成本两大类。达尔曼（Dallman，1979）则将交易活动的内容加以类别化处理，认为交易成本包括搜寻信息的成本、协商与决策成本、契约成本、监督成本、执行成本与转换成本。科斯（1937）认为，交易成本理论的根本论点在于对企业的本质加以解释。由于经济体系中企业的专业分工与市场价格机能的运作，产生了专业分工的现象；但是使用市场的价格机能的成本相对偏高，而形成企业机制，它是人类追求经济效率所形成的组织体。

企业间交易成本的产生及作用过程由交易不确定性、交易频率和资产专用性三个因素单独或联合影响，时刻左右着企业的行为博弈。交易不确定性是指交易关系构建类型和连接程度的不确定，治理在很大程度上就是要界定和规范利益相关者之间的交易规则，以维持合作关系的稳定性。交易频率衡量发生交易关系的次数，体现交易关系的持久度以及后续关系的发展趋势。治理能够决策交易关系构建的频率以及选择有效的利益相关关系，为合作关系构建提供参考价值。与交易不确定性和交易频率对交易成本的致因机理不同，资产专用性可视为企业为加深双方合作关系，解决交易不确定性和增加交易频率，以调整利益相关者交易关系的有效治理手段。

此外，威廉姆森（2007）明确提出将交易成本理论应用于供应链交易分析。供应链交易涉及多个参与方之间的交易和合作，运用交易成本理论能够分析交易过程中的成本和影响因素，从而优化供应链的运作，这也是比较早的将交易成本理论运用于供应链研究中的学术研究。供应链的兴起意味着新型治理模式的孕育和发展，21世纪的竞争已从企业与企业之间的竞争转变为供应链与供应链之间的竞争，现实中的供应链大多为利益相对独立的多个企业通过联盟或合作组成的分散式供应链，企业合作关系中存在潜在的机会主义风险，而治理恰恰具有缓解风险的可行性和效能（李维安等，2016）。截至目前，一些学者沿着交易成本经济学的分析思路对供应链治理结构进行探讨，这些研究遵循"交易特征—治理模式"的解析范式，探索交易特征对治理结构选择的影响，以此将属性各不相同的交易与不同的治理结构匹配起来，以达到节约交易成本的经济性结果。

交易成本经济学又被认为是供应链治理的理论源头，交易关系是供应链上下游关系构建的基础，而交易关系合理性和择优性的重要评判标准是交易过程中产生的交易成本。供应链治理能稳定和维持供应链企业的交易关系，这一特征与交易成本产生的三个内因相契合。因此，要想从源头治理交易成本，构建更具经济性和长久性的交易关系，供应链治理必不可少。

1.1.2 资源配置理论

1.1.2.1 资源基础理论

"资源基础理论"是以"资源"为企业战略决策的思考逻辑中心和出发点，以"资源"连接企业的竞争优势与成长决策。潘罗斯（Penrose，1959）在其所著的《企业成长理论》一书中用经济学原理探讨了企业资源与企业成长间的关系，提出了"组织不均衡成长理论"，使资源基础不再是观念上的讨论，而是具有理论上的支撑。她认为，生产性服务的异质性赋予每个企业以独具的特征，而每个企业扩张的方向必然受到所"继承的"资源的制约。

因此，企业倾向于围绕着自己最擅长的领域进行竞争和扩张。但是，该观念的提出并没有受到学术界的广泛关注，直到沃纳菲尔特（Wernerfelt，1984）提出"企业的资源基础论"，认为企业是各种资源的集合体，由于各种不同的原因，企业拥有的资源各不相同，具有异质性，这种异质性决定了企业竞争力的差异，该理论的发表得到了学术界的正式肯定，意味着资源基础论的诞生。

之后，许多学者将这一观点应用于企业战略研究所涉及的各个方面，该理论观点被一些人看成是联系企业能力和外部环境的桥梁。巴尼（Barney，1986）在探讨企业的竞争优势时，发现企业可由本身的资源与能力的积累与培养，形成长期且持续性的竞争优势，称其为"资源基础模式"。继而又指出，如果战略资源在所有相互竞争的企业中均匀分布而且高度流动的话，企业就不可能预期获得持续的竞争优势。某些企业之所以能在产品市场上获得竞争优势，是因为它们能够通过不完全竞争的战略要素市场获得低价高产出的战略资源。随着资源基础观念越来越受重视，格兰特（Grant，1991）明确提出"资源基础理论"一词，认为资源基础观念主张"内部审视"的重要性，并认为企业内部资源与能力会引导企业战略发展方向，并成为企业利润的主要来源。此后，一些学者试图将企业内部分析与产业环境的外部分析结合起来，大卫·柯利斯和辛西·蒙哥马利（David Collis & Cynthin Montgomery，1995）强调，每个企业都是独特的资源和能力的结合体，资源差异性和利用资源的能力是企业成功的关键因素。

资源基础理论指出，企业交易行为的本质就是异质性资源的交易过程，这是社会—私人—公共组织协调复杂、动态、多样问题的前提（Peteraf M. A.，1993；Ekeledo，I. et al.，2004）。首先，每个参与者都依赖于其他组织的资源来实现战略目标，该战略可能并不是要实现自身回报最大化，而是使企业自身资源得到最大化利用，以实现企业资源与外部环境的最大匹配；其次，资源黏性也使企业寻求更多外部优质异质资源，通过整合各主体间的异质资源，达到供应链整体资源的充分利用和配合，形成可持续竞争优势；最后，企业自身的资源特性决定企业交易的泛度，"异质资源"有助于企业构建更广泛的交易关系，打开多种价值获取渠道。

供应链上下游资源互补共享，也是拓宽交易途径的有效方法之一。供应链上下游企业之所以能够深度合作，主要在于供应链合作模式能够推动异质性资源的顺畅流动，不同类型供应链的异质性结构能够直接影响和规范异质性资源的交易过程和分配比例。由此可见，实现供应链企业资源交易关系的有效治理，能够提升供应链整体资源竞争优势。

1.1.2.2　资源配置理论

资源配置理论，也称资源分配理论，是一种基于社会资源分配的经济学理论，指的是如何有效地使用限定的社会资源为社会成员提供最大的福利，以及如何将有限的资源有效地分配给社会上不同的活动以实现最大的社会价值。佩蒂（Petty，1662）提出的"劳动是财富之父，土地是财富之母"，标志着资源配置理论的萌芽。

亚当·斯密（Adam Smith）提出了较为系统全面的资源配置思想，在 1759 年、1776 年分别发表了资源配置领域的奠基性著作，分别是《道德情操论》（*The Theory of Moral Sentiments*）及《国民财富的性质和原因的研究》（*An Inquiry into the Nature and Causes of the Wealth of Nations*）。他指出："在自然秩序下，个人都努力把他的资本尽可能地用来支持私人产业，并努力实现其私人产业价值最大化，必然导致整个社会福利最大化。"亚当·斯密把市场价格机制的调节作用形象地比喻为一只"看不见的手"，市场通过这只手来调节社会的资源配置。除亚当·斯密之外，较为典型的资源配置思想来自马克思（Marx，1865）和萨缪尔森（Samuelson，1948）。马克思（1865）基于稀有性与交换价值的关系，指出资源配置是一种基于资源稀缺性的调节手段，主要用社会劳动的概念来解释资源配置。萨缪尔森（1948）则基于凯恩斯（Keynes，1936）的国家干预理论和马歇尔（Marshall，1890）的自由市场机制，形成了调和国家干预和市场调节的资源配置二元论，主要包括：（1）强调市场作为资源配置工具的主要力量；（2）市场经济和"看不见的手"有一定的适用范围和现实局限性；（3）针对资源配置出现的市场失灵，提出政府的经济职能和作用范围；（4）指出存在的政府失灵及其表现形式。

由于研究的领域和角度不同，资源配置的定义也多种多样。库普曼斯和贝克曼（Koopmans & Beckmann，1957）对资源最优配置理论的理解为：研究在给定的技术和消费者偏好下，如何将有限的经济资源按照某种规则分配于各种产品的生产，以便最大限度地满足人们的需要。厉以宁（1993）定义资源配置为：经济中的各种资源（包括人力、物力、财力）在各种不同的使用方向之间分配，而时间、空间、数量是构成资源配置的三个基本要素。鲍尔斯和麦克道格尔（Powers & McDougall，2005）认为，资源配置是指企业对所需要的资源进行分配调整，使资源之间能够相互匹配以符合企业生产实践的具体情境，并在这一过程中形成独特的竞争能力。《不列颠百科全书》（*Encyclopedia Britannica*）（2010）给出资源配置的定义是，生产性资料在不同用途之间的分配。虽然不同学者对资源配置有不同的定义，且对资源配置特征的界定也不完全一致，但可以发现，资源配置的实质是使稀缺性资源能够保持最佳的比例关系和价值取向，提高资源的利用效率来满足人们不断增长的物质文化需要。

在不断丰富资源配置理论的过程中，学者们开始转向研究资源配置理论的实际应用价值。早期对资源配置实际应用问题的研究主要集中于自然资源，如水资源（Dibike et al.，1999）、土地资源（Christaller，1933）、矿产资源（Stollery，1994）及森林资源（Pearson，1944）等领域。

近年来，对资源配置实际应用问题的研究越来越广泛，大到国防（Israel et al.，2002；Haico & Win，2003；Pienaa & Hunghes，2017）、国家教育领域（Liefner，2003），小到企业某个部门（Hougui et al.，2002）。在国家层面，资源优化配置是优化区域可持续发展的重要途径和手段（Midilli et al.，2006），合理的资源配置对区域经济、社会、生态环境起着至关重要甚至是决定性的作用（Sophocleous，2000；Cesano & Gustafsson，2000；Okeola & Raheem，2016）；在企业层面，资源配置可以降低交易成本、提高资本利用效率（Williamson，1975），带来企业成长（Sarkar et al.，2001），有助于企业形成独特的竞争能力（Bowles & McDougall，2005），同时，对企业保持特有的竞争优势起到关键性作用（Hitt et al.，2001），有助于企业取得良好的绩效（Greenwood et al.，2011）。

1.1.2.3　资源配置的特征

资源配置理论的目标是在有限资源条件下，实现最佳的资源利用效率，提高组织绩效和竞争力，通过合理分配资源和优化资源利用，组织可以更好地实现其目标，并在竞争激烈的市场环境中取得成功。资源配置理论强调在资源配置过程中考虑以下四个方面：

（1）资源的目标导向性：资源配置应该符合组织的整体目标和战略，资源应该被分配给对实现这些目标和战略有最大贡献的活动和项目。

（2）资源的有效性和效率：资源配置应该追求资源利用的最大效益，这意味着资源应该用于价值最高的活动，以及避免资源的浪费和滥用。

（3）资源的合理分配：资源配置应该基于公平、公正和透明的原则，这意味着资源应该按照组织内各个部门或项目的需求进行分配，以确保公平竞争和公平分配。

（4）资源的动态配置：资源配置应该根据不同的环境和情况进行调整。这意味着资源应根据组织的需求和市场变化进行动态调整，以适应不断变化的环境。

1.1.3　社会嵌入理论

波兰伊（Polanyi）在《大变革》（*The Great Transformation*）一书中首次提

出"嵌入性"概念，并将此概念用于经济理论分析。他指出"人类经济嵌入并缠结于经济与非经济的制度之中，将非经济的制度包括在内是极其重要的"，"经济作为一个制度过程，是嵌入在经济和非经济制度之中的"。同时他进一步阐释互惠、再分配和交换这三种经济活动形式在不同制度环境下的嵌入形态不同。在工业革命之前的非市场经济中，市场交换机制尚未占据统治地位，经济生活以互惠或再分配方式为主，是嵌入在社会和文化结构之中的；而在工业革命之后的市场经济中，经济活动仅由市场价格来决定，人们在这种市场上按照金钱收益最大化的方式行事，此时的经济体制是"去嵌入"的，即不再受社会和文化结构的影响。

嵌入性概念源自波兰伊，主要强调经济活动是一个制度化的过程，但格兰诺维特（Granovetter，1985）对嵌入性概念的界定存在差异，他认为这一社会过程应该视为人际互动，并在研究组织理论时强调人际互动产生的信任是组织从事交易的基础，也是决定交易成本的重要因素。格兰诺维特的理论贡献主要体现在三个方面：一是"复活"了源自波兰伊的"嵌入性"概念，并对其进行重新解释，确立了"嵌入性"理论基础；二是建立了经济社会学分析的基本假定，即经济行动者的自利行为受所处社会网络的影响；三是提出把网络分析作为研究经济社会学的主要方法。

在格兰诺维特关于嵌入性研究的基础上，祖金和迪马吉奥（Zukin & Dimaggio，1990）对该概念进行了拓展，提出嵌入性分为四种类型：（1）结构嵌入性；（2）认知嵌入性；（3）文化嵌入性；（4）政治嵌入性。其中，第一类和经济分析中所引入的网络化观点更为接近，即组织所融入的网络类型决定其可能获得的潜在机遇，企业在网络中的位置和其所维系的企业关系决定了企业能否把握住这些机会；后三类则是从内部个体认知及外部文化及政治环境等不同角度来分析影响经济行为的嵌入性。巴伯（Barber，1995）在格兰诺维特研究的基础上对嵌入性概念及其发展意义做了进一步分析。他提出，重新构架嵌入性概念对经济学和社会学领域的研究将具有重要的推动作用，特别是在新古典经济学中，市场交易是理性的、非人格化的、独立的，尽管这种假设在理论研究中有助于简化研究过程，但是实际上客观世界的经济运行规律、组织选择和个体行为并不是按照既定假设运行的，所以嵌入性理论对经济学和社会学的传统观点的修正是理论上的重大突破。乌西（Uzzi，1996，1997）在既有研究的基础上，通过深入研究嵌入性与企业绩效的关系，提出了"关系嵌入性悖论"。

20世纪90年代末，在格兰诺维特、巴伯、乌西的研究推动下，嵌入性理论迅速发展，并从新经济社会学领域逐步向外拓展，区域经济、产业集群、战略管理、组织理论、创新理论研究借鉴了该理论的研究成果（兰建平，苗文斌，2009）。

根据社会嵌入理论，社会关系对经济行为和组织的影响主要表现在以下四个方面：

（1）信息传递：社会关系可以提供信息渠道，使个体和组织能够获取价值相关的信息。通过社交网络，人们可以获得新的机会、资源和知识，并且可以更好地应对不确定性。

（2）社会资本：社会关系可以构建社会资本，即个体或组织在社会网络中的地位和影响力。社会资本可以帮助个体和组织获得其他资源，如信任、合作伙伴、社会支持等，从而促进经济活动和组织发展。

（3）社会控制：社会关系可以对个体和组织的行为施加约束和控制。社会规范和价值观的存在影响个体和组织的决策，并促使他们遵循社会期望和规则。

（4）制度影响：社会关系和社会嵌入受到制度因素的影响。不同的制度环境对社会关系的形成和发展产生影响，而社会关系也会反过来塑造制度。

总之，社会嵌入理论以区别于新古典经济学的视角，否定交易契约和资产专用性的治理路径及作用过程。在重新审视企业交易行为的基础上，提出建立在社会关系基础上的企业交易行为是比契约和竞争优势更优的合作关系模式。通过建立基于"关系"的交易网络产生治理作用，是打破自由竞争市场交易壁垒的有益尝试。

1.1.4　协同治理理论

1.1.4.1　协同论

协同学（synergetics）一词，源于希腊语，意为"协调合作之学"。协同学是由西德的理论物理学家赫尔曼·哈肯于 1971 年创立的，其基本假设是：甚至在无生命物质中，新的、井然有序的结构也会从混沌中产生出来，并随着恒定的能量供应而得以维持。基于这种假设，赫尔曼·哈肯在其《高等协同学》一书中明确提出了协同学的研究对象，即"协同学是研究由完全不同性质的大量子系统（诸如电子、原子、分子、细胞、神经元、力学元、光子、器官、动物乃至人类）所构成的各种系统。" 1977 年，哈肯又对协同问题进行系统研究。他提出协同学（synergetics）理论，用以反映复杂系统与子系统间的协调合作关系。哈肯认为，"协同"是远离平衡的开放系统中具有差异性的组分之间相互协调、补充，自组织地产生出系统的有序时空结构和功能，或从一种有序状态走向新的更高有序状态的行为。

协同理论着重研究系统与系统之间相互作用的变化规律，是一门研究普遍规律支配下的有序的、自组织的集体行为的科学，这就使协同学不仅在自然科学领域，而且在社会科学领域也得以广泛应用。协同学研究中面临着对两种现象的解释，一是有序的集体行为的发生，二是自组织行为的发生。对集体行为和自组织行为发生学的阐释就构成了协同学中的两个基本原理：支配原理和自组织原理。其中，支配原理是一种在系统演化过程中各种行为之间表现出服从与支配关系的原理，在协同学理论中占据重要地位，其中系统的运行和状态受序参量的支配，系统中因各子系统作用不同，因此对系统整体的影响效果也是不同的；另外系统不同的演变阶段，呈现的整体状态也会不同，当状态平衡时，差异性隐藏；当状态失衡时，差异性显现，序参量的出现时间决定了系统演化的关键节点何时出现。自组织原理是指在系统结构形成过程中，没有特意规定外部条件，系统则会成自组织运动，特意规定强调不对外部环境做过多假设，以随机的形式让系统与外界取得联系。

1.1.4.2 治理理论

英语中的治理一词源于拉丁文和古希腊语，原意是控制、引导和操纵。1989 年，世界银行首次使用"治理危机"（crisisin governance）来概括当时非洲糟糕的发展情形。此后，"治理"一词在社会科学领域被广泛和大量地使用。对于治理的含义，治理理论的创始人罗西诺（J. N. Rosenau，1995）认为，治理是一系列活动领域里的管理机制，是一种由共同的目标支持的管理活动。这些管理活动未必获得正式授权，主体也未必是政府，也无须依靠国家的强制力量来实现，却能有效发挥作用。

1995 年，全球治理委员会发表的《我们的全球伙伴关系》的研究报告中提出：治理是各种公共的或私人的个人和机构管理其共同事务的诸多方式的总和，它是使相互冲突的、不同的利益得以调和并且采取联合行动的持续的过程。这既包括有权迫使人们服从的正式制度和规则，也包括各种人们同意或以为符合其利益的非正式的制度安排。罗德斯（Rhodes，1996）则认为治理是一种新的统治过程，或者是一种改变了的有序统治状态，或者是一种新的管理社会的方式，他将治理概括为八种观点：①最小限度的国家；②公司治理；③新公共管理；④良好的治理（善治）；⑤国际的相互依赖；⑥社会操作系统；⑦新政治经济；⑧自我组织的网络。格里·斯托克（Gerry Stoker，1999）在梳理现有治理概念之后，指出治理概念的一个共同之处："治理是统治方式的一种新发展，其中的公私部门之间以及公私部门各自的内部的界线均趋于模糊。"治理的本质在于，它所偏重的统治机制并不依靠政府的权威或制裁。同时，他概括治理的五种主要观点：①治理意味着一系列来自政府但又不限于政府的社会公共机构和行为者；②治理意味着在为社会和经济问题寻求解决方案的过程中存在着界限和责任方面的模糊性；③治理明确肯定了在涉及集体行为的各个社会公共机构之间存在着权力依赖；④治理意味着参与者最终形成一个自主的网络；⑤治理意味着办好事情的能力并不仅限于政府的权力，不限于政府发号施令或运用权威。

鲍勃·杰索普（Bob Jessop，1999）在分析治理概念时，认为按照较窄的含义理解治理就是自组织，其表现形式包括自组织的人际网络、经谈判达成的组织间协调以及分散的由语境中介的系统间调控，而后两种场合涉及多种组织、机构和系统（它们彼此独立运作，但因为相互依存而有结构上的联系）的自组织调控。

基于协同学理论和治理理论，联合国全球治理委员会给出的定义："协同治理是个人、各种公共或私人机构管理其共同事务的诸多方式的总和，它是使相互冲突的不同利益主体得以调和并且采取联合行动的持续的过程，其中既包括具有法律约束力的正式制度和规则，也包括各种促成协商与和解的非正式的制度安排"。协同治理是将"治理"转变为"善治"的重要途径（李辉，任晓春，2010）。

供应链治理领域引入协同治理理论大约在 2010 年前后。赫尔南德兹等（2011）从分布决策的角度，讨论多 Agent 系统的供应链协同计划模型，用 Agent 系统进行供应链协同仿真求解。胡求光和朱安心（2017）讨论水产品供应链协同与协同治理对水产品供应链追溯体系的影响，认为协同程度提高，协同治理方式创新有利于提升水产品供应链追溯体系；曾珍香等（2019）讨论企业的社会责任的协同治理，并建构了供应链环境协同治理分析模型。

1.1.5　供应链竞合理论

"竞合"这一概念，最早是由耶鲁管理学院巴瑞·纳尔波夫（Barry J. Nalebuff）和哈佛商学院亚当·布兰登伯格（Adam M. Brandenburger）于 20 世纪 90 年代中期提出的，他们认为："创造价值是一个合作过程，而攫取价值自然要通过竞争，这一过程不能孤军奋战，必须相互依靠。企业就是要与顾客、供应商、雇员及其他相关人员密切合作。"后来诸多学者对"竞合"进行进一步研究，总结出一个较为规范的定义：在运作过程中，企业始终处于竞争和合作的氛围，不管是针对竞争对手还是上下游的合作伙伴，都同时存在着竞争和合作的关系，是一种竞争性的合作，或是一种合作性的竞争，这种竞合关系是推动企业发展的潜在动力和源泉（肯尼恩·普瑞斯和史蒂文，1998）。

由于同时存在竞争与合作，竞合在价值共创和创新方面展现出不同的特质，超越了合作及竞争规则，并且有效结合了两者的优势。学者们从不同的视角阐释了竞合理论的内涵，布兰登伯格和纳尔波夫（1996）区分了主体间的合作与竞争，主要强调价值网络的概念，指出竞合是不同的参与者，包括客户、供应商、互补者和竞争对手以及它们之间的相互依赖关系（Afuah，2000），企业通过竞合做大"蛋糕"的方式获得创新收益（Vapol et al.，2008）。帕塔克（Pathak，2014）等基于博弈论分析了竞合参与者的互动行为、企业的战略选择以及竞合结果，认为竞合中包含主体、价值、策略和范围五种元素，企业可以通过改变竞合元素来获取自身更大的利益（Nalebuff & Brandenburger，1997）。里塔拉（Ritala，2014）等认为竞合是一种网络或系统行为，由多个竞争企业间的正式合作协议发展而来，这些企业需要拓展合作范围，以提高其相对于网络中的其他竞争对手的竞争实力，从而占据供应链的高端位置（Sodhi & Tang，2013）。

此外，部分学者将竞合视为不能同时发生的双边关系（Gnyawali & Park，2011；Raza – Ullah et al.，2014）。彭生（Bengtsson，2010）等认为，竞合关系更加关注合作和竞争的逻辑统一，从而产生的矛盾和关系紧张（Fernandez et al.，2014），需要详细分析竞争和合作的性质及其中复杂的过程。

竞合关系不仅存在于企业之间，也存在于供应链网络中。供应链竞合是指在一个供应链网络中，核心企业与关键供应商、经销商在复合联结的基础上以追求供应链网络价值为目标，通过竞合进行价值创造，并以一定机制为保障，竞争与合作并存的供应链企业间的经济活动。供应链成员竞合与一般企业竞合不同，其特殊性主要体现在供应链为网络组织，成员间存在着复杂联结关系，既有纵向竞合关系，又有横向竞合关系（王玲，2008）。布兰登伯格和纳尔波夫（1996）指出，供应链中的竞合关系刻画了供应链个体为实现自身收益最大化而与其他供应链成员形成的相互依存性，这种相互依存性同时包含了竞争与合作的机制并最终形成竞合供应链。戴尔和辛格（Dyer & Singh，1998）通过比较企业收益，指出竞合关系是企业关键的供应链资源。西布利和韦斯曼（Sibley & Weisman，1998）构建了一个由上游垄断供应商入侵下游零售市场所形成的竞合供应链，发现供应商的入侵导致其批发渠道的需求下降，供应商的综合收益反而遭受损失。崔（Choi，2002）等提出三种供应商—供应商的竞合模型，并分别从买家及供应商的角度研究了企业最优的竞合模型选择。纳加拉加纳（Mahesh Nagarajana，2008）则描述了常见供应链模型的一系列可行成果，在合作博弈论的基础上，利用合作谈判模型寻找供应链合作伙伴之间合理的利润分配方法。他认为，供应链伙伴间联盟的形成及稳定性与联盟成员如何分配利润密切相关。因此，通过供应链竞合，企业能够形成具有竞争力的供应链网络，实现资源共享、风险共担和利益共享，提高整个供应链的效率，降低成本，提高客户满意度，从而实现双赢的局面。

1.1.6　供应链治理

供应链治理是指导和规范供应链合作伙伴关系长久维系的有效准则，是组织结构演变和变迁的结构性反映，是开启组织合作关系"黑箱"的钥匙，已逐渐成为供应链管理领域的重要研究议题。

1.1.6.1　供应链治理的内涵

供应链治理的内涵就是回答供应链治理是什么的问题。目前对供应链治理内涵进行系统解读的文献并不多见，可以总结为两类观点：第一类观点将供应链治理视为供应链管理的分支，认为供应链管理发挥供应链上企业间关系的治理作用。第二类观点认为供应链治理与供应链管理的内涵存在显著差异。供应链管理的核心问题是针对供应链内部的各运营环节（如采购、制造、分销、配送、退货等），探讨如何实施计划、组织、领导、控制等一系列运营策略（李维安等，2016），而治理侧重于交易双方一系列相互作用的原则，是基于特定目的，通过各种正式或非正式机制对交易活动进行调节和协调的过程（Williamson O. E.，1999），也是为实现共同目标而做出的努力或是制定的规则（Mokhtar et al.，2019）。可见，与管理概念相比，治理更强调企业间交易规则的制定和维系。

此外，供应链治理也关注供应链整体节点企业间关系的协调及合作规则的规范。汉弗莱和施密茨（Humphrey & Schmitz，2001）认为，供应链治理是企业关系和制度规则通过治理机制对运营活动进行非市场协调的过程，其显著属性表现在激励强度、管理命令和控制作用。迪克西特（Dixit，2009）认为，供应链治理是分析组织间关系的方法，是嵌入公司结构和流程中的多维现象，是一种支持经济活动、保护产权、维护契约执行和联合行动的经济交易。

供应链治理不仅涵盖供应链内部企业间的自利决策和相互依赖关系（Dolci P. C. et al.，2017），同样对供应链外部的经济、社会和环境效益产生积极影响（Sanfiel - Fumero M. Á. et al.，2017），通过处理市场变化和压力，以平衡供应链上各主体企业的利益和自主决定权。

以上关于供应链治理内涵的界定表明，供应链治理是与供应链管理具有不同属性的概念，所以本书结合上述对供应链治理概念的论述，将供应链治理定义为：供应链治理是指建立在供应链企业竞合关系基础上，当面临机会主义和适应性问题等一系列破坏交易关系的行为时，通过供应链内外部治理主体间的相互影响以及内含经济性、竞争性和社会性的治理结构、机制和手段，来平衡供应链成员交易关系的控制规则和治理制度。

1.1.6.2　供应链治理的理论基础——ECS 模型

供应链治理的理论基础是供应链治理概念界定的有力支撑。李维安等（2016）在对供应链治理的理论研究中总结出学术界对治理理论普遍认同的三大学派，分别是交易成本学派、资源主义学派和社会关系学派，揭示供应链治理结构与交易成本、资源管理和社会结构的联系。本书基于李维安等（2016）的观点，继续挖掘供应链治理三大理论基础的作用原理，不同的是识别出交易成本的经济性（economic）、资源基础理论的竞争性（competitive）及社会嵌入理论的社会性（social）是支撑供应链治理的关键，在此基础上提出 ECS 模型，以期对供应链治理理论基础有更好的理解。交易成本经济学是供应链治理的理论源头，资源基础理论明确了供应链治理的对象，社会嵌入理论丰富了供应链治理的社会属性。

综上所述，供应链治理的理论基础中包含着供应链治理核心思想的逻辑框架，如图 1 – 1 所示。

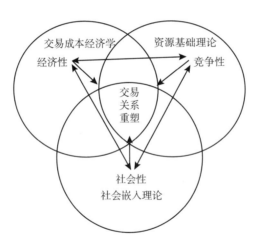

图 1 – 1　供应链治理 ECS 基础理论模型

资料来源：作者绘制。

交易成本经济学的核心是节约组织间交易产生的交易成本，实质上就是抑制独立利益相关者的有限理性，减少交易过程中机会主义的危害，从而达到供应链治理的目标；资源基础理论通过企业间异质资源的交易和匹配，实现供应链整体战略竞争力的提升，达到供应链治理的目的；社会嵌入理论则抛开传统的理性人假设，发现企业嵌入供应链网络是实现企业社会属性的关键，以此对供应链利益相关者的交易关系进行多维治理。供应链治理就是充分激发供应链个体企业的经济性、竞争性和社会性，以对企业交易关系进行重塑的过程。

1.1.6.3　供应链治理的动因

研究供应链治理理论，需要解释引发供应链治理的内在动因这一前置性学术问题。李维安等（2016）首次提出，供应链的脆弱性和决策者的有限理性是实施供应链治理的主要动因。本书视交易成本经济学理论为主导思想，突出治理对象的交易性，提出供应链治理源于不确定性及不确定性引发的交易双方的机会主义行为和适应性问题，其内在关系如图 1 - 2 所示。不确定性是驱动供应链治理的最主要也是最关键的因素，其主要来源于两个方面，一是交易双方行为不确定性，二是交易环境的不确定性。

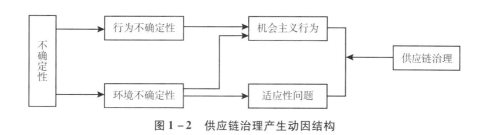

图 1 - 2　供应链治理产生动因结构

行为不确定性描述了企业主体行为绩效事后预测和核实的困难程度（Williamson O. E.，1999）。首先，虽然供应链组织模式能够紧密联系上下游企业成为关系共同体，但企业微观实质上仍是各自独立的经济主体，利己主义和有限理性容易诱使企业产生机会主义行为。机会主义是引发交易成本上升甚至合作关系破裂的首要因素，其根植于利己决策中，直接影响交易双方关系的维持。其次，由于企业间信息不对称，建立的合作伙伴关系往往是"虚关系"，契约也无法对双方的行为做出完全控制和监控，难以避免道德风险和"敲竹杠"等行为。

环境不确定性是指因需求、价格、技术等因素影响，所引发的对交易环境的不可预测性，也是基于企业自身及交易伙伴知识和能力等不确定性所产生的一系列影响交易关系构建的掣肘（Mokhtar et al.，2019）。环境不确定性包含需求不确定性、供给不确定性和技术不确定性三个部分（Humphrey J. et al.，2001），三者均会对供应链伙伴交易过程产生消极影响，不同程度地引发机会主义行为和适应性问题。需求和供给的不确定性会通过加重信息不对称等负面影响，引发交易双方直接或间接地产生机会主义行为（Dixit et al.，2009）。

技术不确定性容易引发适应性问题。适应性问题是指在对交易关系进行治理时，因存在有限理性以及环境的动态化（Dolci P. C. et al.，2017），无法恰当且适时地配置适用于供应链交易关系的治理手段，因此必须综合考虑治理手段与其适用范围以及适应场景的匹配问题（Dixit et al.，2009）。共享经济、数字经济与平台经济的兴起，对供应链治理的环境不确定性带来新的挑战。在原有市场环境下，交易行为和手段更加多元化和个性化，容易扩大环境不确定性的波及范围和辐射能力。供应链治理如何适配更加智能化、网络化的数字经济时代，成为重要议题。

1.1.6.4 供应链治理的治理行动框架

供应链治理的行动框架是落实"治理"过程的指南。目前，有关供应链治理实施过程的研究成果丰富，且都集中在运用治理行动对供应链问题施以手段并介入治理的过程，但研究成果呈现"分散化"特征，没有形成整体系统性的知识体系。为填补供应链治理行动过程的理论缺口，本书视供应链治理行动框架为治理实施的整体方法论，总结大量供应链治理中具有显著治理效果的手段，以及供应链治理应遵循的治理结构及机制，对供应链治理的行动过程进行总要概括。

本书认为，供应链治理行动框架是包含宏观治理机制与结构和微观治理手段相互契合作用的整体（如图1-3所示）。其中，微观治理手段包含契约治理、关系治理和资产专用性三部分；宏观治理行动框架是治理结构与机制的合力，对治理手段起指导作用。

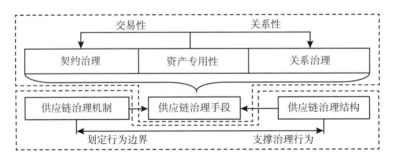

图1-3 供应链治理的治理行动框架

1. 供应链治理的手段

供应链治理手段是将供应链治理付诸行动的重要方式，可以实现供应链成员交易关系的长久维系和有效连接。供应链治理手段中主要涵盖正式治理手段和非正式治理手段，其中契约治理和关系治理分别是正式治理手段和非正式治理手段的代表，两者常被用作制衡因素考虑到供应链治理情境中。资产专用性作为中介调节手段，通过交易属性和关系属性分别对契约治理手段和关系治理手段起调节作用。

（1）契约治理。

契约治理是实施供应链治理最常用的正式治理手段，是指利益相关主体通过订立合同履行责任和义务的手段和控制机制。契约治理的效果及首要目的体现在控制方面，通过事先在契约中规定交易内容，实现对供应链成员的管控，并对不可预见事件预先防范（梁宇等，2021）。契约治理具有强制性、保障性和甄别作用，能够有效规避交易中产生的机会主义风险。

首先，契约治理的强制性由确定性条款和偶发性条款订立和保护的程度来衡量。确定性条款是契约中明确规定的交易规则，具有不可更改性。偶发性条款是交易偶发事件中临时约定的条款，仅适用于特定情境，且随特定交易事件的结束而终止，具有灵活性，能起到对不可预见行为或风险的约束和规避作用。陆和许（Lu & Xu，2018）研究指出，在中国企业环境下，确定性条款并不经常发挥作用，偶发性条款才是更值得偏好的契约治理手段。

其次，契约治理具有保障性，能确保供应链企业行为模块的实施（Williamson O. E.，1979），契约治理还起到甄别作用，契约条款可作为供应商进入合作的重要门槛，反映出合作目标是否具有一致性，并以前期的契约约束促进双方在后续交易过程中采取的履约行为（梁宇，郑易平，2021）。依靠正式合同和法律保障，契约治理的强制性、保障性和甄别作用能够增强利益相关者间的忠诚度，实现意见统一，避免关系破裂造成的经济损失风险并有效规避机会主义行为（梁宇，郑易平，2021）。

契约治理的作用通过合同等强制手段得以体现，然而在现实交易情境中，因无法预测未来交易走向，容易出现契约失灵的状况，引发交易方"搭便车"等机会主义行为。而此时，关系治理则表现出一定的灵活性和韧性，成为契约治理的有益补充。

（2）关系治理。

关系治理依托社会嵌入理论，将"关系"作为供应链治理的非正式治理手段。关系治理是供应链成员通过非正式形式——信任、灵活性、团结、公平、社会规范等实现对交易双方关系的管理。

信任是关系治理的重要因素，能减少合作双方的冲突（Ni，W. B. et al.，2018），并与资产专用性存在正向促进作用，两者间的相互作用能减少交易成本并遏制机会主义行为的发生，是战略合作关系建立的基础（梁宇，郑易平，2021；Ghozzi H. et al.，2018），信任可以保证关系之间的透明度和协作。灵活性是关系治理的核心要素，帮助克服契约的适应性问题（金明寒，2023），强调双方在遇到突发情况时，会本着为对方考虑的原则进行调整（吕文学，李智，2016），灵活的关系治理机制不仅能够促进交易双方的相互信任，而且还可以提高双方交易的成功率（刘丽等，2013）。团结性是强调在交易过程中双方会非常看重相互间的关系不受损害（吕文学，李智，2016）。公平理论则强调如何通过影响人与人之间的关系满意度对交易产生影响（Grith et al.，2006），社会规范是非正式治理的形式之一，具有激励和纪律约束作用，经常被应用于合作社结构治理中，但洛佩兹·巴云等（López Bayón et al.，2018）发现，社会规范对关系治理中机会主义行为的限制作用并不是无限的，认为共同解决问题和信息共享才是抑制机会主义行为的治理手段，但两者的作用路径不同。共同解决问题通过促进关系的持续性带来互惠效应，有助于维持双边平等关系。信息共享消除专用资产投资和不确定性造成的交易壁垒，能增强关系适应。

关系治理因其作用机理难以被合作主体所观察，需要特定的关系规范作为载体，以彰显合作伙伴之间的关系努力行为。陆和许（2018）在研究中将事前联合计划和事后联合解决问题视为供应链节点企业交易的关系规范，认为两者可以作为供应链关系治理的行为载体，使关系努力具有可识别性，促进关系治理推进。关系治理得益于长期交易关系建立带来的"人情效应"，因其具有"累积性"，在交易初期并不能很好发挥关系作用，其具有的"不稳定性"也并不能作为交易关系长久维系的保障，往往需要辅以契约治理等强制手段来稳固交易关系。可见，契约治理和关系治理需要互为支撑来协调供应链上下游治理。

（3）资产专用性。

按照威廉姆森（1975，1979）给定的含义，资产专用性是指在不牺牲生产价值的条件下，资产可用于不同用途和由不同使用者利用的程度，即当某种资产在某种用途上的价值大大高于在任何其他用途上的价值时，那么该种资产在该种用途上就具有专用性。其核心思想是，由于交易各方投入资产的专用性和不完全契约背景，为保护专用性投资免受机会主义的侵害，使交易费用最小化，让重要的专用性资产所有者拥有企业所有权，从而确保企业契约效率，主要表现在地点专用、物质专用、人力专用、专项用途、品牌专用及临时专用等。

针对资产专用性对交易行为的重要性，威廉姆森进一步指出：①资产专用性是资产交易的专用性。不同的交易具有不同的属性，特质交易不仅要求专一性，而且还要求交易专用方面的专一性；②资产专用性与沉没成本有关。一般情况下，专用性资产一旦投入，若不能发挥作用，其价值就不可能全部收回；③资产专用性的实质是一种套住效应。一旦做出关系专用性投资，在一定程度上就锁定当事人之间的关系，契约关系就会发生"根本性转变"，事前的竞争就会被事后的垄断所替代，从而导致要挟的机会主义行为发生；④资产专用性只有在契约不完全的背景下才能表现出来。专用性资产交易契约是一个不完全契约，在契约不完全的情况下，交易双方的利益矛盾和冲突不可能在事前得到解决，而是被拖到事后，这样交易双方的机会主义行为会使双方的谈判和履约变得困难，从而在一定程度上会使双方相关的专用性投资达不到最优。因此，专用资产在交易中的作用不可忽视，它不仅引发交易活动的事前动力反应，而且还会触发交易活动的事后规则。

不同于契约治理和关系治理，资产专用性作用机理并不体现在自身价值上，而是通过同时影响契约和关系手段产生治理效果，是同时具有交易属性和关系属性的治理手段。关于交易属性，资产专用性指特定于交易方特殊需求的专用资产的投资程度，能促进企业间合作和信息共享，保持交易的连续性。关于关系属性，资产专用性意味着行为者为支持和维系交易关系而进行的关系资产的投资水平。从关系治理的角度来看，资产专用性具有的相互性使得若仅交易一方付出专用资产努力，则会诱使另一方产生机会主义行为。资产专用性能增加交易双方的信任程度，降低专用资产的灭失风险，有效防范机会主义行为。泰万和伊克－惠恩（Taewon & IK－Whan，2006）发现，信任作为关系治理的关键因素，反映出更换交易伙伴的意愿强度，与交易双方专用资产的投入程度高度相关，揭示专用资产与信任之间的正相关关系。

资产专用性在同一交易过程中同时发挥交易属性和关系属性。考虑到度量交易结果的难度，为保证交易质量，买方一般提前向供应商提供专用资产，一方面有利于其控制生产及交易流程，另一方面有利于深化合作关系。针对供应链管理信息系统的治理情境，苏布拉马尼（Subramani，2004）分析出信息技术专用资产既可作为契约手段规定交易链上的战略资产投资，也能作为关系手段促进供应链系统中关系特定投资，对供应链管理系统的治理有正向影响。总之，资产专用性需要通过与契约治理和关系治理的协同配合，才能更好发挥供应链治理作用。

（4）供应链治理手段间的相互作用关系。

契约治理、关系治理和资产专用性都是供应链治理的重要手段，资产专用性发挥中介作用，通过交易属性和关系属性影响契约治理和关系治理（如图1－4所示）。

三者相辅相成，互相影响，表现在以下三个方面：①契约治理与关系治理效果存在重叠性，两者都能有效管理企业的机会主义行为和适应性问题，并且治理水平越高，对交易绩效的正向影响就越大。②两者存在不同的作用机理，契约治理通过降低风险和运营等相关成本起到治理效果，而关系治理是通过社会网络创造扩大市场和获取资源的机会实现治理，这些机会有助于提高企业声誉等的可持续性发展，并拓宽企业社会连接，增加其与更大范围内可建立联系的企业合作的可能性。③契约治理与关系治理的治理场景因契约订立、关系协调、资产专用性特征等因素而呈现出差异性，在一定场景下两种治理手段可以相互补充。若交易风险增大，订立合同花费很高，资产专用性也会增加交易的复杂度，使契约订立越发困难，因此在契约制度薄弱时，关系治理是首选的供应链治理手段，能起到激励重复特定交易长期维持的作用。

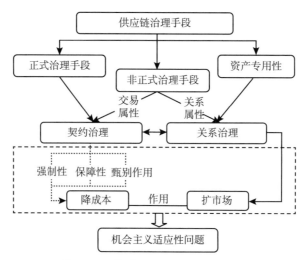

图 1 - 4   供应链治理手段作用关系

目前关于只关系还是只契约，或者是两者混合使用，一直是学者争论的话题，同时先关系还是先契约或者是同时实施，也是供应链治理手段亟须进一步探讨的问题。

2. 供应链治理的行为框架和内在准则

供应链治理的实施过程需要遵循一定的行为框架，并保持行动与其内在准则的相互匹配。供应链治理结构指导供应链上参与主体推进治理活动并减少无效治理发生的概率，是治理行为发生过程中要遵循的行动框架（David Collis et al.，1995）。供应链治理机制有助于强化治理效应并划定治理边界，是治理行动遵循的内在准则。供应链治理结构与机制之间相辅相成，互为补充，共同实现供应链治理。

（1）治理结构。

供应链治理结构是供应链治理所依托的行为框架，也是一种协调机制，用于协调多组织主体间的交易冲突。威廉姆森（1999）是供应链治理结构的奠基人，依托交易成本产生的三种情境，即市场治理、三边治理和特定交易治理，确立不同的交易类型，并以相应的治理手段实施治理行为，从而实现对交易成本的控制。

市场治理结构以交易成本经济学为基础，主要针对离散式交易合作关系，依托独立的契约范式，将交易行为"外部化"，以维护双方在交易过程中免受机会主义影响。同时，市场治理也被定义为现货市场，是一种协调水平较低的治理方式，主要适用于供应商与买方"一对一"简单交易关系的治理。市场治理结构有两种较为典型的形式，即合作社和小型整合。合作社是供应链核心企业与弱势供应商构建"一对多"交易关系所采取的组织模式，体现了对供应链所有权的治理，能有效约束供应链成员合作形式，以实现供应商"质量同化"，从而达到供应链质量治理目的。小型整合则针对大型制造商与小型供应商之间的交易关系，在该过程中，制造商会对供应商进行技术和原材料的一次投入，用于维护线下进行的合作关系。

三边治理是特定偶发交易中常见的治理结构。在该类交易关系中合作伙伴之间会进行专用资产投资以履行完全契约，若交易关系破裂则采取第三方介入方式处理，而不采取契约规定的惩罚措施，以维护交易关系。供应链合作关系中经常会面临占有强权的供应链伙伴占据决策制定权的"霸权"现象。决策制定委员会和信息共享平台可以充当三边治理的典型范式，以丰富供应链治理结构。决策制定委员会由供应链联合主体共同成立，为供应链管理提供治理、协调管理、市场分析、纪律实施等服务。信息共享平台是供应链企业为畅通信息数据交流而进行的专用共同资产投资。供应链合作伙伴不断更新决策委员会所需的业务数据，监测并反映危急情况，在信息共享平台上传递信息及共享企业知识资源（Wang J. G. et al.，2018）。

特定交易治理具有推动交易行为实现纵向一体化交易形式的特点，使所有权主体在跨企业边界交易时，必须充分考虑合作共同体的利益最大化，同时进行用于交易各方的人力和有形资产专用投资，以实现合作共同体的规模经济效益。特定交易治理中比较典型的表现形式有投资者所有企业治理结构和中央合作社模式。投资者所有企业治理结构是指资产所有权完全归属于核心企业并将其与供应商的交易内化为企业内部的管理形式，以实现交易行为的纵向一体化。中央合作社是拥有附属合作社的大型组织，该模式旨在实现内部一体化以达到对合作社整体质量的全面控制。

供应链治理结构在融入全球化价值链进程时可依据市场化、模块化、关系性、受控性及科层制度，分化出五种类别作为框架性行为准则。市场治理结构适用于相对简单的交易关系，供应商不需要依靠与买方建立协调关系扩大企业交易范围，价格是核心治理机制；模块化治理结构适用于相对复杂的交易关系，便于制定契约，并且能够通过信息共享减少上下游协调成本；关系治理结构适用于信息难以沟通转换的交易关系，基于共同信任和社会纽带的频繁交易和知识共享是治理的关键；受控治理结构，也称俘虏治理结构，为多供应商和单买方的交易情况，该治理结构受制于买方的专一性；科层治理结构的目的则是实现交易内部化和纵向一体化。

（2）治理机制。

供应链治理机制是供应链上相关企业交易关系规范的保障，通过治理交易成本和协调链上企业合作可能性来影响经济交易过程。供应链治理机制能最小化机会主义风险并保护交易特定投资，实现信息和知识分享，降低供应链冲突以促进合作（梁宇，郑易平，2021）。治理机制中同样包含着政策、指导方针、规则、法律、规范、标准、监测和核查程序、财政和奖励以及权力的行使，能够为治理结构提供积极诊断，并起到参与实施的实际作用。供应链的整体协作关系，要依靠长期合作治理机制。协作治理是一种维持长期关系的有效治理机制，可以通过关系特定资产，知识共享和能力互补来实现供应链治理。

因合作主体的有限理性，供应链治理机制存在适应性问题。治理机制之间的协同作用并不是以治理机制的运用比例为衡量标准，而是由治理机制与治理问题嵌入情境相适应程度来决定的。例如，供应商选择治理机制与供应商发展治理机制能够对企业的社会和环境绩效等供应商治理情境问题产生积极的影响（Yadlapalli et al.，2018）。供应商选择治理机制要求在供应商选择时要匹配企业运营、环境可持续性和社会可持续，才能对买方的声誉和社会绩效有积极影响。供应商发展机制侧重于制造商对供应商合作职能的考察，表现在评估供应商的发展情况以及协商交易过程，以减少供应商潜在风险并提升其竞争优势，增进双方的合作关系。

细观供应链治理结构和治理机制的作用机理，可以发现：供应链治理结构规定治理机制的行为边界，是划分治理机制适用范围的条件框架；供应链治理机制则是治理结构的主导思想和行动支撑，确保治理结构逻辑按照治理机制约束规则实施。供应链治理结构和治理机制相互作用、相辅相成，在遵从供应链治理内涵主线下确保治理行为的实施。

1.1.7　供应链网络均衡

网络均衡最早由达费尔莫斯（Dafermos，1986）提出，他研究发现，多模式交通网络均衡模型可被表示为一种空间价格均衡模型，两者具有等价关系。这一研究引起美国马萨诸塞大学纳古尼（Nagurney，1989，1999）的强烈关注，她最初分析了变分不等式和均衡问题的相互关系，得出变分不等式的解等价于纳什（Nash）博弈的均衡解，为后续研究奠定了理论基础。随后，供应链逐渐呈现出竞争化、复杂化的网络特征，网络上各层次间及同层内的竞合关系如何在一定程度上实现稳态，成为网络均衡研究新的领域。

供应链网络均衡用于描述供应链上下游之间错综复杂的关系，反映了复杂网络中任一节点决策行为对整体网络的影响。纳古尼（2002）等首次将变分不等式理论应用于供应链网络问题的建模与分析，开创了用变分不等式研究网络均衡问题的先河，并一直引领着这一领域的发展。之后，许多学者对该模型进行进一步的完善与拓展，并将其应用到各种网络均衡问题的研究中，为后来学者们深入研究乳品、旅游、网购等供应链网络均衡奠定了基础。

许多文献研究供应链成员投资决策对供应链网络均衡的影响。吴等（Haixiang Wu et al.，2019）探讨了政府补贴策略对制造商和零售商回收技术投资能力的影响以及上下游博弈对整体网络均衡的影响。东野升振等（2016）关注制造商研发投入的溢出效应，探究制造商投资行为对供应链网络成员利润均衡的影响。杨玉香、吴增源和黄祖庆（2016）在包含多污染物、多污染接收点的供应链网络模型中，考虑生产技术和减排技术投资对工厂污染排放许可的网络均衡配额。刘和王（Liu Z & Wang J，2019）引入看跌期权和看涨期权，采用两阶段网络均衡模型，解释制造商投资供应商新能力的决策问题。尽管已有很多研究关注了供应链外部要素或某一主体决策对网络均衡的影响，但关于供应链内部上下游协同行为决策可能诱发的网络动态变化，仍值得进一步研究。

1.2　基　本　方　法

1.2.1　复杂网络

欧拉于 1736 年利用图论来研究"哥尼斯堡七桥问题"，此研究开创了图论和拓扑论两个学科。截至 20 世纪 60 年代，埃德罗斯和仁毅（Edros & Renyi）两位匈牙利的数学家共同研究提出"随机理论"，在图论的理论上取得突破性进展，将复杂网络理论研究正式拉入了数学领域，这个理论也为以后复杂网络的进一步研究提供了基础。

在实际应用中发现真实的网络系统既不是规则网络，也异于随机网络，是介于两者之间的网络系统。此后，美国哈佛大学的社会心理学家斯坦利·米尔格拉姆（Stanley Milgram）通过社会调查提出了著名的"六度分离"理论。21世纪初，由美国数学物理学家瓦茨（Watts）及其博士生斯特罗加茨（Strogatz）研究提出了小世界网络模型，此模型既具有随机网络类似的低平均路径长度，又具有与规则网络类似的高聚集特性（何大初，2009）。随后，巴拉巴希和阿尔伯特（Barabási & Albert）提出了无标度网络模型，此研究对复杂网络研究具有划时代的意义，通过对实际无标度网络的分析得出网络度的分布具有幂律分布的事实，而且连接的度也没有明显的特征长度。自此，复杂网络理论的研究被应用于各个研究领域，使其从各个方面展现出了广泛的、潜在的应用价值。

1.2.1.1 图论

图论，作为数学领域中的关键分支，近年来，因其广泛的应用领域与深厚的研究内涵而备受数学界瞩目，其核心研究对象为图，这里的图特指由若干给定的点以及连接这些点的线所构成的图形结构。这种图形结构在学术研究中通常用于刻画和描述事物之间存在的特定关系，为复杂系统的分析和理解提供有力的数学工具（尹琳娟等，2008）。图不仅包括顶点的集合，也包括这些顶点之间连线的集合（如图 1 - 5 所示），$G = (V, E, W)$ 表示一个无向有权复杂网络，其中，F 和 E 分别为图中点和边的集合，$|V| = n$，$|E| = m$，W 为对应的边的权值集合。$u, v \in V$ 代表节点，$e_{u,v} \in E$ 代表节点 u 和节点 v 相连，$w(u, v)$ 代表边 $e_{u,v}$ 的权值。

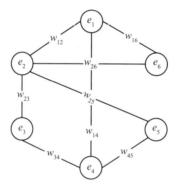

图 1 - 5　无向复杂网络

对于复杂网络的分析需要借助计算机以及各种软件，因此要对图进行存储，图论中常见的存储方式有邻接矩阵法、邻接表表示法以及三元组表示法（李亮等，2012）。

1. 邻接矩阵法

一个包含 N 个节点的网络可用矩阵表示为 $A = (a_{ij})_{N \times N}$，其中，$a_{ij}$ 表示 A 矩阵第 i 行第 j 列的数值，对于无权网络，即所有边的权重都是相同的，若 $a_{ij} = 1$ 表示从节点 i 到节点 j 有直接相连的边，$a_{ij} = 0$ 则表示从节点 i 到节点 j 没有直接相连的边；对于加权网络，若 $a_{ij} = w_{ij}$，表示从节点 i 到节点 j 有直接相连的边，并且权值为 w，若 $a_{ij} = 0$ 表示则无直接相连的边。如图 1 - 6 用邻接矩阵法表示一个包含 7 个节点的网络连接示例。

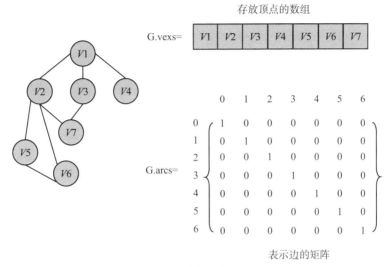

图 1－6　邻接矩阵示例

2. 邻接表表示法

对于一个较大规模的网络,若使用邻接矩阵则需要较大的存储空间,但现实生活中的无向网络用邻接矩阵表示时,如图 1－6 的矩阵所示,大部分的矩阵值都为 0,这是由于用矩阵表示时,考虑的是每一个节点与其他节点的连接情况,而实际的网络不可能每个节点都与其他节点有关联,因此只需要对每个节点考虑有哪些点与它直接相连即可,不相连的就不对其进行存储了,该方法即邻接表表示法。

3. 三元组表示法

三元组表示法将复杂的语义关系简化为三个简单的元素,使计算机能够更好地理解和处理自然语言,三元组能够用于表示和存储知识,并在信息抽取、问答系统、文本生成和文本分类等任务中发挥重要作用。在计算机科学中,三元组常用于表示一些复杂的数据关系,例如有向图的边、数据库中的记录等。具体来说,例如在关系型数据库中,一个记录(行)可以用一个三元组表示,其中每个元素代表一个属性的取值。在有向图表示中,三元组可以表示节点之间的边及其权值,如(1,2,3)可以表示从节点 1 到节点 2 有一条权值为 3 的边。现实中的网络也可以用三元组表示法,例如一条从节点 i 指向节点 j 的有向边,边的权值为 m,可以表示为"i,j,m",可以容易地表示一般的加权有向图,例如,1,2,3,表示顶点 1 到顶点 2 之间有一条权值为 3 的边(刘箫,2021)。

1.2.1.2 复杂网络的概念及特性

1. 复杂网络的内涵和外延

复杂网络作为一种高度抽象化的工具，能够有效地模拟和反映现实网络系统的复杂特性，其之所以被称为复杂网络，主要源于其节点数量众多且节点间连接关系错综复杂，这种结构特性使复杂网络在结构上远比规则网络和随机网络更为复杂。因此，对复杂网络的研究不仅有助于深入理解现实网络的本质属性，还能为网络优化、控制和预测提供重要的理论依据。目前对于复杂网络的定义认可度较高的是我国著名科学家钱学森先生指出，复杂网络具有自组织、自相似、吸引子、小世界、无标度中部分或全部性质的网络（钱学森，1990）。现实生活中有很多系统可以抽象为复杂网络，如社会关系网、互联网交互网、电力网络、交通网络等（杨振宁，2023），本书认为乳品供应链网络同样可抽象为复杂网络。

2. 复杂网络的特征

虽然学术界对于复杂网络没有较为严格统一的定义，但大多数学者都认同复杂网络具有以下几个特征（Newman，1999；王云琴，2008；李彦来，2011；曾小舟，2012）。

（1）节点和边的多样性。

从真实世界中抽象出来的复杂网络，由于其研究事物或个体的不同，网络节点和边都被赋予不一样的含义或信息，因此节点和边具有多样性。例如，城市轨道交通网络中的节点可以表示车站，边可以表示基于轨道交通运行线路前提的车站与车站之间的连接情况；通信网络中的节点可以表示基站，边可以表示为基站与基站之间的连接情况；社会关系网络中的节点可以表示每个人，边可以表示每个人与其他人的相识或关联情况。而且倘若给边赋予一定的权值，则可以表示每种网络中各种连接关系的强弱。

（2）小世界特性。

"小世界网络"的概念来源于1998年瓦茨和斯特罗加茨提出的 WS 小世界模型（Watts et al.，1998），其介于规则网络和随机网络之间，能较好地刻画真实网络，是复杂网络研究的开创性成果，典型代表有 WS 小世界网络、NW 小世界网络。WS 小世界网络是指，初始时先构建一个最近邻耦合网络的网络结构，网络中节点以概率 P 随机重连每条边，即保持边的一个端点不变，另一个端随机选取节点重新连接，最后生成一个复杂的网络结构，当 P 分别为 0 和 1 时，网络分别为完全规则网络和完全随机网络；NW 小世界网络基于 WS 型，以随机化加边代替原有的随机化重连，从而避免了随机化重连对网络连通性的破坏。两种小世界网络都具有较小的最短平均路径和较大的聚类系数。在现实生活中的许多网络则具有随机图所没有的特点，展示出小世界现象，例如，社交网络、消费网络、人脑网络和病毒的传播等。

（3）无标度特性。

复杂网络中节点的度分布满足幂律分布，是由于在复杂网络中只有少数节点能够获得很多的联系，而大多数节点都只能获得较少的连接，这个分布与系统特征长度无关，因此被称为无标度特性。无标度特性反映了网络内部分布的不均匀性，即只有很少一部分节点拥有更高的连接度（Barabasi et al.，1998）。$P(k) \sim k^{-\lambda}$ 为网络中节点的度分布，即度为 k 值的节点在网络中出现的频率，λ 为指数可以反映网络特性。无标度网络中节点度之间存在明显的"极化"特征，少数核心节点的连边多、度值很大，但大多数节点的连边少、度值较小，无标度网络表现为少数的核心节点对网络起主导控制的作用，因此对无标度网络中的核心节点识别至关重要。网络的无标度特性反映了大量复杂系统内部分配不均匀的属性，这与真实网络极为相似。

在构建无标度网络时，首先随机构造一个初始小网络，其次遵循两个机制：一是节点的增长，初始网络中有 N 个独立节点相连，在每个时间间隔内会在网络中加入新的节点与原网络中的节点相连，此时所构造的网络规模会不断扩大。二是节点的择优连接，网络中的新增节点进行连边时，会更倾向于与网络中节点度值大的核心节点建立连接关系。现实中的许多网络都带有无标度的特性，例如，金融系统网络、在线社交网络、传染病传播网络、蛋白质结构、行业供应链等。

（4）自组织性。

自组织是指混沌系统在随机识别时形成耗散结构的过程，主要用于讨论复杂系统，因为一个系统自组织功能愈强，其保持和产生新功能的能力也就愈强。德国理论物理学家哈肯（H. Haken）认为，从组织的进化形式来看，可以把它分为两类：他组织和自组织。如果一个系统靠外部指令而形成组织，就是他组织；如果不存在外部指令，系统按照相互默契的某种规则，各尽其责而又协调地自动形成有序结构，就是自组织。从系统论的观点来说，"自组织"是指一个系统在内在机制的驱动下，自行从简单向复杂、从粗糙向细致方向发展，不断地提高自身的复杂度和精细度的过程（王勇等，2014）。

（5）自适应性。

自适应就是在处理和分析过程中，根据处理数据的数据特征自动调整处理方法、处理顺序、处理参数、边界条件或约束条件，使其与所处理数据的统计分布特征、结构特征相适应，以取得最佳的处理效果的过程（徐丽丽等，2018）。自适应过程是一个不断逼近目标的过程，它所遵循的途径用数学模型表示，称为自适应算法。通常采用基于梯度的算法，其中最小均方误差算法（即 LMS 算法）尤为常用。

（6）自相似性。

自相似包含两种：一种是部分和整体严格的相似，另一种指的是统计上的相似（张意帆，2015）。自勒兰德（Leland）等人在 20 世纪 90 年代初第一次明确提出网络流中存在着自相似现象以来，各国研究人员开始对世界上现有的一些网络进行了测量和分析，发现不论网络的拓扑和业务如何，网络流量中都能检测到自相似特性。自相似性的一般描述是复杂系统的总体与部分，这部分与那部分之间的精细结构或性质所具有的相似性，或者说从整体中取出的局部（局域）能够体现整体的基本特征，即几何或非线性变换下的不变性，在不同放大倍数上的性状相似，包括几何结构与形态、过程、信息、功能、性质、能量、物质（组份）、时间、空间等特征上，具有自相似性的广义分形。

自相似性的数学表示为：$f(\lambda\gamma) = \lambda\alpha f(\gamma)$ 或 $f(\gamma) \sim \gamma\alpha$，其中，$\lambda$ 称为标度因子，α 称为标度指数（分维），它描述结构的空间性质，函数 $f(\gamma)$ 是面积、体积、质量等占有数量等性质的测度。

（7）多重复杂性融合。

复杂网络的复杂性主要体现在两个方面：①网络结构复杂性，现实生活中大多数的网络都含有成百上千个节点与边，其连接特点既不是完全规则的，又不是完全随机的。②网络动态演化复杂性，复杂网络的结构会随着时间的变化而变化，其节点的数量以及节点之间的连接情况可能会由于网络扩张或外界攻击等发生改变。由于多重复杂性交互影响，会导致更为难以预料的结果。

（8）社团结构。

社团是网络中局部紧密连接的子图，也被称作群组、社团。"物以类聚，人以群分"，从这句话中就直观地点明在人类社会网络中，社团结构是由一群具有相同或者是相似性质的人群的集合，根据这种性质，具有可以通过局部个体的兴趣或者是其他属性来推断整体中的其他个体的兴趣或是其他属性的工具，所以在社交媒体挖掘和互联网的推荐领域，进行社团的发现与分析具有非常重要的作用。在不断演化的网络中，社团会随着网络的演化而不断发生变化，社团会随着时间的不断推移发生。例如，扩张、缩小、消失、分离等现象（Bródka，2014），社团结构的演变能够直接影响复杂网络的稳定性和网络运行效率（华连连，2013）。

1.2.1.3 复杂网络的统计特性

复杂网络统计特性是用来反映网络内节点及其连接性质的，不同的网络所反映出来的网络统计特性都不相同，这意味着网络内部结构大不相同，而网络内部结构的不同又可以导致网络系统之间功能的差异（曹金鑫等，2023）。因此，在对供应链网络的研究中有必要对其网络特征进行分析研究，复杂网络的统计特征指标有：平均路径长度、聚类系数、度与度分布和介数。

1. 平均路径长度

网络中平均路径长度是指任意两点之间的距离的平均值，见式（1-1）：

$$L = \frac{1}{N(N-1)} \sum_{i \neq j} d_{ij} \qquad (1-1)$$

其中，N 为网络节点个数，d_{ij} 表示网络中节点 i 与节点 j 之间的最短路径上的边数。平均路径长度可以反映出网络中节点间的分离程度，属于网络的全局性特性。

2. 聚类系数

聚类系数是描述网络中节点聚集程度的统计指标，反映网络的聚类特性。一般假设网络中的一个节点 i 有 k_i 条边与其他节点相连接，这 k_i 个节点就称为节点 i 的邻居节点。在网络中 k_i 个节点之间最多可能有 $k_i(k_i-1)/2$ 条边存在，而实际存在的边数为 E_i，由此，定义的聚类系数 C_i：

$$C_i = \frac{2E_i}{k_i(k_i-1)} \qquad (1-2)$$

整个网络的聚类系数 C 等于所有节点 i 的聚类系数的平均值。很明显，$0 \leq C \leq 1$，当 $C=0$，说明网络中没有任何连接边，当 $C=1$，说明网络中任意两个节点都相连，网络是全局耦合。

3. 度与度分布

度是单独节点属性，节点 i 的度 k_i 定义为与该节点连接的其他节点的数目，用横坐标表示节点度 k，纵坐标表示节点度为 k 的节点的数目。对于有向网络节点的度分为出度和入度，从一个顶点指向另一个顶点，每个顶点被指向的箭头个数，即为入度，从该顶点指出的箭头个数，即为出度。在目前的度分布研究中，常见的度分布主要有泊松度分布、幂律度分布以及指数度分布。

4. 介数

介数分为节点介数和边介数，定义为经过某一节点或某一边的最短路径的数目。介数反映了节点在网络中的枢纽性，在某一网络中，如果经过某一节点的或边的最短路径越多，则说明此节点或者此边在网络中所起的作用越重要，而且负荷越大。

节点 i 的介数 $B(i)$ 的数学表达式：

$$B(i) = \sum_{s \neq t \neq i} \frac{\sigma_{st}(i)}{\sigma_{st}} \qquad (1-3)$$

其中，σ_{st} 表示节点 s 与节点 t 之间最短路径的总数，$\sigma_{st}(i)$ 表示节点 s 与节点 t 之间最短路径中经过节点 i 的数目。

边 ij 的介数 $B(ij)$ 的数学表达式：

$$B(ij) = \sum_{s \neq t \neq i \neq j} \frac{\sigma_{st}(ij)}{\sigma_{st}} \qquad (1-4)$$

其中，σ_{st} 表示节点 s 和节点 t 之间最短路径的总数，$\sigma_{st}(ij)$ 表示节点 s 和节点 t 之间最短路径经过边 ij 的数目。

1.2.2　博弈论

1.2.2.1　博弈论相关理论

1. 博弈的概念

博弈论（game theory）是现代数学的一个分支，属于运筹学的一个学科。博弈论研究的主要对象是带有对抗性质的现象的模型，参与这个现象中的"局中人"具有各种不同的利益和目的，并且可以用某种方法实现其目的。这里的"局中人"，即决策主体，可以是一个人，也可以是一个企业或组织。与其他理论不同，博弈论强调决策主体各方策略的相互依存性，即任何一个决策主体必须在考虑其他参与人可能的策略基础上来确定自己的最优行动策略。

博弈论的精髓在于博弈中的一个理性决策主体必须考虑在其他参与人反应的基础上来选择自己理想的行动方案。所谓均衡，即所有参与人的最优策略组合，各方博弈产生的结果是一个均衡结局，它可能不是参与各方及整体的利益最大化，但它是在已给定信息与知识条件下的一种必然结果，因为任何一方改变策略而导致均衡的变化都有可能使自己得到一个更差的结果。

2. 博弈的构成要素

局中人（player）是指参加博弈的直接当事人，即以自身效用最大化为准则的理性决策主体。

策略空间（strategy space）是指各博弈方各自可选择的全部策略或行动的集合。

收益（the payoffs）也称为支付，是指博弈方策略实施后的结果，博弈的参与者会获得一个收益，可以是正值，也可以是负值，理性的博弈方总是选择能使自己获得最大收益的策略。

规则（rules）规定博弈各方的行动顺序、方式与最终结果等。

均衡（equilibrium）指的是所有参与者的最优策略或行动的组合，这种组合下没有任何一个参与者能够通过单方面改变自己的策略来改进其得益。

3. 博弈的分类

从不同的角度划分，博弈的分类是不同的。

根据博弈中博弈方数量的不同，可以把博弈分为两人博弈和多人博弈；根据博弈方策略的数量是有限个还是无限多个，可以把博弈分为有限博弈和无限博弈。

按照博弈的结果来分，博弈可以分为负和博弈、零和博弈与正和博弈。负和博弈中，所有参与者的总收益小于总投入，是一种两败俱伤的博弈。零和博弈中，一个参与者的收益与另一个参与者的损失相等，所有参与者收益的总和为零。正和博弈（也称为双赢博弈或合作博弈）中参与者都能获益，或者一方的收益增加并不影响其他参与者的利益，这种博弈被认为是结局最好的一种博弈。

根据博弈中博弈方行动的次序，可以把博弈分为静态博弈和动态博弈。若博弈中所有博弈方的行动是同时的，可以把博弈称为静态博弈；若博弈中各个博弈方的行动有先有后，可以把博弈称为动态博弈。

根据博弈中信息结构的不同，可以把博弈分为完全信息博弈和不完全信息博弈；根据博弈中博弈方的理性和行动逻辑差别，可以把博弈分为完全理性博弈和有限理性博弈；根据博弈中博弈方是追求所有博弈方构成的集体利益最大化还是追求自身利益最大化，可以把博弈分为合作博弈和非合作博弈。

根据各种分类对博弈分析方法影响程度的大小大致排出如图 1 - 7 所示的结构次序。

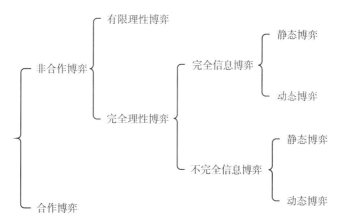

图 1 - 7　博弈分类（李邦义等，2016）

1.2.2.2　博弈论经典模型

博弈论经典模型是决策科学与社会科学领域的重要研究工具，它们为理解和分析现实生活中的竞争与合作关系提供了强大的理论框架。这些模型通过抽象化现实情境中的参与者、策略、效用等要素，揭示了在特定规则和约束条件下，个体或群体如何作出决策，以及这些决策如何相互影响，最终达成某种均衡状态。博弈论经典模型提供了分析和解决问题的新思路和新方法。本书重点对用到的主要模型进行梳理，包含古诺模型、伯特兰德模型、斯塔克尔伯格博弈模型、信号传递模型、沙普利值等。

1. 完全信息静态博弈

完全信息不仅意味着收益函数是确定的，而且还是公开信息。静态博弈是指博弈的参与者"同时行动"。所谓同时行动是指博弈中的任何一方在采取行动时，并不知道对于采取什么样的行动，它与参与者行动的时间先后无关，而与博弈的顺序有关。如果一个博弈同时具备完全信息和静态的特征，即为完全信息静态博弈。古诺模型和贝特兰德模型为完全信息静态博弈的经典模型。

（1）古诺模型。

古诺博弈是由法国经济学家安东尼·奥古斯丁·库尔诺于1838年提出的，它是纳什均衡应用的最早版本。古诺博弈通常被作为经济博弈理论分析的起源，是一个只有两个寡头厂商的简单模型，该模型也称作"双寡头模型"，或双头垄断理论。阐述相互竞争而没有相互协调的厂商的产量决策是如何相互影响的，从而产生一个位于完全竞争和完全垄断之间的均衡结果（李帮义等，2016）。

在古诺特模型里，有两个参与决策主体，分别为企业1和企业2，生产同质产品；每家企业的目标是选择产量策略去最大化自己的利润函数（支付函数），两企业同时行动。企业 i 从可行集 $Q_i = [0, \infty)$ 中选择产量水平 q_i，$i = 1, 2$。市场逆需求函数为 $P(Q)$，是 Q 的递减函数，这里 $Q = q_1 + q_2$。企业 i 的生产成本 $C_i(q_i)$ 是数量的凸函数，$i = 1, 2$。

根据上面这些描述，企业 i 的利润函数为：

$$\pi_i(q_1, q_2) = q_i P(q_1 + q_2) - C_i(q_i), \quad i = 1, 2$$

如果（q_1^*，q_2^*）是纳什均衡产量，根据纳什均衡的定义，应该同时满足：

$$q_1^* \in \arg\max_{q_1} \pi_1(q_1, q_2^*) = q_1 P(q_1, q_2^*) - C_1(q_1)$$

$$q_2^* \in \arg\max_{q_2} \pi_2(q_1^*, q_2) = q_2 P(q_1^*, q_2) - C_2(q_2)$$

而求解最优解的方法是对每家企业的利润函数求一阶导数，并令其等于零，即一阶条件：

$$\frac{\partial \pi_1}{\partial q_1} = P(q_1 + q_2) + q_1 P'(q_1 + q_2) - C_1'(q_1) = 0$$

$$\frac{\partial \pi_2}{\partial q_2} = P(q_1 + q_2) + q_2 P'(q_1 + q_2) - C_2'(q_2) = 0$$

解一阶条件方程组可得两个反应函数，它们的交点（q_1^*，q_2^*）就是纳什均衡。也可以直接从一阶条件求出解（q_1^*，q_2^*）。

（2）伯特兰德模型。

伯特兰德模型（Bertrand Model）是由法国经济学家约瑟夫·伯特兰德（Joseph Bertrand）于 1883 年建立的，是价格竞争模型。古诺模型是把产量作为企业决策变量，是一种产量竞争模型。在企业的实际竞争过程中，定价是企业决策更基本的战略，每个企业所面临的消费者需求的大小往往取决于其定价，特别是当市场上企业的数量较少时，企业在定价策略上的差异对企业产品需求的影响更为明显。因此，伯特兰德模型对于研究寡头垄断企业的价格竞争行为的特征及其影响具有重要作用。

伯特兰德模型的假设为：①各寡头厂商通过选择价格进行竞争；②各寡头厂商生产的产品是同质的；③寡头厂商之间也没有正式或非正式的串谋行为。

在伯特兰德价格博弈模型中，两寡头生产有一定差别的产品。产品差别指在品牌、质量和包装等方面有所不同的同类产品，有很强的替代性，但又不是完全可替代。假设厂商 1 生产产品 1，厂商 2 生产产品 2。最后，仍强调两个厂商是同时决策的。

假设当厂商 1 和厂商 2 价格分别为 p1 和 p2 时，各自的需求函数为：

$$q_1 = q_1(p_1，p_2)$$
$$q_2 = q_2(p_1，p_2)$$

双方的利润函数为：

$$\pi_1 = p_1 q_1 - c_1 q_1 = p_1 q_1(p_1，p_2) - c_1 q_1(p_1，p_2)$$
$$\pi_2 = p_2 q_2 - c_2 q_2 = p_2 q_2(p_1，p_2) - c_2 q_2(p_1，p_2)$$

对上述利润函数求偏导，并且偏导为 0 时存在最大值：

$$\frac{\partial \pi_i}{\partial p_i} = q_i(p_1，p_2) + p_i \frac{\partial q_i(p_1，p_2)}{\partial p_i} - c_1 \frac{\partial q_i(p_1，p_2)}{\partial p_i} = 0$$

这一方程组的解就是该伯特兰德博弈的纳什均衡。

伯特兰德模型和古诺模型一样，都要求寡头厂商在不依据任何历史决策的情况下与其他厂商同时决策。如果出手顺序有先后之分，博弈结果会有不同。

2. 完全信息动态博弈

完全信息动态博弈模型是博弈论中的一种重要模型，它描述了参与者具有完全信息（即对所有相关信息都有准确了解）的情况下进行的博弈过程。在该模型中，参与者能够观察其他人的行为和选择，并根据这些观察做出决策。在完全信息动态博弈模型中，博弈过程分为多个阶段。每个参与者在每个阶段都必须做出自己的决策，而后续的决策将依赖于先前的决策，参与者可以根据观察到的其他人的行为和选择来调整自己的策略。这种博弈模型特别适用于描述多个参与者之间具有时间序列关系的情况，如竞价拍卖、价格战等。斯塔克尔伯格博弈模型为经典的完全动态博弈模型。

斯塔克尔伯格博弈模型（Stackelberg Model of Duopoly）是由斯塔克尔伯格在20世纪30年代提出的一个双头垄断动态模型，是古诺双头垄断模型的变形（古诺模型中企业是同时行动的，不同于这里的序贯行动），是典型的完全且完美信息动态博弈。根据斯塔克尔伯格的假定，模型中的企业选择其产量，这一点和古诺模型是一致的（只不过古诺模型中企业是同时行动的，不同于这里的顺序行动）。不妨设企业1为领导者，企业2为跟随者。

假设 $C_1(q_1) = \dfrac{bq_1^2}{2}$，$C_2(q_2) = \dfrac{bq_2^2}{2}$，$b > 0$。

博弈的时间顺序如下：

①企业1选择产量 $q_1 \geq 0$；②企业2观察到 q_1，然后，选择产量 $q_2 \geq 0$；③企业 i 的收益由利润函数给出：

$$\pi_i(q_i, q_j) = q_i p(q_1, q_2) - \frac{1}{2}bq_i^2$$

这里逆需求函数：

$$p(q_1, q_2) = a - q_1 - q_2，a > 0$$

为解这一博弈的逆向归纳解，首先计算企业2对企业1任意产量的最优反应，$R_2(q_1)$ 应满足：

$$\max_{q_2 \geq 0} \pi_2(q_1, q_2) = \max_{q_2 \geq 0}\left\{ q_2(a - q_1 - q_2) - \frac{1}{2}bq_2^2 \right\}$$

由上式可得：

$$q_2^* = R_2(q_1) = \frac{a - q_1}{2 + b} \quad \text{已知 } q_1 < a,$$

由于企业1也能像企业2一样解出企业2的最优反应，企业1就可以预测如果选择 q_1，企业2将根据 $R_2(q_1)$ 选择产量。那么，在博弈的第一阶段，企业1的问题就可表示为：

$$\max_{q_1 \geq 0} \pi_1(q_1, R_2(q_1)) = \max_{q_1 \geq 0}\left\{ q_1(a - q_1 - R_2(q_1)) - \frac{1}{2}bq_1^2 \right\}$$

由上式可得斯塔克尔伯格双头垄断博弈的逆向归纳解：

$$q_1^* = \frac{a(1 + b)}{(1 + b)(2 + b) + b}$$

及

$$R_2(q_1^*) = \frac{a(1 + 3b + b^2)}{(2 + b)[(1 + b)(2 + b) + b]}$$

3. 不完全信息动态博弈

对博弈参与者来说，拥有的信息越多越有可能做出正确的决策，信息越透明，越有助于降低成本、提高效率。但事实是少数人掌握有关信息（即私有信息），而大多数人无法得到准确信息。私有信息的存在是导致不良情况发生的根源。在生活中可以发现，由于信息不透明带来的不确定性所产生的影响是无处不在的。消费者去购物，往往并不知道商品是否有严重缺陷，这样的信息往往只被了解产品的人观察到，而购买这种产品的人却无从了解或难以了解。信号模型为经典的不完全信息动态博弈模型。

信号传递博弈是不完全信息动态博弈最主要的研究内容之一，主要包括信号发送者和接收者两个主体，发送者选择发出私有信息，接收者基于接收到的信息做出决策，考虑以上两点构建出双方的信号博弈模型。信号博弈模型中信号接收者的类型通常是确定的（只有一种类型），而信号发送者可以具有多个类型，且发送的信息属于私人信息。发送者发出的信息可以是特定动作或消息，与博弈的具体背景相关。通过信号发送者可以向接收者传递一定程度的私人信息，基于这些信息，接收者可以对发送者的类型进行推断，或修正之前的"先验推断"，再根据该推断做出最优应对。同时，发送者也不是消极地行动，他能够对接收者的应对行动做出一定的预测，因此发送者会设法将对自己最有利的信息传递给后行动者。信号博弈是一种典型的不完全信息动态博弈，能够通过海萨尼转换（1967）把不完全信息博弈转换成完全但不完美信息博弈来研究，同时博弈既是参与人行动选择也是参与人信念不断修正的过程（但斌，2013；朱立龙，尤建新，2011；NoamS，2016；陈夏阳，2019）。

一个简单的信号博弈，其中：N 表示"自然选择发送者类型"，$T = \{t_1, t_2\}$，$M = \{m_1, m_2\}$，$A = \{a_1, a_2\}$，图 1 - 8 中 $[p]$ 及 $[1-p]$ 表示自然选择发送者类型时的概率分布。

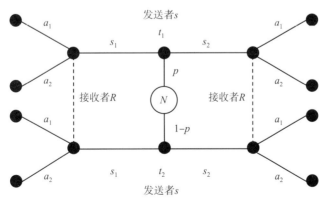

图 1 - 8　信号博弈模型

在信号博弈中，发送者的纯策略是根据自然抽取的可能类型来选取相应的信号，因此，信号可视作类型 t 的函数 $m(t_i)$。接收者的纯策略是信号的函数 $a(m_j)$，即根据观察到的发送者发出的信号确定自己的行动。在图 1-8 的信号博弈中，发送者 s 与接收者 R 各有四个纯策略。

发送者的纯策略：

发送者 s 的策略 1，记为 $s(1)$：若自然抽取 t_1，选择 m_1；若自然抽取 t_2，仍选择 m_1。

发送者 s 的策略 2，记为 $s(2)$：若自然抽取 t_1，选择 m_1；若自然抽取 t_2，仍选择 m_2。

发送者 s 的策略 3，记为 $s(3)$：若自然抽取 t_1，选择 m_2；若自然抽取 t_2，仍选择 m_1。

发送者 s 的策略 4，记为 $s(4)$：若自然抽取 t_1，选择 m_2；若自然抽取 t_2，仍选择 m_2。

接收者的纯策略：

接收者 R 的策略 1，记为 $R(1)$：若 s 发出 m_1，选择 a_1；若 s 发出 m_2，仍选择 a_1。

接收者 R 的策略 2，记为 $R(2)$：若 s 发出 m_1，选择 a_1；若 s 发出 m_2，仍选择 a_2。

接收者 R 的策略 3，记为 $R(3)$：若 s 发出 m_1，选择 a_2；若 s 发出 m_2，仍选择 a_1。

接收者 R 的策略 4，记为 $R(4)$：若 s 发出 m_1，选择 a_2；若 s 发出 m_2，仍选择 a_2。

发送者 s 的纯策略中的 $s(1)$ 与 $s(4)$ 有一个特点，对于"自然"抽取的不同类型，s 选择相同的信号，具有这类特点的策略称为混同（Pooling）策略。对于 $s(2)$ 与 $s(3)$，由于对不同的类型发出不同的信号，称为分离（Separating）策略。在图 1-8 的博弈中，当抽取 t_2，s 在 m_1 和 m_2 这两个信号中随机选择，这样的策略称为杂合策略。这里只讨论纯策略。

由于信号博弈可以表示为完全但不完美信息动态博弈的形式，可以利用精炼贝叶斯均衡对其进行分析。假设接收者 R，发送者 s。由于信号发送者在选择信号时知道博弈全过程，这一选择发生于单节信息集（对自然可能抽取的每一种类型都存在一个这样的信息集）。因此要求 1 在应用于发送者时，无须附加任何条件；如果接收者在不知道发送者类型的条件下观察到发送者的信号并选择行动，也就是说接收者的选择处于一个非单点的信息集（对发送者可能选择的每一种信号都存在一个这样的信息集，而且每一个这样的信息集中，各有一个节点对应于自然可能抽取的每一种类型）。

下面把关于精练贝叶斯均衡要求 1 至要求 4 的事述转化为信号博弈中对精练贝叶斯均衡的要求。根据信号博弈的特点，其精练贝叶均衡的条件是：

信号要求 1（把要求 1 应用于 R）：信号接收者 R 在观察到信号发出者 s 的信号后，必须对有关于 s 的类型进行推断，即 s 选择 m_j 时，s 是每种类型 t_i 的概率分布 $p(t_i \mid m_j) \cdot p(t_i \mid m_j) \geq 0$，且 $\sum p(t_i \mid m_j) = 1$。

给出信号发出方 s 信号和信号接收方 R 的推断后，再描述 R 的最优行为便十分简单。

信号要求 2R（把要求 2 应用于 R）：给定 R 的判断 $p(t_i \mid m_j)$ 和 s 的信号 m_j，R 的行为 $a^*(m_j)$ 必须使 R 的期望得益最大，即 $a^*(m_j)$ 是最大化问题的解。

$$\max_{a_k} \sum_{t_i} p(t_i \mid m_j) u_R(t_i, m_j, a_k)$$

信号要求 2S（把要求 2 应用于 s）：给定 R 的策略 $a^*(m_j)$ 时，s 的选择 $m^*(t_i)$ 必须使 s 的受益最大，即 $m^*(t_i)$ 是最大化问题的解。

$$\max_{m_j} u_s[t_i, m_j, a^*(m_j)]$$

信号要求 3（把要求 3、要求 4 应用于 R）：对每个 $m_j \in M$，如果存在 $t_i \in T$ 使 $m^*(t_i) = m_j$，则 R 在对应于 m_j 的信息集处的判断必须符合 s 的策略和贝叶斯法则。即使不存在 $t_i \in T$，使 $m^*(t_i) = m_j$，R 在 m_j 对应的信息集处的判断也仍要符合 s 的策略和贝叶斯法则。即：

$$u(t_i \mid m_j) = \frac{p(t_i)}{\sum\limits_{t_i \in T_j} p(t_i)}(x)$$

因为上述双方策略都是纯策略，因此是纯策略精练贝叶斯均衡。

4. 合作博弈

博弈按照不同的标准可分为不同的种类，其中最常见的为非合作博弈和合作博弈。非合作博弈是指在策略环境下，强调个体在利益驱使下进行独立决策选择出最有利策略，更倾向于自身利益最大化。合作博弈是指在合作的框架下，参与者以同盟的方式达成协议或约束，使博弈双方受收益，达到共赢的效果。在解决供应链收益分配方面，沙普利值应用较为成熟。

沙普利值是沙普利（1953）提出的，最初可应用在支付可转移的情况下，其后由沙普利（1969）扩展到支付不可转移的情况。如何设定沙普利值，首先存在着一个所有参与者的集合，称为宇集 U（范如国，2011），每个参与博弈的阵营都是宇集 U 的子集，称为载形（一个支付可转移的联盟阵营博弈 $<N, v>$，联盟 $N \subseteq U$ 称为一个载形，当且仅当，任何其中的一个联盟 $S \subseteq U$，存在着 $v(S) = v(N \cap S)$ 的关系，根据定义，一个载形包含所有对至少一个联盟作出贡献的参与者）。

参与者 j 和 i 在博弈 $<N, v>$ 中可互换，当对于所有包括参与者 i 但不包括参与者 j 的联盟 S，都存在着以下的关系 $v((S \setminus \{i\}) \cup \{j\}) = v(S)$。根据定义，参与者 i 和 j 对于联盟 S 的贡献和用处都是完全一样的。

如果集合 N 是载体，那么 $\sum_{i \in N} \varphi_i[v] = v(N)$，这个公理被称为效率公理。如果参与者 i 和 j 是可互换的，那么 $\varphi_i[v] = \varphi_j[v]$，这个公理又被称为对称公理。如果 $<N, u>$ 和 $<N, v>$ 是两个博弈，那么 $\varphi_i(u+v) = \varphi_i[u] + \varphi_i[v]$，此公理称为集成定律。

根据上述的定义和公理，寻求一个能满足沙普利公理的函数：唯一能够满足上述三个公理的函数是 φ 函数，这个函数可以表示为：

$$\varphi_i[v] = \sum_{S \in N} \gamma_n(S)[v(S) - v(S - \{i\})], \quad \forall i \in N \quad (1-5)$$

其中，

$$\gamma_n(S) = \frac{(|S|-1)!(n-|S|)!}{n!} \quad (1-6)$$

而 $|S|$ 为联盟 S 的成员数目，称 $\varphi[v]$ 为沙普利值。

在上述定理中 $[v(S) - v(S - \{i\})]$ 可以理解为参与者 $i \in N$ 对联盟 S 的边际贡献，而 $\gamma_n(S)$ 则是每个联盟 S 的加权因子。

根据定义，n 维向量 $\varphi[v] = (\varphi_1[v], \varphi_2[v], \cdots, \varphi_n[v])$ 为一个值，n 维向量值中包含 n 个实数，这 n 个实数分别代表着进行博弈 $<N, v>$ 的 n 位参与者期望分配的合理的支付值。

基于沙普利值进行联盟成员的利益分配体现了各盟员对联盟总目标的贡献程度，当每个参与者可能比其他参与者贡献更多或更少时，沙普利值有助于确定所有参与者的回报。避免了分配上的平均主义，比任何一种仅按资源投入价值、资源配置效率及将两者相结合的分配方式都更具合理性和公平性，也体现了各盟员相互博弈的过程。在这种情况下，"公平"意味着沙普利值方法满足以下几点属性（Grimmer M，2013）：

（1）有效性，所有玩家沙普利值的总和等于联盟的价值，所以所有收益都在参与玩家之间分配。

（2）对称性，如果两个玩家对联盟的贡献相同，那么他们应该得到相同的沙普利值。

（3）线性性，如果两个博弈结合起来，那么每个玩家的沙普利值应该等于他们在两个博弈中单独的沙普利值之和。

（4）空玩家，如果一个玩家对任何联盟都没有贡献，那么他应该得到零沙普利值。

（5）匿名性，如果两个玩家交换位置，那么他们应该交换沙普利值。

（6）边际性，每个玩家的沙普利值等于他在所有可能加入的联盟中平均贡献率。

1.2.3　变分不等式

1.2.3.1　变分不等式基本理论

变分不等式理论（variational inequality，VI）是现代数学的一个重要分支，始于研究一类力学问题中的偏微分方程，近年来，计算机能力的快速提高以及众多学者的深入研究，将其作为一种研究工具逐渐发展起来，并在金融网络平衡、城市交通网络均衡、供应链网络均衡等问题中得到广泛应用，成为解决均衡问题的重要工具。

1. 变分不等式基本定义

变分不等式（variational inequality problem）是将经典非线性变分问题的约束条件转化为单边约束的变分方法，已被广泛应用于交通、运输、经济等领域的均衡问题求解。网络中成员据此制定合适的价格、采购量、流动量等。纳古尼（2002）首次将变分不等式运用到供应链网络均衡问题求解中，通过数值模拟网络参与者行为，得到全网络利益最优的决策，有效解决了多目标规划问题，逐渐成为诸多学者解决复杂结构网络均衡问题的首选工具，其相关定义及性质如下：

定义 1：有限维的变分不等式问题，$VI(F, K)$ 就是寻找一个向量 $X^* \in K \in R^n$，满足：

$$\langle F(X^*), (X - X^*) \rangle \geq 0, \ \forall X \in K \tag{1-7}$$

其中，F 是从 K 到 R^n 上给定的连续函数，且 K 是闭凸集，$\langle \cdot, \cdot \rangle$ 表示定义在 n 维欧式空间上的内积。

$$\langle F(X^*), (X - X^*) \rangle = \sum_{i=1}^{n} F_i(X^*) \times (X_i - X_i^*) \tag{1-8}$$

定理 1（解的存在性）：假设 $K \subset R^n$ 是凸集，$F(X)$ 是定义在 K 上的连续函数，并且 $F: K \rightarrow (R^n)$ 是连续的，若 (R^n) 是 R^n 的对偶空间，则变分不等式至少有一个解。

定理 2（解的唯一性）：在满足定理 1 情境下，若：

$$\langle F(X^*), (X - X^*) \rangle \geq 0, \ \forall X, X^l \in K, \ X^l \neq X \tag{1-9}$$

则变分不等式有唯一解。

2. 变分不等式的性质

性质 1：哈克和庞（Harker & Pang，1990）设存在 $X \in Rn$ 为非空紧凸集，F

为 $X \rightarrow Rn$ 的连续映射，那么变分不等式 $VI(X, F)$ 必有解（王耀东，1987）。

性质 2：设存在 $X \in Rn$ 为非空闭凸集，F 为 $X \rightarrow Rn$ 的连续映射，如果存在有界非空集合 $K \in X$，且对于任意 $x \in X/K$，存在 $y \in K$，使 $F(x)T(x-y) \geqslant 0$，则变分不等式 $VI(X, F)$ 必有解。

映射函数 F 单调性的性质：

性质 3：假设 F 为 $X \rightarrow Rn$ 的连续映射，则存在以下性质：

（1）若 $\left[F(x) - F(y)\right]T(x-y) \geqslant 0$，$\forall x, y \in X$，则称 F 在 X 上单调；

（2）若 $F(y)T(x-y) \geqslant 0$，可得 $F(x)T(x-y) \geqslant 0$，$\forall x, y \in X$，则称 F 在 X 上伪单调；

（3）若 $\left[F(x) - F(y)\right]T(x-y) \geqslant 0$，$\forall x, y \in X$，$x \neq y$，则称 F 在 X 上严格单调；

（4）若 $\left[F(x) - F(y)\right]T(x-y) \geqslant \alpha \parallel x - y \parallel 2$，$\forall x, y \in X$，则称 F 在 X 上强单调。

性质 4：假设 $X \in Rn$ 为非空紧凸集，F 为 $X \rightarrow Rn$ 的连续映射，如果 F 在 X 上强单调，则变分不等式 $VI(X, F)$ 最多有一个解。

性质 5：假设 $X \in Rn$ 为非空紧凸集，F 为 $X \rightarrow Rn$ 的连续映射。如果 F 在 X 上严格单调，则变分不等式 $VI(X, F)$ 有唯一解。

1.2.3.2 变分不等式的求解算法

变分不等式有许多求解方法，比较典型的有：投影算法、修正投影算法、LQP – ALM 算法等。

1. 投影算法

投影算法是目前常用的求解方法，但投影算法的收敛要由函数 F 的强单调性和 Lipschitz 连续来保证。投影算法可用式（1 – 10）来描述，设 T 为迭代次数：

$$X^T = P_K(X^{\tau-1} - \alpha G^{-1}F(X^{\tau-1})) \tag{1-10}$$

其中，G 是一个对称正定 $N \times N$ 矩阵，$\alpha > 0$，$P_K X$ 为 X 在 K 上的垂直投影。

特殊情况下，当 K 是一个非负轨迹（杨玉香，2016），即 $K = R_+^N$，则投影算法的迭代转化成下列形式：

$$\begin{cases} (X^{T-1} - \alpha G^{-1}F(X^{T-1}))_i, & 若(X^{T-1} - \alpha G^{-1}F(X^{T-1}))_i \geqslant 0 \\ 0, & 其他 \end{cases} \tag{1-11}$$

其中，$i = 1, 2, \cdots, N$。

在这种情况下，可行域 K 是非负轨迹，为了计算 $\{X^T\}$ 需要有一个简单的公式，它将记录 $\{X^T\}$ 的变化过程，既可单独进行，也可同时进行。投影算法可以很好地解决变分不等式问题，尤其是二次规划中的变分不等式问题，这就需要将变分不等式转化为简单的变分不等式子问题，因为子问题常有一些特殊的结构和算法，可以达到更好的效果。

2. 修正投影算法

修正投影算法具有设计简单，收敛较快等优势，在求解前会设置固定的迭代步长，可同时获得决策变量与约束条件对应的 Lagrange 乘子在内的所有变量，省去了许多烦琐的操作，具体步骤如下：

步骤 0：初始化。假设迭代步数为 T，任选初始解为 $X^0 \in R^n_+$。令 $T=1$，设 a 为步长。

步骤 1：初始化。设定初始解为 $X^0 \in \kappa$。令 $\zeta=1$，选择步长 $\alpha\left(0<\alpha<\dfrac{1}{L}\right)$，其中：$L$ 表示变分不等式中函数 F 的 Lipschitz 常数。

步骤 2：构造和计算。通过构建变分不等式 $\left[\bar{x}^{\zeta-1}+\left(\alpha F\left(x^{\zeta-1}\right)-x^{\zeta-1}\right)\right]^T\left[x'-\bar{x}^{\zeta-1}\right]\geq0$，$\forall x'\in\kappa$，求解 $\bar{x}^{\zeta-1}$。

修正投影下构造变分不等表达式为：

$$\sum_{t=1}^{T}\sum_{i=1}^{S}\sum_{j=1}^{M}\left[\bar{q}^{1\zeta}_{ijt}+\frac{\alpha}{(1+r)^t}\left(\frac{\partial TC_{ijt}(q^{1(\zeta-1)}_{ijt},\delta^{\zeta-1}_{si})}{\partial q^1_{ijt}}+\frac{\partial TC_{jit}(q^{1(\zeta-1)}_{ijt},\delta^{\zeta-1}_{si})}{\partial q^1_{ijt}}+\right.\right.$$
$$\left.\left.\mu^{\zeta-1}_{it}-\varphi^{\zeta-1}_{jt}\right)-q^{1(\zeta-1)}_{ijt}\right]\times\left[q^1_{ijt}-\bar{q}^{1\zeta}_{ijt}\right] \tag{1-12}$$

步骤 3：修正。通过变分不等式 $\left[x^{\zeta}+\left(\alpha F\left(\bar{x}^{\zeta-1}\right)-x^{\zeta-1}\right)\right]^T\left[x'-x^{\zeta}\right]\geq0$，$\forall x'\in\kappa$，求解 x^{ζ}。

修正后的变分不等表达式为：

$$\sum_{t=1}^{T}\sum_{i=1}^{S}\sum_{j=1}^{M}\left[q^{1\zeta}_{ijt}+\frac{\alpha}{(1+r)^t}\left(\frac{\partial TC_{ijt}(\bar{q}^{1\zeta}_{ijt},\bar{\delta}^{\zeta}_{si})}{\partial q^1_{ijt}}+\frac{\partial TC_{jit}(\bar{q}^{1\zeta}_{ijt},\bar{\delta}^{\zeta}_{si})}{\partial q^1_{ijt}}+\right.\right.$$
$$\left.\left.\bar{\mu}^{\zeta}_{it}-\bar{\varphi}^{\zeta}_{jt}\right)-q^{1(\zeta-1)}_{ijt}\right]\times\left[q^1_{ijt}-q^{1\zeta}_{ijt}\right] \tag{1-13}$$

步骤 4：收敛性验证。如果 $|x^{\zeta}-x^{\zeta-1}|\leq\varepsilon$，即 $|q^{1\zeta}-q^{1(\zeta-1)}|\leq\varepsilon$，$|q^{2\zeta}-q^{2(\zeta-1)}|\leq\varepsilon$，$|\delta^{s\zeta}-\delta^{s(\zeta-1)}|\leq\varepsilon$，$|\delta^{m\zeta}-\delta^{m(\zeta-1)}|\leq\varepsilon$，$|S^{\zeta}-S^{\zeta-1}|\leq\varepsilon$，$|I^{\zeta}-I^{\zeta-1}|\leq\varepsilon$，$|H^{\zeta}-H^{\zeta-1}|\leq\varepsilon$，$|L^{\zeta}-L^{\zeta-1}|\leq\varepsilon$，$|\mu^{1\zeta}-\mu^{1(\zeta-1)}|\leq\varepsilon$，$|\mu^{2\zeta}-\mu^{2(\zeta-1)}|\leq\varepsilon$，$|\varphi^{\zeta}-\varphi^{\zeta-1}|\leq\varepsilon$，$|p^{3\zeta}-p^{3(\zeta-1)}|\leq\varepsilon$，$\varepsilon$ 表示设置的收敛精度且 $\varepsilon>0$，满足条件则停止迭代；否则令 $\zeta=\zeta+1$ 再进入步骤 2 循环直至满足条件。

修正投影算法通常在机器学习和数据挖掘、生产规划与调度、运输与物流优化和需求预测与订单管理等领域中应用较多，主要用于处理约束优化问题。例如，优化生产规划和生产调度以及运输路线、运输调度和物流网络设计等问题。修正投影算法在凸优化问题的求解中具有较好的收敛性和效率，适用于多个领域的约束优化问题，可以协助优化供应链的各个环节，提高供应链的效率、灵活性和可持续性。通过应用修正投影算法，供应链管理者可以更好地应对市场变化和挑战，实现供应链的优化和持续改进。

3. LQP - ALM 算法

李等（2007）在进一步改进 KK 方法的基础上，提出求解一类有约束的变分不等式的 LQP - ALM（Inexact Logarithmic - Quadratic Proximal Augmented Lagrangian Method，不精确的对数—二次临近扩张拉格朗日法）方法。

考虑变分不等式：

$$x \in S, \quad (x - x')^T g(x) \geqslant 0, \quad \forall x' S \qquad (1-14)$$

这里 $S = \langle x \in R^n \mid Ax \leqslant b, \ x \geqslant 0 \rangle$，$A \in R^{m \times n}$ 为已知矩阵，$b \in R^m$ 为已知向量，$g: R_+^n \to R^n$ 为已知单调算子。为约束 $Ax \leqslant b$ 引入 Lagrangian 乘子 $y \in R^m$（杨玉香，2016），上述问题可转化成下列形式：

$$x \in S, \quad (u' - u)^T F(u) \geqslant 0, \quad \forall u' \in \Omega \qquad (1-15)$$

式中，$u = \begin{pmatrix} x \\ y \end{pmatrix}$，$F(u) = \begin{pmatrix} g(x) + A^T y \\ -Ax + b \end{pmatrix}$，且 $\Omega = R_+^n \times R^m$。

LQP - ALM 方法的详细步骤如下：

步骤 1：设置 $\beta > 0$，$r^0(:=1) > 0$，$\eta = 0.95$，$\mu = 0.01$，$\gamma = 1.8$，$\varepsilon = 10^{-6}$，$k = 0$。变量初始值 $x^0 \in R_+^n$ 和 $y^0 \in R^m$。

步骤 2：若 $\| e(u^k) \|_\infty < \varepsilon$，则终止。否则，继续步骤 3，

$$e(u^k) = \begin{pmatrix} e_x(u^k) \\ e_y(u^k) \end{pmatrix} = \begin{bmatrix} x - P_{R_+^*} \{ x - [g(x) + A^T y] \} \\ -Ax + b \end{bmatrix}$$

步骤 3（预测）：生成预测器 $\bar{u}^k = \begin{pmatrix} \bar{x}^k \\ \bar{y}^k \end{pmatrix}$：

计算 $p = g(x^k) + A^T(y^k - \beta(-Ax^k + b))$；

① $s = p - r^k(1 - \mu)x^k$；

$$\bar{x}_j^k = \langle [(s_j)^2 + 4\mu(r^k)^2(x_j^k)^2]^{1/2} - s_j \rangle / 2r^k;$$

$$\bar{y}^k = y^k - \beta(-A\bar{x}^k + b);$$

$$l_x^k = x^k - \bar{x}^k;$$

$$l_y^k = y^k - \bar{y}^k;$$

$$\xi^k = -((g(x^k) - g(\bar{x}^k)) + \beta A^T A l_x^k);$$

$$d^k = l_x^k + \frac{1}{r^k(1 + \mu)}\xi^k;$$

$$i^k = \| \xi^k \|^2 / [(r^k(1 - \mu^2)(r^k \| l_x^k \|^2 + \| l_y^k \|^2 / \beta)]^{1/2}.$$

② 如果 $t^k > \eta$，则增大 r^k，$r^k = r^k \cdot t^k \cdot 1.25$ 且继续①的过程，否则进行下

一步。

步骤 4：计算校正步骤中的步长：

$$\varphi^k = \left[\, (r^k l_x^k + \xi^k)^T l_x^k + \| l_y^k \|^2 / \beta \right] / (1 + \mu) \, ;$$

$$\psi^k = \frac{1 + \mu}{1 - \mu} r^k \| d^k \|^2 + \frac{1}{\beta(1 + \mu)} \| l_y^k \|^2 \, ;$$

$$\alpha^{*k} = \varphi^k / \psi^k \, ; \quad \alpha^k = \gamma \alpha^{*k} \, 。$$

步骤 5（校正）：计算新迭代 $u^{k+1} = \begin{bmatrix} x^{k+1} \\ y^{k+1} \end{bmatrix}$：

计算

$$\overline{p} = \alpha^k (g(\overline{x}^k) + A^T \overline{y}^k) \, ;$$

$$\overline{s} = \overline{p} - r^k (1 - \mu) x^k \, ;$$

$$x_j^{k+1} = \left\{ \left[(s_j)^2 + 4\mu (r^k)^2 (x_j^k)^2 \right]^{1/2} - \overline{s}_j \right\} / 2 r^k \, ;$$

$$y^{k+1} = y^k - \alpha^k \beta (- A \overline{x}^k + b) \, 。$$

步骤 6：若 t^k 太小，则为下一次迭代准备一个递减的 r。

$$r^{k+1} = \begin{cases} r^k \cdot t^k \cdot 1.25 \, , & \text{若 } t^k \leq 0.3 \, , \\ r^k \, , & \text{否则}; \end{cases}$$

$k = k + 1$，继续步骤 2。

LQP - ALM 算法可用于解决优化问题，例如优化生产计划、库存管理、运输调度等。具体来说，LQP - ALM 算法可以帮助供应链管理者在面对不确定的市场需求、供应链环节之间的协调和资源限制等复杂情况下，找到最优的决策方案，以实现供应链整体最优。

第2章

乳品供应链管理基础

2.1 供应链及其特征结构

2.1.1 供应链的概念

供应链的概念最早出现在 20 世纪 80 年代，1985 年，霍利汉（Houlihan）第一次提出"供应链"的概念，指出供应链是由供应商、制造商、分销商、零售商、最终顾客等组成的系统，在这个系统里物质从供应商向最终顾客流动，信息流动是双向的。之后人们开始关注上下游企业之间的价值合作与协调问题。

不同学者从不同的研究角度，对供应链及供应链管理的概念提出不同的看法。哈里森（Harrison，1995）认为，供应链是执行采购原材料，将他们转换为中间产品和成品，并且将成品销售到用户的功能网链。林等（Lin F. R. et al.，1998）认为供应链是包括供应商、制造商、销售商在内，涉及物流、资金流、信息流的企业网络系统。马士华和孟庆鑫（2005）认为供应链是围绕核心企业，通过对信息流、物流、资金流的控制，从采购原材料开始，制成中间产品以及最终产品，最后由销售网络把产品送到消费者手中的供应商、制造商、分销商以及零售商，直到最终用户连成一个整体的功能网链结构。这是我国现代供应链发展过程中，最能够被广泛引用的概念界定。我国物流术语（GB/T 18354—2021）中定义供应链是生产及流通过程中，围绕核心企业的核心产品或服务，由所涉及的原材料供应商、制造商、分销商、零售商直到最终用户等形成的网络结构。

随着平台经济、共享经济、数字化经济、区块链技术等新型经济形态和技术的涌现，供应链的定义也更加全面丰富。本书将供应链定义为一个功能性的网络结构，"功能"指的是供应链中各个环节或节点的具体操作和任务，如采购、生产、仓储、运输、销售等。而"网链结构"则指的是这些功能环节之间相互关联、相互依存的组织架构。供应链是由多个不同功能的环节组成的网络，这些环节之间通过流程、信息和物流等方式相互连接和配合，形成一个整体的复杂网络体系。

2.1.2　供应链的特征

从供应链的定义可见，传统供应链向现代供应链演进的过程中，呈现出诸多新特征：

1. 复杂性

马明建和王亚楠（2023）指出供应链节点企业组成的跨度不同，供应链往往由多个、多类型甚至多个国家的企业组成，一个完整的供应链整体，其内部有着复杂的构成要素，供应链管理不是普通的企业管理，而是要涉及上下游的协同运作及关系治理，比一般单个企业的结构模式更为复杂。

2. 动态性

在复杂多变的供应链内外部环境中，物流、资金流和信息流贯穿整个供应链，供应链管理需要适应企业战略与市场需求变化，并且容易受到国内外政策、行业政策、企业战略等多维因素的影响，因此供应链上的企业存在随着时间演变的优胜劣汰，呈现出动态性的特征。

3. 网络性

供应链由最初的本土供应链逐步转变至全球供应链，呈现出供应链相互交织在一起的网络特征，供应链的运行过程中使上下游企业之间联系更加频繁，李毅鹏（2021）也指出供应链是按供需关系组成的结构，核心企业与供应商之间、供应商的供应商之间、销售商之间、销售商的销售商之间组成层层分布的网络结构。

4. 增值性

陈玺名（2023）对早期供应链总结指出，供应链包含供应、制造、分销、批发、零售等参与方，以及和用户之间的活动、利益构成了一种链状关系，在这种情况下，供应链的各个环节中，每个节点成员都会产生价值。而如今的供应链不仅是连接供应商到用户的物流链，而且是一条价值增值链，物品在供应链上因加工、运输、储存等活动而增加其时间价值和空间价值。通过对各环节参与主体所涉及的各类要素资源进行有序配置和组织，可获得供应链产品价值的增值。

5. 传导性

韩功华（2023）认为，供应链的传导性是指供应链的某个环节发生变动，就会相应顺沿供应链的整个链条波及其他环节的特有性质，这种传导性是供应链重要的特征之一，也是影响供应链安全的重要方面。目前关于供应链传导性的研究主要聚焦于风险传导和信息传导。

2.1.3 供应链结构类型

2.1.3.1 基本结构类型

从企业与企业之间关系的角度来划分供应链结构模型，分别有链状结构、网状结构以及哑铃形网状供应链结构。

1. 链状结构

最简单的供应链结构为链状结构。此供应链结构最初的原材料常见于自然界，如矿山、油田、橡胶园等，经过制造商的加工、包装、装配等过程，由各级分销商传递，被最终用户消费后仍回到自然界，完成物质循环。把供应链上的成员企业抽象为供应链链状结构上的节点，分别用字母来表示（如图 2 - 1 所示），A 为自然界，B 为供应商，C 为制造商，D 为分销商，E 为用户，由此构成了最初的完整的供应链链状结构。

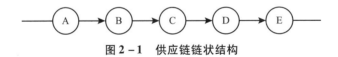

图 2 - 1 供应链链状结构

2. 网状结构

网状结构的供应链相当于是在简单的链状结构基础上发展起来的供应链体系，包括多层级多层次的供应链成员企业（如图 2 - 2 所示），有 n 个供应商，k 个制造商，m 个分销商。1 个供应商供给 k 个制造商，一个制造商向 n 个供应商采购，交叉合作，制造商与分销商的关系也如此，形成了多对多的供应链网状结构，其中节点企业存在着强弱的联系，且依据合作交易关系呈现动态变化态势。

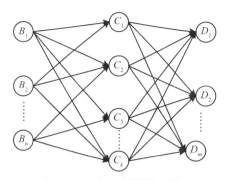

图 2 - 2　供应链网状结构

3. 哑铃形网状供应链结构

哑铃形供应链是指企业的供应链网络结构呈现出两头企业主体多、中间企业主体少的特点，在这种供应链结构中制造企业为核心企业，是供应链运营的主导者，而两端供应商和零售商企业主体小且分散，但数量众多，这种结构的供应链活动都围绕核心企业进行，核心企业的管理理念和组织模式影响着整条供应链的发展，相比于链状与网状结构更具有集中性（如图 2 - 3 所示）。供应链上游由 r 个一级供应商和 n 个二级供应商组成，将原材料、半成品运送到制造商节点处进行加工再处理，最后将产品交付给下游的 m 个分销商和 s 个用户手中，其中，上游供应商和下游分销商均与制造商呈现出多对一的供需关系。这种结构使得供应链网络相对稳定，但往往利润分配不均，供应链两端企业主体竞争比较激烈，比较容易在供应链优胜劣汰中发生更替。

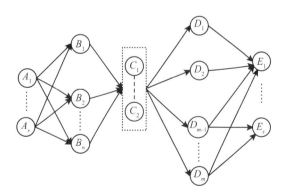

图 2 - 3　哑铃形供应链网状结构

2.1.3.2　供应链结构的相关研究

供应链结构是指围绕主体企业，将原料采购供应商、产品生产制造商、产品流通分销商、销售服务零售商，以及终端用户连成一体的功能网链结构（习明明等，2023）。本书从网络结构、权力结构和渠道结构三个层面对供应链结构研究进行文献梳理。

1. 供应链网络结构

供应链网络结构是指在竞争、合作、复杂、动态的市场环境中，由供应商、制造商、各级分销商、零售商和最终客户等经济实体构成的可快速响应市场需求的动态供需网络结构，具有典型的复杂网络的特征，且供应链网络是当前企业间主流的组织形式，一个供应链运转的正常与否直接关系着其中每一个节点成员的生产经营活动，进而影响成员的最终效益（房艳君，2023）。

在关系治理的过程中，供应链结构被认为是价值传递的媒介，结构不同会使上下游竞合关系及传导效应有所不同。亨德里克斯（Hendrikse，2011）等基于五种供应链结构研究了两个异质供应商和一个分销商在集中、获取和抵消力量之间的相互作用下，双重分配的治理结构总是可以带来高效的绿色投资。门多萨（Mendoza，2013）等分析了共享供应商和独立供应商两种供应链结构对企业社会责任激励的价值。勒蒂兹亚（P. Letizia，2016）等考虑了三种供应链结构对两个同质供应商和一个分销商投资企业社会责任的激励，将生产资料所有权作为供应链结构博弈的调节要素，明确指出横向联盟结构能够激发供应商实施企业社会责任的积极性，驱动供应链企业承担企业社会责任的前提是在寻求共同利益点的基础上确定公平的收入分配方式。

杨怀真（2018）等研究了一个由生产商、分销商和零售商组成的生鲜农产品三级供应链，通过加入价格补贴机制，发现电子商务的应用有利于改善供应链成员之间的关系，更好地协调三者之间的利益目标，并且有利于改善供应链内部的信息结构。宋灿和侯欣裕（2021）也发现，在供应链网络结构中占据优势位置的企业，能够在网络中掌握更多的控制优势和信息优势。

2. 供应链权力结构

供应链权力结构是指存在不同的供应链主体来主导决策权，现实中供应商和物流商之间存在不同的权力结构，既存在供应商主导的权力结构，也存在物流商主导的权力结构，不同的权力结构会导致不同的运营决策（张剑雄，2024）。

郑绍谦和傅烨（2003）从供应链的信息和决策结构出发，分别研究在供应链内部信息对称与不对称的情形下，不同的决策结构对供应链效率的影响。谭春桥（2021）等研究表明，企业社会责任在不同权力结构和不同承担主体下都有利于增加物流服务水平、市场需求、集成商和提供商的效用以及供应链整体效用。史成东（2021）发现，随着社会责任投入量敏感系数的增加，三类不同权力博弈模型中制造商和零售商的利润以及供应链的总利润均增加，适度提高社会责任投入量敏感系数可以提升社会福利水平。姚锋敏（2022）研究三种渠道权力结构下，不同成员企业的社会责任行为对闭环供应链定价决策的影响，发现在纳什均衡下，无论制造商还是零售商承担社会责任，新产品的零售价格都最低、市场需求量都最高，闭环供应链整体的总利润都最高。

3. 供应链渠道结构

供应链渠道结构是指产品从生产商到最终用户的流通过程中，各环节的销售渠道结构多样，主要包括分销商、批发商和零售商等。不同的销售渠道结构会对产品的流通效率、成本和市场竞争力产生影响。曾国钰（2022）认为，对于供应商而言，产品销售渠道是连接产品和消费者之间的纽带，是实现产品价值的必经之路，选择合适的产品销售渠道尤为重要。

姚锋敏（2019）等在三种不同回收渠道结构下，探讨具有企业社会责任的闭环供应链回收渠道选择及定价决策问题，结果显示制造商的企业社会责任行为均有利于扩大新产品市场需求、提高废旧产品回收率。潘达（Panda，2015）等通过研究制造商承担企业社会责任的三级供应链渠道协调问题，分析了制造商企业社会责任行为对供应链决策及利润分配的影响。刘（Liu，2018）等研究由一个主导零售商和 n 个同质供应商组成的 CSR 供应链中的渠道协调和决策问题，指出基于企业社会责任成本分担的机制优于仅由零售商或供应商承担 CSR 的机制，并增加零售商和供应商在各种情况下履行其社会责任的积极性，而不会对利润产生不利影响。拉扎（Raza，2018）讨论需求不确定情况下制造商投入企业社会责任的供应链协调问题，并运用收益共享契约结构实现了供应链成员间的双赢。王丽（2016）构建 NN 模式、SN 模式以及 SS 模式三种不同的竞争供应链纵向结构选择模型，探讨企业社会责任环境下的纵向结构均衡与契约选择问题。黄宁（2024）通过构建博弈模型研究了碳减排投资对不同渠道结构下的最优决策和融资模式的影响，发现有无碳减排投资时，制造商会分别选择双渠道结构银行融资和单渠道结构贸易信贷融资以获取最佳利润。

2.2　乳品供应链

2.2.1　大食物观

有别于传统的以粮为纲，大食物观体现了从"粮食"到"食物"观念上的与时俱进和丰富创新。1990 年，深耕于闽东经济发展第一线的习近平同志首次提出"大粮食观念",被认为是我国"大食物观"的雏形与起点。习近平日后曾表示:"解决吃饭问题不能光盯着有限的耕地,要树立大食物观。"2015年,中央农村工作会议正式提出"树立大农业观、大食物观理念"。随后,2016年、2023年、2024年相继在中央一号文件中提及树立大食物观,多渠道拓展食物来源,构建多元化食物供给体系。研究普遍认为,大食物观是对传统粮食观及食物观的拓展与延伸,是从粮食安全的单一目标向提供更充足、安全、营养健康的食物和促进人与自然和谐共生的双重目标转变。

大食物观理念顺应我国居民食物消费结构变化趋势、契合健康中国和美丽中国战略发展需求、满足人民对美好生活向往的需要,粮食概念从狭义的谷物扩展至一切可食用的食物范畴,并注重膳食营养均衡搭配,促进食物供给由单一生产向多元供给转变,实现各类食物供求平衡,由吃得饱转变为吃得好、吃得营养、吃得健康。大食物观反映出粮食安全向食物安全的边界拓展与战略深化,"向耕地草原森林海洋、向植物动物微生物要热量、要蛋白,全方位多途径开发食物资源"的一种观念,是指人们日常摄入的食物不局限于主粮,还包括肉、奶、水产品、果蔬类等各种营养品。

在现代社会中,饮食已成为影响健康的重要因素,随着国民消费水平的提高,乳制品作为中高端消费品,营养价值更高,其所含的丰富营养成分对人体的生理功能起着积极的促进作用,例如对人体的生长发育、免疫系统、骨骼健康等方面起正向作用,有助于增强人体对疾病的抵抗力,减少感染的风险等。乳品蕴含人体生长发育和保持健康需要的大多数营养元素,是最理想的钙源,容易消化吸收、食用方便,是世界公认的自然界最接近完美的食物,人称"白色血液"。由此可见,乳制品在未来将是主要的食物来源之一。

2.2.2 乳品供应链定义

乳品供应链是从食品供应链的概念中延伸出来,兼具食品供应链和农畜产品供应链的特征。食品供应链的概念最早由奥顿等(Ouden et al.,1996)提出,食品的生产加工等组织部门为降低产品和物流成本、提高产品质量和服务水平而实行的垂直式一体化运作模式,食品供应链是一种因产品、服务、信息等在种子到餐桌的全过程中相互连结而生成的网络结构(Maze,2001)。此后,国内外学者基于全局的视角,对食品供应链进行深入研究。张卫斌和顾振宇(2007)认为,食品供应链是由农业、食品加工业和物流配送业等相关企业构成的食品生产与供应的网络系统,主要围绕食品生产、食品供应、食品物流与食品需求四个主要领域组织实施。霍克斯和考瑞纳(Hawkes and Corinna,2009)认为,食品供应链可以被定义为将食物从农场带到餐桌的行动过程,包括诸如农业生产、加工、包装、仓储、运输、分销和营销等活动。我国学者安玉发（2020）将食品供应链看作"由农业、加工业、批发销售业等企业构成的食品生产与供应的网络系统，在此过程中包含了不同的组织载体与生产资料生产环节的种植者、加工商、包装商及销售等环节"。

结合供应链的内涵，定义乳品供应链，是以乳品加工制造为核心企业，通过对信息流、物流、资金流的控制，从采购原料奶，到加工生产乳品，借助销售网络使消费者获得最终产品，将牧场奶农、乳品加工企业、分销商以及零售商和最终消费者连成一个整体的功能网链结构，是一条为消费者提供乳品和一系列增值保障服务的生产价值链。

2.2.3　乳品供应链特征

1. 以乳品加工企业为核心的哑铃形网络结构

乳制品供应链包括原料乳供应、乳制品加工、市场流通和消费者消费等环节。其中原料乳供应环节主要的组织载体是小牧场，这些供应商通常规模较小，但数量众多，呈现出复杂的供应商网络关系；乳制品加工企业在整条供应链中起主导作用，控制着关键的物流、信息流和资金流的流通，是乳制品供应链的核心企业，相对规模较大，数量较少；供应链下游由各级经销商和零售商组成，同样呈现出规模小、数量多、关系复杂的特征，由此呈现出比较直观的哑铃形网络结构布局。

2. 乳品供应链前端繁杂

乳品供应链是一个复杂的系统，其前端组成部分尤其繁杂，徐广林（2017）总结指出，目前我国乳制品企业的生产组织模式主要有"奶农＋奶站＋乳品企业""养殖小区＋乳品企业""规模牧场＋乳品企业"三种，原料乳为集中代表的上游供应商，包含饲料养殖、育种、乳牛饲养等诸多环节，涉及众多的农牧户、养殖场等，共同呈现出乳品供应链前端组成部分参与主体数量大、较分散且个体规模小、标准不容易统一等特征。

3. 乳品供应链对链条外部的依赖度很高

乳品供应链的特征主要从原料属性、自然属性、冷链运输属性三个方面体现。从原料属性上看，虽然近年来中国乳业稳步发展，但是奶业产业链较长，饲草种植等环节还较为薄弱，对优质牧草进口依赖性强，对种植规模和条件要求较高。从自然属性上看，乳品生产环节关联大量的农业和畜牧业生产，需要大量优质土地和水资源，极大程度上依赖自然环境的变化。从冷链运输属性上看，原料乳及乳制品具有鲜活易腐性，因此各环节对保质期、卫生条件、存储条件等要求极高,从原料乳的收购、乳制品的生产制造到消费者对乳制品的消费等过程都要求有低温冷藏设备等冷链做基础,以满足消费者对乳品的新鲜度、区域和季节特点的多样化需求。

2.2.4 乳品供应链结构

乳品供应链具有"哑铃形"的市场结构,即加工企业作为供应链核心企业是乳品供应链的主导主体,上游链接大规模的牧场企业,下游链接复杂的零售系统,图2-4展示了我国乳品供应链的两种基本网络结构。

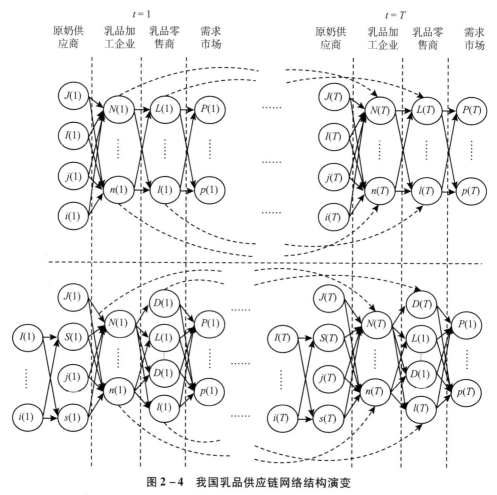

图2-4 我国乳品供应链网络结构演变

注:i表示某个规模牧场,$i \in [1, I]$;j表示某个自建牧场,$j \in [1, J]$;s表示某个合作社,$s \in [1, S]$;n表示某个乳品加工企业,$n \in [1, N]$;l表示某个传统零售商,$l \in [1, L]$;d表示某个电商渠道,$d \in [1, D]$;p表示某个需求市场,$p \in [1, P]$。

图 2 - 4 上,表示原奶供应商包括规模牧场和自建牧场,直接销售原奶给加工制造企业,没有中间环节,这符合我国乳业目前供应商和加工制造企业的关系现状。图 2 - 4 下,则表示原奶供应商包括规模牧场、合作社、自建牧场,并且规模牧场通过合作社与加工制造企业进行交易,这是目前国外乳业供应商与加工制造企业的关系现状。该阶段的合作社不同于分散的奶农合作社,主要起联合规模牧场,提高原奶供给端市场话语权的功能。目前这个阶段合作社是否有存在的必要,是国内外学术界和企业发展都在探讨的问题。

图 2 - 4 下,在分销零售环节,增加了电商渠道,也就是需要研究我国乳品供应链在双渠道销售网络上的表现。根据前期对伊利、蒙牛等大型乳企的调研,目前大概只有 10% 的产品是通过电商渠道销售的,但企业表示非常看好新兴的电商渠道,将继续增加电商渠道的销售比例。因此,对比图 2 - 4 上和图 2 - 4 下,我国乳品供应链网络发生了很大的不同,这种异质性的网络分别是如何影响乳品供应链资源均衡配置的,是关系我国乳品供应链未来发展趋势的关键问题。

2.3 乳品供应链相关研究领域

民以食为天。习近平总书记提出要树立"大食物观",既向陆地要食物,也向海洋要食物,耕海牧渔,建设海上牧场、蓝色粮仓,形成同市场需求相适应、同资源环境承载力相匹配的现代农业生产结构和区域布局。目前关于食品供应链的相关研究主要聚焦于食品供应链、粮食供应链、农畜产品供应链以及生鲜产品供应链等,本书将之进行简单梳理总结。

与"大食物观"相结合,食品供应链、粮食供应链、农畜产品供应链及生鲜产品供应链的共性主要有:首先,由于供应链上的企业较多且不同产品类型的供应链长度有所不同,加之世界食品贸易格局处于不平衡、不稳定的状态,食物供需区域性矛盾突出,复杂性特征明显;其次,由于供应链涉及多环节多参与方,使信息流通面临着不同程度的障碍,同时由于关联种植业、畜牧业,其产品供给端的标准化难度大;再次,呈现出典型的"哑铃形"供应链网络结构;最后,由于食品产品品类繁多、质量不一,产品去向和销售渠道也不同,因此其中介环节较多、渠道也较为复杂。

2.3.1 食品供应链

目前大部分学者认为,食品供应链的概念是从一般供应链基础上发展而来，主要是指以食品为对象，包括食品原料供应商、食品分销商、食品零售商和终端消费者组成的链状或者网状结构（陈燃，2023）。董悦祺（2023）通过整理相关文献，给出了对于食品供应链的定义：由供应商、制造商、加工商、分销商到终端消费者形成的纵向一体化的链状或网状结构，其中包括生产资料的供应、种养生产、加工储存流转销售和消费四个主要环节。食品供应链管理就是要将供应链的上下游连接成统一的架构，从而实现对食品供应链效率、收益和安全的最大化，确保食品质量安全的同时，保证食品供应链上的企业降低成本，提升利润水平（陈燃，2023）。

目前学者对于食品供应链的研究主要聚焦于以下几个方面：（1）供应链风险控制，在食品供应链中，产品的质量是参与者和最终消费者关注的主要问题，大多数供应商由于产品质量差而不能满足需求标准（Fitzgerald K. R.，2005），通过提高供应商的产品质量和服务质量以消除不确定性，企业能够将供应商的风险降到最低，有助于减少供应中断（Tse Y. K. et al.，2012）。张红霞（2014）开展核心企业主导的食品供应链质量安全风险控制研究，认为食品供应链质量安全信用风险的控制，需要建立合理的利益分配和风险共担机制。通过设计合理的激励机制，使核心企业与其他参与主体保持稳定的合作关系，可以有效控制质量安全信用风险。何等（He Y. et al.，2020）指出，供应商可以通过开发新产品适应市场需求的变化，助力供应链提高抗风险能力。董悦祺（2023）以中国情境下的食品供应链中断风险为研究对象，通过定性与定量相结合的方法系统研究食品供应链中断风险对组织绩效的影响，并针对性地从企业和供应链两个层面提出食品行业供应链中断风险的防范策略。（2）研究聚焦于信息可追溯方面的研究，山丽杰（2013）认为，企业实施食品可追溯体系能够增大不同信任属性食品的差异化程度，提高供应链管理效率，从而能提升食品的质量安全水平。孙胜楠（2017）等从消费者角度出发，结合消费者对溯源的支付意愿和供应商的溯源能力差异，给出了零售商的四种采购策略，研究指出提升消费者对溯源的支付意愿或扩大具有溯源意识的消费者细分市场，可能会使零售商增加不可追溯食品的采购量；而强化监管和加大对食品安全事件的处罚力度往往有助于提高市场上可追溯食品的供应。周雄勇（2022）基于资源基础观和资源依赖理论，以供应链可追溯为中介变量，发现供应链可追溯在不同维度的食品质量管理实践和可持续绩效之间起到部分或完全的中介作用。俞启玟（2024）从区块链技术与食品供应链可追溯系统的兼容性出发，探索基于区块链的食品供应链可追溯系统的成本控制机制，以促进食品供应链可追溯系统的发展。

2.3.2　粮食供应链

粮食供应链是指粮食从生产、加工、流通再到最终消费者的过程中，以粮食物流为中心，包括种子、化肥生产商、农户与农业种植公司、粮食加工企业、粮食经销企业、粮食供应物流服务商及最终用户等在内构成的网链结构（洪岚，2005）。冷志杰（2023）等总结先前的文献，给出粮食供应链的定义：由农资供应主体、粮食种植主体、粮食收储主体、粮食加工主体和粮食消费主体等经济主体，基于交易活动而构成的网链结构。

诸多学者对于粮食供应链的研究主要聚焦于粮食供应链的韧性和安全方面。李凤廷（2023）等发现，我国粮食产业布局存在结构性短缺矛盾凸显、产业链短板突出，关键环节未能实现完全自主可控三个方面的问题，并建议未来从加强粮食供给和贸易，补齐粮食产业链供应链短板，构建粮食产业链供应链可持续发展体系等路径提升我国粮食产业链供应链韧性和安全水平。陈明星（2023）认为，粮食安全韧性是包括粮食产业链、供应链、价值链等多重维度韧性的系统韧性，并非各链的"自构"或各链韧性的简单加总，因此，需要强化底线思维、系统思维，顺应双侧协同、三产融合、集群成链等趋势，为粮食安全韧性提升持续拓展空间。王娟娟（2024）等通过动态熵权测度数字经济指数和粮食供应链韧性水平，分析了数字经济赋能我国粮食供应链韧性的效应及区域差异，并认为通过提升基础设施完善度和匹配度，将农业数字化发展纳入城镇化规划，聚焦农业资源研发，培育新质生产力，就可以有效提升数字经济赋能粮食供应链韧性。刘石磊（2024）则指出，因为疫情、极端自然灾害及地缘政治冲突等因素影响，全球粮食供应链陷入了混乱，应通过加强国际合作，畅通粮食供应链堵点和断点。

2.3.3　农畜产品供应链

农畜产品供应链是指从农牧养殖开始，经过加工、仓储、运输、销售等一系列环节，将农畜产品从农场最终供应到消费者手中的全过程。农畜产品供应链的畅通与否，直接关系到农畜产品的品质、安全以及市场竞争力。

现有关于农畜产品供应链的研究大多关注在农畜产品供应链的质量安全可追溯体系、绿色化建设以及跨境协作方面。孙寒冰（2021）等发现，由于缺乏强有力的市场和产品流通运营系统监管，农畜产品质量安全问题时有发生。可追溯技术虽然被广泛提及，但在实施过程中尚且存在技术壁垒、成本过高等现实问题，提出区块链将成为核心追溯系统的未来发展方向。张建军（2023）等从农畜产品供应链绿色化建设方面展开讨论，围绕发展环境、技术创新、信息化建设和政策保障等，提出草原畜产品绿色供应链的优化路径，包括营造畜产品供应链绿色发展环境、构建绿色技术创新体系、加强绿色供应链信息化建设以及加大政府政策保障力度等。

农畜产品供应链跨境协作也是学者们重点关注的方向之一。邢宛飞（2024）发现，西方国家频繁设置贸易壁垒，限制我国农畜产品出口，建议我国农畜产品供应链应主动开发中东盟市场；同时还提出要建立农畜产品逆向可追溯系统，明确质量安全的责任主体。张建军（2024）等则通过研究中蒙农畜产品跨境贸易，提出以中蒙农牧业跨境供应链为载体，通过供应链上各参与主体的充分协作，完善中蒙农牧业跨境物流通道和物流网络以及培育大型物流服务企业，构建中蒙农牧业跨境供应链信息平台等。

2.3.4　生鲜产品供应链

生鲜品供应链的研究始于 20 世纪 90 年代，当时主要围绕美国的杂货店，为其解决经营不善的问题，如何在压缩成本的基础上保证生鲜品的质量安全，是当时学者们的研究热点。目前关于生鲜产品供应链的研究，生鲜产品特性如何有效体现，是诸多学者研究的重点，也是生鲜产品供应链不同于其他供应链研究的关键。

生鲜品是指由供应商包括农民、农业合作社或种植基地等生产的、不加工或只经过制造商简单初加工的，涵盖蔬菜、水果、水产品、畜禽及肉蛋奶在内的五类农产品的总称（但斌，2011）。生鲜品供应链是指围绕生鲜品，将原材料生产、供应、初加工、销售等环节涵盖的运营链条，这些环节涉及的主体包括供应链、制造商、零售商以及最终的消费者。生鲜品供应链在运作过程中不仅涉及原材料到半成品到产成品的生产过程，更涉及储存条件、杀菌技术、运输工具、温度环境监测等多种硬件与软件条件的控制，因此生鲜品供应链较其他产品供应链更具有风险与不确定性，需要各方主体共同合作实现高效运转。

哈沙尔和施拉德（Ghare & Schrader, 1963）最早从生鲜品的变质率切入研究易腐品的基本变质模型。在发现生鲜品变质率、新鲜度及易腐性等特点的基础上，于（Yu, 2013）等建立了生鲜品供应链寡头竞争网络模型，并将其运用在哈密瓜市场中。奇奥等（Chiou et al., 2007）等提出生鲜产品容易受到运输时间、新鲜度和损耗比例的影响。在供应链决策方面，秦（Qin, 2014）综合考虑生鲜品数量、质量及价格来分析生鲜品联合定价问题。许强（2015）等在研究鲜活农产品供应链网络均衡时以供货量损耗比为参数，探究其对供应链均衡的影响。王磊（2015）等构建了受新鲜度和价格影响的时变效用函数，以研究生鲜品供应链协调的问题，研究发现"保鲜成本分担＋收益共享"契约可实现分散决策下的供应链协调。唐润（2018）等研究了农业合作社及超市在不同打折情形下的分散与集中决策下的最优折扣率以及市场出清策略。阿斯彻等（Asche et al.，2021）研究发现，相比于追求规模经济带来的利益，新鲜度的衰减及有效期对生鲜产品的限制成为影响运输成本的重要因素，要及时规避这两个方面带来的损失才能实现可持续的盈利。

为有效提升生鲜产品供应链的运行效率和消费者体验，诸多学者和企业将关注点转到区块链技术驱动下的生鲜供应链运行，李青松（2024）等发现，采纳区块链技术并不总是生鲜产品供应链的最优决策，这与区块链采纳成本系数、价格敏感度、消费者对产品新鲜度和安全性的担忧等因素有关。只有当区块链采纳成本较低时，供应商才有动机采纳区块链技术。王建华（2024）等提出，区块链技术能够为生鲜农产品供应链安全保障提供可行解决方案，但只有当消费者新鲜度敏感系数、消费者对产品信息虚假性的敏感系数、技术补助在一定取值范围时，供应商和销售商才会同时选择应用区块链技术平台。此后，张波（2024）认为，消费者对生鲜农产品存在品牌力和绿色新鲜度的偏好，发现两个定价契约能有效协调生鲜品供应链。李婷婷（2024）则在订单农业模式的基础上提出，应借力数字技术提高生鲜电商供应链需求预测的精准性。

2.3.5　乳品供应链

生鲜产品供应链包含乳品供应链，随着乳制品产业的高速发展和市场变化，乳品供应链逐渐被学者们广泛关注，成为相对独立的研究领域。

乳品供应链是指以乳制品为对象，围绕核心企业，通过对信息流、物流、资金流的控制，从奶源采购开始，到乳品生产加工完成，最终由销售网络将乳制品转移到消费者手中的将奶农、乳制品加工企业、分销商、零售商以及最终消费者连接成一个有机整体的功能网链模型，是一条为消费者提供乳制品和一系列增值保障服务的生产价值链。

常凯迪（2017）针对奶农与乳品加工企业，分别从合格率及品质度两个视角进行利益分配研究。姜启军、胡珂（2017）则发现，乳品供应链间信息共享可加强预测、防范和规避潜在风险的能力。陈佳佳（2018）等认为形成利益共同体有利于生鲜乳供应链网络效益的提升。本书作者华连连等（2021）详细描述了乳品的时变品质度特性，从资源配置维度提出乳品供应链品质激励契约，为解决乳品供应链长期存在的利润分配不均问题提供可行解，并撰写多篇文章研究乳品供应链网络均衡及技术投入驱动下的乳品供应链上下关系协调等文章，将在后面章节展开论述。由于乳品供应链信息共享质量较差，致使未被供应链接收的信息在供应链中处于震荡和碰撞的状态，对乳品供应链造成了不利的影响（王福等，2022）。曹素娟（2023）发现，存在乳品供应链供应商过于分散及商业信用利用不够等问题，认为乳品企业应同样注重加强营运资金管理文化意识建设以及健全企业组织架构，但未从供应链上下游整体效率提升的角度研究乳品供应链的系统性治理。

第3章

我国乳品供应链发展现状

3.1 我国乳品供应链与新西兰乳品供应链运营模式对比

受资源、人文、环境及经济等各种因素的影响,乳品产业在世界各地发展存在很大差异,呈现出多样的发展模式。新西兰作为典型的畜牧业国家,乳品产业发达,乳品95%~99%面向全球出口,乳品贸易占据了全球的1/3,以我国市场为最主要的目标市场,也是我国乳业的首要竞争对手。反观我国乳业,相较于发达国家,中国乳品行业起步较晚,但受益于中国经济快速发展以及庞大的人口基数,乳品行业快速发展,渗透率迅速提升,现已成为世界第二大乳品市场,以伊利、蒙牛为代表的领航企业已经连续多年跻身全球乳业10强。我国乳品产业发展模式经历了由简单粗放向相对集约方向发展的过程,乳品供应链体系几经调整,呈现出良好的发展态势,但在国际乳品供应链与供应链的竞争中仍不占优势。诸多学者从国际贸易的角度展开对我国乳业发展的研究,也有学者从新西兰乳品产业成本的角度分析我国未来乳业发展战略,但鲜见对我国乳品供应链与贸易国乳品供应链发展模式的深入研究。

新西兰乳业成熟的供应链运行模式和供应链契约机制,对乳品产业的高速高效发展有重要的促进作用,通过与新西兰乳品供应链发展模式的对比分析,梳理新西兰乳品供应链发展模式的优点,将对我国乳品供应链的优化调整起到重要的借鉴作用。

3.1.1 新西兰乳品供应链主要模式

新西兰乳品供应链模式较为简单,属于"生产+加工+销售"一体化的纵向供应链模式，主要包括原奶供应、乳品加工和销售三个环节，如图 3 - 1 所示。

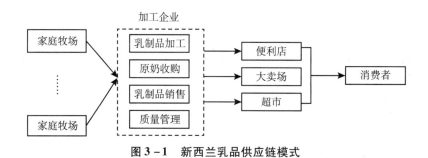

图 3 - 1　新西兰乳品供应链模式

生产环节——原奶供应环节：新西兰原奶供应商主要是家庭牧场及由家庭牧场联合组成的合作社，是供应链的核心主体机构，在新西兰乳品供应链中处于重要地位。家庭牧场现代化水平较高，管理严格，以天然草饲为主，经营成本相对较低，能够在保持较高经济效益和规模经济的基础上，保护草场资源的可持续发展。家庭牧场的牧场主，既是乳品加工企业的供应商，又是乳品加工企业的股东，是供应链上的核心利益主体，其获取利益的方式包含两层：一层是根据提供的原料量转化为乳品所得的预期收益，按月向乳品加工企业领取；另外一层是牧场主拥有加工制造企业一定数量的股份，并与牛奶供应量挂钩，年底会得到乳品加工企业的分红，这从乳品供应链的源头上保障了原奶供应，清晰了原奶供应商和乳品加工企业上下游的利益共享、风险共担机制。

乳品加工环节：乳品加工企业作为乳品供应链上链接上下游的关键环节，在新西兰有其独特的形成历史。新西兰奶农合作社最初是由家庭牧场主们出资共同成立，生产并加工原奶形成乳品直接卖到市场上，后在政府的鼓励和支持下，众多小型合作社合并为大型的乳品加工企业，当时连同销售网络也一起合并到乳品加工企业中，由此形成了家庭牧场主为股东，乳品加工企业负责统一收购、专业化运输、加工、销售的纵向一体化乳品供应链结构。新西兰乳品加工业高度集中，大型乳品加工企业主要有四家：恒天然合作集团、Westland 合作乳品公司、Tatua 和 Open Country 乳酪公司。其中恒天然是最大的乳品加工企业，股东众多，拥有新西兰 90% 的牧场，链接 95% 的奶农。恒天然也是全球最大的乳品出口商，出口额占新西兰出口总额的 25%，出口约 85% 的新西兰牛奶，占全球乳品贸易总量的 1/3 以上。

乳品销售环节：新西兰乳品供应链相对简单，在乳品加工企业内部，乳品加工企业有专业化的销售团队，生产的乳品直接销售于便利店、大卖场、超市等，中间不经过传统的分销环节，直接到达消费者手中，销售成本低，简化了供应链的销售环节，供应链效率相对较高。这种产加销一体化模式，既能够有效调节原奶供给量，统一原奶生产加工标准，又能够有效保障奶制品的生产和供给质量。

综合而言，新西兰乳品供应链结构及利益合作机制，将新西兰乳品供应链上下游企业联系到一起，形成密不可分的利益共同体，控制奶源的牧场主成为新西兰乳品供应链网络的实际核心主体，这成为新西兰乳品供应链的绝对竞争优势，也为新西兰乳业能够实现低成本规模经济做出重要贡献。

3.1.2 中国乳品供应链主要模式

中国奶业经过近20年的探索发展，已成为我国关乎国计民生的独立产业，2022年我国奶类产量首次突破4000万吨大关，位居全球第4，奶牛单产9.2吨，是2008年的两倍，规模牧场奶牛单产超过欧盟平均水平。经过多年的发展，我国奶业素质显著提升，面貌焕然一新，不仅有高产优质的奶源基地、世界一流的加工企业、配套齐全的产业体系，产能、质量、竞争力也都取得了巨大进步，奶业振兴的基础更加深厚。但在供应链竞争日趋白热化的今天，乳品供应链之间的竞争成为企业赢得市场的关键，核心企业为主的供应链生态建设和优化成为未来我国乳品产业高质量发展的关键。

从乳品供应链环节上，我国与新西兰乳品供应链大体是一致的，分为三个环节，分别是原奶供应环节、乳品生产环节、乳品销售环节，但各环节节点多，相互关系更为复杂，如图3-2所示。

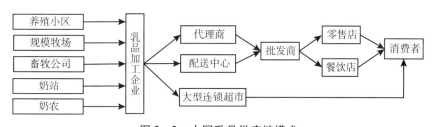

图3-2 中国乳品供应链模式

原奶供应环节：我国乳业的原奶供应以"三聚氰胺"事件为节点，划分为前后两个阶段。"三聚氰胺"事件之前，我国原奶供应方有散户奶农、中介组织、养殖小区以及规模养殖场等多种形式，以散户奶农供应为主。散户奶农承担奶牛养殖的资金成本压力，养殖设备及养殖技术落后，规模小且区域分散，这样的奶源单产低成本高，且质量安全隐患大，与奶站或乳品企业仅依靠松散的契约合同维持合作关系，难以抵御市场和自然风险；中介组织主要有奶站、奶农合作社、奶农协会等，奶站是中介组织中存在较多的一种模式，是奶农与乳品生产企业间的中转站和特殊利益体，享有一定的话语权；奶农合作社与奶业协会属于同一种模式，是乳业产品的提供者、经营者、利用者自愿联合、民主管理的一种组织形式，可以集聚散户奶农并提供生产资料服务、养殖技术指导以及签订牛奶产销合同，中介组织在提升奶农乳品供应链参与度，维护奶农利益等方面发挥着重要作用，但松散的原奶生产状况并未得到实际改善。

"三聚氰胺"事件之后，有一定养殖规模的养殖小区和规模牧场得以快速发展。由奶农、奶农组织或企业建立的养殖小区，对奶牛及原奶实行统一的标准化管理，实现多元经营、规模经济效应，在一定程度上保证原奶供应的质与量，但在与乳品企业的合作中仍然相对被动，在技术推广和协调奶农方面作用有限。

近几年，随着国内乳企实力的增强以及对乳品供应链上游垂直建设的重视，自建规模养殖牧场成为我国大型乳品企业原奶供给的主要力量。各大头部乳企通过自建牧场以及收并购牧场的方式抢占上游市场，严守乳品质量生命线。中国飞鹤是中国最大且最广为人知的中国品牌婴幼儿配方奶粉公司，于2020年收购原生态牧业33.42亿股份，占股71.26%，并于2021年和齐齐哈尔市签约生态特色产业集群建设战略合作项目；蒙牛通过收购全国最大牧场现代牧业争夺上游奶源，收购有机奶源中国圣牧推进有机乳品业务，打造中国乳业产业园及产业集群项目建设；而伊利通过收购恒天然牧场群并建设产业集群，打造奶源基地。根据头豹研究院的数据显示，2020～2021年中国飞鹤、蒙牛乳业以及伊利股份三大公司奶源自给率分别为100%、41%、37%。从源头加强乳品供应链的管控，为我国乳品供应链整体水平的提升提供基础保障，代表我国乳品供应链原奶供给的发展趋势。但对于小规模乳品企业来说，奶站和奶农仍然是主要的原奶供给者之一。

乳品生产加工环节：我国乳品供应链以乳品加工企业为核心，通过加工企业连接上游原奶供应商和下游分销商及广大消费者。大型乳品加工企业重视供应链建设，通过自建牧场或者入股规模养殖场，保障原奶供给量和质量，力图从根本上改变我国乳业发展的奶源掣肘，有利于加工企业"自保调控"的可操作性。乳品加工企业是我国乳品技术的改造者和投入者，核心企业的技术水平决定了整个行业的技术水平。处于我国乳品加工生产环节上的企业虽然是供应链上的核心企业，但发展却参差不齐，整体的乳品供应链效率尚待进一步提升。

乳品销售环节：在我国销售环节一般有两种模式：第一种销售模式是乳品企业直接与消费者接触，由乳品企业采取直营店、直接配送、网络销售的模式进行乳品销售。优势是直接配送不经过分销商环节，可降低成本，提高供应效率，及时掌握市场信息，便于企业控制资源；劣势是需要大量人力、资金投入，后期经营管理难度较大，直接配送服务只限于乳品生产企业的周边地区，实施半径小等。第二种是乳品加工企业通过配送中心或代理商将产品分销到分销商及零售商，然后再到消费者手中。优势是产品管理成本低，覆盖面广，消费群体大，劣势则是加大了乳品供应链的复杂度，分销商管理成本高，市场信息反应不灵敏，增加生产和仓储配送等成本。

但随着互联网以及淘宝、天猫和京东三大电商平台的发展，越来越多的乳企注意到线上渠道。相较于线下渠道，线上渠道具备库存压力小、经营成本低、经营规模不受场地限制等优势。一些新兴乳企通过重点布局线上渠道立足三大电商平台，再通过网络红人打卡探店、与知名 IP 跨界碰撞、综艺植入等新兴营销方式，触达更多消费群体，在双寡头垄断的行业竞争格局中实现品牌突围。目前部分新兴乳企开始拓展线下消费场景，传统乳企龙头也在紧锣密鼓地占领线上渠道，双渠道共同推动乳品行业发展，促进中国乳品市场走向新高度。我国乳品线上渠道零售额占比从 2019 年的 10% 上升为 2021 年的 15%。

综上所述，我国乳品供应链以乳品加工企业为核心，各环节之间从松散的市场交易逐渐向长期的契约关系发展，但上下游企业之间仍然存在利益博弈，甚至利益冲突，紧密的合作关系尚未形成。

3.1.3　中国与新西兰乳品产业供应链模式对比

通过对中国和新西兰两国乳品供应链运营模式的研究，理清了两国乳品供应链各个环节的组成及相互之间的关系，如图 3 - 3 所示。

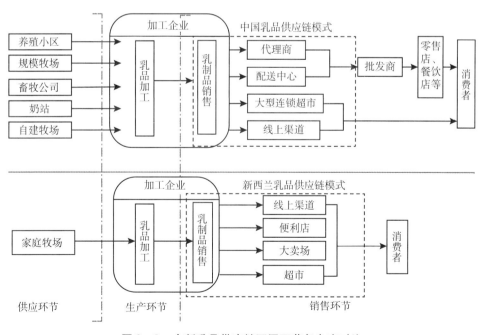

图 3 - 3　中新乳品供应链不同环节复杂度对比

结合中国和新西兰乳品供应链在不同环节的复杂度情况，从八个层面进行比较，见表 3 - 1。

表 3 - 1　　　　　　　　　　中新乳品供应链模式对比

	中国模式	新西兰模式
主体企业	乳品加工企业	原奶供应商
供应链上下游关系	联系松散	联系紧密
稳定性	变化频繁	长期、稳定、紧密合作
组织管理模式	企业统一管理，与农户脱节	奶农参与管理
原奶质量控制	较差	较好
牧场成本	成本较高	成本较低
供应环节	复杂	简单
销售环节	周期长	周期短

主体企业：中国模式的主体机构是乳品加工企业，所有活动都围绕加工企业进行。乳品加工企业是乳品供应链的利益主体，其在整个供应链活动当中起承前启后的作用。乳品加工企业通过对奶站、奶农合作社（奶业协会）、养殖小区或者是规模养殖场收集原奶加工为乳品，将加工后的乳品产成品配送销售至分销商、零售商。中国乳品供应链中的乳品加工企业与上下游的关系为合作关系，除自建牧场外，都属于基于交易关系的合作者。而新西兰模式的主体机构是原奶供应商，其既是乳品加工企业的原奶供应商，又是公司的股东，拥有企业重大决策的表决权，能参与整条供应链的各个环节中，属于整条供应链的利益主体。

供应链上下游关系：由中国国情决定，只有实力较强的企业才能拥有自己的原奶生产基地，有一部分原料奶由自己的生产基地供应，其他部分由规模牧场等第三方提供，因此上游原料奶供应商与加工企业的关系相对松散。新西兰模式下加工企业是较大的奶农合作社，是由上万个牧场组成，上游家庭牧场往往都是加工企业的小股东，因此合作关系及利益关系更为紧密。

稳定性：中国模式下乳品加工企业与供应链上其他节点企业属于买卖关系，加工企业以自己的利益为中心，因此不利于整个供应链的协调稳定发展，供应链上除核心企业外，其他成员在不断地变化更新中，整个供应链是不稳定的。与之不同的新西兰因上下游关系紧密，存在更为紧密的股东关系，因此供应链运行相对稳定性较高。

组织管理模式：中国乳品供应链的核心企业是乳品加工企业，因此整个供

应链的组织规则由企业董事会进行决议，企业统一管理，与农户脱节。新西兰
企业是由奶农组织形成的最大的奶农合作社，奶农属于企业股东，参与企业管
理，重大决策由奶农代表集体决议。

原奶质量控制：中国模式里供奶方式较多，最初以散户供奶，散户养殖水平
低，奶牛生存环境较差，再加上加工企业对奶农利益的压榨，使奶农不舍得花钱
购买优质饲料，粗饲料结构单一，导致原奶质量差。目前散户逐渐退出，随之而
来的中介组织供奶，规模养殖场以及养殖小区供奶等多种方式的兴起，但非企业
建立的组织，利益分离，原材质量控制，尤其是品质提升尚存在很大空间。新西
兰因其丰富的高质量的草场优势，再加上全年气候宜人，奶牛生存环境好，且奶
源质量的好坏直接关系着供应商自身的利益，因此原奶质量良好。

牧场成本：整个奶业是农业的附属产业，下游连着加工品牌市场，上游连
着种植，养殖，农户，所以它是一个中轴产业。目前，中国奶牛总存栏中的
70%仍处在千头以下的中小牧场和养殖户，普遍存在着单产低、效益低、养殖
水平低和成本高、风险高、管理难度高的"三低"和"三高"问题，国内牛
奶成本几乎比国外高50%，成本高最终是牛奶的生产制造成本高，产业的国际
竞争力就受限。

衡量一个国家农业的发达程度，主要看奶业和草业，奶业是整个农业现代
化的标志。如美国，奶业很发达，草业如苜蓿草、叶脉草种植也很发达，这是
农业现代化的标志，说明此产业发展很好。因此，我国要扭转这一现状，就必
须解决牧场成本高、效率低这两个问题。在理论上就是要解决我国乳品供应链
链条资源均衡配置问题。

供应环节：中国原奶供应方式有多种，奶农通过奶站、奶农合作社（奶业
协会）、养殖小区或者是规模牧场把原奶供应于加工企业，部分加工企业也会
自建牧场，供应一部分原奶，上下游关系多为买卖交易关系。新西兰供应原奶
方式单一，家庭式牧场提供原奶，上游供应商参与企业运营及整体利润分配。

销售环节：中国模式的销售环节是层层分销的结构，经历环节多，自然周
期长，只有一部分是由配送中心直接配送到大型超市的，然后供消费者购买，
但这种直接配送只适合距离加工企业较近的地区。新西兰模式是由加工企业直
接销售到各个便利店、超市等，中间不经过任何多余的环节，因此周期短，供
应效率高，成本也低。线上渠道销售是目前两国乳品销售的新渠道。

3.1.4　新西兰乳品供应链对我国乳品供应链发展的启示

1. 建立健全利益共享、风险共担的利益机制

我国乳品加工业是乳品供应链上的核心企业，在整条供应链上享有绝对

的主导地位，但供应链竞争不同于企业间的竞争，需要上下游企业紧密高效可持续合作。目前我国乳品供应链上下游企业间以传统的契约买卖关系为主，有必要探索适合我国乳品供应链的契约合作机制，让利益共享、风险共担成为现实。

2. 重视供应链上游垂直建设，打响奶源保卫战

一直以来，我国原奶成本高，是制约我国乳品产业发展的核心要素。近年来，我国部分大型乳企开始重视对奶源的控制，通过自建牧场以及和规模牧场合作来保障原奶供给，为我国乳品产业的健康可持续发展提供保障，但如何构建上下游的可持续发展的利益机制，也是关系我国乳品供应链国际竞争力的关键战略。

3. 优化供应链结构

从图3－3来看，优化供应链结构，在一定程度上就是降低供应链的复杂度。我国乳品供应链的复杂度高，有必要从三个层面进行优化，即前端防杂，中间重视计划控制，后端减重，也就是要降低供应链上游原奶供给环节多主体的复杂现状，重视中间生产加工环节的计划控制、有效应对市场变化，优化乳品销售环节，缩短产品销售周期。

4. 建立健全的质量安全管理体系

我国乳业发展正在经历从质量合格到品质提升的关键期，从国家标准到行业标准到企业标准都在得以明确和应用，但健全的质量安全管理体系优化始终在路上。除此之外，乳品供应链上不合理的利益分配机制，也是影响我国供应链竞争能力提升的重要问题。因此不仅应该从奶制品各个环节严格制定质量标准体系，而企业要构建更为良性的供应链利润分享机制，加强消费者市场监督及反馈机制的建立，不断地提高中国乳品质量安全和产品品质。

3.2 乳品产业专利布局特征与技术创新发展

专利创新是助推传统行业转型升级和价值再造的战略工具。创新是引领发展的第一动力，是现代化经济体系建设的战略支撑。关键技术领域的创新和专利战略布局，成为推动全球产业分工优化和价值链延伸的根本动力。透过专利情报，明晰产业前沿技术与发展动向，成为学者们的关注焦点，主要聚焦在"成员关系导向"和"技术分布导向"两个角度。

"成员关系导向"重点考察产业成员间的"竞合关系"对企业战略选择的影响。部分学者将社会网络嵌入组织间、区域间、国际间的知识流动与技

术资源整合过程。通过研究合作网络结构特征及演化趋势，阐明网络位置对成员间合作强度及创新绩效提升的交互关系。竞争情报被称为评估产业竞争环境、监测竞争对手创新走向的战略资源。通过专利引证网络与专利共被引、耦合、专利权利要求等结合，构建专利竞争网络、实现更加合理的专利创新价值评估。

"技术分布导向"侧重探讨产业核心技术布局及结构演变对产业创新方向的引导、支撑、借鉴作用。利用专利共类法，解读不同领域间的技术融合，分析专利侵权诉讼网络，鉴别"明星"专利技术；剖析技术动态轨道，为企业进入主流关键路径提供参考等。

总体来看，目前很多研究涉及的产业及技术领域主要为 ICT 产业、生物技术、能源、制药等战略性新兴技术领域，尚缺乏对传统行业的关注。事实上，正如彼得·德鲁克所言，创新与高科技并不等价，传统产业在创新成功的概率及持久性方面，甚至优于高科技产业。因此，将传统行业纳入专利情报分析范畴，挖掘其创新增长动力，具有深刻现实意义。

乳品行业是我国典型的传统行业，随着伊利、蒙牛相继斩获国内外创新大奖，乳品行业成为我国食品产业技术创新的典范。不可否认，专利技术创新为乳品行业注入新活力，但相比乳业发达国家，专利"全产业链"布局和前沿技术成熟尚需时日。"谋定而后动，知止而有得"，如何兼顾专利数量与质量，以国际标准促进行业价值再造？如何洞察技术前沿发展轨迹，实现专利创新由"追赶者"向"引领者"转变？如何汇集各方智慧，形成优势互补的创新氛围？解决上述问题，既是打造具有国际竞争力优势乳品产业的重要突破口，也是本书的意义所在。基于此，将"成员关系导向"与"技术分布导向"结合，提取中国、新西兰、西欧、北美的乳品专利数据，对比四个国家或区域的创新资源分布特征，揭示与世界优势乳品产区专利创新能力差距，为乳品行业的创新发展提供新视角。

3.2.1　样本收集与筛选

3.2.1.1　样本收集

样本数据均来自 Patsnap 专利数据库。采用乳品主题词与产品类型关键词相结合的方式制定检索策略，全面反映乳品技术领域发展现状。为尽量涵盖乳品门类，参照《食品生产许可分类目录》，将其中三大类 18 小类乳品作为产品类型关键词，检索时间为 2024 年 4 月 19 日。

3.2.1.2 样本筛选

为突出数据代表性，进一步限定专利申请人所在地。考虑乳品头部企业发展是行业发展的缩影，参考荷兰合作银行发布的 2022 年"全球乳业 20 强"所在国，将主要研究区域划分为：亚洲（中国、印度、日本）、新西兰、北美（美国、加拿大）、西欧（法国、丹麦、瑞士、瑞典、德国、荷兰、英国）四个国家或区域。

中美是世界前二位的乳品专利输出国，西欧七国、新西兰、印度、日本以及加拿大的乳品相关专利申请数量居世界前列。除专利数量庞大外，四个区域还具有不同的技术研发侧重点和创新主体合作方式。因此，对比研究上述国家乳品技术创新特征，具有行业代表性。由此经过二次筛选，得到亚、新、美、欧的乳品专利分别为 22 526 条，1 219 条，23 642 条，4 229 条，构成本研究数据池。

3.2.2 乳品专利统计分析

3.2.2.1 专利年申请量

由图 3 - 4 可知，1980～1992 年为乳品专利技术的起步期。其间，依托悠久的畜牧业发展史和技术累积，亚洲、北美地区高于新西兰与西欧两地的专利数量。在亚洲三个国家中，1980～2023 年中国共有专利数量 14 825 项，远高于日本（5 150 项）和印度（2 551 项）。但 1985 年的《中华人民共和国专利法》并未将食品、饮料和调味品纳入专利授权范围，也在一定程度上削弱了企业专利申请的积极性。1993～2007 年为专利技术的平稳增长期，这一时期，欧美国家成为世界最大的乳品消费市场，运用创新手段，提高乳品生产效率，以实现平稳供求关系。同时，亚洲国家中中国乳业市场消费市场从卖方市场向买方市场过渡，企业也逐渐将专利拥有量作为打造品牌形象的工具。但限于行业起步较晚，底子较薄，生产核心技术仍欠缺自主研发能力，专利数量依然落后于欧美国家。

2008 年后，乳制品行业进入专利技术的快速增长期。一方面，2008～2013 年，欧美各国积极推动专利成果转化与再创造，专利数量呈总体上升趋势。2013 年后，欧美国家基本完成乳品专利技术布局，专利数量稍有下降趋势，新的技术热点有待发掘。另一方面，2008 年我国颁布《国家知识产权战略纲要》，在构建制度与市场机制保障的同时，提出要显著提升企业知识产权创造水平。在行业内部，我国于 2007 年、2009 年、2015 年陆续颁布《关于促进奶业持续健康发展的意见》《乳品工业产业政策（2009 年修订）》《关于进一步加强乳品质量安全工作的通知》，这些条例为乳品行业从"增产"到"提质"的发展道路指引方向。作为对行业重大发展机遇的专利回应，申请数量在 2008 年后实现跨越式增长，专利数量赶超欧美国家，政策导向与产业发展的相互促进。显而易见，2018 年以后，北美与亚洲地区专利数量远超于新西兰与西欧七国，乳制品行业在中国为代表的亚洲兴起。

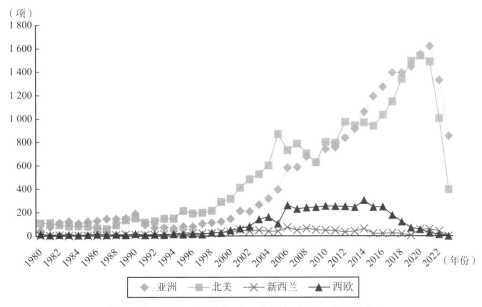

图 3 - 4　1980～2022 年乳品专利年申请量变化趋势

3.2.2.2　专利质量分析

被引次数，指观测专利被后续专利引用的次数。一项专利被引次数越大，说明该专利具有较强的基础技术影响力，对后续专利具有重要的启示和参考价值，可视为专利质量的主要度量。MMS Karki 研究发现，专利被引次数分布不均，仅有少于 10% 的专利被引用 6 次及以上。

由表 3 - 2 可知，北美的乳品专利质量最高，有 6 173 项专利被引次数 ≥ 6 次，占该国专利总数的 26.1%，更有 1 104 项专利被引次数超过 50 次。亚洲专利数量位居全球第 1，但只有 2 520 项专利被引用超过 6 次，占专利总数的 11.18%。这说明，专利数量并不能全面反映亚洲在乳品行业的实际竞争态势，专利普遍存在"高产低质"现象，有必要反思和优化当前的专利质量。

表 3 - 2　　　　　　　　　　　主要国家和地区专利被引次数对比

被引次数	亚洲		新西兰		西欧		北美	
	专利数（项）	占比（%）	专利数（项）	占比（%）	专利数（项）	占比（%）	专利数（项）	占比（%）
0 次	14 428	64.08	1 216	99.75	4 115	97.3	12 075	51.07
1~5 次	5 578	24.76	3	0.25	87	2.06	5 394	22.81
6~9 次	1 297	5.75	0	0	6	0.14	1 444	6.11
10 次以上	975	4.32	0	0	14	0.34	1 794	7.59
20 次以上	223	0.98	0	0	6	0.14	1 831	7.74
50 次以上	25	0.11	0	0	0	0	760	3.21
100 次上	0	0	0	0	1	0.02	344	1.45

3.2.2.3 专利权人分布

专利权人分布分析能更好地反映出各地区乳品专利申请集中程度，体现申请主体在乳品专利方面的创新水平，反映其研发能力以及其对该技术相关的市场判断。专利权人数量也是各地区乳品专利创新水平高低的显性指标，取 4 个区域排名前 10 的专利申请人，详见表 3 - 3。

表 3 - 3　　　　　　　　　　　　乳品专利权人分布

申请（专利权）人	专利数（项）	占比（%）	申请（专利权）人	专利数（项）	占比（%）
新西兰			亚洲		
恒天然合作集团有限公司	61	5	光明乳业股份有限公司	657	2.9
帝斯曼知识产权资产管理有限公司	38	3.12	内蒙古伊利实业集团股份有限公司	609	2.7
杜邦营养生物科学有限公司	35	2.87	株式会社明治	533	2.36
卡夫食品集团品牌有限责任公司	30	2.46	内蒙古蒙牛乳业（集团）股份有限公司	469	2.08
阿拉食品公司	25	2.05	雀巢制品股份有限公司	432	1.91
雀巢制品股份有限公司	22	1.8	株式会社艾迪科	423	1.87
森永乳业株式会社	16	1.31	森永乳业株式会社	338	1.5
洲际大品牌有限责任公司	15	1.23	江南大学	323	1.43
科汉森有限公司	14	1.15	雀巢产品技术援助有限公司	304	1.35
雀巢产品技术援助有限公司	14	1.15	雪印乳业株式会社	274	1.21

申请（专利权）人	专利数（项）	占比（%）	申请（专利权）人	专利数（项）	占比（%）
西欧			北美		
帝斯曼知识产权资产管理有限公司	149	3.52	MS 技术有限责任公司	917	3.88
杜邦营养生物科学有限公司	142	3.36	先锋海布瑞德国际股份有限公司	711	3
雀巢制品股份有限公司	142	3.36	孟山都科技公司	556	2.35
科汉森有限公司	120	2.84	STINE SEED FARM	532	2.25
奇华顿股份有限公司	71	1.68	帝斯曼知识产权资产管理有限公司	465	1.97
达能有限公司	64	1.51	雀巢制品股份有限公司	445	1.88
卡吉尔公司	56	1.32	国际香料和香精公司	376	1.59
诺维信公司	52	1.23	雀巢产品技术援助有限公司	350	1.48
马斯公司	51	1.21	科汉森有限公司	230	0.97
雀巢产品技术援助有限公司	48	1.14	艺康美国公司	226	0.96

　　从申请专利数量上看，雀巢公司专利申请总量超过 1 000 项；光明乳业股份有限公司、内蒙古伊利实业集团股份有限公司、帝斯曼知识产权资产管理有限公司，申请总量也超过 500 项，分别是中国、荷兰两国乳品行业创新的佼佼者，专利研发"单兵作战"能力较强。

　　从申请人类型上看，国外专利申请主体更加广泛，包含国际知名的乳品加工企业、加工设备制造公司、生物科技公司等。相比而言，亚洲专利申请主体主要集中在乳品加工企业和大学/科研院所两类。其中，在中国排名前 10 的专利申请人中，大学/科研院所占据 5 席，成为推动乳品专利创新不可忽视的力量。

　　从专利占比上看，4 个地区较为均匀，前 10 位专利权人的申请总量均未达到国内申请数量的 23%（新西兰为 22.14%，亚洲为 19.31%，北美为 20.33%，西欧为 21.17%）。

3.2.3　乳品专利技术主题分析

3.2.3.1　技术领域分析

　　联合专利分类（CPC）是以欧洲专利分类（ECLA）为分类基础，结合美国专利分类实践经验构建，比 IPC 分类更为细致并实现每月更新和修订。本节基于 CPC 分类，运用 Gephi 软件绘制 4 个区域专利技术领域网络图①。图中节点大小代表专利权人对某一专利领域的关注程度，线粗细表示相关专利领域联系的紧密程度。

从网络结构上看，西欧与北美技术分布具有一定相似性，均呈现一大一小两个技术领域聚集区。一方面，在乳品加工工艺领域，欧美国家主要以 A23C11（牛奶替代品）、A23C9（牛奶或奶粉制剂）和 A23C19（干酪）为产品对象，比较关注 A23V2002（食品配料成分）、A23C2210（乳品的物理处理）等技术领域。为提升乳品的风味与品质，A23L19（水果或蔬菜制品的制备）、A23L27（调味剂或调味品）、A23L33（改变食品营养品质）也备受重视。另一方面，在原奶品质管理和乳品加工设备创新与改良领域，欧美专利集中度较高，例如，A01J5（挤奶设备）、A01K1（动物棚舍）、B25J11/0045（在食品工业中应用机械手）等。可见，欧美国家在长期的生产和技术实践中，已经形成一条连接原奶生产—加工设备制造—乳品生产完整的专利价值链。

新西兰乳品产业属于典型的出口导向型产业，该国乳品专利申请具有一定的技术领域集中度，主要为：A23C9（牛奶与奶粉制剂）、A23C19（干酪）、A23J1（获得食用蛋白质组合物）、A23L27（调味剂或调味品）等，充分发挥了新西兰乳品在原料品质上的比较优势，符合其产业定位。

近几年印度和日本发展迅猛，但亚洲的数据量集中在中国领域，因此注重分析中国。中国乳品专利技术领域主要围绕 A23V2002（乳品成分与加工过程）展开，企业和大学/科研院所有不同的专注方向。乳品加工企业以提升产品多样性为申请重点，专利涉及的产品门类与欧美国家相似，以牛奶制剂、奶粉和代乳品的专利申请居多。大学/科研院所主要基于学科优势，从事微生物应用与检测方法创新。相关科研团队在 C12N1（微生物组成）、A23Y2220（乳酸菌）和 G01N（测试或分析材料）等食品科学与工程领域贡献显著。但结合技术领域关联性，目前，科研成果市场应用范围有限，局限在 A23Y（冰冻甜食）、A23C17（酪乳）等较为"小众"的乳品领域，这从侧面反映出院校专利成果存在技术向产业化转化的困境。成果转化率低，既有专利成熟度无法达到企业转化需求的技术特征限制，也受到科研方向与需求市场脱节等体制机制的影响。

与欧美国家专利技术布局对比，中国乳品精密仪器等生产设备的专利自主研发能力与欧美国家差距明显。未来可重点探索加工工艺规程的纵向拓展及专利价值由加工端向原奶供给端、乳品销售端的横向延伸。

---

① 由于数据量大，图片不清晰，因此用文字表达乳品专利的技术领域分布情况。

3.2.3.2　乳品专利技术演进路径比较

研究乳品专利技术研究路径，时段为 2003 ~ 2023 年，每 3 年为一个时间切片。对每个时段内新增 IPC 分类号（小类）进行提取，并将包含专利数量最多的新增 IPC 分类号，作为各时段内技术前沿的代表，见表 3 - 4。

表 3 - 4　　　　　　　　　　乳品专利技术区域演进比较

区域	2003 ~ 2005 年	2006 ~ 2008 年	2009 ~ 2011 年	2012 ~ 2014 年	2015 ~ 2017 年	2018 ~ 2020 年	2021 ~ 2023 年
亚洲	C12N	A01K	A01J	G06Q	G06K	A23C	A23C
	微生物、酶	畜牧业管理	乳品加工	数据处理系统	数据识别；记录载体	乳制品，如奶、黄油、干酪	乳制品，如奶、黄油、干酪
新西兰	A23J	A01K	C12Q	B08B	C11D	A61K	A23C
	食用蛋白质组合物	畜牧业管理	酶或微生物的测定检验	污垢防除	洗涤剂组合物	医用、牙科用或化妆用的配制品	乳制品，如奶、黄油、干酪
北美	A61D	B65D	C13K	G06K	B29B	A61K	A61K
	兽医用仪器	运输容器	糖类	数据识别；记录载体	成型材料准备	医用、牙科用或化妆用的配制品	医用、牙科用或化妆用的配制品
西欧	F28D	G01S	F16M	G06F	C22B	A61K	A61K
	热交换设备	无线电定向、导航	框架、外壳或底座	电数字数据处理	金属生产或精炼	医用、牙科用或化妆用的配制品	医用、牙科用或化妆用的配制品

结合表 3 - 4，中国乳品专利技术演进路线描述如下：在我国乳品发展初期，创新主体将生物化学技术融入乳品生产加工，指导乳品工业化生产。2006 ~ 2008 年，乳品消费潜力进一步显现，为保障原奶稳定供给，专利申请人将目光聚焦在原奶供给环节的规模经营和标准化养殖上。2009 ~ 2011 年，国内企业开始学习借鉴国际乳品企业的技术输出，逐步摆脱长期以来，重视产品创新、轻视技术创新的发展路径。2012 年后，伴随"数据时代"的来临，申请主体将信息技术嵌入乳品生产流程，确保乳品生产过程的"高质、高效"。2018 年以后，主要集中在乳制品，如奶、黄油、干酪等方面。总结起来，中国乳品专利技术经历从产品创新到加工技术创新再到产品创新的演进过程。

相比之下，新西兰专利技术演进路径基本围绕该国出口优质乳品的产品定位创新前沿领域，坚持原料奶品质监管与乳品质量监控并重。前者专利创新前沿体现在 A01K（畜牧业管理）这一领域。而后者创新前沿则包括：A23J（食用蛋白质组合物）、C12Q（酶或微生物的测定检验）、B08B（污垢防除）、A61K（医用、牙科用或化妆用的配制品）、A23C（乳制品，如奶、黄油、干酪）5 个方面。

与中国、新西兰不同，欧美国家专利技术前沿起始于加工技术和设备创新，如 F28D（热交换设备）、A61D（兽医用仪器）、B65D（运输容器）等，特别是西欧地区，每个时段的技术前沿均与设备制造与信息技术相关，这得益于西欧高度发达的现代科技和机械制造体系。

值得注意的是，从专利技术领域出现的时间上看，中国落后欧美 3~6 年。例如，G06K（数据识别；记录载体），北美在 2012~2014 年已有相关专利出现，而中国在 2015~2017 年才涉及该技术领域。再如，与乳品生产密切相关的技术领域 A01J（乳品加工），北美地区和新西兰早在 1998 年和 2003 年就开展该技术领域研究，而中国直到 2009 年才出现相关专利申请。考虑到技术披露和实际进展之间的差距，中外乳品专利技术在特定技术领域的真实差距会更加明显。

但在 2018 年及以后，随着各自领域持续发展到饱和状态，寻找新的领域成为下一个阶段的重要目标，这种聚焦有助于资源的集中与合理利用，推动乳制品产业的进一步发展。4 个国家及地区主要聚焦在 A61K（医用、牙科用或化妆用的配制品）以及 A23C（乳制品，如奶、黄油、干酪）两个方面，这两个领域逐渐成为新的竞争焦点。

3.2.4　乳品专利合作创新网络分析

合作专利研究 4 个国家或区域合作网络整体结构特征，如表 3－5 所示。

表 3－5　乳品专利合作网络指标

指标	中国（亚洲）	新西兰	西欧	北美
节点数[a]	5 606	322	5 232	4 377
边数[b]	579	248	2 005	1 996
孤立节点数[c]	4 735	74	2 958	2 011
网络直径[d]	4	9	15	16
平均度	0.207	1.54	0.766	0.912
度的最大值	29（江南大学）	72（恒天然集团）	128（达能集团）	36（通用磨坊食品公司）
平均路径长度	1.683	3.116	6.405	6.695
平均聚类系数	0.14	0.372	0.351	0.286

注：a 申请单位总数；b 连接所有联合申请单位的总边数；c 与其他申请单位都无连接的申请单位；d 连接网络中任意一对节点的最短路径长度中的最大值。

结合表 3-5 分析度的最大值，虽然 4 个国家或区域的专利合作创新网络均未形成"核心—边缘"结构。但相对于中国，欧美与新西兰已形成以国际乳业巨头为核心的小规模社团。核心企业相较于网络中其他节点，对专利资源控制程度较高，更具有扮演中间人，联系网络中其他行动者的可能性。

网络效率，用专利合作创新网络的平均路径长度表示，中国 < 新西兰 < 西欧 < 北美。表面来看，中国合作创新网络效率高于欧美、新西兰等国，但从平均聚类系数并结合实际网络结构分析，中国申请主体"边缘化"与"分散化"趋向更加明显，尚未出现核心企业对关联企业合作创新的辐射带动作用。

综上所述，中国乳品合作创新网络目前仍处在初始发展阶段，创新局限于企业内部，企业间分享知识，共谋发展的意愿不强。中国乳品专利创新主体中，大学与科研院所已成为专利创新不可忽视的力量。但目前，其专利创新行为比较零散，既没有形成单独的专利合作集群，也没有融入企业的技术创新体系。因此，应当鼓励产学研合作向纵深层次发展，以优化我国乳品专利创新的不平衡布局。

相比中国，欧美与新西兰已形成国际乳业巨头为核心的专利合作研发社团，社团内部知识互动较为频繁，但合作范围高度集中在既有合作机构间，集聚程度高的网络节点间不存在更多直接联系。所以，各小社团之间也有待进一步构建良好的合作关系，深化创新合作网络中的知识交流与转移。

3.2.5　结论与行业发展建议

对乳品行业为代表的传统产业而言，专利水平是其技术发展水平的重要度量之一，对技术评价和产业预测影响深远，就乳品专利未来发展提三点建议：

（1）完善制度建设，提升专利质量。目前，我国乳品专利"数量—质量"存在非均衡发展现状，不利于我国参与国际技术竞争并取得竞争优势。因此，必须把提升专利质量当作重要任务。一方面，应将专利质量纳入法治化建设轨道，加快专利质量控制前瞻性政策条款的制定；另一方面，要加强专利审查投入，提高专利审查质量；最后要建立健全对专利技术的保护机制，逐步实现我国乳品专利从"专利大国"向"专利强国"转变。

（2）重视核心专利技术布局，积极与国外专利前沿接轨。目前，我国乳品专利技术集中在产品线布局方面。在乳品机器设备制造和数据信息交换领域，同欧美等存在 3～6 年的技术差距。基于此，应及时跟踪先进技术专利的全球布局。一方面，将竞争力导向作为专利技术选择重要标准；另一方面，推进信息技术与乳品装备制造业的深度融合，最终实现先进制造工艺、设备核心器件等关键领域的专利技术突破，构建我国乳品全产业技术支撑体系。

（3）加强校企合作，激发产学研协同发展动力。当前，大学与科研院所是我国乳品专利主要创新主体之一。现阶段中国专利合作网络结构集聚程度较低，学校与科研院所的专利创新方式以独立研发为主，这在一定程度上阻碍科技资源优化配置和知识溢出。因此，未来应积极搭建科研院所与优质乳品企业的专利合作平台，充分整合优势资源。知名乳品企业也要发挥牵头作用，积极吸纳学校、科研院所与自身研发团队紧密结合，最终形成"专利成果实现经济效益，经济效益催生科研动力"的良性循环系统。

3.3　我国乳品产业依存度及波及效应分析

随着中国经济的发展，乳品产业呈现出蒸蒸日上的发展状态，该产业作为我国重要的民生类行业，在整体国民经济中扮演着重要的角色。我国乳品行业自改革开放以来，发展速度惊人，乳品正逐渐成为中国国民日常食品饮料消费中不可或缺的一部分。虽然总体上与发达国家相比，我国乳品行业起步较晚，但现在正处于发展的黄金时段，并且已经成为我国食品产业中发展最快、成长性最好的行业之一，在中国经济社会发展中发挥着越来越重要的带动和支撑作用。另外，通过乳品工业的带动，作为乳品行业上游产业链的奶牛养殖和牧草种植业也得到了大力发展，对拓宽农民增收渠道、提高农民生活水平、建设现代化农业发挥了重要的作用。

此外，根据国家五部门发布的《全国奶业发展规划（2016—2020年）》，乳品产业在国家的政策扶持和监管下，乳品抽检合格率达到99.5%，乳品产业结构逐步优化，正在产出高效、产品安全、资源节约、环境友好的奶业现代化发展道路上稳步前进。乳品产业作为食品安全的代表性产业，在我国有着"农业现代化的标志性产业""一二三产业协调发展的战略产业""健康中国、强壮民族不可或缺的产业"等重要战略定位，这些战略目标的制定为我国乳品产业的提速发展提供支持。

产业间波及效应分析是经济系统在一定时期内经济活动的综合反映，它可以揭示产业部门间经济技术的相互依存、相互制约的数量关系，反映了某产业在生产过程中的任一变化，都将通过产业间的关联关系而对其他产业发生波及作用。所以，分析乳品产业的波及效应和产业关联性不仅具有时效性，同时还能推动乳品产业与其他各关联产业高效快速发展。

3.3.1　研究方法与数据的选取

3.3.1.1　研究方法

本书所用的投入产出分析是由诺贝尔经济学奖获得者华西里·列昂惕夫（Wassily W. Lenontief）在 1936 年提出的，该种投入产出模型是分析产业关联和产业波及效应的有效方法，已经被广泛应用于经济研究预测中，研究某项经济政策的实施或者是在社会经济中某一部门投入的改变，对社会经济会产生何种影响，也是投入产出分析的重要应用。其特点和优点是能够用来研究实际经济问题，是从数量上系统地研究一个复杂经济实体在各不同部门之间相互关系的方法。我们通过投入产出方法，分析乳品产业在国民经济中的地位、关联产业部门结构及产业链、产业依存度和波及三个方面，来实证乳品业对国民经济不同部门产生的供给与需求的变动影响。

3.3.1.2　数据选取

1987 年 3 月，国务院办公厅发出《关于进行全国投入产出调查的通知》（国办发〔1987〕18 号），明确规定每 5 年（逢 2、逢 7 年度）进行一次全国投入产出调查，编制投入产出表基本表。本书以 2012 年和 2017 年全国 139 个部门投入产出表中的基本流量表为母表，在其基础上将乳品从第一产业、第二产业、第三产业进行剥离，构成除乳品业以外的第二产业以及第一产业和第三产业的投入产出表，制成乳品业和三大产业的直接消耗系数矩阵，列昂惕夫（Leontief）逆矩阵，影响力系数矩阵，感应度系数矩阵，乳品产业直接消耗系数排名表（纵向及横向）以及乳品业与其关联程度排名靠前产业的影响力系数矩阵和感应度系数矩阵等数据。

3.3.2　乳品业的产业关联和依存度分析

3.3.2.1　乳品业的投入结构

乳品产业作为我国重要的民生行业，在生产过程中需要上下游产业以及国民经济各部门提供的产品来维持运行。这种消耗关系可以用直接消耗系数来表示，其意义为第 j 产业生产 1 单位产品所直接消耗 i 产业产品的数量。用公式表示为：

$$a_{ij} = \frac{x_{ij}}{X_j}(i,\ j=1,\ 2,\ \cdots,\ n)$$

其中，x_{ij} 是指第 j 产业对第 i 产业产品的消耗量，X_j 是指 j 产业的总投入。直接消耗系数可以直接反映某产业有一定程度的增长，可以带动其他经济部门增长的幅度。直接消耗系数越大，说明该产业对其经济增长的拉动作用越强。

从表 3 - 6（1）、（2）可以看出，乳品业对第一产业的依赖程度最高，相较于 2012 年的投入产出数据而言，2017 年数据显示乳品业对第一产业的依赖程度在下降，对乳品业自身的依赖程度得以提高。

表 3 - 6（1）　　2012 年乳品产业与第一、第二、第三产业的直接消耗系数

直接消耗系数	乳品业	第一产业	第二产业	第三产业
乳品业	0.1327	0	0.0005	0.0004
第一产业	0.3372	0.1378	0.0446	0.0103
第二产业	0.1696	0.2265	0.6138	0.1968
第三产业	0.1650	0.0502	0.1117	0.2561

表 3 - 6（2）　　2017 年乳品产业与第一、第二、第三产业的直接消耗系数

直接消耗系数	乳品业	第一产业	第二产业	第三产业
乳品业	0.1985	0	0.0004	0.0003
第一产业	0.2916	0.1333	0.0169	0.0072
第二产业	0.1333	0.1981	0.5635	0.1616
第三产业	0.1627	0.0742	0.1436	0.2944

经过计算分析后得到表 3 - 7 中的数据，即乳品对其他产业直接消耗系数的排名。

表 3 - 7（1）　　2012 年乳品业对各国民经济部门直接消耗系数（2012 年前十位）

产业部门	直接消耗系数
畜牧产品	0.3205
乳品	0.1327
批发和零售	0.0582
塑料制品	0.0336
造纸和纸制品	0.0311

产业部门	直接消耗系数
商务服务	0.0290
道路运输	0.0285
其他食品	0.0279
糖及糖制品	0.0175
农产品	0.0136

表 3 - 7（2） 2017 年乳品业对各国民经济部门直接消耗系数（2017 年前十位）

产业部门	直接消耗系数
畜牧产品	0.2911
乳品	0.1985
零售	0.0382
塑料制品	0.0301
批发	0.0288
商务服务	0.0274
道路运输	0.0271
造纸和纸制品	0.0244
其他食品	0.0217
糖及糖制品	0.0125

从表 3 - 7 中可以看出，2012 年投入产出数据来看，第一产业中的畜牧产业被乳品业消耗最多，直接消耗系数在 0.3 以上，2017 年乳品业对畜牧产业的直接消耗系数有所下降，但对自身的直接消耗系数有明显提升。对乳品业、批发和零售业、塑料制品业、造纸和纸制品业、商务服务业、道路运输业、其他食品业、糖及糖制品业、农产品业的之直接消耗系数在 0.01 以上，对其余产业直接消耗系数在 0.01 以下。

从表 3 - 8（1）、（2）中可以看出，对乳品业直接消耗系数排名前十的十大产业中全部属于第二产业，可见乳品业主要供第二产业中的食品加工业使用，说明乳品业能为食品加工业发展提供原料支持，是国民经济产业部门中是不可或缺的一部分，且相较于 2012 年的数据来看，2017 年乳品对自身的直接消耗系数增长幅度较大。

表 3 - 8（1）　　　　　各部门对乳品产业的直接消耗系数（2012 年前十位）

产业部门	直接消耗系数
乳品	0.1327
饮料和精制茶加工品	0.0373
其他食品	0.0231
餐饮	0.0078
娱乐	0.0040
方便食品	0.0030
居民服务	0.0013
蔬菜、水果、坚果和其他农副食品加工品	0.0012
铁路运输	0.0005
日用化学产品	0.0003

表 3 - 8（2）　　　　　各部门对乳品产业的直接消耗系数（2017 年前十位）

产业部门	直接消耗系数
乳品	0.1985
其他食品	0.0327
饮料	0.0083
餐饮	0.0079
娱乐	0.0034
社会工作	0.0022
居民服务	0.0010
饲料加工品	0.0008
方便食品	0.0007
体育	0.0003

3.3.2.2　经济发展中的产业定位分析

在投入产出分析中，中间投入率是指各产业中间投入量比该产业总投入量，一个产业的附加价值率与中间投入率之和等于1，因此，一个产业的盈利能力反映在中间投入率上，其中间投入率越低，则说明附加价值率越高，盈利能力就越强。反之中间投入率高，其附加价值就越低，但对先行产业的产品需求就越大，经济拉动作用就越强。其计算公式为：

$$F_j = \frac{\sum_{i=1}^{n} x_{ij}}{\sum_{i=1}^{n} x_{ij} + D_j + N_j} \quad (j = 1,\ 2,\ 3,\ \cdots,\ n)$$

式中，F_j 表示中间投入率，分子表示国民经济所有产业对 j 产业总的中间投入量，分母表示 j 产业总投入量。经过计算得出，我国 2012 年乳品产业的中间投入率为 0.804514，附加价值率为 0.195486，其中间投入率大于其附加价值率，说明中国乳品业在很大的程度上需要其他产业的产品作为中间投入来进行生产。2017 年乳品产业的中间投入率为 0.786009，附加价值率为 0.213991，虽然其中间投入率仍大于其附加值率，但不难看出乳制品行业的盈利能力在不断增强。

另外，中间需求率是衡量一个产业的产品是作为中间产品还是最终产品的标准，一个产业的最终需求率与中间需求率之和等于 1。因此，产业中间需求率越高，则说明该产业越带有提供中间产品的性质。反之中间需求率低，最终需求率就越高，从而该产业就越带有提供最终产品的性质。其计算公式为：

$$G_i = \frac{\sum_{j=1}^{n} x_{ij}}{\sum_{j=1}^{n} x_{ij} + Y_i} \quad (i = 1,\ 2,\ 3,\ \cdots,\ n)$$

式中，G_i 为 i 产业部门的中间需求率，分子为 i 产业部门的产品为其他部门作为中间需求量的总和，分母为 i 产业部门的总产出。经计算得出 2012 年、2017 年我国乳品产业的中间需求率分别为 0.34533 和 0.37322，其中间需求率均小于最终需求率，说明中国乳品业生产产品约有 37% 被用于国民经济其他部门作为中间产品消耗，另外 63% 的产品被用于居民生活消费，投资消费和出口。前后数据对比说明，乳品产业作为中间产品对国民经济其他部门的贡献呈现上升态势，是我国国民经济发展中具有先导性特征的重要产业（苏东水，2010）。

综上所述，乳品产业作为一个中间投入率大，中间需求率小的产业，根据钱纳里和渡边等研究各产业中间需求率和中间投入率差异，中国乳品产业可以归为最终需求型产业（即中间投入率 >50%，中间需求率较低 <50%），其发展拉动各国民经济各部门的发展。另外，作为最终需求率高的产业，其最终产品很大一部分作为消费产品与居民生活息息相关，同时随着近年来互联网电商行业的迅速发展，乳制品全产业链条的不断完善，乳制品销量及其上下游相关产业都得以飞速发展。因此，近年来乳品的质量安全成为消费者关注的重点，乳业成为食品安全的代表性产业以及农业现代化的标志性产业，应继续贯彻和

落实国家的扶持政策，加大监管力度以规范和发展乳品产业，从而更快地带动地方和国家的经济发展。

3.3.3 乳品产业波及效应的实证研究

在产业结构系统中，某产业在生产过程中的任何变化，都将通过产业间的关联关系对其他产业产生波及作用，即某产业增加一单位产出需要其他产业按照一定比例投入，而这些被波及产业又需要其他相关产业按照比例投入，这种产业间的波及关系，我们称为产业间的波及效应，这种效应不仅会在自身产业发生，还会导致与其相关联的产业中中间投入增加，这一波及效应在理论上会无限扩展和持续下去，但其波及的强度会越来越弱，最终趋于消失。而我们则需要通过分析乳品产业的波及效应，来解释和调整产业结构，使该产业加速带动整个关联产业部门迅速发展，加快国家经济建设发展脚步。

3.3.3.1 中国乳品产业的影响力系数

影响力系数是指某个部门生产一个最终产品时，对国民经济其他部门所产生的生产需求的波及程度。其计算公式为：

$$T_j = \frac{\frac{1}{n}\sum_{i=1}^{n}A_{ij}}{\frac{1}{n^2}\sum_{i=1}^{n}\sum_{j=1}^{n}A_{ij}}\ (j = 1,\ 2,\ 3,\ \cdots,\ n)$$

其中，A_{ij} 是列昂惕夫逆阵 $L = (I - A) - 1$ 的系数，分子为 j 产业的影响力，分母为国民经济所有部门的平均影响力。

乳品业与三大产业影响力及影响力系数如表 3 - 9（1）、（2）所示，其中乳品产业影响力系数分别为 1.1238 和 1.1392，影响力分别为 2.1418 和 1.9847，2012 年投入产出数据显示乳品产业的影响力和影响力系数几乎和第二产业相近，这表明乳品业增加 1 万元产值，能够带动整个国民经济增加 2.1418 万元产值，这也意味着乳品业对国民经济发展的推动作用较强，且高于全部产业的平均影响力，从 2017 年数据来看，发生了明显的变化，乳品产业的影响力和影响力系数都明显下降，即乳品业对国民经济发展的推动作用有所下降，但远高于第一产业和第三产业的表现。根据前面分析，乳品产业作为中间需求率较低的产业，其销售市场主要在消费品市场并且主要用来生活消费，而中间投入率则说明乳品产业对其他产业发展有着很大的带动作用。

表 3 - 9（1）　　　　　2012 年中国乳品产业与三大产业的影响力系数

产业部门	乳品	第一产业	第二产业	第三产业
影响力	2.1418	1.2179	2.5165	1.3066
影响力系数	1.1238	0.7933	1.2578	0.8250

表 3 - 9（2）　　　　　2017 年中国乳品产业与三大产业的影响力系数

产业部门	乳品	第一产业	第二产业	第三产业
影响力	1.9847	1.0799	2.2347	1.1805
影响力系数	1.1392	0.7939	1.2346	0.8323

3.3.3.2　中国乳品产业的感应度系数

感应度系数是指某产业受其他产业的影响程度，其含义为国民经济各部门每生产 1 单位最终产品时，某产业因此受到的需求感应程度，即需要为其他部门生产而提供的产出量。其计算公式为：

$$S_i = \frac{\frac{1}{n}\sum_{j=1}^{n}A_{ij}}{\frac{1}{n^2}\sum_{i=1}^{n}\sum_{j=1}^{n}A_{ij}}（j = 1，2，3，\cdots，n）$$

感应度系数越大，说明该产业部门对国民需求感应度越强，需要提供更多产品为其他部门生产使用，反之则越弱，当感应度系数大于 1 时，说明该产业所受到感应程度高于社会平均感应水平。

乳品业与三大产业的感应度和感应度系数如表 3 - 10（1）、（2）所示，其中乳品产业感应度分别为 0.1571 和 0.2512，感应度系数分别为 0.4139 和 0.4776，这表明国民经济各产业部门都增加 1 万元产值时，2012 年会拉动乳品产业 4 139 元增加值的总产出，而 2017 年会拉动乳品产业 4 776 元增加值的总产出，与其他三大产业相比其感应度系数最低，且所受感应程度低于全社会平均水平，说明乳品产业受其他产业部门的拉动作用相对较小。

表 3 - 10（1）　　　　　2012 年中国乳品产业与三大产业的感应度系数

产业部门	乳品	第一产业	第二产业	第三产业
感应度	0.1571	0.9289	4.5346	1.5621
感应度系数	0.4139	0.6900	1.9797	0.9165

表 3 - 10（2） 2017 年中国乳品产业与三大产业的感应度系数

产业部门	乳品	第一产业	第二产业	第三产业
感应度	0.2512	0.8446	3.5568	1.8271
感应度系数	0.4776	0.7041	1.7393	1.0791

3.3.3.3 中国乳品产业关联产业的影响力系数和感应度系数

由表 3 - 11（1）、（2）可见，2012 年和 2017 年的投入产出数据计算乳品在关联产业中的影响力系数分别为 1.0030 和 0.9196，数据对比表明，乳品对关联产业的拉动作用稍有下降，前者的经济拉动作用超过社会平均水平，但后者的经济拉动作用低于社会平均水平。另外，乳品产业的感应度系数分别为 0.9954 和 0.9870，证明其在国民经济各部门增加 1 万元产值时，会拉动乳品产业 9 954 元和 9 870 元的增加值的总产出，这也更加说明了乳品产业的感应度在关联产业中处于平均水平以下，其他关联产业对乳品产业的依赖度不够。

表 3 - 11（1） 2012 年乳品关联产业影响力系数及感应度系数

产业部门	影响力系数	排名	感应度系数	排名
农产品	0.9805	10	1.0091	4
畜牧产品	0.9820	8	0.9908	7
乳品	1.0030	4	0.9954	6
糖及糖制品	0.9825	7	1.0161	2
其他食品	1.0500	1	0.9851	9
造纸和纸制品	1.0145	3	1.0293	1
塑料制品	0.9832	6	0.9792	10
批发和零售业	0.9984	5	1.0100	3
道路运输	0.9806	9	1.0000	5
商务服务	1.0253	2	0.9851	8

表 3 - 11（2） 2017 年乳品关联产业影响力系数及感应度系数

产业部门	影响力系数	排名	感应度系数	排名
零售	1.4183	1	0.9965	5
批发	1.1192	2	0.8930	8
商务服务	1.0608	3	1.1451	2

续表

产业部门	影响力系数	排名	感应度系数	排名
塑料制品	1.0421	4	1.0358	4
糖及糖制品	0.9559	5	0.8831	9
乳制品	0.9196	6	0.9870	6
畜牧产品	0.8872	7	1.1859	1
道路运输	0.8800	8	0.9629	7
造纸和纸制品	0.8756	9	1.0939	3
其他食品	0.8413	10	0.8169	10

对比表 3-11（1）、（2）能直观地看到，乳品行业的影响力系数和感应度系数均有轻微下降，但这并不代表该行业发展出现停滞。反观与乳品产业相关联程度较高的前十名排名变化，可以发现，乳品行业对其上下游相关产业的带动作用极其明显，无论是其产业上下游涉及的糖、畜牧产品、商务服务等，还是相关供应链中的零售批发以及道路运输等环节都较 5 年之前有较大提升，这也印证我国乳制品行业已经进入全产业链发展阶段，整个链条在未来更应该以消费者需求为导向，扩大与关联产业的协同发展能力和发展水平。

3.3.4　结论及政策建议

（1）我国乳品产业属于最终需求型先导产业，对其他关联产业的拉动性较强，应从政策层面鼓励其先行发展。

（2）当前我国乳品产业感应度系数小于 1，符合"瓶颈"产业的发展特点，所以应消除制约因素，作为发展重点，加速经济增长。

（3）运用产业关联机制，乳品产业作为关联性和带动性较强的产业可以很好地带动经济发展，监管产业链，保证食品安全，提高产业关联度，加强产业间横向依存关系。

（4）乳品产业对上游的畜牧业影响和带动作用最大，是优势产区建设乳品产业集群的理论依据，是加强我国乳业供应链上游垂直建设的有力证明。我国应大力推动乳品产业发展，这不仅是实现农业现代化的重要产业，也是精准扶贫的重要抓手，是带动县域经济发展的有效举措，是带动农牧民增收的关键产业。

3.4 本章小结

本章将我国乳品供应链与新西兰乳品供应链从生产、加工、销售环节一一进行对比分析，结合新西兰乳品供应链的特征对我国乳品供应链的发展进行优化创新改进。分析了乳品产业专利布局特征与技术创新发展，并对我国乳品产业依存度和波及效应进行了分析。

结果表明：首先对乳品行业为代表的传统产业而言，专利水平是其技术发展水平的重要度量之一，对技术评价和产业预测影响深远，与国外优势乳品产区相比，我国乳品专利"质—数"发展存在非均衡性，技术领域偏重产品线布局，尚未形成"全产业链"布局优势，合作创新网络处于初创期，节点"边缘化"特征明显，中国乳品产业对畜牧业依赖程度最高；其次是对乳品业自身和批发零售业；中国乳品产业属于中间投入率高，中间需求率较低的最终需求型产业。作为高拉动高产出型的基础型产业，其发展能够有效带动畜牧产业，乳品业，批发和零售业，塑料制品业，造纸和纸制品业等相关产业的发展；中国乳品产业对国民经济的推动作用大于受国民经济拉动作用，因此各优势产区（尤其是牧区）应主动发展乳品产业，打造乳品产业集群，提升乳品产业链条水平和整体竞争力。

第4章

多层级乳品供应链网络均衡协同

随着乳品消费量的增长，消费者对乳品质量和安全提出更为严格的要求。然而"三聚氰胺"、"熊猫"乳业、"皮革奶"等事件频发，使国产乳品面临信任危机。与此同时，中新、中澳自由贸易协定的签署，对我国乳品行业的发展造成了一定冲击。体现在乳品供应链体系上主要是，我国原奶供给方压力倍增，上游奶源供给、品种研发等能力不足，奶源供给质量和供给能力受到挑战。同时，供应链利润分配不均，整体网络发展不平衡，使我国乳品供应链在参与国际竞争中的优势并不明显。如何提高我国乳品供应链整体盈利能力，推进乳品供应链结构性整合，优化网络结构布局和节点权重，实现我国乳品供应链网络均衡有效发展，成为当前的关注重点。

本章结合乳品供应链的网络特征和网络结构，运用变分不等式方法，从资源基础理论和资源配置理论等理论层面研究解决乳品供应链在网络竞合过程中的均衡问题，以期为解决乳品供应链网络资源配置不均等困扰行业发展的重大问题提供参考解。

4.1 乳品供应链网络 Nash 均衡模型

4.1.1 问题描述

乳品加工企业从原奶供应商（奶农合作社、奶站、奶农协会、养殖小区及规模养殖场）获得原奶，进行加工制造，进而通过分销商（零售店、餐饮店、大型连锁超市等）销售给最终消费者。现实生活中，乳品供应链网络往往由 M 个原奶供应商（包括奶农合作社、奶站、奶农协会 c 个，养殖小区及规模养殖场 d 个）、N 个乳品加工企业、O 个乳品分销商（包括零售店、餐饮店 e 个，

大型连锁超市 f 个）和 P 个终端消费者构成，令 i，j，k，l 分别代表原奶供应商、乳品加工企业、乳品分销商以及终端消费市场，从而构成了错综复杂的网络结构模型（如图 4 – 1 所示）。

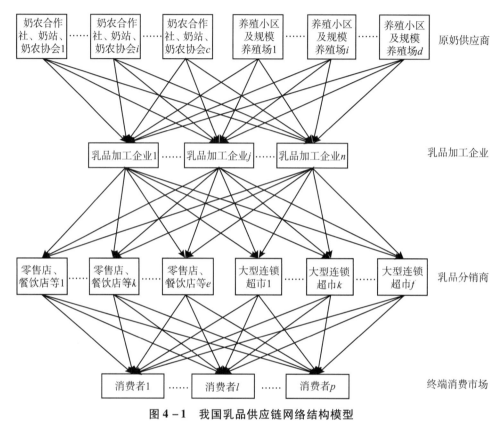

图 4 – 1 我国乳品供应链网络结构模型

注：为简化计算，令 $c + d = m$，$e + f = o$。

原奶供应商、乳品加工企业、乳品分销商以及终端消费市场之间进行非合作竞争。每个原奶供应商都以利润最大化为目标，决定企业产品的生产数量和销售给各乳品加工企业的产品供给数量。每个乳品加工企业都以利润最大化为目标，决定对各原奶供应商的购买数量以及提供给各乳品分销商的产品数量。每个乳品分销商以利润最大化为目标，决定接受乳品加工企业提供的乳品数量和向终端消费市场供给的产品数量。原奶供应商、乳品加工企业、乳品分销商及终端消费市场均衡呈现为非合作竞争而达到的 Nash 均衡。

4.1.2 原奶供应商竞争行为与均衡条件

原奶供应商供给原奶的主要方式有：奶站、奶农合作社、奶农协会、养殖小区以及规模养殖场等。记原奶供应商 i 的产量为 q_i，生产成本 $f_i = f_i(q_i)$，原奶供应商 i 向乳品加工企业 j 出售产品数量为 q_{ij}，其价格为 p_{1ij}，与乳品加工企业 j 之间的交易成本为 $c_{ij}(q_{ij})$（包括运输成本等）。

由于乳品加工企业会对奶源的蛋白质、矿物质、维生素、抗生素等进行检验，未达国家标准不予采购，用 η 表达原奶未达标率，$1-\eta$ 表达原奶达标率（$\eta \in [0,1]$）。假设原奶供应商会采用高质量预防水平保障生产出高质量原奶，质量预防成本为 c_i。

供应量和生产量之间有如下的相应关系：

$$q_i \geqslant \sum_{j=1}^{n}(1-\eta)q_{ij}, \ q_{ij} \geqslant 0, \ q_i \geqslant 0 \qquad (4-1)$$

将 $((1-\eta)q_{ij})_{mn}$ 记为向量 Q^1，表示所有原奶供应商和乳品加工企业之间的交易量。

原奶供应商 i 的目的是实现利润最大化，其利润函数表达式为：

$$\max \sum_{j=1}^{n}(1-\eta)p_{1ij}q_{ij} - f_i(q_i) - \sum_{j=1}^{n}c_{ij}(q_{ij}) - c_i(Q^1) \qquad (4-2)$$

原奶供应商彼此以提供给乳品加工企业的原奶数量进行竞争，原奶价格是市场出清的内生价格。原奶供应商之间进行非合作性竞争，并且生产成本和交易成本函数都是连续可微的凸函数，可记为变分不等式（4-3）：

$$\sum_{i=1}^{m}\sum_{j=1}^{n}\left[\frac{\partial f_i(q_i)}{\partial q_{ij}} + \frac{\partial c_{ij}(q_{ij})}{\partial q_{ij}} + \frac{\partial c_i(Q^1)}{\partial q_{ij}} - (1-\eta)p_{1ij}\right](q_{ij} - q_{ij}^*) \geqslant 0, \ \forall Q^1 \in R_+^*$$

$$(4-3)$$

式（4-3）的经济意义：当原奶供应商 i 的边际生产成本 + 边际交易成本 + 边际预防成本大于原奶供应商制定的价格时，原奶供应商 i 无利可图，则向乳品加工企业 j 供的原奶数量为零，原奶供应商会再选择其他乳品加工企业作为合作伙伴。反之，原奶供应商会提供原奶给乳品加工企业。

4.1.3 乳品加工企业竞争行为与均衡条件

乳品加工企业是我国乳品供应链网络中的核心企业，一方面从原奶供应商处购买原奶，另一方面将原奶加工制成奶制品销售给分销商。记乳品加工企业 j 生产产品的数量为 q_j，乳品加工企业 j 和乳品分销商 k 之间交易量表达为 q_{jk}，其中 q_{jk} 包括两部分：一部分是尚未销售便已过期的乳品数量，另一部分是分销商销售出去的乳品数量，将 $(q_{jk})_{no}$ 记为向量 Q^2，表示所有乳品加工企业和乳品分销商之间的交易量。

乳品加工企业进行质量检验，产生检验成本，记作 $c_j(q_{ij})$。由于乳品保质期较短，一般我国所产乳品保质期为 3～180 天，因此，乳品加工企业对分销商尚未销售的过期乳品进行处理。通常情况下，除质量问题产品，国家会要求强制性召回（本章不予考虑）外，乳品加工企业不会召回临期或者过期产品，一般会给予乳品分销商一定补贴，即滞销补贴，激励分销商多销多得。用 $c_{jk}(q_{jk})$ 表示乳品加工企业与乳品分销商的交易成本（包括运输成本、储存成本、滞销补贴等），乳品加工企业 j 制定的乳品价格为 p_{2jk}。

乳品加工企业生产成本函数可表达为 f_j，即：

$$f_j = f_j(Q^2), \quad \forall j \tag{4-4}$$

乳品加工企业 j 的目的是实现利润最大化，利润函数表达式为：

$$\max p_{2jk} \sum_{k=1}^{0} q_{jk} - f_j(Q^2) - \sum_{k=1}^{0} c_{jk}(q_{jk}) - \sum_{i=1}^{m} (1-\eta) p_{1ij} q_{ij} - \sum_{i=1}^{n} c_j(q_{ij}) \tag{4-5}$$

$$\text{s. t} \quad \sum_{i=1}^{m} (1-\eta) q_{ij} \geq \sum_{k=1}^{0} q_{jk}, \quad q_{ij} \geq 0, \quad q_{jk} \geq 0 \tag{4-6}$$

约束条件式（4-6）意味着，销售的乳品数量不能超过乳品加工企业的原奶进货数目。乳品加工企业之间进行非合作博弈达到 Nash 均衡，可表达为变分不等式（4-7）：

$$\sum_{j=1}^{n} \sum_{k=1}^{0} \left[\frac{\partial f_j(Q^2)}{\partial q_{jk}} + \frac{\partial c_{jk}(q_{jk})}{\partial q_{jk}} - p_{2jk} + \gamma_j \right] (q_{jk} - q_{jk}^*) +$$

$$\sum_{i=1}^{m} \sum_{j=1}^{n} \left[\frac{\partial c_j(q_{ij})}{\partial q_{ij}} + (1-\eta) p_{1ij} - \gamma_j \right] (q_{ij} - q_{ij}^*) +$$

$$\sum_{j=1}^{n} \left[\sum_{i=1}^{m} (1-\eta) q_{ij} - \sum_{k=1}^{0} q_{jk} \right] (\gamma_j - \gamma_j^*) \geq 0,$$

$$(Q^2, \gamma_j) \in R_+^{no+n} \tag{4-7}$$

式（4-7）的经济意义为：

（1）式（4-7）中的 γ_j 是关于约束条件 $\sum_{i=1}^{m} (1-\eta) q_{ij} \geq \sum_{k=1}^{0} q_{jk}$ 的拉格朗日乘子，γ 为 γ_j 组成的 n 维列向量。若从式（4-7）的第三项看，如果 $\gamma_j \geq 0$，则 $\sum_{i=1}^{m} (1-\eta) q_{ij} = \sum_{k=1}^{0} q_{jk}$，即乳品加工企业 j 将产品全部销售给了乳品分销商，称 γ_j^* 为影子价格或最优价格。

（2）若从式（4-7）第二项看，当 $q_{ij}^* \geq 0$ 时，影子价格等于乳品加工企业买入原奶的价格 + 乳品加工企业检验原奶的边际检验成本。

（3）若从式（4-7）第一项看，当乳品企业利润达到最大时，乳品加工企业 j 制定的乳品价格为 p_{2jk}，等于影子价格 + 边际生产成本 + 乳品加工企业与乳品分销商间的交易成本。如果乳品分销商愿意接受该产品价格，则乳品加工企业有利可图，会向其供货；反之，则不会供货。

4.1.4 乳品分销商竞争行为与均衡条件

乳品分销商在乳品供应链网络中起到承前启后的连接作用。乳品加工企业通过两种方式将产品最终销售到终端消费者手中：

第一种方式：乳品加工企业→配送中心、代理商→分销商、零售商→终端消费者；

第二种方式：乳品加工企业→集中配送中心→大型连锁超市、便利店、市场、餐饮店→终端消费者。

记 $c_k(Q^2)$ 为乳品分销商 k 所付出的产品处置费用（运输费用、储存费用等），假设为连续可微的凸函数。记 p_{3kl} 为乳品分销商 k 制定的乳品价格，假设价格为内生变量。记 q_{kl} 为乳品分销商 k 对终端消费市场 l 产品的销售量。

假设考虑消费者偏好，消费者在旧产品和新产品之间进行选择购买时，在相同价格下，会优先选择新产品。考虑乳品销售的实际情况，即乳品的销售时间接近产品保质期时，产品的价值将会出现折扣现象，销售商针对即将过期的乳品，会采取各种促销活动以将产品尽快卖出，例如，打折、捆绑销售等。为此引进有效因子 $\theta(t)=[0,1]$，表达乳品的销售时间与保质期的接近程度。$\theta(t)$ 越靠近 1，表达销售时间越靠近保质期。当 $\theta(t)=1$ 时，乳品到达保质期，不能再进行销售。$\theta(t)=1-t^2/T^2$ 是关于时间 t 的递减函数，T 是乳品的保质期，$T=[0,1]$。用 $\varepsilon(t)=e^{ln2/T^t}-1$ 表达乳品价值损耗的衰减情况，用 $\delta(t)=1-\varepsilon(t)=2-e^{ln2/T^t}$，$\delta(t)=[0,1]$，表达乳品在销售过程中与销售时间相关的有效价值比例因子。用 $\delta(t)$ 表达乳品的有效价值比例函数。如果乳品加工企业供货量为 q_{kl}，那么乳品分销商销售量为 $\delta(t)q_{kl}$。此外，对尚未销售而过期的乳品，乳品分销商会获得相应的滞销补贴，记为 $\hat{c}_k(q_{jk})$（根据具体的乳品加工企业而定）。

乳品分销商 k 的目的是获得最大利润，其利润函数表达式为：

$$\max \delta(t)p_{3kl}\sum_{1}^{p}q_{kl}+\hat{c}_k(q_{jk})-c_k(Q^3)-\sum_{j=1}^{n}p_{2jk}q_{jk} \qquad (4-8)$$

$$\text{s.t} \quad \sum_{j=1}^{n}q_{jk} \geqslant \sum_{1}^{p}q_{kl}, \ q_{jk}\geqslant0, \ q_{kl}\geqslant0 \ \forall j, \ k, \ l \qquad (4-9)$$

乳品分销商之间进行非合作博弈达到 Nash 均衡，可表达为变分不等式 (4-10)：

$$\sum_{j=1}^{n}\sum_{k=1}^{0}\left[\frac{\partial c_k(Q^3)}{\partial q_{jk}}+\frac{\partial \hat{c}_k(q_{jk})}{\partial q_{jk}}+p_{2jk}-\lambda_k\right](q_{jk}-q_{jk}^*)+$$

$$\sum_{k=1}^{0} \sum_{1=1}^{p} \left[\lambda_k - \delta(t) p_{3kl} (q_{kl} - q_{kl}^*) \right] + \sum_{k=1}^{0} \left[\sum_{j=1}^{n} q_{jk} - \right.$$

$$\left. \sum_{1=1}^{p} q_{kl} \right] (\lambda_k - \lambda_k^*) \geq 0, \ (Q^3, \lambda_k) \in R_+^{no+o} \qquad (4-10)$$

式（4 - 10）的经济意义为：

式（4 - 10）中，λ_k 是为制造关于 $\sum_{j=1}^{n} q_{jk} \geq \sum_{1=1}^{p} q_{kl}$ 的拉格朗日乘子，λ 为 λ_k 组成的 o 维向量。从第三项看，$\lambda_k^* > 0$，则 $\sum_{j=1}^{n} q_{jk} = \sum_{1=1}^{p} q_{kl}$，即乳品分销商 k 将所有产品卖出。从第二项看，乳品价格随着销售时间的变化而变化，如果乳品分销商将乳品供应到消费市场，那么影子价格等于卖出去的乳品的价格，且受产品销售时间影响。从第一项看，影子价格等于乳品分销商的购价 + 处置费用 + 滞销补贴。

4.1.5 终端消费者选择行为与均衡条件

消费者购买乳品时，不仅要思量产品的零售价格，还须思量购得商品所必需支付的相关成本，如运输费用等。用 c_{kl} 表示消费市场 l 与分销商 k 之间所需的相关交易成本，用 q_{kl} 表达消费市场 l 与分销商 k 之间的产品交易量。$(q_{kl})_{no}$ 记为向量 Q^3，表达所有乳品分销商和消费市场之间的产品交易量。用 p_{4l} 表达乳品在消费市场 l 的相关需求价格，用 d_l 表达消费市场 l 的产品需求总量，可表达为连续函数：

$$d_l = d_l(p_4), \ \forall l \qquad (4-11)$$

式中，p_4 为 p 维的列向量，包含产品在 p 个市场上的产品价格。如果消费者愿意提供的价格等于销售价格 + 单位产品边际成本，则形成购买；反之，则不形成购买。所以对消费者来说，消费市场 l 的均衡条件为：

$$p_{3kl} + c_{kl}(Q^3) \begin{cases} > p_{4l}, & if q_{kl} = 0 \\ = p_{4l}, & if q_{kl} \geq 0 \end{cases} \qquad (4-12)$$

并且，

$$d_l(p_4) \begin{cases} \leq \sum_{k=1}^{0} q_{kl}, & if p_{4l} = 0 \\ = \sum_{k=1}^{0} q_{kl}, & if p_{4l} > 0 \end{cases} \qquad (4-13)$$

将式（4 - 12）、式（4 - 13）表达成变分不等式（4 - 14）：

$$\sum_{k=1}^{0} \sum_{l=1}^{p} \left[p_{3kl} + c_{kl}(Q^3) - p_{4l} \right] (q_{kl} - q_{kl}^*) +$$

$$\sum_{l=1}^{p} \Big[\sum_{k=1}^{0} q_{kl} - d_l(p_4) \Big] (p_{4l} - p_{4l}^*) \geqslant 0, \ Q^3 \in R_+^{op} \qquad (4-14)$$

式（4-14）的经济意义为：

（1）若从式（4-14）第一项来看，消费市场 l 与乳品分销商 k 之间产品交易量大于零，则乳品分销商的产品售价没有超过消费者愿意支付的价格，否则消费市场 l 与乳品分销商 k 之间产品交易量等于零。

（2）若从式（4-14）第二项来看，当市场价格大于零时，市场上产品需求总量等于产品供应总量，达到交易量均衡。

4.1.6　我国乳品供应链网络均衡条件

在乳品供应链网络均衡状态下，所有的原奶供应商、乳品加工企业、乳品分销商、消费需求市场的优化条件必须同时满足，从而实现原奶供应商的产销均衡、乳品加工企业产销均衡、乳品分销商购销均衡、需求市场供求均衡。

定义1：原奶供应商、乳品加工企业、乳品分销商、消费需求市场这4层决策主体之间的产品交易量和交易价格需同时满足变分不等式（4-3）、式（4-7）、式（4-10）、式（4-14）之和，则乳品供应链整体网络达到均衡状态。

根据定义1，将不等式（4-3）、式（4-7）、式（4-10）和式（4-14）相加，通过整理得到式（4-15）：

$$\sum_{i=1}^{m} \sum_{j=1}^{n} \Big[\frac{\partial f_i(q_i)}{\partial q_{ij}} + \frac{\partial c_{ij}(q_{ij})}{\partial q_{ij}} + \frac{\partial c_i(Q^1)}{\partial q_{ij}} + \frac{\partial c_j(q_{ij})}{\partial q_{ij}} - \gamma_j \Big] (q_{ij} - q_{ij}^*) +$$

$$\sum_{j=1}^{n} \sum_{k=1}^{0} \Big[\frac{\partial f_j(Q^2)}{\partial q_{jk}} + \frac{\partial c_{jk}(q_{jk})}{\partial q_{jk}} + \frac{\partial \hat{c_k}(q_{jk})}{\partial q_{jk}} + \frac{\partial c_k(Q^3)}{\partial q_{jk}} + \gamma_j - \lambda_k \Big] (q_{jk} - q_{jk}^*) +$$

$$\sum_{k=1}^{0} \sum_{l=1}^{p} \Big[\lambda_k + (1 - \delta(t)) p_{3kl} + c_{kl}(Q^3) - p_{4l} \Big] (q_{kl} - q_{kl}^*) +$$

$$\sum_{j=1}^{n} \Big[\sum_{i=1}^{m} (1 - \eta) q_{ij} - \sum_{k=1}^{0} q_{jk} \Big] (\gamma_j - \gamma_j^*) + \sum_{k=1}^{0} \Big[\sum_{j=1}^{n} q_{jk} - \sum_{l=1}^{p} q_{kl} \Big] (\lambda_k - \lambda_k^*) +$$

$$\sum_{l=1}^{p} \Big[\sum_{k=1}^{0} q_{kl} - d_l(p_4) \Big] (p_{4l} - p_{4l}^*) \geqslant 0 \qquad (4-15)$$

在乳品供应链整体达到均衡情况下，求出均衡解（Q^{1*}，Q^{2*}，Q^{3*}，γ_j^*，λ_k^*，p_{4l}^*）。

式（4-15）的经济意义为：

由式（4-15）可知，当乳品供应链网络达到整体均衡状态时，情况如下：

当 $q_{ij}^* \geqslant 0$ 时，

$$\gamma_j = \frac{\partial f_i(q_i)}{\partial q_{ij}} + \frac{\partial c_{ij}(q_{ij})}{\partial q_{ij}} + \frac{\partial c_i(Q^1)}{\partial q_{ij}} + \frac{\partial c_j(q_{ij})}{\partial q_{ij}} \qquad (4-16)$$

即 γ_j 等于原奶供应商边际生产成本 + 边际交易成本 + 边际预防成本 + 乳品 + 企业边际检验成本之和。

当 $q_{jk}^* \geqslant 0$ 时，

$$\lambda_k = \frac{\partial f_j(Q^2)}{\partial q_{jk}} + \frac{\partial c_{jk}(q_{jk})}{\partial q_{jk}} + \frac{\partial \hat{c_k}(q_{jk})}{\partial q_{jk}} + \frac{\partial c_k(Q^3)}{\partial q_{jk}} + \gamma_j \qquad (4-17)$$

即 λ_k 等于 γ_j［由式（4-17）定义］+ 乳品加工企业的边际生产成本 + 乳品加工企业的边际补贴成本 + 乳品加工企业与乳品分销商之间的交易成本 + 乳品分销商的处置费用 + 乳品分销商获得的滞销补贴。

当 $q_{kl}^* \geqslant 0$ 时，

$$p_{4l} = \lambda_k + (1 - \delta(t))p_{3kl} + c_{kl}(Q^3) \qquad (4-18)$$

即 p_{4l} 等于 λ_k［由式（4-18）定义］+ 乳品分销商与消费市场的交易成本 + 乳品分销商 k 制定的产品价格。

4.2 算法与算例分析

4.2.1 修正投影法

结合 2.2.3 节的修正投影算法，求解变分不等式，具体迭代过程如下：

步骤 1：初始化。

设置 $(Q^{10}, Q^{20}, Q^{30}, \gamma_j^0, \lambda_k^0, p_{4l}^0) \in K$。假设 $\tau = 1$，并设定 $0 \leqslant \alpha \leqslant 1/L$，其中 L 是 Lipschitz 常数。

步骤 2：计算。

设 $(Q^{1-\tau}, Q^{2-\tau}, Q^{3-\tau}, \gamma_j^{-\tau}, \lambda_k^{-\tau}, p_{4l}^{-\tau}) \in K$，解变分不等式（4-17）。

$$\sum_{i=1}^m \sum_{j=1}^n \left[q_{ij}^{-\tau} + \alpha \left(\frac{\partial f_i(q_i^{\tau-1})}{\partial q_{ij}} + \frac{\partial c_{ij}(q_{ij}^{\tau-1})}{\partial q_{ij}} + \frac{\partial c_i(Q^{1\tau-1})}{\partial q_{ij}} + \frac{\partial c_j(q_{ij}^{\tau-1})}{\partial q_{ij}} - \gamma_j^{\tau-1} \right) - \right.$$

$$\left. q_{ij}^{\tau-1} \right] (q_{ij} - q_{ij}^{-\tau}) + \sum_{j=1}^n \sum_{k=1}^0 \left[q_{jk}^{-\tau} + \alpha \left(\frac{\partial f_j(Q^{2\tau-1})}{\partial q_{jk}} + \frac{\partial c_{jk}(q_{jk}^{\tau-1})}{\partial q_{jk}} + \frac{\partial \hat{c_k}(q_{jk}^{\tau-1})}{\partial q_{jk}} + \right. \right.$$

$$\left. \left. \frac{\partial c_k(Q^{3\tau-1})}{\partial q_{jk}} + \gamma_j^{\tau-1} - \lambda_k^{\tau-1} \right) - q_{jk}^{\tau-1} \right] (q_{jk} - q_{jk}^{-\tau}) + \sum_{k=1}^0 \sum_{l=1}^p \left[q_{kl}^{-\tau} + \alpha(\lambda_k^{\tau-1} + (1 - \right.$$

$$\left. \delta(t))p_{3kl}^{\tau-1} + c_{kl}(Q^{3\tau-1}) - p_{4l}^{\tau-1}) - q_{kl}^{\tau-1} \right] (q_{kl} - q_{kl}^{-\tau}) + \sum_{j=1}^n \left[\gamma_j^{-\tau} + \alpha \left(\sum_{i=1}^m (1-\eta)q_{ij}^{\tau-1} - \right. \right.$$

$$\sum_{k=1}^{0} q_{jk}^{\tau-1}) - \gamma_j^{\tau-1}](\gamma_j - \gamma_j^{-\tau}) + \sum_{k=1}^{0}[\lambda_k^{-\tau} + \alpha(\sum_{j=1}^{n} q_{jk}^{\tau-1} - \sum_{l=1}^{p} q_{kl}^{\tau-1}) - \lambda_k^{\tau-1}](\lambda_k - \lambda_k^{-\tau}) +$$

$$\sum_{l=1}^{p}[p_{4l}^{-\tau} + \alpha(\sum_{k=1}^{0} q_{kl}^{\tau-1} - d_l(p_4^{\tau-1})) - p_{4l}^{\tau-1}](p_{4l} - p_{4l}^{-\tau}) \geqslant 0$$

$$(Q^1, Q^2, Q^3, \gamma_j, \lambda_k, p_{4l}) \in K$$

步骤 3：修正。

设 $(Q^{1\tau}, Q^{2\tau}, Q^{3\tau}, \gamma_j^{\tau}, \lambda_k^{\tau}, p_{4l}^{\tau})$，解如下变分不等式。

$$\sum_{i=1}^{m}\sum_{j=1}^{n}\left[q_{ij}^{\tau} + \alpha\left(\frac{\partial f_i(q_i^{-\tau})}{\partial q_{ij}} + \frac{\partial c_{ij}(q_{ij}^{-\tau})}{\partial q_{ij}} + \frac{\partial c_i(Q^{1-\tau})}{\partial q_{ij}} + \frac{\partial c_j(q_{ij}^{-\tau})}{\partial q_{ij}} - \gamma_j^{\tau-1}\right) - q_{ij}^{\tau-1}\right]$$

$$(q_{ij} - q_{ij}^{\tau}) + \sum_{j=1}^{n}\sum_{k=1}^{0}\left[q_{jk}^{\tau} + \alpha\left(\frac{\partial f_j(Q^{2-\tau})}{\partial q_{jk}} + \frac{\partial c_{jk}(q_{jk}^{-\tau})}{\partial q_{jk}} + \frac{\partial \hat{c}_k(q_{jk}^{-\tau})}{\partial q_{jk}} + \frac{\partial c_k(Q^{3-\tau})}{\partial q_{jk}} + \right.\right.$$

$$\left.\left.\gamma_j^{-\tau} - \lambda_k^{-\tau}\right) - q_{jk}^{\tau-1}\right](q_{jk} - q_{jk}^{\tau}) + \sum_{k=1}^{0}\sum_{l=1}^{p}\left[q_{kl}^{-\tau} + \alpha(\lambda_k^{-\tau} + (1 - \delta(t))p_{3kl}^{-\tau} + \right.$$

$$c_{kl}(Q^{3-\tau}) - p_{4l}^{-\tau}) - q_{kl}^{\tau-1}](q_{kl} - q_{kl}^{\tau}) + \sum_{j=1}^{n}\left[\gamma_j^{\tau} + \alpha(\sum_{i=1}^{m}(1 - \eta)q_{ij}^{-\tau} - \right.$$

$$\sum_{k=1}^{0} q_{jk}^{-\tau}) - \gamma_j^{\tau-1}](\gamma_j - \gamma_j^{\tau}) + \sum_{k=1}^{0}\left[\lambda_k^{\tau} + \alpha(\sum_{j=1}^{n} q_{jk}^{-\tau} - \sum_{l=1}^{p} q_{kl}^{-\tau}) - \lambda_k^{\tau-1}\right]$$

$$(\lambda_k - \lambda_k^{\tau}) + \sum_{l=1}^{p}[p_{4l}^{\tau} + \alpha(\sum_{k=1}^{0} q_{kl}^{-\tau} - d_l(p_4^{-\tau})) - p_{4l}^{\tau-1}](p_{4l} - p_{4l}^{\tau}) \geqslant 0$$

$$(Q^1, Q^2, Q^3, \gamma_j, \lambda_k, p_{4l}) \in K$$

步骤 4：收敛验证。

如果 $|q_{ij}^{\tau} - q_{ij}^{\tau-1}| \leqslant \varepsilon$，$|q_{jk}^{\tau} - q_{jk}^{\tau-1}| \leqslant \varepsilon$，$|q_{kl}^{\tau} - q_{kl}^{\tau-1}| \leqslant \varepsilon$，$|\gamma_j^{\tau} - \gamma_j^{\tau-1}| \leqslant \varepsilon$，$|\lambda_k^{\tau} - \lambda_k^{\tau-1}| \leqslant \varepsilon$，$|p_{4l}^{\tau} - p_{4l}^{\tau-1}| \leqslant \varepsilon$，$i = 1, 2, 3, \cdots, m = 1, 2, 3, \cdots, n = 1, 2, 3, \cdots, k = 1, 2, 3, \cdots, l = 1, 2, 3, \cdots, p = 1, 2, 3, \cdots, \varepsilon > 0$，停止迭代，此时结果为最优结果。否则，转入步骤 2 继续计算，设置 $\tau = \tau + 1$。

4.2.2　算例

本算例针对以 2 个原奶供应商、2 个乳品加工企业、2 个乳品分销商、2 个终端消费市场组成的供应链网络进行分析。

原奶供应商的生产成本函数为：

$$f_1(q_1) = q_1^2 + q_1 q_2 + 2q_1, \quad f_2(q_2) = q_2^2 + q_1 q_2 + 6q_2$$

乳品加工企业的生产成本函数为：

$$f_1^1(q_1) = q_1^2 + q_1 q_2 + 2q_1, \quad f_2^1(q_2) = q_2^2 + q_1 q_2 + 6q_2$$

原奶供应商与乳品加工企业的交易成本为：

$$c_{11}(q_{11}) = 0.5q_{11}^2 + 3.5q_{11}, \quad c_{12}(q_{12}) = 0.5q_{12}^2 + 3.5q_{12}$$

$$c_{21}(q_{21}) = q_{21}^2 + 3.5q_{21} , \quad c_{22}(q_{22}) = q_{22}^2 + 3.5q_{22}$$

乳品加工企业与乳品分销商的交易成本为：

$$c_{11}^1(q_{11}) = q_{11}^2 + 3q_{11} , \quad c_{12}^1(q_{12}) = q_{12}^2 + 2.5q_{12}$$

$$c_{21}^1(q_{21}) = q_{21}^2 + 3q_{21} , \quad c_{22}^1(q_{22}) = q_{22}^2 + 2.5q_{22}$$

乳品分销商的处置费用为：

$$c_1(Q^2) = 1.5(q_{11} + q_{12})^2 , \quad c_2(Q^2) = 0.5(q_{21} + q_{22})^2$$

终端需求市场的需求函数为：

$$d_1(p_4) = -2p_{41} - 0.5p_{42} + 200$$

$$d_2(p_4) = -1.5p_{42} - p_{41} + 200$$

乳品分销商与消费者之间的交易成本为：

$$c_{11}(Q^3) = 2.2q_{11} + 5 , \quad c_{12}(Q^3) = 1.9q_{12} + 5$$

$$c_{21}(Q^3) = 2q_{21} + 5 , \quad c_{22}(Q^3) = 1.95q_{22} + 5$$

产品保质期为：$T = 6$

销售期为 3 天，即：$t = 4$

原奶供应商的原奶未达标率为：$\eta_1 = 0$ ，$\eta_2 = 0$

原奶供应商的质量预防成本为：$c_1(Q^1) = 10$ ，$c_2(Q^1) = 5$

乳品加工企业的检验成本为：

$$c_1^1(Q^1) = 1.5(q_{11} + q_{12})^2 , \quad c_2^1(Q^1) = 0.5(q_{21} + q_{22})^2$$

假设产生的滞销补贴为：$\hat{c_1}(q_{jk}) = 0$ ，$\hat{c_2}(q_{jk}) = 0$

采用 MATLABR2015b 软件进行分析，设定迭代步长 $\alpha = 0.005$，循环验证条件为 $\varepsilon = 10^{-4}$，采用修正投影法进行迭代，Q^1，Q^2，Q^3，γ_j，λ_k，p_{4l} 迭代均衡过程，如图 4-2 ~ 图 4-7 所示，其中，r：红色，b：蓝色，m：紫色，g：绿色，k：黑色，共迭代 419 次。

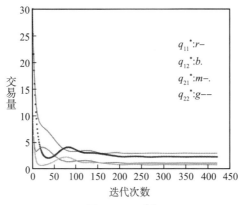

图 4-2　Q^{1*}

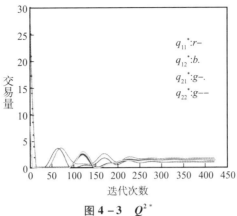

图 4 - 3　Q^{2*}

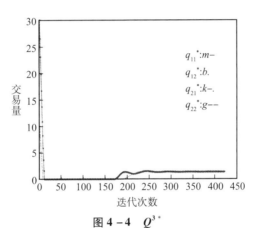

图 4 - 4　Q^{3*}

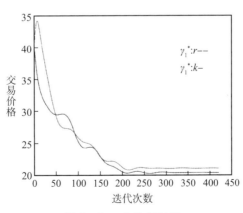

图 4 - 5　γ_j^* 均衡过程

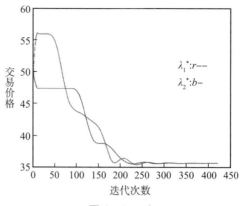

图 4 - 6　λ_k^*

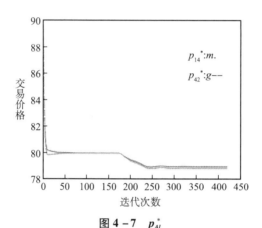

图 4 - 7　p_{4l}^*

图 4 - 2 ～图 4 - 4 中，Q^{1*}，Q^{2*}，Q^{3*} 表示原奶供应商、乳品加工企业、乳品分销商、消费市场之间乳品均衡交易量。通过比较发现，2 个原奶供应商与 2 个乳品加工企业间原奶交易量差异较大，如图 4 - 2 中，$q_{11}^* > q_{21}^*$，$q_{12}^* > q_{22}^*$，这可能由乳品加工企业的发展规模、知名度、乳品种类等差异导致。2 个乳品加工企业与 2 个乳品分销商间乳品交易量差异不大，如图 4 - 3 中，$q_{11}^* \approx q_{12}^* \approx q_{21}^* \approx q_{22}^*$，这可能与分销商的规模、地理位置、销售能力等因素有关。而 2 个乳品分销商与 2 个终端消费市场间乳品交易量几乎保持一致，如图 4 - 4 中，$q_{11}^* = q_{12}^* = q_{21}^* = q_{22}^*$，这由市场需求量造成。图 4 - 5 ～图 4 - 7 中，γ_j^*，λ_k^*，p_{4l} 表示原奶供应商、乳品加工企业、乳品分销商、消费市场之间乳品均衡交易价格，由图 4 - 5 ～图 4 - 7 可见，$\gamma_j^* < \lambda_k^* < p_{4l}^*$，随着产品向下游流动，价格呈上升趋势，这不仅与各层成员的成本息息相关，也反映各层成员在不断追求利润最大化。

通过图 4 - 2 ～图 4 - 7，得到以下均衡解，如表 4 - 1 ～表 4 - 4 所示。

表 4 - 1　　　　　　　　原奶供应商到乳品加工企业的原奶流量

	原奶供应商 1	原奶供应商 2
乳品加工企业 1	2.993	2.306
乳品加工企业 2	1.161	0.813

表 4 - 2　　　　　　　　乳品加工企业到乳品分销商的乳品流量

	乳品加工企业 1	乳品加工企业 2
乳品分销商 1	1.646	1.337
乳品分销商 2	0.964	1.361

表 4 - 3　　　　　　　　乳品分销商到终端消费市场的乳品流量

	乳品分销商 1	乳品分销商 2
消费市场 1	1.232	1.367
消费市场 2	1.355	1.332

表 4 - 4　　　　　　　　　终端消费市场的需求价格

	消费市场 1	消费市场 2
价格	78.987	78.874

向量 γ_j^* 等于乳品加工企业制定的产品价格，记为 p_{2jk}：$\gamma_1^* = 21.067$，$\gamma_2^* = 20.373$。

向量 λ_k^* 等于乳品分销商制定的产品价格，记为 p_{3kl}：$\lambda_1^* = 35.637$，$\lambda_2^* = 35.637$。

由表 4 - 1 ~ 表 4 - 4 可得，原奶供应商、乳品加工企业、乳品分销商、消费市场之间以均衡交易价格进行交易时，乳品供应链网络中各层成员总体利润达到最大。

由式（4 - 3）和式（4 - 7）达到均衡状态时，计算原奶供应商与乳品加工企业间的均衡交易价格，得：

$$p_{111}^* = 14.784，p_{112}^* = 12.410，p_{121}^* = 15.051，p_{122}^* = 16.247$$

原奶供应商的利润：$\pi_1 = 5.152$，$\pi_2 = 4.249$。

乳品加工企业利润：$\pi_1 = 19.390$，$\pi_2 = 19.234$。

乳品分销商利润：$\pi_1 = 7.353$，$\pi_2 = 10.520$。

计算结果表明，乳品加工企业利润最高，处于乳品供应链网络核心地位，而原奶供应商利润最低，处于劣势地位，这是我国目前乳品供应链整体网络利润分配比例的真实体现，进而验证了基于变分不等式的均衡模型，对于解决乳品供应链均衡具有合理性和适用性。

4.2.3 主要结论

供应链管理作为提升乳业竞争力的有效手段，受到国内大型乳企的普遍关注。我国乳品供应链具有链条长、节点层级多、关系复杂等特点，本书在考虑这些特点之外，还考虑了原奶的质量达标率、原奶供应商的质量预防成本、乳品制造商的检验成本、乳品分销商获得的滞销补贴及消费者偏好等因素，建立了乳品供应链网络均衡模型，相对于博弈论、单目标或者多目标数学规划模型而言，从多维度研究乳品供应链网络中各个层次决策主体的行为和相互影响关系，得到交易数量和交易价格的均衡解。

结果表明：当原奶供应商的边际生产成本＋边际交易成本＋边际预防成本小于原奶供应商价格时，原奶供应商会向乳品加工企业供给原奶；当乳品企业利润达到最大时，乳品加工企业制定的乳品价格等于影子价格＋边际生产成本＋交易成本。如果乳品分销商愿意接受这个产品价格，则乳品加工企业有利可图，会向其供货；乳品分销商制定的乳品价格等于购价＋处置费用＋滞销补贴，且价格随着销售时间的变化而变化；如果乳品分销商的产品售价＋交易成本没有超过消费者愿意支付的价格，消费者就会购买乳品。

通过结论可得到一定的管理学启示：

1. 对原奶供应商实施补贴政策，以平衡利润分配

人们生活质量水平提升，对原奶数量和质量提出更高要求，致使原奶供应商生产投入增大，但却在以加工制造企业为核心的乳品供应链利润分配中处于相对劣势。由此建议政府制定相应的补贴政策，给予原奶供应商合理补贴，以增加其质量预防成本的投入，增强原奶供应商竞争力，同时乳品企业也应关注供应链上游垂直建设，重视乳品供应商的生存发展，优化上下游利益合作机制，平衡各层成员间的地位，促使乳品供应链整体利润分配更为合理。

2. 提高乳品"新鲜度"，合理设定滞销补贴标准，避免分销商套利行为

乳品新鲜度和有效供给直接影响消费者满意度、购买决策，进而影响市场需求。当供应链各层成员付出不同努力，共同提高新鲜度时，整个系统利润得到提高，建议供应链各成员之间建立基于电子商务和物联网技术的乳品"短链交易"模式，减少乳品新鲜度损耗，优化运营管理。此外，由于新鲜度降低而致使乳品价格变动或产品滞销，乳品加工企业多采用给予乳品分销商一定的滞

销补贴，但其滞销补贴标准不统一，建议乳品加工企业采用"滞销补贴＝乳品价格－购价－处置费用"，以减少乳品分销商资金套用风险，平衡制造商和分销商的合作关系。

3. 协同设计乳品供应链整体库存是提高链条利润的重要手段

通过算例，发现原奶供应商与乳品加工企业的原奶交易量虽不同，但乳品加工企业与乳品分销商、乳品分销商与消费市场交易量、交易价格趋于相同，这是由供应链的中间库存所导致，过多的库存不仅会增加成本，也会减少乳品上市时间，因此适度库存成为乳品供应链各层成员的重要关注点。乳品供应链库存已不是单层级库存控制，而是供应链各层成员全面协同管理库存量，以达到整体供应链库存量的平衡。因此，各层成员可联合进行乳品供应链信息流程再造，构建供应链协同商务管理平台，实现信息共享，以达到合理控制库存水平的效果。

本章在一定程度上减少了乳品供应链运行的波动性和不确定性，促进乳品供应链网络运作过程更加合理有效，促使各决策主体从供应链整体利益上进行决策，因此该模型可以为供应链成员决策提供参考。

本书仍有待进一步深入研究，首先，可在本书研究基础之上，完善决策影响因素；其次，可进行实地调研，改进约束条件，增强模型的约束性；最后，进一步考虑乳品行业的特点，将静态模型转化为动态模型，增加时态约束。

4.3　本 章 小 结

本章参考纳古尼（2002）提出的交通超网络均衡模型中对于流量的表达方式及董、张（Dong J.，Zhang D，2002）提出的多目标决策主体的三层供应链网络均衡模型中对于流量的表达式，结合我国乳品供应链自身特点，以乳品供应链网络为研究对象，构建包含原奶供应商、乳品加工企业、乳品分销商、终端消费市场四层决策主体的乳品供应链网络均衡模型。利用均衡理论和变分不等式理论，描述每个决策者的独立行为以及决策者之间相互影响的竞争行为，采用修正投影法求出均衡解，并给出经济解释，通过数值算例验证模型的合理性和正确性。

均衡模型有助于协调供应链中各成员之间的利益关系，提升乳品供应链整体运作效率，提高乳品行业的竞争力，为乳品供应链网络中各层成员更好地进行决策调整以适应网络协作关系，提供新的理论依据，为进一步实现乳品供应链网络系统最优作出贡献。

第5章

考虑乳品特征的供应链网络竞合治理

乳业是贯穿第一产业畜牧业、第二产业食品工业，第三产业流通服务的纵向延伸产业链，乳业的健康发展必须是奶源、加工、流通的协调发展。乳业供应链上游涉及牧草饲料、奶牛养殖、奶牛疾疫的防治、牛奶贮运等，中间涉及至设备制造、产品加工、工艺研究、营养素保留、奶品质控制、奶制品包装材料、产品运输与存储、产品检测等，下游涉及产品销售流通以及相关政府部门的管理。

21 世纪初，由于供需矛盾、相关环节利益分配不均衡等原因发生诸多重大乳品质量问题，暴露出我国乳品供应链整体效率低、松散、效益差等现实短板，从而加大整个乳品行业的运营风险。近年来，我国乳业经过不断优化调整，不仅培育了世界级的千亿级乳品企业，而且颠覆了原有的产业结构，尤其是原奶供给端的调整已经完全不同于 20 年前，规模牧场、自建牧场等代替了传统的小奶农奶站。从网络上看，上游原奶供给环节的节点实力增强，节点数量减少，呈现出不同以往的供应链网络发展态势，也随之带来了全新的乳品供应链运营理论和实践。

5.1　乳品关键特征及相关研究

5.1.1　时变品质度

结合第 3 章关于乳品的相关概念，本章提出乳品有时变品质度的特征，随着时间的流逝，产品质量会下降。为减缓乳品的新鲜度衰减，在乳品加工时就需要加大生产质量努力，在原料奶加工制造阶段，通过研发和技术投入，存在初始产品品质加成的可能性。同时，乳品还具有较大的市场波动风险，其产出和需求具有随机性，由于原奶生产容易受到自然界的影响，导致乳品的产出具有较强的随机性。同时在不同季节或者节假日乳品销量会增加，为确保奶源生产的稳定供给，可以构建乳品供应链牧场与加工企业的专用性资产，保障原料持续供给。

时变品质度是本章考虑的一个重要影响因素，特别是在与产品质量水平的时间关联性方面。相关研究聚焦于生鲜农产品管理领域，研究产品新鲜度衰减环境下，质量投入对企业的影响。荣（Rong Aiyin，2011）考虑了时间和温度因素，基于 Arrhenius equation 构建了生鲜食品质量变质率函数，从而研究了生产和分销问题；于等（MinYu et al.，2012）考虑了时间因素，通过弧乘数描述了生鲜食品数量的变化，建立了寡头垄断竞争的需求市场网络拓扑结构。戴和谢地（Dye & Hsieh，2012）通过描绘质量随着时间的变化过程，构建部分短缺量拖后的库存模型，实现对企业保鲜技术投入及最优补货计划的最优化研究。以上研究将时间、温度等环境要素对新鲜度的影响抽象为具体的函数形式，特别是以指数形式为代表的参数表达，对本章的研究具有较高的借鉴价值。

乳品最终品质具有多维概念。从供应链主体质量投入的动机导向看，生鲜产品与易逝品的质量投入要义在于"逼近质量上限"，通过技术手段尽可能保持该类产品的初始新鲜度。对于乳品而言，品质投入旨在"优于品质下限"。在原料奶加工制造阶段，通过研发和技术投入，存在初始产品品质加成的可能性。乳品最终品质与初始品质的差距，即品质加成程度，在品质能被消费者有效感知的需求市场中是重要的需求刺激点。因此，强化乳品品质投入水平是提升产品价值，获得更大需求市场和利润源的"明智之选"。

鉴于此，与以往研究不同，本书将研究视角定位于"品质"这一乳品质量高级阶段，建立乳品"时变品质度"的多维概念，分别从生产力层面、行为层面、环境层面多维度刻画技术革新、品质投入要素带来的"正效应"与时间流逝要素产生的"负效应"对乳品最终品质形成的交织作用。结合乳品消费者时间偏好敏感性，建立受时变品质度和价格双重影响的消费者时变效用函数，探讨协同控制下的契约参数设计，重构乳品供应链利益分配逻辑，避免供应链系统利润向销售端过度偏移及加工企业承担过重品质投入成本两方面导致的利益失衡，以激励乳品加工企业提高品质投入水平，为乳品企业的科学管理提供有益参考。

5.1.2　新鲜度衰减值

新鲜度衰减是生鲜品的显著特点之一，从生鲜品进入供应链开始，其新鲜度经历逐渐从 1 变为 0 的过程，虽然会经历杀菌、低温保存等技术处理，但始终难以改变其新鲜度流失的现实。消费者购买时会根据生鲜品的色泽、气味、腐朽程度判断生鲜品的新鲜程度，采取有效措施，生鲜品新鲜度衰减速度将被大大减缓，如何有效描述生鲜品新鲜度在生鲜品供应链中的作用，成为很多学者关注的重点。

王磊（2015）等构建了受新鲜度和价格影响的时变效用函数，研究发现"保鲜成本分担＋收益共享"契约可实现分散决策下的生鲜品供应链协调。韩曙光（2016）等利用新鲜度函数，建立考虑新鲜度和运输时间双因素影响的变质库存模型，研究发现新鲜度严重影响生鲜农产品的需求。牟进进（2019）等考虑新鲜度和价格对消费需求的影响，并建立了变质率与新鲜度的函数关系。结果表明，提高初始新鲜度可增加零售商补货量和系统利润，而分销商变质损耗调节因子和顾客对价格的敏感度则对系统利润产生负面影响。谢如鹤（2020）等基于初始新鲜度和保鲜包装成本研究生鲜农产品零售商订货模型，明确指出，初始新鲜度和保鲜包装成本对零售商利润有显著影响，优化订货策略可提高企业利润。阿斯彻（2021）等研究发现，相比于追求规模经济带来的利益，新鲜度的衰减及有效期对产品的限制成为影响运输成本的重要因素，要及时规避这两个方面带来的损失才能实现可持续的盈利。杨凡（2023）等考虑易逝品市场需求受新鲜度和价格的影响，其中新鲜度敏感因子（产品新鲜度随时间变化的程度）比新鲜度努力因子对易逝品销售利润的影响更大。

可见，相较于其他关键参数，新鲜度及新鲜度衰减值能够清晰描述生鲜品供应链运营的影响因子，已成为研究生鲜品供应链竞合及网络均衡的关键特征。

5.1.3 质量安全和质量努力

近年来，食源性疾病事件频发，使乳品质量安全问题备受社会各界关注。关于乳品质量安全和质量努力的研究主要从原因及措施的视角推进。

1. 利润分配的公平缺失成为乳品供应链安全的隐疾

以加工制造企业为核心企业的乳品供应链，目前从利润分配的视角看，吴强等（2016）分析发现零售商占供应链的利润比例约为 55%，加工制造企业占供应链的利润比例为 35%，原奶供给端的占供应链的利润比例为 10%，但与之对应的风险承担比例分别为 10%、20% 和 70%。可见，乳品供应链利润分配不均，农户或合作社在供应链中处于绝对弱势地位，较容易产生压低质量以提高盈利能力等投机行为，进而威胁整体供应链的信誉，影响消费者的消费体验。郭迎春（2020）等通过引入 Shapley 值模型来计算利润分配方案，来解决奶业链的利润分配不合理的问题，进而降低乳品产业链风险。鲁云峰（2023）等通过对新疆奶产业链利润分配开展研究，明确指出其存在利润分配倒置、成本投入与利益分配倒置、风险承担与利益分配倒置等问题，认为必须增加原料生产收益、降低成本、加强风险管理和利益联结，才能实现奶业链的可持续发展。

2. 乳品供应链质量隐患具有传导性

乳品的质量隐患往往会通过链条传导，最终形成全产业链级的危机事件。因此，李等（Li et al.，2021）研究发现，农产品的纵向一体化有利于促进农产品的质量安全，同时能提高流通时效。郭本海（2019）等构建了基于质量价值流动的乳品全产业链质量管控 GERT 网络模型研究发现，全产业链质量管控在核心企业主导下产生优势，提出强化乳品质量管控应在强调核心企业主导的情况下，从政府、企业、消费者三维视角讨论对策。与此同时，尹魏巍（2009）等通过构建奶农、奶站、乳品生产企业、销售企业及消费者的静态博弈模型，发现上游正当经营且下游积极检查，乳品供应链的质量安全才能得到保障且主体能获得最大收益。

3. 乳品供应链上企业质量管控力度和质量努力直接影响产品品质

在企业的质量管控力度方面，史等（Shi et al.，2018）研究发现，原料供应约束将影响生鲜品供应链的质量安全，提出通过加强对制造商的监管力度，以提高供应商供应原料的质量。樊斌（2012）等建立演化模型以探讨乳品加工企业隐蔽违规行为的问题，研究发现政府监督查处的力度和强度、消费者信任度、企业生产技术和设备以及乳品加工市场的准入条件都会影响乳品加工企业行为。古川（2011）等认为，"农超对接"模式能通过多种方式保障生鲜品的质量，主要包括加强各环节的检测力度、增加不合格产品的惩罚成本以及加大价格激励等。刘磊（2012）等发现稳定的合作关系能有遏克制农户"以次充好"行为的发生。在监管方面，萨舍夫斯基（Sharshevsky，2015）等提出运用数据检测、记录技术或设备加大对生鲜品的监管，避免出现质量安全问题。田（Tian，2016）等将 HACCP（危害分析和关键控制点）方法结合 GS1（全球标准1）引入乳品的质量安全建设体系中，以实现供应链成员间信息传递，为乳品安全提供体系支持。李政德（2023）等以君乐宝乳业集团为研究对象，发现其基于全产业链进行全面质量管理（TQM），结合生产实际独创了质量管理 5.0 卓越运营模式，进而造就其国际乳业品质。李迪（2021）从信息不对称视角出发，探讨乳制品供应链质量控制问题。

结果表明，信息不对称会导致乳制品供应链质量控制不协调，但通过合理的损失分担机制可以有效激励供应链节点企业提高质量控制水平。在企业质量努力方面，王道平（2020）等在保鲜努力水平的基础上综合考虑运输产品时间，发现纳什讨价还价下的成本共担契约不仅可以促进供应商提高保鲜努力水平，且对于提升供应链利润方面更为有效。刘（Liu，2020）提出一个动态模型，探讨延迟生产对产品质量的影响，发现在分散决策下，质量努力水平降低，供应商可能放弃努力，进而损害零售商利益。周涛（2022）等以生鲜农产品保鲜努力为切入点，对比合作社或超市进行保鲜投入或无保鲜投入的 3 种情境下对农超对接的双渠道供应链绩效的影响，研究发现保鲜努力对供应链利润始终具有促进作用。

5.1.4 消费者偏好

现实中消费者在选购乳品时，最先考虑的两个因素是价格与新鲜度。因此，消费者偏好成为乳品供应链研究的重点。基于食品安全事件频发的大背景，王旭（2016）等以我国大部分省市的消费者为调查对象，采用问卷调查的方式采集数据并采用因子分析法对结果进行分析，得出我国消费者对乳品消费信心偏低的研究结论。因此，关注消费者需求、提高消费者对乳品乃至是整个生鲜品的信心成为学者们研究的热点。

在研究影响消费者偏好的因素时，赖春彩（2016）认为，影响消费者购买生鲜品的主要因素有价格、农产品的新鲜程度、安全程度和购买的便利性，其中价格和质量（包括新鲜程度和安全程度）是最为重要的影响因素。朱桂阳（2019）等则将研究视角锁定在消费者，发现生鲜品的需求受新鲜度及策略型消费者所占比例的影响。方剑宇（2019）等建立了两阶段生鲜品供应链折扣定价模型，并结合"合作社＋核心企业"的模式进行研究，发现消费者越偏好新鲜度，收益分享契约发挥的激励效应就越大，能有效提升合作社的公平效用。张勇（2021）等基于 S－O－R 理论，探讨了农产品原产地形象对消费者购买意愿的影响，并发现维护原产地形象、关注价格公平感和提升感知质量对于激发消费者购买意愿的重要性，阿克凯（Akcay，2010）等研究消费者购买同种生鲜品不同质量等级以及不同生鲜品替代这两种情形下的零售商定价策略。李连英（2020）等基于 578 位南昌市消费者数据，探究生鲜农产品购买意愿及其影响因素差异，并将消费者分为无感型、中间型和倾向型 3 类，且影响其消费意愿因素各不相同。张晓飞（2023）研究了全渠道背景下生鲜物流对消费者购买意愿的影响，分析不同配送模式及平台与消费者因素的作用机制，实证表明这些因素共同决定消费者购买行为。燕（Yan，2020）等以风险规避系数表征战略消费者的行为，以分析该系数对供应链决策的影响，并设计收益共享和批发价契约来协调供应链。

在研究消费者偏好产生的作用时，哈尔基尔（Halkier，2007）等研究指出，欧洲国家消费者对低劣产品的排斥心理会正向激励企业与政府有所作为。史保阳（2019）等认为，消费者对生鲜品的新鲜度、生产质量的敏感度对协调农超对接起到重要作用、消费者参考质量效应（即消费者对农产品质量的预期）具有激励合作社提高质量水平及缓解超市宣传压力的双重作用等。与此同时，有的学者聚焦某一行业研究消费者偏好的影响，华连连（2021）等以消费者对乳品品质敏感度为导向构建时变品质度函数，探究不同契约对供销双方及供应链整体利润的激励作用，并且针对上游乳品品质把控，得出供应商生鲜乳检测投入更有利于实现供应链整体利润最优的结论。詹森（Janssen，2015）研究表明消费者意愿能促使高质量企业自主释放更多质量信号，而质量被可识别时，高质高价的良性局面在集成决策下有望实现。

可见，乳品消费者偏好是企业提升质量安全自主性的助推器，且提高乳品供应链质量水平能为多方主体创造效益，即通过供应链内驱力来实现质量安全治理。

5.1.5　政府补贴

消费者作为乳品供应链终端，无法直接识别食品供应链质量安全，这就会在很大程度上诱发供应链链条产生投机、合谋等行为，有必要引入供应链外部监管力量，于涛（2016）等研究指出不论是政府还是第三方监管，监管措施都可能影响质量投入的积极性或损害生产者的福利，因此，政府补贴策略成为改善乳品供应链现状的重要措施。政府通过补贴策略可实现对经济发展的干预，及时发现市场漏洞并进行补救，以提高社会经济效益。

目前不乏关于乳品供应链政府补贴策略的相关研究，迪米特里（Dimitri，2015）等调查分析美国农贸市场数据时，发现政府发放代金券能有效促进消费者的收入再分配，并提升低收入家庭对生鲜品的购买力。高阔（2016）在质量安全投入收益比率对农产品供应商行为有影响的基础上，提出政府对"搭便车"进行惩罚、对投入收益差进行补贴的策略。黄建辉（2017）等考虑农业企业融资存在破产风险时，探讨政府补贴机制对供应链各方主体的影响，研究发现政府是否提供补贴以及补贴的多少受丰收年发生的概率、丰收年与灾害年的产出率比值的影响。阿利扎米尔（Alizamir，2018）等对比分析价格补贴和收入补贴对农户、政府以及消费者的影响，研究发现价格补贴能激励农民扩大种植土地的面积，而收入补贴恰好相反，且农民和消费者在价格补贴下能获得更大收益。余星（2020）等通过研究生产成本补贴问题，得出农户、企业利润及社会福利均受政府补贴率、不同质量产品价格浮动幅度的影响。张旭梅（2022）等在考虑不确定性需求及公益性时，研究政府补贴对保险投入的影响，并设计契约改善补贴效果，研究发现公益性应把控在适当的范围内，过度强化适得其反。

有的学者发现政府补贴行为除了可以减轻供应商生产过程的经济负担外，在刺激市场份额的提升、促进链条成员承担更多企业社会责任方面颇有成效。因此，政府补贴策略成为包括乳品在内的生鲜品供应链协调发展的破冰利器。学者们进一步对生鲜品供应链的不同补贴形式进行分析，如税收补贴、采购补贴与销售补贴、按收购量补贴与按收购价补贴以及研发补贴与价格补贴等，成为生鲜品供应链政府补贴方面的重要研究成果，但补贴给供应链上下游哪个主体更有利于供应链协调发展的问题，尚鲜见研究。

5.1.6 资产专用性

资产专用性衡量交易双方为促成合作关系，满足专属需求所进行的投资程度，即供应链主体为支持相关交易而进行的特定资产投资水平，与其他资产不同的是，专用资产针对特定交易所发挥的价值要远高于移作他用。在 1979 年威廉姆森提出交易成本经济学时，专用性资产就已经被认为是企业实施纵向一体化战略的关键部署。

资产专用性的关系治理价值随着全球化竞争环境的变化得以被挖掘。克拉洛（Claro，2003）指出，专用性资产的实质是投资于关系的资产，较高水平的专用性投资，有利于增加供应商与制造商之间的信任，从而抑制供应商未来机会主义行为的发生。刘等（2009）则明确提出，专用性资产来源于有形和无形的关系资产投资，有助于提高资产投入伙伴间的关系绩效。杨等（2020）认为，专用性资产更有利于企业实现长期战略性合作关系的确立。

资产专用性关系治理之外的正附加价值，也有部分文献做了研究。池国华和徐晨阳（2019）指出，投资专用资产可以倒逼企业提高自身的风险承担能力，激发资产专用性的风险规避作用。于洪涛（2020）认为，企业投资专用资产的目的是实施并购，资产专用性促进企业采取扩张的投资行为。本节所述 5篇文献均从实证研究的角度探索资产专用性的关系治理价值、风险防范以及企业扩张策略等，而关于专用资产投资的长期性和网络嵌入性问题尚存在研究缺口，诸如专用资产投资是否受到合作时间与周期的影响，供应链潜在进入者如何利用专用资产嵌入供应链核心网络中等问题，均有待研究。

乳品供应链中的专用资产包括但不限于共建牧场基地、共同投入关键技术改造、生产设备、存储和运输设备改良等。例如，乳品制造企业与奶农进行合作，共同建设牧场，为奶农提供专门用于牛奶或其他乳制品动物饲养的设施。这些专用资产在供应链共建的基础上，更能够确保乳品供应链的稳定共建。

5.2　考虑顾客效用和时变品质度的乳品供应链品质激励研究

目前，对供应链质量和品质决策的研究主要集中在不同参数干预下的供应链契约选择方面。收益共享契约和成本分担契约等被广泛研究，这些契约对供应链成员的质量投入和供应链的质量水平产生积极影响。然而，现有研究主要关注契约参数设计对供应链质量控制效果的影响，却忽略了对供应链的产品属性和行业属性进行讨论，即缺乏供应链研究的情境特征描述。

本书结合我国乳品供应链的运行情境，目前乳品加工企业是主要的品质投入方，却不是利润的主要获得者，利益失衡就容易造成质量决策失衡，如果链条上的参与者无法共享由产品质量改善带来的收益，则会阻碍其提升质量改进动力（肖迪，2012），进而影响乳品供应链上下游的可持续发展。因此，匹配我国乳品供应链发展的实际需求，面向顾客效用和时变品质特征，探讨如何通过契约的收益共享与成本分担方式，增强双方合作品质投入的科学性与有效性，有重要的研究价值。

5.2.1　顾客效用和时变品质度

顾客效用，即消费者根据自身效用最大化来选择是否购买产品和服务（陈菊红，2017），比顾客偏好更突出支付意愿，更能体现本书的情境设定。有的学者提出消费者偏好与产品质量关系密切，认为把握好消费者多样性（Shi Hongyan et al. ，2013）、消费者质量识别能力（古川等，2016）等因素，均有利于供应链质量改善。产品质量和价格（熊峰等，2019；胡军等，2013）、渠道服务、物流服务质量（申强等，2019；陈远高等，2011）等也被认为是影响顾客产品认知价值的重要因素。但乳品不同于质量相对稳定的工业制成品或核心部件产品，也不同于一般加工食品，其保质期相对较短，品质偏好更易受时间因素的影响。在乳品初上市的一段时间内，顾客会保持相对较高的产品偏好（市场表现为原价销售），而随着保质期临近，顾客对乳品消费偏好度则逐渐降低，尤其对于临期产品，购买意愿明显下降（市场表现为打折促销等）。即使是同一种类乳品，位于不同销售时点也会产生较大的需求反差，其根源在于顾客对乳品的需求偏好，具有随产品认知价值改变而改变的动态调整性。

结合我国乳品供应链的运行情境，目前乳品加工企业是主要的品质投入方，却不是利润的主要获得者，这种利益失衡容易导致质量决策失衡。如果链条上的参与者无法共享由产品质量改善带来的收益，则会阻碍其提升质量改进的动力，进而影响乳品供应链上下游的可持续发展。因此，针对我国乳品供应链的实际需求，以顾客效用和时变品质特征为导向，探讨如何通过契约收益共享与成本分担方式，增强双方合作品质投入的科学性与有效性，具有重要的研究价值。

时变品质度在 5.1.1 节乳品特征里已经进行了详细界定，在此不赘述。

5.2.2　问题描述与模型说明

本节构建了一个乳品加工企业（s）和一个乳品零售商（r）组成的两级乳品供应链。在该供应链中，乳品加工企业以批发价格向下游零售商提供一定品质的乳品，乳品销售企业直接面对需求市场，负责乳品的定价销售。主要探讨在乳品品质随时间变化的环境下，消费者价格敏感度、品质偏好以及基于契约的上下游激励模式对加工企业品质投入水平和乳品供应链协调发展的影响。

假设1：乳品零售商和加工企业均为风险中性的经济实体。零售商所售乳品为单品种乳品，且该产品完全合格，仅有品质差别。

假设2：乳品品质随时间的变化特性用指数函数 $e^{-\varphi t}$ 表示（Cai Xiaoqiang et al.，2010；陈军等，2009；王磊等，2014）。

该函数具有两个方面的性质：（1）$\dfrac{\partial e^{-\varphi t}}{\partial t} < 0$，即在一个销售周期 S 内，乳品品质度随着时间流逝而逐渐降低；（2）$\dfrac{\partial^2 e^{-\varphi t}}{\partial^2 t} > 0$，即品质衰减的速度逐渐加快。

根据契约论，一般用乘积形式表示品质投入水平（姬小利，2006），故本节将乳品"时变品质度"函数定义为 $q(x, t) = v_0 k_1 x e^{-\varphi t}$。该式与王磊、但斌（2015）提到的变质速率具有相同的变化性质，能有效刻画乳品品质因时而变的特性。假设生鲜农产品新鲜度具有上限，无论保鲜水平如何提升，新鲜度均无法达到刚采摘时的水平。换言之，即任何保鲜投入，仅能对初始新鲜度起到维持作用。而乳品则不同，以 v_0 表示原料奶进入加工环节时的初始品质，而初始品质仅能代表原料乳进入加工环节的基准水平。即使是同一批次，初始品质差距不大的原料乳，经过生产工艺改良等品质投入举措，依然能够形成品质不同的终端乳品，即品质投入对初始品质能够也应当具有加成作用。

$k_1 \in [0, 1]$ 表示加工企业品质投入对初始品质提升的敏感系数，该系数与乳品加工工艺发展创新程度密切相关，例如，生物技术、冷杀菌技术、循环超生技术等高新技术的推广与落地，将助推乳品产业运作效率提升，使相同单位品质投入水平能够更有成效地作用于初始品质，但相对于一个销售周期的长度而言，乳品技术改良"催化"作用的显现，需要一个更为漫长的过程。假定 k_1 为 ［0，1］ 的定值，不随决策变量变化而发生改变。$\varphi \in$ ［0，1］ 表示品质度时变指数，且不同乳品品质对时间的敏感程度有所不同。例如，纯牛奶通过超高温灭菌的方式杀灭牛奶中的所有微生物，不需要低温保存，储存期长；而鲜牛奶经过杀菌处理后，仍存在部分耐热菌。因此，保存在 2～6 摄氏度的环境中，保质期通常为 2～7 天。本节以 φ 作为不同乳品门类的划分依据。x 表示从乳品进入加工环节到消费者获得乳品期间，加工企业的品质投入水平，$x \geq 0$。该参数主要包括：检验检测投入、加工工艺投入、机械设备投入、人员与管理投入四类，详见表 5－1。这些品质投入要素贯穿于"原奶进厂"到"成品出厂"的生产全过程。为简化分析难度，将这四类具体的投入要素统一用 x 表示，下文的讨论不再做具体划分。任一时点 t，乳品品质 $q(x，t)$ 与加工企业品质投入水平 x 正相关，与时间 t 负相关。

表 5－1　　　　　　　　　乳品加工企业品质投入要素表

品质投入要素	对乳品品质的影响
检验检测投入	原料乳检测和成品检测疏忽，将导致劣质乳品流入市场，在一定程度上危害消费者的福利
加工工艺投入	规范生产流程、研发创新产品配方、选用安全无毒的包装材料，尽可能保障乳品加工和储藏环节的品质
机械设备投入	机器设备清洗不彻底、老旧失修将造成细菌滋生，降低乳品品质
人员投入与管理投入	对资金、机器设备有效管理和对人员专业技能的培训，也能对乳品品质提升起到良好的促进作用

假设 3：消费者对乳品的时变效用函数通过加法形式表示为：$U_r(t) = U_0 - \alpha p_r + \beta q(x，t)$ （唐润等，2017）。其中，α，β 分别表示消费者对乳品价格和时变品质度的敏感系数，U_0 为消费者对乳品品质的初始认知价值，在 ［0，1］ 区间服从均匀分布。与"时变品质度"综合考虑，易知，品质度与消费者在任一时点 t 的瞬时效用呈正相关关系，与时间 t 负相关，这就解释和描述了消费者更愿意支付购买新鲜产品，而对临期产品则更倾向于打折购买，甚至不购买。

假设 4：加工企业品质投入成本是关于产品品质投入水平的凸函数，具体形式为：$c_f = \frac{1}{2}k_2 x^2$。其中，$k_2 > 0$，表示加工企业品质投入成本能力系数，k_2

越大，说明相同品质投入会带来更高的成本。$\frac{\partial c_f}{\partial x} < 0$ 且 $\frac{\partial^2 c_f}{\partial^2 x} < 0$，单位品质投入成本增量随着投入水平提升而加大。

假设5：订货量等于市场需求量。乳品零售商能准确预测市场需求，不存在产品短缺或积压情形。

其他符号释义见表5－2。

表5－2 主要变量及其含义

主要变量	变量说明
A	销售周期 S 内的任一时刻 t，消费者购买乳品的潜在市场需求规模
Q_r	集中决策下乳品零售商订货量
Q_d	分散决策下乳品零售商订货量
p_r	集中决策下乳品销售价格
p_d	分散决策下乳品销售价格
$p(w, \lambda)$	"收益共享＋批发价"契约协调下乳品销售价格
$p(\lambda, \varepsilon)$	"收益共享＋品质成本共担"契约下乳品销售价格
c_s	加工企业生产单位乳品的生产成本
w_i	第 i 种情况下乳品批发价格
π_{sc}	集中决策下供应链系统利润
π_{ri}	第 i 种情况下乳品零售商利润
π_{si}	第 i 种情况下乳品加工企业利润

注：$i=1$ 表示分散式决策，$i=2$ 表示"收益共享＋批发价"契约协调的情况，$i=3$ 表示"收益共享＋品质成本共担"契约协调的情况。

5.2.3 乳品供应链集中决策模型

实现乳品供应链协调，需要设立基准模型。集中决策可以避免分散决策的效率损失，实现帕累托最优。在集中控制状态下，乳品加工企业和零售商组成一个系统，以供应链整体利润最大化为决策原则。

集中决策下，只有任一时刻消费者效用 $U_r(t) > 0$ 时，消费者才会选择购买乳品，否则就会放弃购买。所以，在任意时刻 t，乳品供应链的市场需求量为：

$$Q(t) = AP(U_r(t) > 0) = A(1 - \alpha p_r + \beta v_0 k_1 x e^{-\varphi t}) \quad (5-1)$$

在整个销售周期 S 内，乳品供应链的总需求 Q_r 表示为：

$$Q_r = A \int_0^S (1 - \alpha p_r + \beta v_0 k_1 x e^{-\varphi t}) \, dt \quad (5-2)$$

此时，集中式决策的乳品供应链的利润函数为：

$$\pi_{sc} = (p_r - c_s)Q_r - c_f = -\frac{1}{2}x^2 k_2 + A(-c_s + p_r)\left[S - S\alpha p_r + \frac{(1 - e^{-S\varphi})x\beta v_0 k_1}{\varphi}\right]$$

$$(5-3)$$

对式（5-3）中分别求 $\dfrac{\partial \pi_{sc}}{\partial p_r}$ 与 $\dfrac{\partial \pi_{sc}}{\partial x}$，为简化计算，令 $\dfrac{A(1 - e^{-S\varphi})\beta v_0 k_1}{\varphi} = B$

（本节假设），得：

$$\frac{\partial \pi_{sc}}{\partial p_r} = AS + AS\alpha c_s - 2AS\alpha p_r + Bx \qquad (5-4)$$

$$\frac{\partial \pi_{sc}}{\partial x} = -xk_2 + B(-c_s + p_r) \qquad (5-5)$$

集中决策下，2 阶海塞矩阵为：

$$H_1(p_r, x) = \begin{bmatrix} \dfrac{\partial^2 \pi_{sc}}{\partial^2 p_r} & \dfrac{\partial^2 \pi_{sc}}{\partial p_r \partial x} \\ \dfrac{\partial^2 \pi_{sc}}{\partial x \partial p_r} & \dfrac{\partial^2 \pi_{sc}}{\partial^2 x} \end{bmatrix} = \begin{bmatrix} -2AS\alpha & B \\ B & -k_2 \end{bmatrix} \qquad (5-6)$$

由于 $H_1(p_r, x)$ 的一阶主子式 $-2AS\alpha < 0$，$\dfrac{\partial^2 \pi_{sc}}{\partial p_r \partial x} = \dfrac{\partial^2 \pi_{sc}}{\partial x \partial p_r} = B > 0$。所以当 $2ASk_2\alpha - B^2 > 0$，$H_1(p_r, x)$ 负定。x^* 与 p_r^* 是集中决策的唯一最优解。令式（5-4）、式（5-5）等于 0，并将其联立，解得集中决策下，最优品质投入水平 x^* 和最优销售价格 p_r^*，供应链系统最优利润 π_{sc} 分别为：

$$x^* = \frac{B(-AS + AS\alpha c_s)}{B^2 - 2AS\alpha k_2}, \quad p_r^* = -\frac{-B^2 c_s + ASk_2 + AS\alpha c_s k_2}{B^2 - 2AS\alpha k_2}, \quad \pi_{sc} = \frac{A^2 S^2 (-1 + \alpha c_s)^2 k_2}{-2B^2 + 4AS\alpha k_2}$$

5.2.4　乳品供应链分散决策模型

5.2.4.1　乳品零售商的最优决策

乳品供应链分散决策时，乳品加工企业与零售商存在博弈关系，博弈过程如下：

（1）乳品零售商面对消费市场，根据市场需求，首先做出决策，确定销售价格 p_d。为简化分析，零售商市场需求函数表现形式同 5.2.3 小节集中决策的表达形式相同。

（2）加工企业根据销售价格 p_d，决定与之相适应的批发价格 w_1 与 x_1。

乳品零售商的利润函数为：

$$\pi_{r1} = (p_d - w_1)A\int_0^S (1 - \alpha p_d + \beta v_0 k_1 x_1 e^{-\varphi t})\,\mathrm{d}t \qquad (5-7)$$

由于 $\dfrac{\partial^2 \pi_{r1}}{\partial p_d^2} = -2AS\alpha < 0$，零售商的利润函数 π_{r1} 关于销售价格 p_d^* 的凹函数，

令 $\dfrac{\partial \pi_{r1}}{\partial p_d} = 0$，得到最优销售价格：

$$p_d^* = \frac{Bx_1 + AS + AS\alpha w_1}{2AS\alpha} \qquad (5-8)$$

式（5-8）表明，零售商最优定价 p_d^* 是关于加工企业批发价格 w_1 和品质投入水平 x 的函数。即：加工企业将根据其所观测到的零售商反应函数式（5-8），决策最优批发价格和品质投入水平。

5.2.4.2 乳品加工企业的最优决策

对于乳品加工企业任意给定的批发价格水平与品质投入水平，零售商均有一个合适的订货量 Q_d 与之对应。此时，乳品加工企业的利润函数为：

$$\begin{aligned}\pi_{s1} &= (w_1 - c_s)Q_d - c_f \\ &= (w_1 - c_s)A\int_0^S (1 - \alpha p_d + \beta v_0 k_1 x_1 e^{-\varphi t})\,\mathrm{d}t - \frac{1}{2}k_2 x^2 \qquad (5-9)\end{aligned}$$

由于 $\dfrac{\partial^2 \pi_{s1}}{\partial w_1^2} = -AS\alpha < 0$ $\dfrac{\partial^2 \pi_{s1}}{\partial x_1^2} = -k_2 < 0$，$\pi_{s1}$ 为 w_1 与 x_1 的联合凹函数。与

5.2.3 节方法类似，当 $AS\alpha k_2 - \left(\dfrac{B}{2}\right)^2 > 0$，2 阶海塞矩阵负定。所以，$w_1^*$、$x_1^*$、$p_d^*$ 为分散决策的唯一最优解。求解分散决策下加工企业的最优批发价格 w_1^*、最优品质投入水平 x_1^* 及零售商的最优定价 p_d^* 分别为：

$$x_1^* = \frac{ABS(1 - \alpha c_s)}{-B^2 + 4AS\alpha k_2},\ w_1^* = \frac{B^2 c_s - 2AS(1 + \alpha c_s)k_2}{B^2 - 4AS\alpha k_2},\ p_d^* = \frac{B^2 c_s - AS(3 + \alpha c_s)k_2}{B^2 - 4AS\alpha k_2}$$

将 x_1^*、w_1^*、p_d^* 式代入式（5-7）、式（5-9），得到分散决策下零售商和加工企业的利润分别为：

$$\pi_{r1}^* = \frac{A^3 S^3 \alpha (-1 + \alpha c_s)^2 k_2^2}{(B^2 - 4AS\alpha k_2)^2} \qquad (5-10)$$

$$\pi_{s1}^* = \frac{A^2 S^2 (-1 + \alpha c_s)^2 k_2}{-2B^2 + 8AS\alpha k_2} \qquad (5-11)$$

5.2.5 集中式和分散式决策比较

在 5.2.3 节、5.2.4 节中，分别讨论集中和分散两种决策模式下，乳品供

应链节点企业的决策行为及与之相对应的最优品质投入水平、最优销售价格和最优利润表达式。在集中式决策下乳品供应链系统和分散式决策下乳品加工企业的最优投入，见命题 1、命题 2。

命题 1：在集中式决策系统中，当 $1-\alpha c_s \leqslant 0$ 时，供应链系统的最优品质投入 $x^* = 0$；当 $1-\alpha c_s \geqslant \dfrac{2AS\alpha k_2 - B^2}{ABS}$ 时，$x^* = \dfrac{ABS(1-\alpha c_s)}{2AS\alpha k_2 - B^2}$，$x^*$ 对初始品质 v_0 有加成作用；当 $0 < 1-\alpha c_s < \dfrac{2AS\alpha k_2 - B^2}{ABS}$ 时，$x^* = \dfrac{ABS(1-\alpha c_s)}{2AS\alpha k_2 - B^2}$，$x^*$ 对 v_0 仅有维持作用。

命题 2：在分散式决策系统中，当 $1-\alpha c_s \leqslant 0$ 时，加工企业的最优品质投入 $x_1^* = 0$；当 $1-\alpha c_s \geqslant \dfrac{4AS\alpha k_2 - B^2}{ABS}$ 时，$x_1^* = \dfrac{4AS\alpha k_2 - B^2}{ABS}$，$x_1^*$ 对初始品质 v_0 有加成作用；当 $0 < 1-\alpha c_s < \dfrac{4AS\alpha k_2 - B^2}{ABS}$ 时，$x_1^* = \dfrac{ABS(1-\alpha c_s)}{4AS\alpha k_2 - B^2}$，$x_1^*$ 对 v_0 只有维持作用。

证明：以命题 2 为例，当 $1-\alpha c_s \leqslant 0$，$x^* < 0$，供应链系统不会进行品质投入。当 $1-\alpha c_s \geqslant \dfrac{2AS\alpha k_2 - B^2}{ABS}$，$x^* \geqslant 1$，$v_0 x^* \geqslant v_0$，此时，$x^*$ 有助于初始品质 v_0 的提高。反之，当 $0 < 1-\alpha c_s < \dfrac{2AS\alpha k_2 - B^2}{ABS}$ 时，$0 < x^* < 1$，$v_0 x^* < v_0$，x^* 对 v_0 仅有维持作用。命题 3 证明方法与之类似，不再赘述。

证毕。

在此基础上，对比两种决策模式的最优品质投入水平、乳品最优定价水平、供应链整体最优利润，可得命题 3 ~ 命题 5。

命题 3：分散式决策的最优品质投入小于集中决策水平，即 $x_1^* < x^*$。

证明：使用作差法求解 $x_1^* - x^*$。$x_1^* - x^* = \dfrac{ABS(1-\alpha c_s)}{4AS\alpha k_2 - B^2} - \dfrac{ABS(1-\alpha c_s)}{2AS\alpha k_2 - B^2}$。已知，$4AS\alpha k_2 - B^2 > 2AS\alpha k_2 - B^2 > 0$，所以 $x_1^* < x^*$。

证毕。

命题 4：分散决策的价格水平 p_d^* 与集中决策下价格水平 p_r^* 的大小关系，取决于 $B^2 - AS\alpha k_2$ 的值。当 $B^2 - AS\alpha k_2 > 0$，$p_r^* > p_d^*$，当 $B^2 - AS\alpha k_2 < 0$，$p_r^* < p_d^*$。

证明：对 p_r^* 与 p_d^* 作差，可得：

$$p_r^* - p_d^* = \frac{2ASk_2(-1+\alpha c_s)(-B^2 + AS\alpha k_2)}{(B^2 - 4AS\alpha k_2)(B^2 - 2AS\alpha k_2)}$$

由命题 1、命题 2 可知，最优品质投入均大于 0，所以，$1-\alpha c_s > 0$。上式与 0 的大小关系，仅取决于 $B^2 - AS\alpha k_2$ 的值。所以，当 $B^2 - AS\alpha k_2 > 0$，$p_r^* > p_d^*$，反之，$p_r^* < p_d^*$。

证毕。

命题 5：分散决策的供应链系统利润小于集中决策水平，即 $\pi_{r1}^* + \pi_{s1}^* < \pi_{sc}$，且当加工企业的品质投入成本能力系数 k_2 趋于无穷大时，两种决策模式的供应链收益比为 $\dfrac{3}{4}$。

证明：使用作差法求解 $\pi_{r1}^* + \pi_{s1}^* - \pi_{sc} = -\dfrac{2A^4 S^4 \alpha^2 (-1 + \alpha c_s)^2 k_2^3}{(B^2 - 4AS\alpha k_2)^2 (2AS\alpha k_2 - B^2)} < 0$。

即，$\pi_{r1}^* + \pi_{s1}^* < \pi_{sc}$。

假设两种决策模式的供应链收益比为 δ，$\delta = \dfrac{\pi_{r1}^* + \pi_{s1}^*}{\pi_{sc}}$，且 $\delta \in (0, 1)$。则有：$\lim\limits_{k_2 \to \infty} \delta = \lim\limits_{k_2 \to \infty} \dfrac{\pi_{r1}^* + \pi_{s1}^*}{\pi_{sc}} = \dfrac{3}{4}$。可知分散决策下，当品质投入成本能力系数 k_2 趋于无穷大时，会带来 $\dfrac{1}{4}$ 的收益损失。

证毕。

结合命题 3 与命题 5，分散决策下，由于存在"双重边际效应"，乳品供应链渠道整体利润受到损害，也将打击加工企业品质投入的积极性。因此，需要设计合理的契约来激励其提升品质投入水平，实现供应链协调。

5.2.6 两种品质激励契约

5.2.6.1 "批发价 + 收益共享"契约

为尽可能达到集中决策的理想状态，一种较为普遍的方式是通过收益共享契约进行协调，以强化乳品加工企业与销售商之间的合作。契约的作用机制为：乳品销售商通过设置收益保留系数 λ，将部分收入给予加工企业，以获得较低批发价格。

假设：$\lambda \in [0, 1]$，当 $\lambda = 1$ 时，属于分散决策的情况；加工企业不分享销售商的任何收益；当 $\lambda = 0$ 时，加工企业获得零售商全部收益，可视为集中决策的情况；$\lambda \in (0, 1)$ 时，为契约协调情形。

乳品加工企业与零售商的利润函数分别为：

$$\pi_{s2} = [(1 - \lambda)p_d + w_2 - c_s]A\int_0^s (1 - \alpha p_d + \beta v_0 k_1 x e^{-\varphi t})\,\mathrm{d}t - \frac{1}{2}k_2 x^2$$

$$(5 - 12)$$

$$\pi_{r2} = (\lambda p_d - w_2) A \int_0^S (1 - \alpha p_d + \beta v_0 k_1 x e^{-\varphi t}) \mathrm{d}t \qquad (5-13)$$

根据卡雄（Cachon，2003）的供应链协调定义，收益共享契约有效实行的前提应保证契约协调下加工企业和零售商的决策变量达到集中决策水平，即同时满足：$p(w, \lambda)^* = p_r^*$，$x(\lambda)^* = x^*$。

令 $\dfrac{\partial \pi_{s_1}}{\partial p_d} = 0$，解得最优销售价格：

$$p(w, \lambda)^* = \frac{AS\lambda + Bx\lambda + AS\alpha w_2}{2AS\alpha\lambda} \qquad (5-14)$$

令 $p(w, \lambda)^* = p_r^*$，确定最优批发价格：$w_2^*(\lambda) = \lambda c_s$。将 $p(w, \lambda)^*$，$w_2^*(\lambda)$ 代入式（4-12），得到最优投入水平：

$$x(\lambda)^* = \frac{ABS(-1 + \lambda)(-1 + \alpha c_s)}{B^2(-1 + \lambda) + 2AS\alpha k_2} \qquad (5-15)$$

命题6：当零售商收益保留系数 $\lambda < 0.5$ 时，"批发价+收益共享"契约能对加工企业品质投入水平提高起到一定的激励作用。但无论 λ 取何值，该契约的最优品质投入小于集中决策水平，乳品供应链无法实现有效协调。

证明：为比较 $x(\lambda)^*$ 与 x^*，将 $x(\lambda)^*$ 与 x^* 作差，得：

$$x(\lambda)^* - x^* = -\frac{2A^2BS^2\alpha\lambda(1 - \alpha c_s)k_2}{(2AS\alpha k_2 - B^2)[2AS\alpha k_2 - B^2(1 - \lambda)]} \qquad (5-16)$$

当 $\lambda \in (0, 1)$ 时，式（5-10）右端小于0。表明在收益共享契约作用下，加工企业的最优品质投入依然小于集中决策水平，供应链无法实现有效协调。

对比 $x(\lambda)^*$ 与分散决策的最优品质投入 x_1^*：

$$x(\lambda)^* - x_1^* = -\frac{2A^2BS^2\alpha(-1 + 2\lambda)(1 - \alpha c_s)k_2}{(4AS\alpha k_2 - B^2)[2AS\alpha k_2 - B^2(1 - \lambda)]} \qquad (5-17)$$

式（5-17）右端大于0的必要条件是：$\lambda < 0.5$。可见，仅有加工企业获得销售商超过一半的收益时，收益共享契约才能激励加工企业增加品质投入。$\lambda > 0.5$ 时，契约协调下的最优品质投入甚至低于分散决策。原因在于，过低的收益分享比例无法弥补降低批发价格及独自承担全部品质投入成本带来的损失，加工企业将拒绝此类契约。

证毕。

可见，在考虑品质时变和顾客偏好的乳品供应链中，收益共享契约对加工企业品质提升的激励效果有限，加工企业虽能获得零售商部分收益，但仍要承担全部品质投入成本，无法充分调动其品质投入积极性。

5.2.6.2 "收益共享+品质投入成本共担"契约

为进一步优化契约实施效果，考虑乳品零售商对加工企业品质投入成本的分担，采用"收益共享＋品质投入成本共担"契约，通过零售商分担加工企业部分品质投入成本，并给予其部分销售收入的方式，尽可能激励加工企业增加品质投入。假设零售商承担品质投入的比例为 $\varepsilon \in (0, 1)$，获得渠道收益的比例为 $\lambda \in (0, 1)$。此时，供销双方利润函数变为：

$$\pi_{s3} = \left[(1 - \lambda)p_d + w_2 - c_s\right]A\int_0^S(1 - \alpha p_d + \beta v_0 k_1 x e^{-\varphi t})\,\mathrm{d}t - \frac{1}{2}k_2(1 - \varepsilon)x^2 \tag{5-18}$$

$$\pi_{r3} = (\lambda p_d - w_2)A\int_0^S(1 - \alpha p_d + \beta v_0 k_1 x e^{-\varphi t})\,\mathrm{d}t - \frac{1}{2}k_2 \varepsilon x^2 \tag{5-19}$$

命题 7：在"收益共享＋品质投入成本共担"契约作用下，当契约参数 $(\lambda, \varepsilon, w)$ 满足 $w_2^*(\lambda) = \lambda c_s$，$\lambda = \varepsilon$，且 $(\lambda, \varepsilon) \in \left[\dfrac{2}{9}, \dfrac{2}{3}\right]$ 时，乳品供应链供销双方可实现有效协调，并能进一步提升消费者福利。

证明：沿用 5.2.5 节求解思路，要实现供应链完美协调，必须保证：$p(\lambda, \varepsilon)^* = p_r^*$，$x(\lambda, \varepsilon)^* = x^*$。当 $w_2^*(\lambda, \varepsilon) = \lambda c_s$ 时，$p(\lambda, \varepsilon)^* = p_r^*$，进一步求出契约协调下最优品质投入 $x(\lambda, \varepsilon)^* = \dfrac{B(\lambda c_s - p_d + \lambda p_d)}{2(-1 + \varepsilon)k_2}$。令 $x(\lambda, \varepsilon)^* = x^*$，通过对比系数，解得 $\lambda = \varepsilon$。将 $p(\lambda, \varepsilon)^*$ 与 $x(\lambda, \varepsilon)^*$ 代入式（5-12）、式（5-13），得到契约协调下，乳品加工企业与销售商的总利润分别为：

$$\pi_{(\lambda, \varepsilon)}^{s3*} = \frac{A^2 S^2(-1 + \varepsilon)(-1 + \alpha c_s)^2 k_2}{2(B^2 - 2AS\alpha k_2)} \tag{5-20}$$

$$\pi_{(\lambda, \varepsilon)}^{r3*} = \frac{A^2 S^2 \varepsilon(-1 + \alpha c_s)^2 k_2}{-2B^2 + 4AS\alpha k_2} \tag{5-21}$$

此时，$\pi_{(\lambda, \varepsilon)}^{s3*} + \pi_{(\lambda, \varepsilon)}^{r3*} = \pi_{sc}$，契约协调下供求双方利润之和等于集中决策水平。为实现帕累托改进，式（5-21）必须满足"参与约束"：$\pi_{(\lambda, \varepsilon)}^{s3*} \geqslant \pi_{s1}^*$，$\pi_{(\lambda, \varepsilon)}^{r3*} \geqslant \pi_{r1}^*$，保证双方所获得的收益大于协调前各自收益所得。可确定实现帕累托改进时，契约参数 (λ, ε) 的取值区间为：

$$(\lambda, \varepsilon) \in \left[\frac{2AS\alpha k_2(2AS\alpha k_2 - B^2)}{(B^2 - 4AS\alpha k_2)^2}, \frac{2AS\alpha k_2}{4AS\alpha k_2 - B^2}\right] \tag{5-22}$$

最后，为获得更大的社会效益，实施该契约还应有助于提高消费者整体效用。即：在消费者偏好 α 和 β 为任意给定值时，对于契约协调后的任一时刻 t，消费者在购买乳品时的整体效用应大于协调前水平，保证：$U_{r3}(t) - U_{r2}(t) > 0$。

$$U_{r3}(t) - U_{r2}(t) = \frac{2AS\alpha k_2(1 - \alpha c_s)\left[-B^2 + AS\alpha k_2 + ABS\beta v_0 k_1 e^{-\varphi t}\right]}{(B^2 - 4AS\alpha k_2)(B^2 - 2AS\alpha k_2)} \tag{5-23}$$

式（5-23）右端大于 0 成立的必要条件是 $AS\alpha k_2 + ABS\beta v_0 k_1 e^{-\varphi t} > B^2$。由

于 $ABS\beta v_0 k_1 e^{-\varphi t} > 0$，当 $AS\alpha k_2 \geqslant B^2$ 时，式（5 - 23）恒成立。将 $AS\alpha k_2 \geqslant B^2$ 代入式（5 - 22）化简得：$(\lambda, \varepsilon) \in \left[\dfrac{2}{9}, \dfrac{2}{3}\right]$，契约参数 (λ, ε) 的取值范围得以进一步细化。

证毕。

当 $AS\alpha k_2 \geqslant B^2$ 时，$p_r^* \leqslant p_d^*$，契约协调必须满足 $p_r^* = p(\lambda, \varepsilon)^*$，所以，$p(\lambda, \varepsilon)^* \leqslant p_d^*$。可见，在运用"收益共享 + 品质投入成本共担"契约时，零售商倾向于降低销售价格以提升需求量，弥补"收益共享 + 成本共担"行为带来的自身利益损失。而对于消费者而言，在品质提升可以被识别（$\beta > 0$）时，消费者购买乳品将享受低价格高品质产品的双重福利，消费者会优先选择购买这种"高质低价"的乳品。

综上所述，当契约参数 $(w, \lambda, \varepsilon)$ 满足 $w_2^*(\lambda) = \lambda c_s$、$\lambda = \varepsilon$，且 $(\lambda, \varepsilon) \in \left[\dfrac{2}{9}, \dfrac{2}{3}\right]$ 时，通过"收益共享 + 品质投入成本共担"契约的协调与激励，一方面，可以实现乳品加工企业与零售商利益的合理分配，进而实现合作共赢；另一方面，也迎合了消费者对高品质乳品的现实需要，在提升消费者福利的同时，刺激乳品市场需求。(λ, ε) 的取值为一定区间内的任意值，具体取值视双方谈判能力大小而定。

5.2.7　算例分析

某市乳品市场的基本需求量为 100，某乳品零售商以实际市场需求为订购量，向乳品加工企业发出采购订单。接到订单后，乳品加工企业在原奶供应商处收购初始品质为 0.9 的原料乳。从原料乳进厂到消费者购买到产品期间，乳品生产和把控"品质关"均由加工企业负责。加工企业的单位生产成本为 0.6 元，品质成本控制能力为 110，单位品质投入会以 0.25 单位作用于初始品质。支付批发价格 w 后，零售商获得乳品，在 10 天销售周期内，以销售价格 P 将乳品出售给消费者，消费者同时具有价格偏好 α 和品质偏好 β。在销售期间的任意时点 t，消费者获得乳品的品质度为 $0.15xe^{-0.5t}$。

5.2.7.1　消费者价格偏好与品质度时变指数对决策变量与利润的影响

无论消费者的价格偏好 α 如何变化，分散决策的利润之和始终小于集中决策利润，且随着 α 的上升，对品质敏感度 $\beta(\beta = 1 - \alpha)$ 的下降，供应链系统总体利润呈下降趋势（如图 5 - 1 所示）。

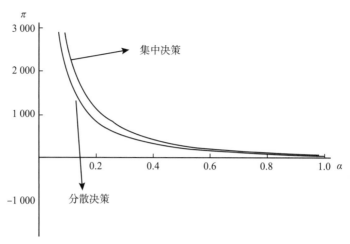

图 5 - 1　消费者价格偏好 α 对供应链利润的影响

图 5 - 2 表示，在消费者对乳品无明显偏好时（假设 $\alpha = \beta = 0.5$），品质度时变指数 φ 对乳品供应链利润的影响，随着 φ 的增加，分散决策和集中决策的总利润均呈现下降趋势，当 φ 值增加到一定程度时，利润下降幅度将趋于平缓。对比图 5 - 1 和图 5 - 2 发现，消费者偏好对利润的影响大于品质度时变指数（即产品类型）对利润的影响。

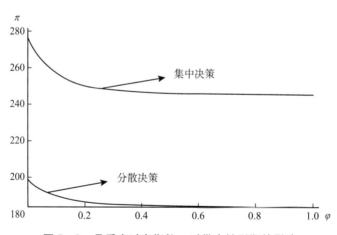

图 5 - 2　品质度时变指数 φ 对供应链利润的影响

由图 5 - 3 可知，无论 β 与 φ 如何变化，分散决策的最优品质投入始终小于集中决策水平，且在其他条件保持不变时，随着消费者对品质敏感度 β 的上升，加工企业倾向于提升品质投入水平，随着 φ 的上升，加工企业倾向于降低品质投入水平。所以，加工企业的品质投入水平，视乳品品类和消费者对品质的识别能力而异。加工企业倾向于对品质敏感度较高且品质时变速率较低的制品增加品质投入，这一结论与我国目前市场上常温奶市场占比约 70% 互相印证。因此明确不同乳品的品质属性，是加工企业进行合理品质投入的基础。

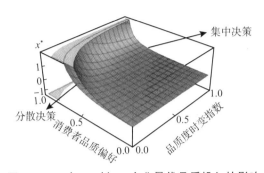

图 5 - 3　β 与 φ 对加工企业最优品质投入的影响

随着时间的推移，时变品质度呈下降趋势，由图 5 - 4 可知：加工企业进行品质投入应当把握时机，越早进行品质投入，单位品质投入对初始品质提升的促进作用越明显；反之，时间因素对乳品品质的减少作用越显著。

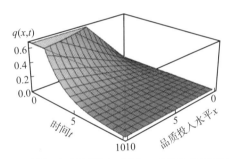

图 5 - 4　时间 t 与品质投入水平 x 对时变品质度的影响

分散决策与集中决策最优定价的大小关系取决于 $B^2 - AS\alpha k_2$ 的取值（命题 4 已证）。由图 5 - 5 可知，在其他条件保持不变时，随着消费者对品质敏感度 β 的上升，零售商倾向于提高乳品定价水平，随着品质度时变指数 φ 的上升，零售商倾向于降低乳品定价水平。所以，对于品质难以被消费者识别且品质时变速率较快的乳品，乳品销售商的定价决策将变得更为保守。

结合图 5 - 6 可知，无论 β 和 φ 取何值，分散决策的最优订货量始终小于集中决策（契约协调）的水平。可见，契约协调时，由于品质投入水平增加，提升消费者福利水平，进一步打开乳品需求市场，零售商的订货决策也变得更为积极。随着消费者品质偏好 β 上升，契约协调与分散决策下零售商订货量的差值逐渐扩大。可见，消费者品质偏好 β 越高，品质投入提升对需求市场的刺激作用越显著。此外，零售商订货量主要依靠消费者品质偏好 β 拉动，而品质

度时变指数 φ 对订货量决策的影响不明显。

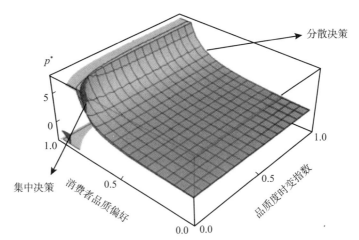

图 5-5 β 与 φ 对零售商最优定价的影响

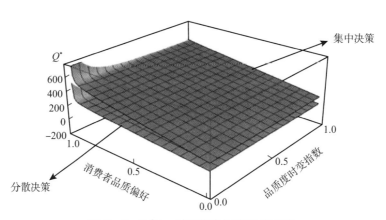

图 5-6 β 与 φ 对零售商订货量的影响

5.2.7.2 消费者偏好与契约参数（λ，ε）对供应链利润的影响

当零售商收益保留系数 λ 逐渐增大时，加工企业利润逐渐减少，零售商利润逐渐增加（如图5-7、图5-8、图5-9所示），当 $\alpha = \beta = 0.5$ 时，供应链契约协调前后，λ 值对加工企业和零售商利润的影响。计算得出，在契约协调后，当 $\lambda \in [0.2499, 0.5011]$ 时，加工企业和零售商实现了帕累托改进。当 $\alpha = 0.6$，$\beta = 0.4$，$\lambda \in [0.25, 0.5006]$；当 $\alpha = 0.4$，$\beta = 0.6$，$\lambda \in [0.2499, 0.5020]$。可见，该算例中，随着消费者品质敏感度 β 上升，区间下界逐渐扩大。当 β 上升时，加工企业倾向于提高品质投入水平，来提升乳品供应链利润。零售商也愿意和加工企业保持合作关系，承担更多品质投入成本，换取更多保留收益。而无论消费者偏好如何，零售商接受契约的前提是：至少获得

24.99％的收益，为保证加工企业利润不受影响，至多只能获得 50.2％ 的收益。此外，算例中 $(\lambda, \varepsilon) \in \left[\dfrac{2}{9}, \dfrac{2}{3}\right]$，消费者福利得到提升。

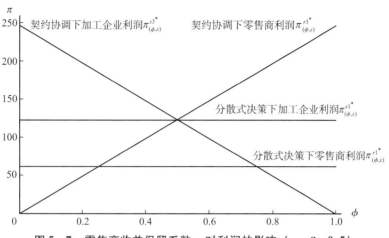

图 5 - 7　零售商收益保留系数 φ 对利润的影响（$\alpha = \beta = 0.5$）

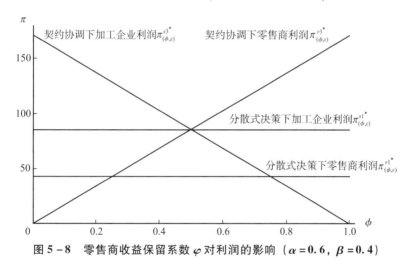

图 5 - 8　零售商收益保留系数 φ 对利润的影响（$\alpha = 0.6$，$\beta = 0.4$）

5.2.8　本节主要结论

"以品质促发展"是当前乳品行业发展的主题，但高昂的品质投入成本限制其独自进行品质投入的积极性。乳品供应链品质提升不应只成为某一环节或某一企业的社会责任与担当，更应成为供应链上下游的共同职责，内化为每一节点企业的自觉行为。本节通过设定乳品品质时变和消费者偏好差异的双重情境，设计"批发价 + 收益共享"及"收益共享 + 品质投入成本共担"两种契约机制，旨在通过优化供需双方在品质投入问题上的利益分配关系，激励加工企业提升品质投入水平。研究主要结论如下。

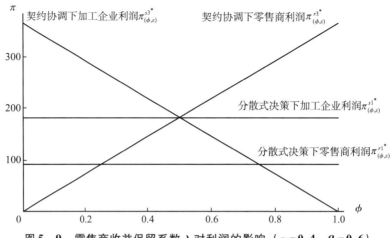

图 5-9 零售商收益保留系数 λ 对利润的影响 （α = 0.4，β = 0.6）

（1）乳品"品质"依托于质量主观属性，即"适用性质量"及"满意度质量"的概念界定。品质加成的根本目的是达到更好的消费者效用，而并非仅满足国家规定的质量安全标准。此外，研究发现，如果消费者对品质较为敏感，能有效辨别乳品品质优劣，乳品供应链将增加品质投入水平。因此，加强乳品品质检测和信息披露力度，对达到一定品质的乳品施行"优质乳工程"等品质等级认定，培养并强化消费者品质辨识能力与认同度，将有利于乳品行业持续优质健康发展。

（2）品质投入时机决定投入水平对乳品初始品质的加成程度。越早进行品质投入，单位品质投入对初始品质的加成作用越明显；对于特定的乳品品类，最终品质水平具有"天花板"，在一定范围内，多余的品质投入无法提升最终品质水平，但能在一定程度上减缓时间因素对品质度的"消磨"。

（3）在不考虑契约缔结成本条件下，相较于无成本共担模式，"收益共享 + 品质投入成本共担"契约对于优化双方利益联结，促进"优质"信息要素在"全产业链"的流动，进而实现乳品品质提升方面，具有较好的模型适配度。无论消费者偏好如何改变，当契约参数 $(w, \lambda, \varepsilon)$ 满足 $w_2^*(\lambda) = \lambda c_s$、$\lambda = \varepsilon$，且 $(\lambda, \varepsilon) \in \left[\frac{2}{9}, \frac{2}{3}\right]$ 时，该契约均能实现供销双方经济理论的帕累托改进，并在一定程度上促进消费者效用提升。随着消费者品质敏感度 β 上升，协调区间下界逐渐扩大，表明在消费者品质识别能力较好的需求市场，供销双方对成本与利润分配比例的商谈空间将变得更加灵活，合作关系将更为紧密。

（4）随着消费者的价格偏好 α 与品质度时变指数 φ 的增加，供应链系统利润均呈现下降趋势。相较于消费者偏好，产品品类对利润有较为明显的支撑作用。原因在于后者为乳品供应链的可控变量，面对品质受时间影响较为显著的乳品，供应链可采取同时降低品质投入水平与销售价格的策略稳定利润。

（5）随着消费者品质敏感度 β 上升，执行"收益共享 + 品质投入成本共担"带来的市场需求增量愈发明显，并直接带动加工企业提升品质投入水平；品质度时变指数 φ 变动对市场需求变动没有直接传导作用（如图 5-6 所示），该变量主要通过对品质投入水平的反向调节（如图 5-3 所示），再由后者对市场需求施加影响，体现出供应链的传导属性。

"收益共享 + 品质投入成本共担"契约，可以实现产品品质因时而变的背景下，企业品质投入对产品初始品质具有一定加成作用的乳品供应链或具有相同品质特性的食品供应链的协调。

5.3　考虑质量努力和政府补贴策略的乳品供应链协调研究

目前，常温牛奶占我国乳品市场 70% 的份额，但随着国民消费水平提高，对于食品饮料有了更新鲜、更健康、口感更佳的追求，鲜牛奶和原味酸奶等短保质期的低温乳品市场份额连续增长，这类产品一般都是要求 4℃ 以下低温冷藏，保质期在 5~7 天，给出的消费暗示就是越新鲜、越不需要添加防腐剂，口感和健康性越好。缩短保质期，其实是缩短了工业化产品到原生态产品之间的口感、营养还原度差异，符合当下消费者需求口感更佳、更天然健康的趋势，越来越受到消费者青睐，其质量安全、冷链配置等保鲜努力也成为社会热点话题。

然而，乳品供应链各主体在面对巨大的成本投入和回报周期较长的情况下，对低温乳品质量努力投入的积极性不足，很多地方政府为鼓励乳品产业结构优化，往往通过政府补贴的形式潜在激励乳品供应链的可持续发展。乳品质量具有不可观测性，消费者往往依赖企业的质量可见性做出购买判断，但对于企业来说，提高质量可见性的努力越来越昂贵。为缓解乳品供应链多方主体的利益冲突，政府引导质量安全共治局面形成。2020 年，农业农村部发布相关文件，就生鲜品"最初一公里"问题提出实施意见，同年湖南省政策落地，对保鲜投入建设进行资金补偿。但对于政府来说，如何兼顾包括乳品在内的生鲜品的供应链上下游利益，积极调动企业质量安全投入的积极性，成为亟须解决的重要难题。

目前，已有大量研究集中在生鲜品供应链的协调优化、质量安全治理、消费者偏好及政府补贴等领域，但正如 5.1.5 节所指出的，如何使政府补贴发挥最大效用？需要进行政府补贴策略创新，如有研究专注于单独补贴农户或制造商，但对两者同时补贴所产生的联动影响的研究较为匮乏。有的研究将制造商作为供应链核心企业进行补贴，如乳品供应链前期补贴的主要是加工企业，但从供应链协调发展的角度看，加工企业并非最优补贴主体，乳品供应链的上游供给端反而需要补贴来调整产业结构。尤其对乳品供应链来说，其质量安全隐患往往是链条级的，具有传导性，因此如何进行补贴分配，对双方的影响是否相同，是否优于补贴供应商策略、补贴制造商策略都是有待解决的问题。

本节通过构建乳品供应链均衡模型，对比分析不同政府补贴策略下供应链成员的最优行为及均衡决策，有助于解决一系列重要问题：消费者对乳品质量努力偏好如何影响供应链决策？政府不同的补贴策略对供应链成员的质量努力投入有何影响？政府为激励质量努力投入的初衷是否能在满足供应链主体利润目标的前提下实现？乳品新鲜度衰减程度是否会对补贴策略的实施有影响？供应链上下游是否存在"搭便车"行为？"搭便车"行为对补贴策略的实施是否有影响？政府补贴策略能否实现对产业发展的引导作用，须持续投入还是可适时退出？乳品销售周期长短如何影响乳品供应链运行？

综上所述，通过考虑乳品新鲜度随时间衰减的特性，考虑乳品供应链中供应商和制造商的质量努力，结合消费者对质量努力的偏好作为内部驱动力，以政府补贴策略作为外部驱动力，对于实现乳品供应链的质量安全共治具有重要的学术意义和实际价值。

5.3.1 无补贴策略下乳品供应链主体行为决策

5.3.1.1 关键参数与模型假设

乳品供应链一旦发生质量安全问题，其产生的危害往往是链条级的，不仅会损害消费者的利益，而且链条上的节点企业也会"一荣俱荣、一损俱损"。因此，本节考虑乳品供应商及制造商是具有企业社会责任偏好的企业，会主动进行质量安全努力的投入。因此，本节研究构建由供应商和制造商组成的乳品二级供应链博弈模型，制造商为领导者，供应商为跟随者，供应链节点企业通过投入质量安全努力实现乳品供应链的质量安全共治目标并达到主体间的利润均衡。

定义参数如下：

$v \in [0, 1]$——供应商投入的生产质量努力，如优化养殖技术，购置先进养殖设备等，通过技术手段降低质量安全隐患，提高乳品质量安全水平。

$\tau \in [0, 1]$——制造商投入的保鲜质量努力，如加工时引入绿色技术与设备，减少化学添加剂的使用，同时在运输及仓储过程中，建立生鲜冷库，运用冷链运输设备保证乳品在运输、仓储过程中尽可能低的减少质量损失。

ω——乳品的批发价格。供应商将批发价为 ω 的乳品销售给制造商。

p——乳品的零售价。制造商将零售价为 p 的乳品销售至消费者。

$\alpha \in [0, 1]$——消费者对生产质量努力的偏好。

$\beta \in [0, 1]$——消费者对保鲜质量努力的偏好。

T——乳品的销售周期，其中，销售天数 $t \in [0, T]$。常温奶等保质期较长，而酸奶、巴氏奶等产品的保质期较短。

θ_0——乳品的初始新鲜度，为不失一般性且便于计算，令 $\theta_0 = 1$，以新鲜度从 1~0 的过程表征乳品新鲜度的自然变化过程。将新鲜度函数设置为：$\theta(t) = \theta_0 - \delta_0 \left(\frac{t}{T} \right)^{1/2}$，新鲜度函数满足以下性质：① $\frac{\partial \theta}{\partial t} < 0$，即在周期 T 内，乳品的新鲜度随时间流逝而降低；② $\frac{\partial^2 \theta}{\partial t^2} > 0$，即乳品的新鲜度随时间流逝加速呈现递减趋势。该式与现实中乳品的变化相符，因此可真实反映乳品随时间衰减的特性。

δ_0——乳品新鲜度衰减的极值，$\delta_0 \leq \theta_0$，其值越大，销售周期末期乳品的新鲜度就越低。将新鲜度衰减极值函数设为：$\delta = (1 - \kappa\tau)\delta_0$。

κ——保鲜质量努力对新鲜度衰减指数的敏感度，令 $\kappa = 1$，表征制造商对乳品新鲜度衰减程度的变化较为敏感。

ξ_1、ξ_2——供应商的生产质量努力系数及制造商的保鲜质量努力系数。参考江（Jiang，2019）的研究，假定 $\xi_1 = \xi_2 = \xi$，统称为质量努力系数。

D——市场需求量。

π——利润水平。

下标 s、m、A 分别表示供应商、制造商、供应链总体。

上标 o 表示无补贴策略，r、n、c 分别表示补贴供应商策略、补贴制造商策略、补贴共享策略。

上标 * 表示博弈最优均衡值。

基本假设：

假设 1：借鉴质量投入与成本间二次函数的假设方法，将供应商的生产质量成本及制造商的保鲜质量努力成本分别定义为 $\frac{1}{2}\xi\nu^2$、$\frac{1}{2}\xi\tau^2$，即生产质量成本及保鲜质量成本与其对应努力水平呈二次函数关系。

假设 2：供应商与制造商是风险中性且完全理性的独立个体，以自身利益最大化进行决策。

假设 3：借鉴相关研究，假定消费者对乳品的时变效用函数为：$U(t) = U_0 -$

$p + \alpha v + \beta\theta(t)$，其中，随机变量 U_0 服从 $[0, 1]$ 的均匀分布，是消费者对乳品的初始认知价值。结合相关文献的研究，只有当消费者效用 $U(t) > 0$ 时，消费者才会购买乳品，在任一时刻，供应商、制造商面临的市场需求量：

$$D(t) = \lambda \int_0^T P(U(t) > 0)\,\mathrm{d}t = \lambda T\{1 - p + \alpha v + \beta[1 - \frac{2}{3}(1 - \tau)\delta_0]\}$$

5.3.1.2　无补贴策略下的博弈模型

本节的二阶段博弈顺序如下：①制造商决定零售价 p 及保鲜质量努力 τ。②供应商决定批发价 ω 及生产质量努力 v。供应链节点企业间的决策构成子博弈精练 Nash 均衡模型，本节采用逆向归纳法求解。

1. 无补贴策略下的基本行为决策

无政府补贴策略下，政府不参与生鲜乳品供应链决策，此时仅有供应商、制造商两个决策主体，在此情况下考察仅受市场内部驱动力即消费者对生产质量努力及保鲜质量努力偏好的影响，观察生鲜乳品供应链的均衡运作结果，此时供应商、制造商的利润函数及供应链总利润函数如下：

$$\pi_s^o = \omega^o D(t) - \frac{1}{2}\xi v^{o2}$$

$$= \omega^o\left(1 - p^o + \alpha v^o + \beta\left[1 - \frac{2}{3}(1 - \tau^o)\delta_0\right]\right)\lambda T - \frac{1}{2}\xi v^{o2} \quad (5-24)$$

$$\pi_m^o = (p^o - \omega^o)D(t) - \frac{1}{2}\xi\tau^{o2}$$

$$= (p^o - \omega^o)\left(1 - p^o + \alpha v^o + \beta\left[1 - \frac{2}{3}(1 - \tau^o)\delta_0\right]\right)\lambda T - \frac{1}{2}\xi\tau^{o2} \quad (5-25)$$

$$\pi_A^o = \pi_m^o + \pi_s^o = p^o D(t) - \frac{1}{2}\xi(\tau^{o2} + v^{o2})$$

$$= p^o\left(1 - p^o + \alpha v^o + \beta\left[1 - \frac{2}{3}(1 - \tau^o)\delta_0\right]\right)\lambda T - \frac{1}{2}\xi(\tau^{o2} + v^{o2}) \quad (5-26)$$

根据式（5-24）、式（5-25）可知，在政府无补贴策略下，生鲜乳品供应商及制造商的利润等于销售收入和质量安全投入成本之间的差值，销售收入为价格和市场需求量的乘积。

令 $\frac{\partial\pi_s^o}{\partial\omega^o} = 0$、$\frac{\partial\pi_s^o}{\partial v^o} = 0$，并进一步求 $\frac{\partial^2\pi_s^o}{\partial\omega^{o2}}$、$\frac{\partial^2\pi_s^o}{\partial v^{o2}}$、$\frac{\partial^2\pi_s^o}{\partial\omega^o\partial v^o}$、$\frac{\partial^2\pi_s^o}{\partial v^o\partial\omega^o}$，得到 Hessian

矩阵：$H_{\pi_s^o}(\omega^o, v^o) = \begin{bmatrix} \dfrac{\partial^2\pi_s^o}{\partial\omega^{o2}} & \dfrac{\partial^2\pi_s^o}{\partial\omega^o\partial v^o} \\ \dfrac{\partial^2\pi_s^o}{\partial v^o\partial\omega^o} & \dfrac{\partial^2\pi_s^o}{\partial v^{o2}} \end{bmatrix} = \begin{bmatrix} -\lambda T & \alpha\lambda T \\ \alpha\lambda T & -\xi \end{bmatrix} = \lambda T(\xi - \alpha^2\lambda T)$。由于

一阶主子式 $-\lambda T<0$，所以当 $\xi-\alpha^2\lambda T>0$ 时，Hessian 矩阵 $H_{\pi_s^o}(\omega^o,\ \nu^o)$ 负定，存在唯一解使目标函数取得最大值。

制造企业质量努力系数和消费者对生产质量努力的偏好是影响乳品供应商利润最优的主要因素，还与销售周期密切相关。其经济含义是，供应商获益情况不仅受质量努力系数的影响，还会受到消费者对其投入生产质量努力偏好及销售周期的影响，此时只有当质量努力系数足够弥补消费者对生产质量努力的偏好以及销售周期带来的影响时，生鲜乳品的供应商才能在承担生产质量努力成本的同时获得收益。通过联立 $\dfrac{\partial\pi_s^o}{\partial\omega^o}=0$、$\dfrac{\partial\pi_s^o}{\partial\nu^o}=0$ 两式，得到 ω^o、ν^o 为：

$$\begin{cases} \omega^o=\dfrac{\xi(3-3p^o+3\beta-2\beta\delta_0+2\beta\delta_0\tau^o)}{3(\xi-\alpha^2\lambda T)} \\[3mm] \nu^o=\dfrac{\alpha\lambda T(3-3p^o+3\beta-2\beta\delta_0+2\beta\delta_0\tau^o)}{3(\xi-\alpha^2\lambda T)} \end{cases} \quad (5-27)$$

将式（5-27）代入式（5-25）中，并求 $\dfrac{\partial\pi_m^o}{\partial p^o}=0$、$\dfrac{\partial\pi_m^o}{\partial\tau^o}=0$，并进一步求 $\dfrac{\partial^2\pi_m^o}{\partial p^{o2}}$、$\dfrac{\partial^2\pi_m^o}{\partial\tau^{o2}}$、$\dfrac{\partial^2\pi_m^o}{\partial p^o\partial\tau^o}$、$\dfrac{\partial^2\pi_m^o}{\partial\tau^o\partial p^o}$，得到 Hessian 矩阵：

$$H_{\pi_m^o}(p^o,\ \tau^o)=\begin{bmatrix} \dfrac{\partial^2\pi_m^o}{\partial p^{o2}} & \dfrac{\partial^2\pi_m^o}{\partial p^o\partial\tau^o} \\[4mm] \dfrac{\partial^2\pi_m^o}{\partial\tau^o\partial p^o} & \dfrac{\partial^2\pi_m^o}{\partial\tau^{o2}} \end{bmatrix}$$

$$=\begin{bmatrix} -\dfrac{2\lambda T\xi(2\xi-\alpha^2\lambda T)}{(\xi-\alpha^2\lambda T)^2} & \dfrac{2\lambda T\xi\beta\delta_0(3\xi-\alpha^2\lambda T)}{3(\xi-\alpha^2\lambda T)^2} \\[4mm] \dfrac{2\lambda T\xi\beta\delta_0(3\xi-\alpha^2\lambda T)}{3(\xi-\alpha^2\lambda T)^2} & -\dfrac{\xi(9\alpha^4\lambda^2 T^2-18\alpha^2\lambda T\xi+8\lambda T\xi\beta^2\delta_0^2+9\xi^2)}{9(\xi-\alpha^2\lambda T)^2} \end{bmatrix}$$

$$=\dfrac{2\lambda T\xi^2(-2\lambda T\beta^2\delta_0^2-9\alpha^2\lambda T+18\xi)}{9(\xi-\alpha^2\lambda T)^2} \quad (5-28)$$

由于一阶主子式 $-\dfrac{2\lambda T\xi(2\xi-\alpha^2\lambda T)}{(\xi-\alpha^2\lambda T)^2}<0$，所以当 $\Delta_1=-2\lambda T\beta^2\delta_0^2-9\alpha^2\lambda T+18\xi>0$ 时，Hessian 矩阵 $H_{\pi_m^o}(p^o,\ \tau^o)$ 负定，存在唯一解使目标函数取得最大值。

由此发现，制造商的最优利润关联因素较多，除与销售周期、消费者对生产质量努力偏好的影响、质量努力系数外，还与新鲜度衰减极值、价格敏感系数以及消费者对保鲜质量努力的偏好有关。其经济含义是，制造商获益情况受供应商及消费者制约，且其受生鲜品新鲜度衰减极值影响，因此，制造商会格外关注供应商投入的生产质量努力。通过联立 $\dfrac{\partial\pi_m^o}{\partial p^o}=0$、$\dfrac{\partial\pi_m^o}{\partial\tau^o}=0$ 两式，得到关

于零售价 p^{o*}、保鲜质量努力 τ^{o*} 的唯一最优解为：

$$\begin{cases} p^{o*} = \dfrac{3A(3\xi - \alpha^2\lambda T)}{2\Delta_1} \\ \tau^{o*} = \dfrac{A\lambda T\beta\delta_0}{\Delta_1} \end{cases} \tag{5-29}$$

其中，$A = 3 + 3\beta - 2\beta\delta_0$，将式（5-29）代入式（5-27）中得最优批发价 ω^{o*} 及最优生产质量努力 ν^{o*} 为：

$$\begin{cases} \omega^{o*} = \dfrac{3A\xi}{2\Delta_1} \\ \nu^{o*} = \dfrac{3\alpha A\lambda T}{2\Delta_1} \end{cases} \tag{5-30}$$

将式（5-29）、式（5-30）代入式（5-24）、式（5-25）、式（5-26）中得最优供应商利润、最优制造商利润及最优的供应链总利润为：

$$\begin{cases} \pi_s^{o*} = \dfrac{9A^2\xi\lambda T(2\xi - \alpha^2\lambda T)}{8\Delta_1^2} \\ \pi_m^{o*} = \dfrac{A^2\xi\lambda T}{4\Delta_1} \\ \pi_A^{o*} = \dfrac{A^2\xi\lambda T(18\xi - 9\alpha^2\lambda T + 2\Delta_1)}{8\Delta_1^2} \end{cases} \tag{5-31}$$

命题1：在无补贴策略下，低乳品供应链的均衡运作变量和均衡利润分别由式（5-29）、式（5-30）及式（5-31）给出。

2. 无补贴策略下的对比分析

性质1：消费者对生产质量努力、保鲜质量努力的偏好正向影响供应链各项决策。

（1）$\dfrac{\partial\omega^{o*}}{\partial\alpha} > 0$，$\dfrac{\partial p^{o*}}{\partial\alpha} > 0$，$\dfrac{\partial\nu^{o*}}{\partial\alpha} > 0$，$\dfrac{\partial\tau^{o*}}{\partial\alpha} > 0$，$\dfrac{\partial\pi_s^{o*}}{\partial\alpha} > 0$，$\dfrac{\partial\pi_m^{o*}}{\partial\alpha} > 0$。

（2）$\dfrac{\partial\omega^{o*}}{\partial\beta} > 0$，$\dfrac{\partial p^{o*}}{\partial\beta} > 0$，$\dfrac{\partial\nu^{o*}}{\partial\beta} > 0$，$\dfrac{\partial\tau^{o*}}{\partial\beta} > 0$，$\dfrac{\partial\pi_s^{o*}}{\partial\beta} > 0$，$\dfrac{\partial\pi_m^{o*}}{\partial\beta} > 0$。

由性质1中的（1）、（2）可知，消费者对生产质量努力的偏好能有效激励供应商进行质量努力投入，同时，供应商通过提高批发价以弥补投入生产质量努力带来的成本支出。对于制造商而言，消费者对保鲜质量努力的偏好也成为制造商积极投入的驱动力，而批发价和保鲜成本的双重压力会反映在零售价上。当消费者偏好得以满足，消费者愿意以更高价格购买高质量水平的乳品，市场需求的增加为供应商、制造商带来了利润水平的提升。在无政府补贴策略下，消费者的敏感度成为推动供应链发展的驱动力，为提升乳品质量水平助力，同时，供应链主体在高质量水平的生鲜品市场看到了潜在的利润空间，有利于创造供应链主体自主投入的市场氛围。

性质 2：当 $\alpha \in \left(\dfrac{2}{3}\beta\delta_0 , 1 \right)$，恒 有 $\pi_m^{o*} > \pi_s^{o*}$，此 时 $\tau^{o*} < \nu^{o*}$；当 $\alpha \in \left(0 , \dfrac{2}{3}\beta\delta_0 \right)$ 时， $\tau^{o*} > \nu^{o*}$，此 时 $\xi < \dfrac{\lambda T(9\alpha^2 + 4\beta^2\delta_0^2)}{18}$，有 $\pi_m^{o*} < \pi_s^{o*}$，$\xi > \dfrac{\lambda T(9\alpha^2 + 4\beta^2\delta_0^2)}{18}$，有 $\pi_m^{o*} > \pi_s^{o*}$。

性质 2 表明，在无补贴策略下供应商与制造商的利润博弈主要受消费者对生产质量努力、保鲜质量努力的偏好以及乳品的新鲜度衰减极值的影响。当消费者对生产质量努力的敏感度位于 $\left(\dfrac{2}{3}\beta\delta_0 , 1 \right)$ 内时，即消费者对乳品供应商实施的质量努力较为敏感，此时制造商利润始终大于供应商利润，而制造商投入的保鲜质量努力小于供应商投入的生产质量努力，因此制造商存在"搭便车"行为，这是由于当消费者更为关注乳品供应端的质量安全时，对供应商严苛的要求促使供应商投入更多的生产质量努力以满足消费者偏好，而供应商行为也为制造商带来了溢出效应，加之制造商投入的保鲜质量努力较低，其成本支出较少，因此制造商的利润水平高于供应商。

反之，当消费者对生产质量努力的敏感度较小时，即消费者对乳品供应商付诸的生产质量努力并不敏感。此时，制造商投入保鲜质量努力始终高于供应商投入的生产质量努力。而供应商与制造商的利润博弈还受到质量努力系数的影响。以阈值 $\dfrac{\lambda T(9\alpha^2 + 4\beta^2\delta_0^2)}{18}$ 为分界双方利润博弈呈现不同局面。当质量努力系数小于该阈值时，供应商利润高于制造商，此时供应商存在"搭便车"行为，这是因为消费者对生产质量努力较低的偏好使供应商的生产质量努力投入减少，生鲜品质量保障的责任较多转移至制造商，制造商须投入较多的保鲜质量努力以降低生鲜品新鲜度的衰减，并满足消费者对保鲜质量努力的偏好。

与此同时，在较低的质量努力系数下，供应商每单位生产质量努力投入带来的成本较低，因此，供应商利润更易达到较高水平。质量努力系数的增大，意味着每单位质量努力投入带来的成本增加，此时，双方的利润水平实现逆转，制造商在较高水平的投入下反而实现利润水平的提升，这是因为制造商积极的保鲜措施，如建立冷库、实施冷链等，对于减缓产品新鲜度流失具有显著效果，市场需求的增加为制造商创造了更多利润。

5.3.2　不同补贴策略下乳品供应链主体行为决策

由于供应商、制造商的质量努力投入受成本牵制，质量努力投入有限，因此,乳品供应链的质量安全建设很难形成可持续的共治局面。考虑政府补贴策略是调动乳品供应链主体积极投入的有力手段。政府对供应商与制造商的质量投入成本进行补贴,并以政府补贴系数 s 进行补贴比例的调节,通过实施补贴策略以减轻对供应链主体的制约作用,达到激励乳品供应商、制造商积极投入质量努力的目标,以推动乳品供应链实现可持续发展。考虑补贴主体异质性对供应链均衡结果的影响,考虑三种补贴结构(如图 5 - 10 所示)。

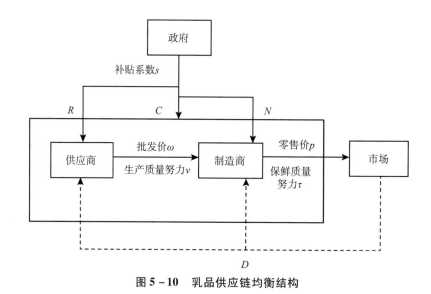

图 5 - 10　乳品供应链均衡结构

(1)补贴供应商策略(模型 R),政府对供应商的生产质量成本进行补贴,从源头把控乳品供应链的质量安全。

(2)补贴制造商策略(模型 N),政府对制造商的保鲜质量成本进行补贴,借核心企业质量投入的影响力带动整个乳品供应链的发展。

(3)补贴共享策略(模型 C),政府对供应商与制造商的整体质量投入成本进行补贴,以实现乳品供应链主体进行质量投入的协同性。

5.3.2.1　补贴制造商策略下的博弈模型

1. 补贴供应商策略下的行为决策

考虑乳品供应商规模较小、较为分散,为降低生乳品在供应端的质量安全风险,鼓励供应商进行生产质量努力投入,政府采取补贴供应商策略时,此时供应商利润、制造商利润、供应链总利润及政府补贴支出函数如下:

$$\pi_s^r = \omega^r D(t) - \frac{1-s}{2}\xi v^{r2}$$

$$= \omega^r \left(1 - p^r + \alpha v^r + \beta\left[1 - \frac{2}{3}(1-\tau^r)\delta_0\right]\right)\lambda T - \frac{1-s}{2}\xi v^{r2} \qquad (5-32)$$

$$\pi_m^r = (p^r - \omega^r)D(t) - \frac{1}{2}\xi\tau^{r2}$$

$$= (p^r - \omega^r)\left(1 - p^r + \alpha v^r + \beta\left[1 - \frac{2}{3}(1-\tau^r)\delta_0\right]\right)\lambda T - \frac{1}{2}\xi\tau^{r2} \qquad (5-33)$$

$$\pi_A^r = \pi_m^r + \pi_s^r = p^r D(t) - \frac{1}{2}\xi\tau^{r2} - \frac{1-s}{2}\xi v^{r2}$$

$$= p^r\left(1 - p^r + \alpha v^r + \beta\left[1 - \frac{2}{3}(1-\tau^r)\delta_0\right]\right)\lambda T - \frac{1}{2}\xi\tau^{r2} - \frac{1-s}{2}\xi v^{r2} \qquad (5-34)$$

根据式（5-32）、式（5-33）可知，在政府补贴供应商策略下，乳品制造商的利润等于销售收入和质量安全投入成本之间的差值，销售收入为价格和市场需求量的乘积，而供应商利润包含政府一定比率下对其生产质量成本的补贴。

令 $\dfrac{\partial \pi_s^r}{\partial \omega^r} = 0$、$\dfrac{\partial \pi_s^r}{\partial v^r} = 0$，并进一步求 $\dfrac{\partial^2 \pi_s^r}{\partial \omega^{r2}}$、$\dfrac{\partial^2 \pi_s^r}{\partial v^{r2}}$、$\dfrac{\partial^2 \pi_s^r}{\partial \omega^r \partial v^r}$、$\dfrac{\partial^2 \pi_s^r}{\partial v^r \partial \omega^r}$，得到 Hessian

矩阵：$H_{\pi_s^r}(\omega^r, v^r) = \begin{bmatrix} \dfrac{\partial^2 \pi_s^r}{\partial \omega^{r2}} & \dfrac{\partial^2 \pi_s^r}{\partial \omega^r \partial v^r} \\ \dfrac{\partial^2 \pi_s^r}{\partial v^r \partial \omega^r} & \dfrac{\partial^2 \pi_s^r}{\partial v^{r2}} \end{bmatrix} = \begin{bmatrix} -\lambda T & \alpha\lambda T \\ \alpha\lambda T & -(1-s)\xi \end{bmatrix} = \lambda T(\xi(1-s) -$

$\alpha^2\lambda T)$。由于一阶主子式 $-\lambda T < 0$，所以当 $\xi(1-s) - \alpha^2\lambda T > 0$ 时，Hessian 矩阵 $H_{\pi_s^r}(\omega^r, v^r)$ 负定，存在唯一解使目标函数取得最大值。由此发现，除质量努力系数、消费者对生产质量努力的偏好及销售周期外，政府补贴系数的大小也直接影响乳品供应商最优利润。此时供应商存在利益正负对抗的现象，政府补贴策略及消费者对其实施生产质量努力的敏感度均是其行为的正向驱动力。供应商需要负担随生产质量努力投入而来的成本压力，当消费者为具有生产质量保障的乳品买单时，供应商会在较大的市场需求与政府的成本分担双重作用下获得收益。通过联立 $\dfrac{\partial \pi_s^r}{\partial \omega^r} = 0$、$\dfrac{\partial \pi_s^r}{\partial v^r} = 0$ 两式，得到 ω^r、v^r 为：

$$\begin{cases} \omega^r = \dfrac{(1-s)\xi(3 - 3p^r + 3\beta - 2\beta\delta_0 + 2\beta\delta_0\tau^r)}{3(\xi(1-s) - \alpha^2\lambda T)} \\ v^r = \dfrac{\alpha\lambda T(3 - 3p^r + 3\beta - 2\beta\delta_0 + 2\beta\delta_0\tau^r)}{3(\xi(1-s) - \alpha^2\lambda T)} \end{cases} \qquad (5-35)$$

将式（5-35）代入式（5-33）中，并求 $\dfrac{\partial \pi_m^r}{\partial p^r} = 0$、$\dfrac{\partial \pi_m^r}{\partial \tau^r} = 0$，并进一步求

$\dfrac{\partial^2 \pi_m^r}{\partial p^{r2}}$、$\dfrac{\partial^2 \pi_m^r}{\partial \tau^{r2}}$、$\dfrac{\partial^2 \pi_m^r}{\partial p^r \partial \tau^r}$、$\dfrac{\partial^2 \pi_m^r}{\partial \tau^r \partial p^r}$，得到 Hessian 矩阵：

$$H_{\pi_m^r}(p^r,\ \tau^r) = \begin{bmatrix} \dfrac{\partial^2 \pi_m^r}{\partial p^{r2}} & \dfrac{\partial^2 \pi_m^r}{\partial p^r \partial \tau^r} \\[2mm] \dfrac{\partial^2 \pi_m^r}{\partial \tau^r \partial p^r} & \dfrac{\partial^2 \pi_m^r}{\partial \tau^{r2}} \end{bmatrix}$$

$$= \begin{bmatrix} -\dfrac{2\lambda T \xi(1-s)(2\xi(1-s)-\alpha^2 \lambda T)}{(\xi(1-s)-\alpha^2 \lambda T)^2} & \dfrac{2\lambda T \xi \beta \delta_0 (1-s)(3\xi(1-s)-\alpha^2 \lambda T)}{3(\xi(1-s)-\alpha^2 \lambda T)^2} \\[4mm] \dfrac{2\lambda T \xi \beta \delta_0 (1-s)(3\xi(1-s)-\alpha^2 \lambda T)}{3(\xi(1-s)-\alpha^2 \lambda T)^2} & -\dfrac{\xi(9\alpha^4 \lambda^2 T^2 - 2\lambda T \xi (1-s)(9\alpha^2 - 4\beta^2 \delta_0^2 (1-s)) + 9\xi^2 (1-s)^2)}{9(\xi(1-s)-\alpha^2 \lambda T)^2} \end{bmatrix}$$

$$= \frac{2\lambda T \xi^2 (1-s)(\xi(1-s)-\alpha^2 \lambda T)^2 (-2\lambda T \beta^2 \delta_0^2 (1-s) - 9\alpha^2 \lambda T + 18\xi(1-s))}{9(\xi(1-s)-\alpha^2 \lambda T)^4} \qquad (5-36)$$

由于一阶主子式 $-\dfrac{2\lambda T \xi(1-s)(2\xi(1-s)-\alpha^2 \lambda T)}{(\xi(1-s)-\alpha^2 \lambda T)^2} < 0$，所以当 $\Delta_2 = -2\lambda T \beta^2 \delta_0^2 (1-s) - 9\alpha^2 \lambda T + 18\xi(1-s) > 0$ 时，Hessian 矩阵 $H_{\pi_m^r}(p^r,\ \tau^r)$ 负定，存在唯一解使目标函数取得最大值。由此发现，制造商最优利润的获得与供应商、消费者、政府行为及生鲜品新鲜度衰减极值的特点有关，还受供应商、制造商的质量努力系数的影响。其经济含义是，由于乳品的新鲜度是不断衰减的，因此到达制造商处的乳品是包含供应商投入的生产质量努力的，且随时间流逝，制造商也需要投入保鲜质量努力才能减少新鲜度的衰减，而双方投入的质量努力能满足消费者对乳品质量努力的偏好，且政府补贴系数的大小也会影响制造商的利润水平。

通过联立 $\dfrac{\partial \pi_m^r}{\partial p^r} = 0$、$\dfrac{\partial \pi_m^r}{\partial \tau^r} = 0$ 两式，得到关于零售价 p^{r*}、保鲜质量努力 τ^{r*} 的唯一最优解为：

$$\begin{cases} p^{r*} = \dfrac{3A(3\xi(1-s)-\alpha^2 \lambda T)}{2\Delta_2} \\[4mm] \tau^{r*} = \dfrac{A\lambda T \beta \delta_0 (1-s)}{\Delta_2} \end{cases} \qquad (5-37)$$

将式（5-37）代入式（5-35）中得最优批发价 ω^{r*} 及最优生产质量努力 ν^{r*} 为：

$$\begin{cases} \omega^{r*} = \dfrac{3A\xi(1-s)}{2\Delta_2} \\[4mm] \nu^{r*} = \dfrac{3\alpha A\lambda T}{2\Delta_2} \end{cases} \qquad (5-38)$$

将式（5-37）、式（5-38）代入式（5-32）、式（5-33）、式（5-34）中得最优供应商利润 π_s^{r*}、最优制造商利润 π_m^{r*} 以及最优供应链总利润 π_A^{r*}：

$$
\begin{cases}
\pi_s^{r*} = \dfrac{9A^2\xi\lambda T(1-s)(2\xi(1-s)-\alpha^2\lambda T)}{8\Delta_2^2} \\[3mm]
\pi_m^{r*} = \dfrac{A^2\xi\lambda T(1-s)}{4\Delta_2} \\[3mm]
\pi_A^{r*} = \dfrac{A^2\xi\lambda T(1-s)(18\xi(1-s)-9\alpha^2\lambda T+2\Delta_2)}{8\Delta_2^2}
\end{cases}
\tag{5-39}
$$

命题 2：在补贴供应商策略下，乳品供应链的均衡运作变量和均衡利润分别由式（5-37）、式（5-38）以及式（5-39）给出。

2. 补贴供应商策略下的对比分析

性质 3：当 $\alpha \in \left(\dfrac{2\beta\delta_0\sqrt{1-s}}{3},\ 1\right)$，恒有 $\pi_m^{r*r_s^*}$，此时 τ^{r*r*}；当 $\alpha \in \left(0,\ \dfrac{2\beta\delta_0\sqrt{1-s}}{3}\right)$ 时，$\xi < \dfrac{4\lambda T\beta^2\delta_0^2(1-s)+9\alpha^2\lambda T}{18(1-s)}$，有 $\pi_m^{r*r_s^*}$，$\xi > \dfrac{4\lambda T\beta^2\delta_0^2(1-s)+9\alpha^2\lambda T}{18(1-s)}$，有 $\pi_m^{r*r_s^*}$。

由性质 3 可知，当消费者对生产质量努力偏好越大时，即 $\alpha \in \left(\dfrac{2\beta\delta_0\sqrt{1-s}}{3},\ 1\right)$，为满足消费者需求，乳品供应商须匹配更高的质量努力水平，造成了成本相应增加。乳品质量水平越高，市场需求就越大。此时，政府虽直接补贴了供应商，却使制造商存在"搭便车"行为，形成制造商利润高于供应商的局面，且相较于无补贴策略，随着政府系数的增加，政府补贴供应商策略扩大了制造商"搭便车"的范围，而当消费者对生产质量努力偏好较小时，此时双方利润博弈受质量努力系数的影响，质量努力系数小于 $\dfrac{4\lambda T\beta^2\delta_0^2(1-s)+9\alpha^2\lambda T}{18(1-s)}$ 这一阈值时，供应商利润是高于制造商的，反之，则制造商利润更高。

5.3.2.2　补贴制造商策略下的博弈模型

1. 补贴制造商策略下的行为决策

考虑乳品制造商规模较大，在加工时存在较大的质量安全风险，为鼓励制造商推行绿色健康的乳品加工销售模式，政府采取补贴制造商策略时，此时供应商利润、制造商利润、供应链总利润及政府补贴支出函数如下：

$$\pi_s^n = \omega^n D(t) - \frac{1}{2}\xi\nu^{n2}$$

$$= \omega^n \left(1 - p^n + \alpha\nu^n + \beta\left[1 - \frac{2}{3}(1 - \tau^n)\delta_0\right]\right)\lambda T - \frac{1}{2}\xi\nu^{n2} \qquad (5-40)$$

$$\pi_m^n = (p^n - \omega^n)D(t) - (1 - s)\frac{1}{2}\xi\tau^{n2}$$

$$= (p^n - \omega^n)\left(1 - p^n + \alpha\nu^n + \beta\left[1 - \frac{2}{3}(1 - \tau^n)\delta_0\right]\right)\lambda T - (1 - s)\frac{1}{2}\xi\tau^{n2} \qquad (5-41)$$

$$\pi_A^n = \pi_m^n + \pi_s^n = p^n D(t) - \frac{1 - s}{2}\xi\tau^{n2} - \frac{1}{2}\xi\nu^{n2}$$

$$= p^n\left(1 - p^n + \alpha\nu^n + \beta\left[1 - \frac{2}{3}(1 - \tau^n)\delta_0\right]\right)\lambda T - \frac{1 - s}{2}\xi\tau^{n2} - \frac{1}{2}\xi\nu^{n2} \qquad (5-42)$$

根据式（5-40）、式（5-41）可知，在政府补贴制造商策略下，乳品供应商的利润等于销售收入和质量安全投入成本之间的差值，销售收入为价格和市场需求量的乘积，而制造商利润还包含政府对其实施的生产质量努力成本的补贴。

令 $\frac{\partial\pi_s^n}{\partial\omega^n} = 0$、$\frac{\partial\pi_s^n}{\partial\nu^n} = 0$，并进一步求 $\frac{\partial^2\pi_s^n}{\partial\omega^{n2}}$、$\frac{\partial^2\pi_s^n}{\partial\nu^{n2}}$、$\frac{\partial^2\pi_s^n}{\partial\omega^n\partial\nu^n}$、$\frac{\partial^2\pi_s^n}{\partial\nu^n\partial\omega^n}$，得到 Hessian

矩阵：$H_{\pi_s^n}(\omega^n, \nu^n) = \begin{bmatrix} \dfrac{\partial^2\pi_s^n}{\partial\omega^{n2}} & \dfrac{\partial^2\pi_s^n}{\partial\omega^n\partial\nu^n} \\ \dfrac{\partial^2\pi_s^n}{\partial\nu^n\partial\omega^n} & \dfrac{\partial^2\pi_s^n}{\partial\nu^{n2}} \end{bmatrix} = \begin{bmatrix} -\lambda T & \alpha\lambda T \\ \alpha\lambda T & -\xi \end{bmatrix} = \lambda T(\xi - \alpha^2\lambda T)$。由于

一阶主子式 $-\lambda T < 0$，所以当 $\xi - \alpha^2\lambda T > 0$ 时，Hessian 矩阵 $H_{\pi_s^n}(\omega^n, \nu^n)$ 负定，存在唯一解使目标函数取得最大值。由此发现，质量努力系数、消费者对生产质量努力偏好及销售周期是影响乳品供应商利润最优的因素。通过联立 $\frac{\partial\pi_s^n}{\partial\omega^n} = $

0、$\frac{\partial\pi_s^n}{\partial\nu^n} = 0$ 两式，得到 ω^n、ν^n 为：

$$\begin{cases} \omega^n = \dfrac{\xi(3 - 3p^n + 3\beta - 2\beta\delta_0 + 2\beta\delta_0\tau^n)}{3(\xi - \alpha^2\lambda T)} \\ \nu^n = \dfrac{\alpha\lambda T(3 - 3p^n + 3\beta - 2\beta\delta_0 + 2\beta\delta_0\tau^n)}{3(\xi - \alpha^2\lambda T)} \end{cases} \qquad (5-43)$$

将式（5-11）代入式（5-9）中，并求 $\frac{\partial\pi_m^n}{\partial p^n} = 0$、$\frac{\partial\pi_m^n}{\partial\tau^n} = 0$，并进一步求

$\frac{\partial^2\pi_m^n}{\partial p^{n2}}$、$\frac{\partial^2\pi_m^n}{\partial\tau^{n2}}$、$\frac{\partial^2\pi_m^n}{\partial p^n\partial\tau^n}$、$\frac{\partial^2\pi_m^n}{\partial\tau^n\partial p^n}$，得到 Hessian 矩阵：

$$H_{\pi_m^n}(p^n, \tau^n) = \begin{bmatrix} \dfrac{\partial^2 \pi_m^n}{\partial p^{n2}} & \dfrac{\partial^2 \pi_m^n}{\partial p^n \partial \tau^n} \\[4mm] \dfrac{\partial^2 \pi_m^n}{\partial \tau^n \partial p^n} & \dfrac{\partial^2 \pi_m^n}{\partial \tau^{n2}} \end{bmatrix}$$

$$= \begin{bmatrix} -\dfrac{2\lambda T\xi(2\xi - \alpha^2\lambda T)}{(\xi - \alpha^2\lambda T)^2} & \dfrac{2\lambda T\xi\beta\delta_0(3\xi - \alpha^2\lambda T)}{3(\xi - \alpha^2\lambda T)^2} \\[4mm] \dfrac{2\lambda T\xi\beta\delta_0(3\xi - \alpha^2\lambda T)}{3(\xi - \alpha^2\lambda T)^2} & -\dfrac{\xi(9\alpha^4\lambda^2 T^2(1-s) - 2\lambda T\xi(9\alpha^2(1-s) - 4\beta^2\delta_0^2) - 9\xi^2(1-s))}{9(\xi - \alpha^2\lambda T)^2} \end{bmatrix}$$

$$= \frac{2\lambda T\xi^2(-2\lambda T\beta^2\delta_0^2 - 9\alpha^2\lambda T(1-s) + 18\xi(1-s))}{9(\xi - \alpha^2\lambda T)^2} \quad (5-44)$$

由于一阶主子式 $-\dfrac{2\lambda T\xi(2\xi - \alpha^2\lambda T)}{(\xi - \alpha^2\lambda T)^2} < 0$，所以当 $\Delta_3 = -2\lambda T\beta^2\delta_0^2 - 9\alpha^2\lambda T(1-s) + 18\xi(1-s) > 0$ 时，Hessian 矩阵 $H_{\pi_m^n}(p^n, \tau^n)$ 负定，存在唯一解使目标函数取得最大值。由此发现，政府补贴制造商时，制造商最优利润的获得与供应商、消费者、政府的行为以及乳品新鲜度衰减极值的特点有关，还受供应商、制造商的质量努力系数的影响。通过联立 $\dfrac{\partial \pi_m^n}{\partial p^n} = 0$、$\dfrac{\partial \pi_m^n}{\partial \tau^n} = 0$ 两式，得到关于零售价 p^{n*}、保鲜质量努力 τ^{n*} 的唯一最优解为：

$$\begin{cases} p^{n*} = \dfrac{A(1-s)(9\xi - 3\alpha^2\lambda T)}{2\Delta_3} \\[4mm] \tau^{n*} = \dfrac{A\lambda T\beta\delta_0}{\Delta_3} \end{cases} \quad (5-45)$$

将式（5-45）代入式（5-43）中得最优批发价 ω^{n*} 及最优生产质量努力 ν^{n*} 为：

$$\begin{cases} \omega^{n*} = \dfrac{3A\xi(1-s)}{2\Delta_3} \\[4mm] \nu^{n*} = \dfrac{3\alpha A\lambda T(1-s)}{2\Delta_3} \end{cases} \quad (5-46)$$

将式（5-45）、式（5-46）代入式（5-40）、式（5-41）、式（5-42）中的最优供应商利润 π_s^{n*} 以及最优制造商利润 π_m^{n*}：

$$\begin{cases} \pi_s^{n*} = \dfrac{9A^2\xi\lambda T(1-s)^2(2\xi - \alpha^2\lambda T)}{8\Delta_3^2} \\[4mm] \pi_m^{n*} = \dfrac{A^2\xi\lambda T(1-s)}{4\Delta_3} \\[4mm] \pi_A^{n*} = \dfrac{A^2\xi\lambda T(1-s)(9(1-s)(2\xi - \alpha^2\lambda T) + 2\Delta_3)}{8\Delta_3^2} \end{cases} \quad (5-47)$$

命题3：在补贴供应商策略下，乳品供应链的均衡运作变量和均衡利润分别由式（5-45）、式（5-46）以及式（5-47）给出。

2. 补贴制造商策略下的对比分析

性质4：当 $\alpha \in \left(0, \min\left\{\dfrac{2\beta\delta_0}{3\sqrt{1-s}}, 1\right\}\right)$，$\xi > \dfrac{4\lambda T\beta^2\delta_0^2 + 9\alpha^2\lambda T(1-s)}{18(1-s)}$，$\pi_m^{n*n*}$，

$\xi < \dfrac{4\lambda T\beta^2\delta_0^2 + 9\alpha^2\lambda T(1-s)}{18(1-s)}$，$\pi_m^{n*n*}$；当 $\dfrac{2\beta\delta_0}{3\sqrt{1-s}} < 1$，$\alpha \in \left(\dfrac{2\beta\delta_0}{3\sqrt{1-s}}, 1\right)$时，恒

有 π_m^{n*n*}，其中，当 $\alpha > \dfrac{2\beta\delta_0}{3(1-s)}$时，$\tau^{n*n*}$；$\dfrac{2\beta\delta_0}{3\sqrt{1-s}} < \alpha < \dfrac{2\beta\delta_0}{3(1-s)}$，$\tau^{n*n*}$。

由性质4可知，在补贴制造商策略下，当消费者对生产质量偏好在 $\left(0, \min\left\{\dfrac{2\beta\delta_0}{3\sqrt{1-s}}, 1\right\}\right)$区间内时，双方的利润大小与质量努力系数有关。而当消费者对生产质量的偏好在 $\left(\dfrac{2\beta\delta_0}{3\sqrt{1-s}}, 1\right)$区间内时，制造商利润始终高于供应商，其中，消费者对生产质量努力偏好较大时，制造商存在"搭便车"行为，随着政府补贴系数的增大，制造商"搭便车"的范围逐渐缩小，实现了对供应链公平合作环境的推动。

5.3.2.3　补贴共享策略下的博弈模型

补贴供应商策略、补贴制造商策略存在规制空白，因此，考虑以补贴供应商与制造商质量投入成本之和的形式，对上下游主体同时进行补贴，探索乳品供应链质量共治局面的可行范式。

1. 补贴共享策略下的行为决策

此时供应商利润、制造商利润、供应链总利润及政府补贴支出函数如下：

$$\begin{aligned}
\pi_s^c &= \omega^c D(t) - \frac{1}{2}\xi\nu^{c2} + \frac{1}{2}\xi s(\nu^{c2} + \tau^{c2}) \\
&= \omega^c\left(1 - p^c + \alpha\nu^c + \beta\left[1 - \frac{2}{3}(1-\tau^c)\delta_0\right]\right)\lambda T - \frac{1}{2}\xi\nu^{c2} \\
&\quad + \frac{1}{2}\xi s(\nu^{c2} + \tau^{c2})
\end{aligned} \tag{5-48}$$

$$\begin{aligned}
\pi_m^c &= (p^c - \omega^c)D(t) - \frac{1}{2}\xi\tau^{n2} + \frac{1}{2}\xi(1-s)(\nu^{c2} + \tau^{c2}) \\
&= (p^c - \omega^c)\left(1 - p^c + \alpha\nu^c + \beta\left[1 - \frac{2}{3}(1-\tau^c)\delta_0\right]\right)\lambda T - \frac{1}{2}\xi\tau^{c2} \\
&\quad + \frac{1}{2}\xi(1-s)(\nu^{c2} + \tau^{c2})
\end{aligned} \tag{5-49}$$

$$\pi_A^c = \pi_m^c + \pi_s^c = p^c D(t)$$

$$= p^c \left(1 - p^c + \alpha v^c + \beta \left[1 - \frac{2}{3}(1 - \tau^c)\delta_0 \right] \right) \lambda T \tag{5-50}$$

根据式（5-48）、式（5-49）可知，在补贴共享策略下，乳品供应链主体的利润除了包含销售收入和质量安全投入成本之间的差值外，还包括政府供应商、制造商质量投入总成本的补贴。

令 $\dfrac{\partial \pi_s^c}{\partial \omega^c} = 0$、$\dfrac{\partial \pi_s^c}{\partial v^c} = 0$，并进一步求 $\dfrac{\partial^2 \pi_s^c}{\partial \omega^{c2}}$、$\dfrac{\partial^2 \pi_s^c}{\partial v^{c2}}$、$\dfrac{\partial^2 \pi_s^c}{\partial \omega^c \partial v^c}$、$\dfrac{\partial^2 \pi_s^c}{\partial v^c \partial \omega^c}$，得到 Hessian

矩阵：$H_{\pi_s^c}(\omega^c, v^c) = \begin{bmatrix} \dfrac{\partial^2 \pi_s^c}{\partial \omega^{c2}} & \dfrac{\partial^2 \pi_s^c}{\partial \omega^c \partial v^c} \\ \dfrac{\partial^2 \pi_s^c}{\partial v^c \partial \omega^c} & \dfrac{\partial^2 \pi_s^c}{\partial v^{c2}} \end{bmatrix} = \begin{bmatrix} -\lambda T & \alpha \lambda T \\ \alpha \lambda T & -\xi(1-s) \end{bmatrix} = \lambda T(\xi(1-s) - $

$\alpha^2 \lambda T)$。由于一阶主子式 $-\lambda T < 0$，所以当 $\xi(1-s) - \alpha^2 \lambda T > 0$ 时，Hessian 矩阵 $H_{\pi_s^c}(\omega^c, v^c)$ 负定，存在唯一解使目标函数取得最大值。由此发现，质量努力系数、消费者对生产质量努力的偏好、政府补贴系数及销售周期是影响乳品供应商利润最优的因素。通过联立 $\dfrac{\partial \pi_s^c}{\partial \omega^c} = 0$、$\dfrac{\partial \pi_s^c}{\partial v^c} = 0$ 两式，得到 ω^c、v^c 为：

$$\begin{cases} \omega^c = \dfrac{\xi(1-s)(3 - 3p^c + 3\beta - 2\beta\delta_0 + 2\beta\delta_0\tau^c)}{3(\xi(1-s) - \alpha^2 \lambda T)} \\ v^c = \dfrac{\alpha \lambda T(3 - 3p^c + 3\beta - 2\beta\delta_0 + 2\beta\delta_0\tau^c)}{3(\xi(1-s) - \alpha^2 \lambda T)} \end{cases} \tag{5-51}$$

将式（5-51）代入式（5-49）中，并求 $\dfrac{\partial \pi_m^c}{\partial p^c} = 0$、$\dfrac{\partial \pi_m^c}{\partial \tau^c} = 0$，并进一步求 $\dfrac{\partial^2 \pi_m^c}{\partial p^{c2}}$、$\dfrac{\partial^2 \pi_m^c}{\partial \tau^{c2}}$、$\dfrac{\partial^2 \pi_m^c}{\partial p^c \partial \tau^c}$、$\dfrac{\partial^2 \pi_m^c}{\partial \tau^c \partial p^c}$，得到海塞矩阵：

$$H_{\pi_m^c}(p^c, \tau^c) = \begin{bmatrix} \dfrac{\partial^2 \pi_m^c}{\partial p^{c2}} & \dfrac{\partial^2 \pi_m^c}{\partial p^c \partial \tau^c} \\ \dfrac{\partial^2 \pi_m^c}{\partial \tau^c \partial p^c} & \dfrac{\partial^2 \pi_m^c}{\partial \tau^{c2}} \end{bmatrix}$$

$$= \begin{bmatrix} -\dfrac{\lambda T\xi(1-s)(4\xi(1-s) - 3\alpha^2 \lambda T)}{(\xi(1-s) - \alpha^2 \lambda T)^2} & \dfrac{2\lambda T\xi\beta\delta_0(1-s)(3\xi(1-s) - 2\alpha^2 \lambda T)}{3(\xi(1-s) - \alpha^2 \lambda T)^2} \\ \dfrac{2\lambda T\xi\beta\delta_0(1-s)(3\xi(1-s) - 2\alpha^2 \lambda T)}{3(\xi(1-s) - \alpha^2 \lambda T)^2} & -\dfrac{\xi(\alpha^2\lambda^2 T^2(9s\alpha^2 - 4(1-s)\beta^2\delta_0^2) + 2\lambda T\xi(1-s)(4\beta^2\delta_0^2(1-s) - 9s\alpha^2) + 9s\xi^2(1-s)^2)}{9(\xi(1-s) - \alpha^2 \lambda T)^2} \end{bmatrix}$$

$$\lambda T \xi^2 (1-s)(\xi(1-s) - \alpha^2 \lambda T)^2 (-4\lambda T \beta^2 \delta_0^2 (1-s)$$

$$= \frac{-27s\alpha^2 \lambda T + 36\xi s(1-s))}{9(\xi(1-s) - \alpha^2 \lambda T)^4} \tag{5-52}$$

由于一阶主子式 $-\dfrac{\lambda T \xi(1-s)(4\xi(1-s) - 3\alpha^2 \lambda T)}{(\xi(1-s) - \alpha^2 \lambda T)^2} < 0$，所以当 $\Delta_4 = -4\lambda T \beta^2 \delta_0^2$ $(1-s) - 27s\alpha^2 \lambda T + 36\xi s(1-s) > 0$ 时，Hessian 矩阵 $H_{\pi_m^c}(p^c, \tau^c)$ 负定，存在唯一解使目标函数取得最大值。由此发现，在补贴共享策略下，供应链成员利润除受彼此影响外，还受政府及消费者行为的影响。通过联立 $\dfrac{\partial \pi_m^c}{\partial p^c} = 0$、$\dfrac{\partial \pi_m^c}{\partial \tau^c} = 0$ 两式，得到关于零售价 p^{c*}、保鲜质量努力 τ^{c*} 的唯一最优解为：

$$\begin{cases} p^{c*} = \dfrac{3sA(3\xi(1-s) - 2\alpha^2 \lambda T)}{\Delta_4} \\[3mm] \tau^{c*} = \dfrac{2A\lambda T \beta \delta_0 (1-s)}{\Delta_4} \end{cases} \tag{5-53}$$

将式（5-53）代入式（5-51）中得最优批发价 ω^{c*} 及最优生产质量努力 v^{c*} 为：

$$\begin{cases} \omega^{c*} = \dfrac{3A\xi s(1-s)}{\Delta_4} \\[3mm] v^{c*} = \dfrac{3s\alpha A \lambda T}{\Delta_4} \end{cases} \tag{5-54}$$

将式（5-53）、式（5-54）代入式（5-48）、式（5-49）、式（5-50）中得最优供应商利润 π_s^{c*}、最优制造商利润 π_m^{c*} 以及最优供应链总利润 π_A^{c*}：

$$\begin{cases} \pi_s^{c*} = \dfrac{A^2 \xi \lambda T s(1-s)(18\xi(1-s) + 4\lambda T \beta^2 \delta_0^2 (1-s) - 9s\alpha^2 \lambda T)}{2\Delta_4^2} \\[3mm] \pi_m^{c*} = \dfrac{A^2 s \xi \lambda T(1-s)}{2\Delta_4} \\[3mm] \pi_A^{c*} = \dfrac{A^2 \xi \lambda T s(1-s)(9s(2\xi(1-s) - \alpha^2 \lambda T) + 4\lambda T \beta^2 \delta_0^2 (1-s) + \Delta_4)}{2\Delta_4^2} \end{cases}$$

$$\tag{5-55}$$

命题 4：在补贴共享策略下，乳品供应链的均衡运作变量和均衡利润分别由式（5-53）、式（5-54）以及式（5-55）给出。

2. 补贴共享策略下的对比分析

性质 5：

（1）当 $\sqrt{\dfrac{\lambda T \beta^2 \delta_0^2}{9\xi}} < s < 1$ 时，$\dfrac{\partial v^{c*}}{\partial s \dfrac{\lambda T \beta^2 \delta_0^2}{9\xi} s} < \sqrt{\dfrac{\lambda T \beta^2 \delta_0^2}{9\xi}} \times \dfrac{\partial v^{c*}}{\partial s}$。

（2）当 $0 < \dfrac{\alpha^2 \lambda T}{\xi} < \dfrac{3}{4}$，$1 - \sqrt{\dfrac{3\alpha^2 \lambda T}{4\xi}} < s < 1 - \dfrac{\alpha^2 \lambda T}{\xi}$，$\dfrac{\partial \tau^{c*}}{\partial s}$；当 $\dfrac{3}{4} < \dfrac{\alpha^2 \lambda T}{\xi} < 1$，

$s < 1 - \dfrac{\alpha^2 \lambda T}{\xi}$ 或当 $0 < \dfrac{\alpha^2 \lambda T}{\xi} < \dfrac{3}{4}$，$s < 1 - \sqrt{\dfrac{3\alpha^2 \lambda T}{4\xi}}$，$\dfrac{\partial \tau^{c*}}{\partial s}$。

由性质 5 中的（1）可知，当政府补贴系数较小时，随着政府补贴系数的增大，补贴共享策略下供应商投入的生产质量努力水平逐渐减小；当政府补贴系数越大即越接近于 1，政府补贴系数能正向激励供应商投入生产质量努力，即补贴系数需突破 $\sqrt{\dfrac{\lambda T \beta^2 \delta_0^2}{9\xi}}$ 这一阈值，才能实现激励供应商质量投入的目标，这说明该策略存在"补贴门槛"。

由性质 5 中的（2）可知，政府补贴系数对制造商投入保鲜质量努力的影响受 $\dfrac{\alpha^2 \lambda T}{\xi}$ 与 $\dfrac{3}{4}$ 大小关系的影响，当后者较大时，政府补贴系数在 $\left(1 - \sqrt{\dfrac{3\alpha^2 \lambda T}{4\xi}},\right.$ $\left. 1 - \dfrac{\alpha^2 \lambda T}{\xi}\right)$ 之内，政府补贴系数的增大将正向激励制造商保鲜质量努力地投入。

5.3.2.4　不同影响因素下补贴策略的对比分析

补贴供应商策略、补贴制造商策略及补贴共享策略为政府及供应链主体提供不同视角的行为决策依据。补贴策略在实现不同影响因素下存在差异，通过分析不同影响因素对供应链决策的影响，为有效激励乳品供应链主体主动进行质量努力投入提供依据。

性质 6：在补贴供应商策略、补贴制造商策略及补贴共享策略中，消费者对生产质量努力、保鲜质量努力的偏好与供应链各项决策始终呈现正相关关系。在补贴供应商策略、补贴制造商策略中，政府补贴系数与供应链决策也呈现正相关关系。

（1）$\dfrac{\partial \omega^{i*}}{\partial \alpha} > 0$，$\dfrac{\partial p^{i*}}{\partial \alpha} > 0$，$\dfrac{\partial v^{i*}}{\partial \alpha} > 0$，$\dfrac{\partial \tau^{i*}}{\partial \alpha} > 0$，$\dfrac{\partial \pi_s^{i*}}{\partial \alpha} > 0$，$\dfrac{\partial \pi_m^{i*}}{\partial \alpha} > 0$。$i = r,\ n,\ c$。

（2）$\dfrac{\partial \omega^{i*}}{\partial \beta} > 0$，$\dfrac{\partial p^{i*}}{\partial \beta} > 0$，$\dfrac{\partial v^{i*}}{\partial \beta} > 0$，$\dfrac{\partial \tau^{i*}}{\partial \beta} > 0$，$\dfrac{\partial \pi_s^{i*}}{\partial \beta} > 0$，$\dfrac{\partial \pi_m^{i*}}{\partial \beta} > 0$。$i = r,\ n,\ c$。

（3）$\dfrac{\partial \omega^{i*}}{\partial s} > 0$，$\dfrac{\partial p^{i*}}{\partial s} > 0$，$\dfrac{\partial v^{i*}}{\partial s} > 0$，$\dfrac{\partial \tau^{i*}}{\partial s} > 0$，$\dfrac{\partial \pi_s^{i*}}{\partial s} > 0$，$\dfrac{\partial \pi_m^{i*}}{\partial s} > 0$。$i = r,\ n$。

性质 7：双方质量努力系数与供应链各项决策呈负相关关系。

$\dfrac{\partial \omega^{i*}}{\partial \xi} < 0$，$\dfrac{\partial p^{i*}}{\partial \xi} < 0$，$\dfrac{\partial v^{i*}}{\partial \xi} < 0$，$\dfrac{\partial \tau^{i*}}{\partial \xi} < 0$，$\dfrac{\partial \pi_s^{i*}}{\partial \xi} < 0$，$\dfrac{\partial \pi_m^{i*}}{\partial \xi} < 0$。$i = r,\ n,\ c$。

由性质 7 可知，质量努力系数始终与供应链各决策量及利润呈负相关关系，是因为质量努力系数的增大就意味着供应链主体质量努力成本的上升。

性质 8：$\nu^{o*} < \nu^{r*}$，$\tau^{o*} < \tau^{r*}$；$\nu^{o*} < \nu^{n*}$，$\tau^{o*} < \tau^{n*}$。

由性质 8 可知，相较于无补贴策略，补贴供应商策略及补贴制造商策略均能实现对生产质量努力、保鲜质量努力投入的激励，使补贴策略下的生产质量努力水平、保鲜质量努力水平均高于无政府补贴策略下的质量水平，可见，政府对供应商及制造商的补贴通过减轻供应链主体的成本负担，有效实现了对供应链主体投入积极性的调动。

性质 9：

（1）$0 < s < \dfrac{2\xi - 2\lambda T\alpha^2}{2\xi - \lambda T\alpha^2}$，$\tau^{n*} > \tau^{r*}$；$\dfrac{2\xi - 2\lambda T\alpha^2}{2\xi - \lambda T\alpha^2} < s < 1$，$\tau^{n*} < \tau^{r*}$。

（2）$0 < s < \dfrac{9\xi - 2\lambda T\beta^2\delta_0^2}{9\xi - \lambda T\beta^2\delta_0^2}$，$\nu^{r*} > \nu^{n*}$；$\dfrac{9\xi - 2\lambda T\beta^2\delta_0^2}{9\xi - \lambda T\beta^2\delta_0^2} < s < 1$，$\nu^{r*} < \nu^{n*}$。

由性质 9 可知，$\dfrac{2\xi - 2\lambda T\alpha^2}{2\xi - \lambda T\alpha^2}$、$\dfrac{9\xi - 2\lambda T\beta^2\delta_0^2}{9\xi - \lambda T\beta^2\delta_0^2}$ 这两个阈值很接近 1，因此，政府补贴系数在很大范围内是补贴供应商策略激励供应商投入生产质量努力效果好，补贴制造商策略激励制造商投入保鲜质量努力效果佳，若想实现在补贴供应商策略下激励制造商投入或在补贴制造商策略下激励供应商投入，政府补贴系数需达到极高水平，此时政府几乎承担了供应商或制造商的全部质量投入成本，不利于实现政府补贴资源的有效配置。因此，单一主体的补贴策略在效用发挥上更具单一性，虽均能同时激励两主体进行质量努力投入，但对补贴主体的激励效果更为明显，非补贴主体的质量投入激励效果甚微。

性质 10：

（1）$\nu^{c*} > \nu^{r*}$。

（2）当 $0 < s < \dfrac{1}{2}$ 或 $\dfrac{\sqrt{17}-1}{4} < s < 1$ 时，始终有 $\tau^{c*} > \tau^{n*}$；在 $\dfrac{1}{2} < s < \dfrac{\sqrt{17}-1}{4}$ 的情况下，当 $\xi > \dfrac{\alpha^2\lambda T(2 - 7s + 2s^2)}{4(1-s)(1-2s)}$ 时，有 $\tau^{c*} > \tau^{n*}$，当 $\xi < \dfrac{\alpha^2\lambda T(2 - 7s + 2s^2)}{4(1-s)(1-2s)}$ 时，有 $\tau^{c*} < \tau^{n*}$。

由性质 10 可知，补贴共享策略中的供应商生产质量努力投入始终高于补贴供应商策略，可见，补贴共享策略实现了政府激励供应商投入的初衷，通过保障生鲜品的供应安全以净化生鲜品市场的质量环境。由于补贴共享策略中供应商与制造商的补贴收入取决于双方的质量投入之和，在一定程度上规避了制造商"搭便车"的行为，使供应链主体合二为一，在一定程度上保护供应商的利益，能促进供应商投入更多的生产质量努力，并通过良好的市场反馈实现盈利。同时，补贴共享策略有利于营造乳品供应链公平协调的发展局面。对于制造商投入的保鲜质量努力而言，当政府补贴系数位于 $\left(0, \dfrac{1}{2}\right)$ 或 $\left(\dfrac{\sqrt{17}-1}{4}, 1\right)$ 区间内，补贴共享策略较补贴制造商策略能实现更高的投入水平，而在区间$\left(\dfrac{1}{2}, \dfrac{\sqrt{17}-1}{4}\right)$内，补贴共享策略与补贴制造商策略的激励效果与质量努力系数有关，供应链主体的质量努力系数大补贴共享策略才能更好地发挥效用，也就是说，补贴共享策略能分担更多的质量投入成本，为制造商"排忧解难"，以实现对其保鲜质量努力投入的激励。

相比而言，补贴共享策略最能激励生产质量努力的投入，且不受政府补贴系数的影响，即在补贴共享策略下，较低水平的补贴系数就能实现对供应商的最佳激励效果，有利于实现政府补贴资源的合理配置。与此同时，补贴共享策略能在较大范围内实现对制造商的激励，适用性更强，且当制造商投入较高水平的保鲜质量努力，补贴共享策略能为制造商分担随之而来的成本重担，为其解决"后顾之忧"，以实现制造商持续投入的良性循环。

5.3.3　算例分析

为验证模型的正确性与可行性，进一步探究相关参数对供应链决策的影响，本节用 Mathematica12 软件进行数值算例，参考但斌等学者的研究进行参数值的设置，以下参数设置均满足前文的约束条件。

5.3.3.1　乳品新鲜度衰减极值对利润的影响

因乳品新鲜度衰减极值是体现乳品品质程度的关键参数，为研究乳品特征对供应链利润的影响，故本节设置参数值为：$\lambda = 100$，$T = 10$，$\xi = 25$，$s = 0.1$，$\alpha = 0.1$，$\beta = 0.4$，以观察在新鲜度衰减极值的变化下，不同补贴策略对供应链总利润以及供应商、制造商利润的影响（如图 5 - 11、图 5 - 12 所示）。

由图 5 - 11 可知，首先，在三种补贴策略下，供应链总利润始终是高于无补贴策略的，这也印证了补贴策略的有效性。其次，当乳品新鲜度衰减极值在 0.31 附近时，补贴共享策略能实现供应链利润的较高水平，且此时销售期末的乳品新鲜度水平较高，达到供应链质量治理的理想水平。最后，随着新鲜度衰减极值的增大，补贴制造商策略显出优越性，该策略下的供应链总利润最高，但此时乳品的新鲜度很低，这说明了补贴供应商策略、补贴制造商策略下，由于销售周期的影响，前期的成本投入要在整个销售周期完全结束后才能实现平衡支出、达到盈利。

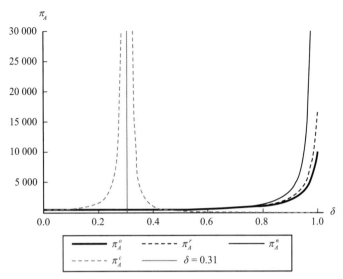

图 5 - 11　新鲜度衰减极值对供应链总利润的影响

由图 5 - 12 可知，聚焦供应商的利润表明，新鲜度衰减极值在（0，0.53）内供应商倾向于补贴供应商策略，而在（0.53，1）内补贴制造商策略能带领其实现更高的利润水平，这是因为，当新鲜度衰减极值较大时，销售期末的乳品新鲜度会逐渐减少，此时制造商须付出更多的保鲜努力才能确保乳品的正常销售，因此，制造商实施保鲜质量努力为供应商带来了溢出效应。

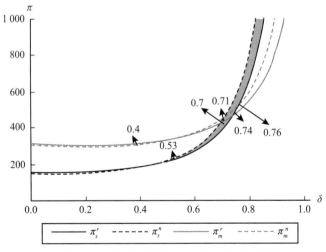

图 5 - 12　新鲜度衰减极值对供应链主体利润的影响

就制造商利润而言，新鲜度衰减极值在（0，0.4）区间内，补贴供应商策略为制造商创造较高收益，而当新鲜度衰减极值高于 0.4 后，对制造商补贴能有效弥补制造商为减缓乳品新鲜度衰减而付出的保鲜努力成本，才能实现制造商获利。观察补贴供应商模型时可知，在新鲜度衰减极值小于 0.74 时，政府补贴供应商的行为为制造商带来更多的利润，突破 0.74 的阈值后才为供应商创造了更高的利润。观察补贴制造商模型时可知，当新鲜度衰减极值小于 0.71 时，政府补贴制造商行为推动了制造商实现较高利润，而新鲜度衰减极值大于 0.71 后，供应商利润高于制造商。可见，补贴供应商策略、补贴制造商策略对供应链成员的利润影响主要取决于乳品新鲜度衰减极值的大小。

5.3.3.2　供应链主体质量努力系数对利润的影响

由于质量努力系数是体现供应链主体质量投入成本的关键参数，因此，本节通过设置以下参数：$\lambda = 100$，$T = 10$，$s = 0.1$，$\alpha = 0.1$，$\beta = 0.4$，$\delta_0 = 0.1$，分析在不同补贴策略下，质量努力系数对供应链主体质量投入及利润的影响（如图 5 - 13、图 5 - 14 所示）。

观察不同补贴策略下供应链成员的行为可知，在激励供应商进行生产质量努力投入上，补贴共享策略效果最好，与性质 10（1）相符，且在补贴共享策略下制造商的保鲜质量努力也实现了较高水平。

随着质量努力系数的增大，无论是生产质量努力还是保鲜质量努力，均呈现投入水平逐渐降低的变化趋势，值得注意的是，补贴共享策略存在"补贴门槛"，供应链的质量努力系数须高于一定水平，补贴共享策略才能发挥效用。在质量努力系数接近 20 时，供应商在补贴共享策略投入的生产质量努力远远高于在另外两种策略下投入的水平，制造商在质量努力系数接近 25 时的情况也是如此，可见，补贴共享策略能实现较高成本支出下的激励目标。供应商与制造商的利润呈现与质量努力投入相反的局面。质量努力系数小于 20 时，供应商在补贴共享策略下实现了利润的最高水平，此时供应商存在"搭便车"行为，对于制造商而言，其最高利润同样在补贴共享策略下实现，因此供应商此时的"搭便车"行为，制造商是可以接受的。

5.3.3.3　政府补贴系数对供应链决策的影响

随着政府补贴系数的变化，不同补贴策略下供应链主体决策产生差异。为分析政府补贴系数对供应链决策的影响，故本节设置参数值为：$\lambda = 100$，$T = 10$，$\xi = 25$，$\delta_0 = 0.1$，$\alpha = 0.1$，$\beta = 0.4$。以观察政府补贴系数变化对质量努力的影响（如图 5 - 15、图 5 - 16 所示），政府补贴系数变化对批发价及零售价的影响（如图 5 - 17、图 5 - 18 所示）。

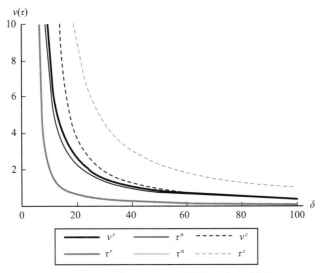

图 5 - 13　质量努力系数与质量努力投入的关系

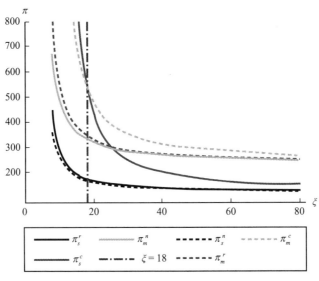

图 5 - 14　质量努力系数与供应链主体利润的关系

1. 政府补贴系数对质量努力投入的影响

在补贴共享策略下，随着政府补贴系数的增大，生产质量努力及保鲜质量努力呈现"U"型变化，即先减少后增加的趋势，见图 5 - 15 和图 5 - 16，政府补贴系数须突破某一阈值才能激励供应商及制造商进行质量努力的投入，符合性质 5。此外，政府补贴系数对质量努力的激励呈现"区间性"，政府补贴系数在（0，0.56）内生产质量努力投入水平最高，在（0.06，0.68）保鲜质量努力投入水平最高，这也就意味着政府补贴系数并非越高激励效果越好，因此在达到激励效果后政府补贴应适时退出。其中，政府补贴系数在（0，0.06）这一极为狭小的区间内，制造商并未投入保鲜质量努力，只有供应商在投入生产质量努力，制造商存在"搭便车"行为，但由于双方处于盈利状态，虽然存在制造商的"搭便车"行为，但补贴共享策略依然是供应商与制造商最佳的策略选择。

而在补贴供应商策略及补贴制造商策略中，对质量努力产生激励的区间各不相同，在激励供应商进行生产质量努力投入上，政府补贴系数在（0.56，0.67）内补贴供应商策略效果较好，在（0.67，1）内则是补贴制造商策略效果更佳；在激励制造商进行保鲜质量努力投入上，政府补贴系数在（0.68，0.75）及（0.79，1）内补贴制造商策略激励效果较好，在（0.75，0.79）内则是补贴供应商策略效果最佳。

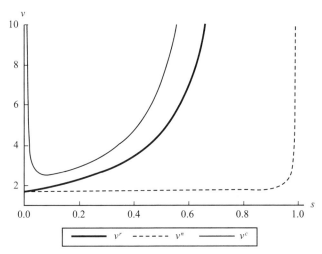

图 5-15　政府补贴系数与生产质量努力的关系

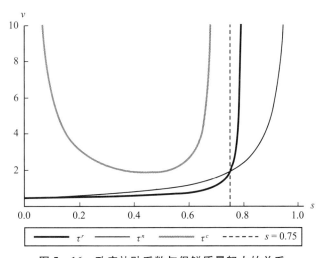

图 5-16　政府补贴系数与保鲜质量努力的关系

2. 政府补贴系数对批发价、零售价的影响

在补贴共享策略下，随着政府补贴系数的增大，批发价及零售价呈现
"U"型变化趋势，且补贴策略对批发价及零售价的影响在不同区间内表现不
同（如图 5 - 17 和图 5 - 18 所示）。对于批发价来说，政府补贴系数在（0，
0.62）内补贴共享策略下的批发价最高，在（0.62，0.75）内是补贴供应商
策略下的批发价最高，在（0.75，1）内补贴制造商策略下批发价最高；对于
零售价而言，在（0，0.23）及（0.57，0.68）内补贴共享策略下的零售价最
高，在（0.23，0.57）补贴供应商策略下的零售价最高，在（0.68，1）内补
贴制造商策略下的零售价最高。

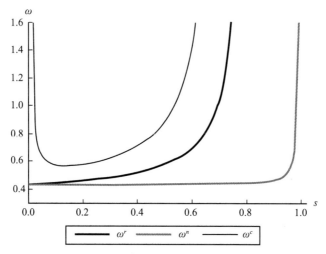

图 5 - 17　政府补贴系数与批发价的关系

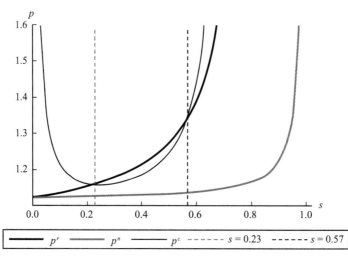

图 5 - 18　政府补贴系数与零售价的关系

结合图 5 - 15、图 5 - 16 可知，政府补贴系数在（0.23，0.56）内时，生产质量努力及保鲜质量努力在补贴共享策略下投入水平是最高的，但此时的零售价却低于补贴供应商策略下的零售价，由此可见，政府在这一区间内对乳品供应链实施补贴共享策略，不仅能实现激励供应链主体进行质量努力投入的初衷，且能在满足消费者偏好的同时促进消费者的购买，通过市场需求量的提升为供应链主体创造更高的效益。

5.3.3.4 消费者偏好对利润的影响

消费者对乳品质量努力的偏好始终在正向影响供应链各项决策，因此，为明晰消费者对生产质量努力、保鲜质量努力偏好在不同水平下对供应链成员利润的影响，本节用 Mathematica12 软件进行数值算例，并设置参数值为：$\lambda = 100$，$T = 10$，$\xi = 300$，$\delta_0 = 0.8$。

由图 5 - 19、图 5 - 20、图 5 - 21 横向对比可知，同一政府补贴模型下，消费者对生产质量努力的偏好及对保鲜质量努力的偏好变化对供应商、制造商利润的影响。当消费者两种敏感度均处于较低水平时，随着政府补贴系数的增大，供应商与制造商的利润走势较为平缓，当补贴系数足够高接近 0.95 时，政府补贴系数会刺激双方利润实现突增，而在补贴共享策略下，双方利润始终高于补贴供应商策略、补贴制造商策略，可见，当消费者偏好较低时，政府须达到极高的政府补贴系数才能实现乳品供应链成员利润的增加。

单一补贴下，制造商利润始终高于供应商利润。政府补贴供应商时，利润提升的速度更受消费者对生产质量努力的敏感度的影响，而在政府补贴制造商时，则更受消费者对保鲜质量努力的敏感度的影响。对比图 5 - 19（c）和 5 - 20（b）可知，当消费者敏感系数同等幅度变动时，补贴供应商策略对政府补贴系数的变动较为敏感，该策略下两主体利润增幅更大，且在更低的政府补贴系数下就能达到利润突增的拐点。

在补贴共享策略下，当消费者对保鲜质量努力的敏感度提高时，政府补贴系数在（0，0.16）内，供应商利润高于制造商，且随着政府补贴系数的增加，两主体利润呈现下降趋势，在这一区间外，制造商利润高于供应商，政府补贴系数的提高能正向促进利润的增加；当消费者对生产质量努力的敏感度提高时，两主体利润变化呈现出三个阶段：

政府补贴系数在（0，0.02）内，即政府补贴系数极小时，供应商利润高于制造商，且这一阶段政府补贴系数与利润成反比，此时政府补贴系数极低，并不能弥补供应商及制造商的成本支出。

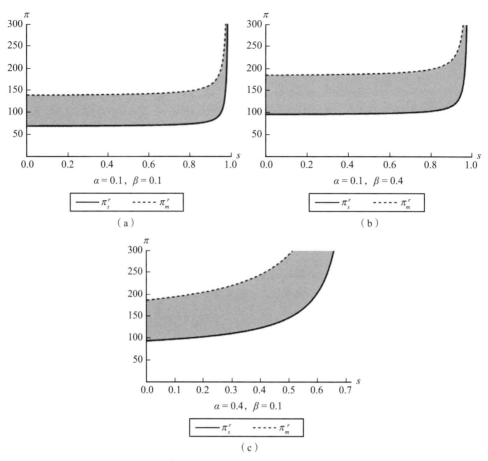

（a）
$\alpha = 0.1$，$\beta = 0.1$
—— π_s^r ---- π_m^r

（b）
$\alpha = 0.1$，$\beta = 0.4$
—— π_s^r ---- π_m^r

（c）
$\alpha = 0.4$，$\beta = 0.1$
—— π_s^r ---- π_m^r

图 5 – 19 R 模型下政府补贴系数与供应链主体利润的关系

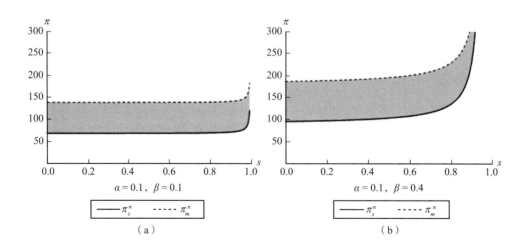

（a）
$\alpha = 0.1$，$\beta = 0.1$
—— π_s^n ---- π_m^n

（b）
$\alpha = 0.1$，$\beta = 0.4$
—— π_s^n ---- π_m^n

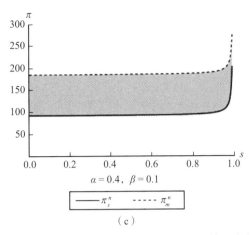

图 5 - 20　N 模型下政府补贴系数与供应链主体利润的关系

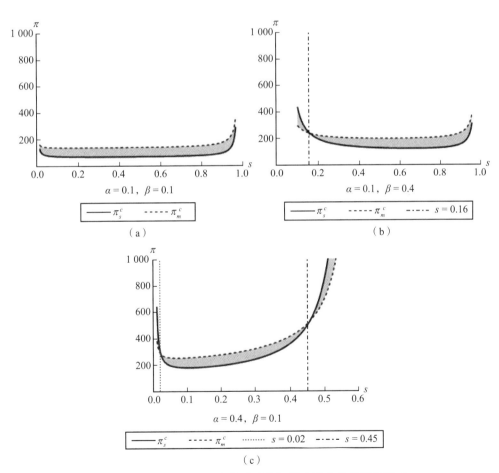

图 5 - 21　C 模型下政府补贴系数与供应链主体利润的关系

政府补贴系数在（0.02，0.45）内时，制造商利润高于供应商，且两者利润增幅较缓，政府补贴系数接近中等水平时，由于消费者对生产质量努力较为敏感，此时供应商投入较大，满足消费者偏好后，市场需求的增加为制造商带来了更高的利润水平。

政府补贴系数在（0.45，0.6）内时，两主体利润增幅较大，且供应商利润大于制造商，此时政府补贴系数已处于较高水平，能有效弥补供应商的成本支出，在消费者偏好的持续推动下，供应商不断投入生产质量努力的同时获得了较大的收益。

5.3.4　主要结论

质量安全是乳品供应链健康可持续运作的必要前提，是推动实现多元主体共同参与建设供应链协同治理体系的基本保障。本节立足乳品供应链质量安全的治理问题，提出由消费者对质量努力偏好的市场驱动及政府补贴积极引导构成的双重治理路径。通过分析不同策略的均衡状态以及其在不同参数下的变化，为政府、乳品供应链主体提供决策依据。通过本节的分析得到三点结论：

（1）消费者偏好对于供应链行为有积极引导作用，且生产质量努力偏好对于补贴策略实施有显著影响。随着消费者对生产质量努力偏好的增加，供应商将匹配更高的质量努力水平，政府为促进供应商的持续投入而对其补贴，随着政府补贴的增加，却在无形之中加剧了制造商"搭便车"行为，且对制造商补贴也无法规避。在补贴共享策略下，当质量努力系数小于20时，供应商存在"搭便车"行为，当政府补贴系数位于（0，0.06）区间内时，制造商存在"搭便车"行为，但双方均能实现利润的最大化，因此补贴共享策略依然是供应商与制造商的最优选择。与此同时，当政府补贴系数在（0.23，0.56）区间内时，双方质量努力投入水平在补贴共享策略下最高，且零售价相对较低能刺激消费者的购买欲望，可以说这一区间内实现了政府、乳品供应链成员及消费者多方目标的统一。

此外，在消费者偏好变化幅度相同时，相比较于消费者偏好保鲜质量努力而选择补贴制造商来说，消费者偏好生产质量努力而选择补贴供应商能为供应链成员创造更高的利润水平。可见，在推动乳品质量安全长治环境上，消费者对生产质量努力的偏好已成为关键因素。

（2）新鲜度衰减极值成为政府补贴策略和供应链成员行为选择的量尺。新鲜度衰减极值为0.31时，在销售周期末，供应链总利润在补贴共享策略下达到最大值，此时不仅实现了供应商及制造商的利润目标，更实现了较低政府补贴系数下，政府提高供应链绩效及保障乳品质量的初衷，在实现企业自主投入的良性循环后，政府补贴应适时退出。

新鲜度衰减极值对补贴供应商策略、补贴制造商策略的影响表现为，当新鲜度衰减极值小于 0.4 时，制造商将在补贴供应商策略下实现较高利润水平；当新鲜度衰减极值小于 0.53 时，供应商在政府对其补贴时达到利润最优。可见，当新鲜度衰减极值大于 0.53 时，补贴制造商策略助力供应链成员实现更高利润水平。

（3）补贴供应商策略、补贴制造商策略适用于"对症下药"式治理，而补贴共享策略适用于"联合问诊"式治理。当乳品供应商或制造商投入积极性不足时，补贴供应商策略、补贴制造商策略能精准锁定激励对象，实施补贴激励，并根据消费者偏好及新鲜度衰减极值将政府补贴系数控制在合理范围，便能有效规避成员间的"搭便车"行为，同时在调动该主体积极性上效果甚佳。

补贴共享策略为乳品供应链的联合治理提供了对策，该补贴策略不仅能促进供应链整体获利，在激励供应商投入生产质量努力上最为有效，同时，补贴共享策略还能与补贴制造商策略交替配合以达到引导制造商投入保鲜质量努力的目的，政府补贴系数在 $\left(0, \frac{1}{2}\right)$ 或 $\left(\frac{\sqrt{17}-1}{4}, 1\right)$ 区间内时，补贴共享策略效果显著，否则质量努力系数将成为两种补贴策略实施的判断标准，值得注意的是，补贴共享策略存在"补贴门槛"，政府补贴系数须突破某一阈值才能引导供应链成员积极进行质量努力的投入，与此同时，该策略具有适用范围，这也为政府合理实施政府补贴系数、实现激励目标后适时退出提供理论参考。补贴供应商策略、补贴制造商策略与补贴共享策略为不同情景下生鲜品供应链治理提供策略参考，有利于实现生鲜品供应链的精准治理与协调治理的目标。

本节得到的管理启示如下：

（1）分析表明，乳品销售周期能正向影响供应链各项决策。对于销售周期长的乳品，供应链主体会为之匹配更多的质量努力，在满足市场需求的条件下也能为供应链主体创造较高的收益。因此，对于生鲜品供应商与制造商来说，健全的质量体系建设、严格细致的质量执行标准成为推动可持续发展的重要举措。值得注意的是，质量努力系数是供应链成员质量努力投入的"绊脚石"，供应链成员在完善质量体系的基础上，更不能忽略质量投入效率的提升，应积极运用技术手段与科技设备，降低传统管控方式带来的附加成本，在提升供应链成员收益的同时实现生鲜品质量的可追溯、可管控。

（2）供应链成员应始终以服务消费者为第一要义。消费者偏好是乳品市场的波动的重要参数。随着消费者对生产质量努力影响力的增大，消费者不再只关注于乳品制造企业的保鲜质量努力，如农民、养殖场这样小型且分散的供应商也逐渐引起消费者重视，乳品品质、质量溯源逐渐成为热门话题。因此，供应商质量努力的公开化、透明化变得至关重要。

（3）从政府治理视角看，加强对乳品供应商质量投入积极性的引导，不仅是消费者的诉求，同样也是平衡供应链关系、实现上下游协同治理的关键，与此同时，乳品衰减极值成为政府补贴策略实施的判断依据，及时根据乳品衰减程度实施适当的激励措施，有助于政府资源利用效率实现最大化。

5.4　考虑资产专用性和时间价值的乳品供应链网络均衡

从成本交易理论和资源配置理论来看，我国乳品供应链网络利润分配不均，上下游协同合作发展的动力不足。由于乳品需求具有明显的季节性变化，很容易出现在一段时间内原奶供应量不足或过剩的情况。当供应不足时，乳品加工企业可以与小奶农签订合同，填补原奶缺口；当原奶供应过多时，乳品加工企业选择不收购小奶农的原奶，可能导致倒奶或奶农减少养殖奶牛，从而造成乳品供应链的不协调现象。为有效平衡乳品供应链上下游网络关系，本节引入资产专用性介入供应链治理。乳品供应链的专用资产主要表现在上游供应商与制造商共建牧场、共投绿色、区块链技术等。

本节结合净现值（NPV）方法来刻画专用资产投资影响的动态性，同时考虑专用资产的长期折损和残值的特点，从资源优化配置角度，探究专用资产投资行为对多期动态乳品供应链网络均衡的影响。

5.4.1　乳品供应商行为及其均衡条件

在乳品供应链上游均衡网络中，乳品供应商 i 生产同质产品，且追求利润的多期最大化。每个乳品供应商收益来源为原材料及半成品的销售收入以及专用资产的期末残值；成本包括生产成本、承担的与乳品制造商的交易成本以及库存成本。专用资产投资行为发挥关系促进作用，并影响供应商的生产效率，因此乳品供应商的生产成本是产量和资产专用率的函数。同样，资产专用率也影响供应商的库存成本以及承担的与乳品制造商的交易成本。考虑固定一次性专用资产期初投资的时间价值，在构建利润最大化策略时，引入 NPV 概念。NPV 最优化问题表述如下：

$$\max \sum_{t=1}^{T} \frac{1}{(1+r)^t} \left\{ \sum_{j=1}^{M} p_{ijt}^{1*} q_{ijt}^{1} - PC_{it}(S_{it}, \delta_{si}) - \sum_{j=1}^{M} TC_{ijt}(q_{ijt}^{1}, \delta_{si}) - \right.$$

$$IC_{it}(I_i, \delta_{si})\} + \frac{1}{(1+r)^T}TI_i(\delta_{si})(1-a\%)^T - TI_i(\delta_{si}) \qquad (5-56)$$

s. t.

$$S_{i1} - I_{i1} \geqslant \sum_{j=1}^{M} q_{ijt}^1 \qquad (5-57)$$

$$I_{i(t-1)} + S_{it} - I_{it} \geqslant \sum_{j=1}^{M} q_{ijt}^1, \quad \forall t = 2, \cdots, T \qquad (5-58)$$

以及非负约束 $q_{ijt}^1 \geqslant 0$，$S_{it} \geqslant 0$，$I_{it} \geqslant 0$，$0 \leqslant \delta_{si} \leqslant \delta_{max}$，$\forall j$，$t$

目标函数式（5-56）表示规划期内乳品供应商 i 利润的净现值与期初专用资产投入差值的最大化。约束条件式（5-57）和式（5-58）为乳品供应商 i 的流量守恒方程，约束整个规划期内乳品供应商 i 的产量、库存量和交易量，保证供应商 i 在 t 期的库存量与"$t+1$"期的产量之和大于"$t+1$"期的库存量与制造商 j 的交易量之和。

各乳品供应商之间进行 Nash 非合作博弈，且乳品供应商的成本函数是连续可微凸函数。将乳品供应商的优化函数及最优条件依据变分不等式理论，转化为以下变分不等式（5-59），即确定 $(q^{1*}, \delta^s, S^*, I^*, \mu^{1*}) \in \kappa^1$ 满足：

$$\sum_{t=1}^{T}\sum_{i=1}^{S}\sum_{j=1}^{M}\left[\frac{1}{(1+r)^t}\left(-P_{ijt}^{1*} + \frac{\partial TC_{ijt}(q_{ijt}^{1*}, \delta_{si}^*)}{\partial q_{ijt}^1}\right) + \mu_{it}^*\right] \times \left[q_{ijt}^1 - q_{ijt}^{1*}\right] +$$

$$\sum_{i=1}^{S}\left[\left[1 - \frac{(1-a\%)^T}{(1+r)^T}\right] \times \frac{\partial TI_i(\delta_{si}^*)}{\partial \delta_{si}} + \sum_{t=1}^{T}\frac{1}{(1+r)^t}\left[\frac{\partial PC_{it}(S_{it}^*, \delta_{si}^*)}{\partial \delta_{si}} + \right.\right.$$

$$\left.\left.\sum_{j=1}^{M}\frac{\partial TC_{ijt}(q_{ijt}^{1*}, \delta_{si}^*)}{\partial \delta_{si}} + \frac{\partial IC_{it}(I_i^*, \delta_{si}^*)}{\partial \delta_{si}}\right]\right] \times \left[\delta_{si} - \delta_{si}^*\right] +$$

$$\sum_{t=1}^{T}\sum_{i=1}^{S}\left[\frac{1}{(1+r)^t}\left(\frac{\partial PC_{it}(S_{it}^*, \delta_{si}^*)}{\partial S_{it}}\right) - \mu_{it}^*\right] \times \left[S_{it} - S_{it}^*\right] +$$

$$\sum_{t=1}^{T-1}\sum_{i=1}^{S}\left[\frac{1}{(1+r)^t}\left(\frac{\partial IC_{it}(I_{it}^*, \delta_{si}^*)}{\partial I_{it}}\right) + \mu_{it}^* - \mu_{i(t+1)}^*\right] \times \left[I_i - I_i^*\right] +$$

$$\sum_{i=1}^{S}\left[\frac{1}{(1+r)^T}\left(\frac{\partial IC_{iT}(I_{iT}^*, \delta_{si}^*)}{\partial I_{iT}}\right) + \mu_{iT}^*\right] \times \left[I_{iT} - I_{iT}^*\right] + \sum_{i=1}^{S}\left[S_{i1}^* - I_{i1}^* - \sum_{j=1}^{M}q_{ijt}^{1*}\right] \times$$

$$\left[\mu_{i1} - \mu_{i1}^*\right] + \sum_{t=2}^{T}\sum_{i=1}^{S}\left[I_{i(t-1)}^* + S_{it}^* - I_{it}^* - \sum_{j=1}^{M}q_{ijt}^{1*}\right] \times \left[\mu_{it} - \mu_{it}^*\right] \geqslant 0$$

$$\forall (q^1, \delta^s, S, I, \mu^1) \in \kappa^1 \qquad (5-59)$$

式中，κ^1 是满足约束式（5-57）、式（5-58）和非负约束的凸集，μ_{it} 是约束条件式（5-57）、式（5-58）的 lagrange 乘子，且 μ_{it} 为 i 行 t 列矩阵。

式（5-59）的经济含义为：如果乳品供应商 i 在 t 期的销售量 $q_{ijt}^1 > 0$，则影子价格就为乳品供应商承担的边际交易成本与产品价格之差的 t 期折现值；如果乳品供应商产量为正，则影子价格等于乳品供应商边际生产成本的 t 期折现值。若乳品供应商与乳品制造商在"$t-1$"期存在库存周转，则周转量 I_{it} 等于边际库存成本的 t 期折现值加上"$t+1$"和 t 期影子价格之差。t 期的库存周转量等于 t 期边际库存成本折现值与 t 期影子价格之和时，$I_{iT}>0$，否则为 0。

5.4.2 乳品制造商行为及其均衡条件

乳品制造商在第 1 期与上游乳品供应商建立合作关系，优先决策初始专用资产投资额以及资产专用率。乳品制造商 j 向乳品供应商 i 采购原材料以及半成品，并将产成品销售给需求市场 k 以获得销售收入。乳品制造商承担产品生产成本、采购成本以及与 S 个供应商和 K 个需求市场的交易成本，商品仓储成本和库存持有成本，加上交易期末专用资产的剩余价值，得到乳品制造商的 NPV 最优化利润函数如下：

$$\max \sum_{t=1}^{T} \frac{1}{(1+r)^t} \Big\{ \sum_{k=1}^{K} P_{jkt}^{2*} q_{jkt}^2 - PC_{jt}(H_{jt}, \delta_{mj}) - \sum_{i=1}^{S} TC_{jit}(q_{ijt}^1, \delta_{mj}) -$$

$$\sum_{k=1}^{K} TC_{jkt}(q_{jkt}^2) - WC_{jt}(L_{jt}, \delta_{mj}) - HC_{jt}(H_{jt}, \delta_{mj}) - \sum_{i=1}^{S} P_{ijt}^{1*} q_{ijt}^1 \Big\} +$$

$$\frac{1}{(1+r)^T} TI_j(\delta_{mj})(1-a\%)^T - TI_j(\delta_{mj}) \tag{5-60}$$

s. t.

$$\sum_{t=1}^{T} H_{jt} = \sum_{t=1}^{T} \sum_{i=1}^{S} q_{ijt}^1 \tag{5-61}$$

$$H_{j1} - L_{j1} \geq \sum_{j=1}^{M} q_{jk1}^2 \tag{5-62}$$

$$L_{j(t-1)} + H_{jt} - L_j \geq \sum_{k=1}^{K} q_{jkt}^2, \quad \forall t=2, \cdots, T \tag{5-63}$$

以及非负约束 $q_{jkt}^2 \geq 0$，$H_{jt} \geq 0$，$I_{jt} \geq 0$，$0 \leq \delta_{mj} \leq \delta_{max}$ $\forall k, t$

目标函数式（5-60）表示规划期内乳品制造商 j 的利润净现值与其初始专用资产投资差值的最大化。约束条件式（5-61）规定乳品制造商 M 的商品产量等于其与乳品供应商 S 的交易量。约束条件式（5-62）和式（5-63）为乳品制造商的流量守恒方程，约束整个规划期内 j 个乳品制造商向 i 个乳品供应商的采购量、商品销售量、库存持有水平和仓储成本，保证乳品制造商 M 在 t 期的持有库存加上"$t+1$"期的商品产量大于"$t+1$"期的库存持有量与需求市场 k 的交易量之和。

假设每个乳品制造商的成本函数都是连续可微凸函数，所有乳品制造商之间进行非合作竞争，且遵循 Nash 非合作均衡。乳品制造商会根据竞争对手的最优策略决策自身的最优交易量，同时进行最优初始资产投入以及设置最优资产专用率。所有乳品制造商同时达到最优的条件可等价为以下变分不等式，同时使 $(q^{1*}, \delta^{m*}, H^*, L^*, q^{2*}, \mu^{2*}, \varphi^*) \in \kappa^2$ 满足：

$$\sum_{t=1}^{T} \sum_{i=1}^{S} \sum_{j=1}^{M} \left[\frac{1}{(1+r)^t} \left(P_{ijt}^{1*} + \frac{\partial TC_{jit}(q_{ijt}^{1*}, \delta_{mj}^*)}{\partial q_{ijt}^1} \right) - \varphi_{jt}^* \right] \times \left[q_{ijt}^1 - q_{ijt}^{1*} \right] +$$

$$\sum_{j=1}^{M} \left[\left[1 - \frac{(1-a\%)^T}{(1+r)^T} \right] \times \frac{\partial TI_j(\delta_{mj}^*)}{\partial S_{mj}} + \sum_{t=1}^{T} \frac{1}{(1+r)^t} \left[\frac{\partial PC_{jt}(H_{jt}^*, \delta_{mj}^*)}{\partial \delta_{mj}} + \right. \right.$$

$$\left. \left. \sum_{i=1}^{S} \frac{\partial TC_{jit}(q_{ijt}^{1*}, \delta_{mj}^*)}{\partial \delta_{mj}} + \frac{\partial WC_{jt}(L_{jt}^*, \delta_{mj}^*)}{\partial \delta_{mj}} + \frac{\partial HC_{jt}(H_{jt}^*, \delta_{mj}^*)}{\partial \delta_{mj}} \right] \right] \times \left[\delta_{mj} - \delta_{mj}^* \right] +$$

$$\sum_{t=1}^{T} \sum_{j=1}^{M} \left[\frac{1}{(1+r)^t} \left(\frac{\partial PC_{jt}(H_{jt}, \delta_{mj}^*)}{\partial H_{jt}} + \frac{\partial HC_{jt}(H_t^*, \delta_{mj}^*)}{\partial H_{jt}} \right) + \varphi_{jt}^* - \mu_{jt}^* \right] \times$$

$$\left[H_{jt} - H_{jt}^* \right] + \sum_{t=1}^{T-1} \sum_{j=1}^{M} \left[\frac{1}{(1+r)^t} \left(\frac{\partial WC_{jt}(L_{jt}^*, \delta_{mj}^*)}{\partial L_{jt}} \right) - \mu_{j(t+1)}^* + \mu_{jt}^* \right] \times$$

$$\left[L_{jt} - L_{jt}^* \right] + \sum_{j=1}^{M} \left[\frac{1}{(1+r)^T} \left(\frac{\partial WC_{jT}(L_{jT}^*, \delta_{mj}^*)}{\partial L_{jT}} \right) + \mu_{jT}^* \right] \times$$

$$\left[L_{jT} - L_{jT}^* \right] + \sum_{t=1}^{T} \sum_{j=1}^{M} \sum_{k=1}^{K} \left[\frac{1}{(1+r)^t} \left(- P_{jkt}^{2*} + \frac{\partial TC_{jkt}(q_{jkt}^{2*})}{\partial q_{jkt}^2} \right) + \mu_{jt}^* \right] \times$$

$$\left[q_{jkt}^2 - q_{jkt}^{2*} \right] + \sum_{j=1}^{M} \left[H_{j1}^* - L_{j1}^* - \sum_{j=1}^{M} q_{jk1}^{2*} \right] \times \left[\mu_{j1} - \mu_{j1}^* \right] +$$

$$\sum_{t=2}^{T} \sum_{j=1}^{M} \left[L_{j(t-1)}^* + H_{jt}^* - L_{jt}^* - \sum_{k=1}^{K} q_{jkt}^{2*} \right] \times \left[\mu_{jt} - \mu_{jt}^* \right] +$$

$$\sum_{j=1}^{M} \left[\sum_{t=1}^{T} \sum_{i=1}^{S} q_{ijt}^1 - \sum_{t=1}^{T} H_{jt} \right] \times \left[\varphi_j - \varphi_j^* \right] \geqslant 0$$

$$\forall (q^1, \delta^m, H, L, q^2, \mu^2, \varphi) \in \kappa^2 \qquad (5-64)$$

式中，κ^2 是满足约束式（5-61）、式（5-62）、式（5-63）和非负约束的凸集，μ_{jt}，φ_j 分别为 j 行 t 列和 j 行 1 列的矩阵，分别对应约束条件式（5-62）、式（5-63）和约束条件式（5-61）的 lagrange 乘子。

式（5-64）的经济含义为：如果乳品制造商的销售量 q_{jkt}^2 为正，则影子价格 μ_{jt}^* 等于乳品制造商承担的边际交易成本与售价之差的 t 期折现值；若乳品制造商在"$t-1$"期存在库存周转，则周转量 L_{it} 等于边际库存成本的 t 期折现值减去"$t+1$"和 t 期影子价格之差。T 期的库存周转量等于 T 期边际库存成本折现值与 T 期影子价格之和时，$I_{iT} > 0$，否则为 0；当影子价格 $\mu_{j1} > 0$，则 $\sum_{j=1}^{M} q_{jk1}^{2*} = \sum_{j=1}^{M} (H_{j1}^* + L_{j1}^*)$，表明在交易初期，乳品制造商的销售量等于其产量与库存量之和；若 $t \in (2, T)$ 期的影子价格 μ_{jt} 大于等于 0，那么在交易期内，乳品制造商的销售量等于 t 期的产量加上各期库存量之差。

5.4.3 消费者行为及其均衡条件

乳品供应商 S 与乳品制造商 M 建立合作关系，赢得市场竞争力，分别以 δ_{si}、δ_{mj} 的资产专用率进行专用资产投入。乳品供应商与乳品制造商双方的专用资产投入，以技术创新、联合品牌声誉等方式共同促进产品市场接受度，提高消费者购买意愿。当然，影响消费者消费策略的，不仅是价格 p_{ijt}^2，还包括需求市场 k 与制造商 j 之间的交易成本 $TC_{kjt}(q_{jkt}^2)$。

消费者在 t 期愿意支付给乳品制造商 j 的价格为 p_{kjt}^{3*}，需求函数不仅与 t 期需求市场 k 和乳品制造商 j 的价格 P_{kjt}^3 相关，也受到乳品供应商 i 和乳品制造商 j 专用资产投入水平 δ_{si}、δ_{mj} 的影响。假设需求市场 k 的需求函数及其与乳品制造商 j 的交易成本函数是连续可微凸函数。根据空间价格模型，得出需求市场 k 的网络均衡条件为：

$$\frac{1}{(1+r)^t}\left[P_{jkt}^{2*} + TC_{kjt}(q_{jkt}^2)\right]\begin{cases} = \dfrac{1}{(1+r)^t}P_{kjt}^{3*}, & q_{jkt}^2 > 0 \\[2mm] \geqslant \dfrac{1}{(1+r)^t}p_{kjt}^{3*}, & q_{jkt}^2 = 0 \end{cases} \quad (5-65)$$

$$D_{kjt}(P_{kjt}^{3*},\ \delta_{si},\ \delta_{mj})\begin{cases} = q_{jkt}^{2*}, & P_{jkt}^{2*} > 0 \\[2mm] \leqslant q_{jkt}^{2*}, & P_{jkt}^{2*} = 0 \end{cases} \quad (5-66)$$

式（5-65）表示，当乳品制造商 M 的商品销售价格加上需求市场 K 承担的交易费用等于消费者愿意支付的商品价格时，消费者才愿意购买产品，否则不愿意与乳品制造商交易。式（5-66）表示，当受消费者期望价格、乳品制造商与乳品供应商的专用资产投入水平影响的需求 D_{kjt} 等于乳品制造商销售到需求市场 K 的商品量时，实现市场出清下的均衡价格为 P_{jkt}^{2*}。

由式（5-65）和式（5-66）可以得出，需求市场网络均衡条件下的变分不等式（5-67），其中，$(q^{2*},\ p^{3*}) \in \kappa^3$：

$$\sum_{t=1}^{T}\sum_{j=1}^{M}\sum_{k=1}^{K}\frac{1}{(1+r)^t}\left[P_{jkt}^{2*} + TC_{kjt}(q_{jkt}^{2*}) - P_{kjt}^{3*}\right] \times \left[q_{jkt}^2 - q_{jkt}^{2*}\right] +$$

$$\sum_{t=1}^{T}\sum_{k=1}^{K}\sum_{j=1}^{M}\left[q_{jkt}^{2*} - D_{kjt}(P_{kjt}^{3*},\delta_{si}^*,\delta_{mj}^*)\right] \times \left[P_{kjt}^3 - P_{kjt}^{3*}\right] \geqslant 0$$

$$\forall (q^2,\ p^3) \in \kappa^3 \quad (5-67)$$

其中，κ^3 是满足约束式（5-65）和式（5-66）的凸集。

式（5-67）揭示的经济含义为：若 $q_{jkt}^2 > 0$，则乳品制造商与需求市场之间存在交易关系，且需求市场的边际收益等于乳品制造商的边际收益减去两者的边际交易成本，交易价格内生决定。

5.4.4　多期乳品供应链网络均衡条件

在乳品供应链网络均衡模型中，乳品供应链整体的均衡流量和均衡价格条件满足各层利润最大化的变分不等式之和。由变分不等式可加性，将不等式（5-59）、式（5-64）和式（5-67）进行加和，得到乳品供应链网络整体在 t 期的 Nash 均衡条件为：$(q^{1*}, q^{2*}, \delta^{s*}, \delta^{m*}, S^*, I^*, H^*, L^*, \mu^{1*}, \mu^{2*}, \varphi^*, p^{3*}) \in \kappa$ 满足

$$\sum_{t=1}^{T}\sum_{i=1}^{S}\sum_{j=1}^{M}\left[\frac{1}{(1+r)^t}\left(\frac{\partial TC_{ijt}(q_{ijt}^{1*}, \delta_{si}^*)}{\partial q_{ijt}^1} + \frac{\partial TC_{jit}(q_{ijt}^{1*}, \delta_{mj}^*)}{\partial q_{ijt}^1}\right) + \mu_{it}^* - \varphi_{jt}^*\right] \times$$

$$\left[q_{ijt}^1 - q_{ijt}^{1*}\right] + \sum_{t=1}^{T}\sum_{j=1}^{M}\sum_{k=1}^{K}\left[\frac{1}{(1+r)^t}\left(\frac{\partial TC_{jkt}(q_{jkt}^{2*})}{\partial q_{jkt}^2} + TC_{kjt}(q_{jkt}^{2*}) - P_{kjt}^{3*}\right) + \mu_{jt}^*\right] \times$$

$$\left[q_{jkt}^2 - q_{jkt}^{2*}\right] + \sum_{i=1}^{S}\left[\left[1 - \frac{(1-a\%)^T}{(1+r)^T}\right] \times \frac{\partial TI_i(\delta_{si}^*)}{\partial \delta_{si}} + \sum_{t=1}^{T}\frac{1}{(1+r)^t}\right]$$

$$\left[\frac{\partial PC_{it}(S_{it}^*, \delta_{si}^*)}{\partial \delta_{si}} + \sum_{j=1}^{M}\frac{\partial TC_{ijt}(q_{ijt}^{1*}, \delta_{si}^*)}{\partial \delta_{si}} + \frac{\partial IC_{it}(I_i^*, \delta_{si}^*)}{\partial \delta_{si}}\right]\right] \times$$

$$\left[\delta_{si} - \delta_{si}^*\right] + \sum_{j=1}^{M}\left[\left[1 - \frac{(1-a\%)^T}{(1+r)^T}\right] \times \frac{\partial TI_j(\delta_{mj}^*)}{\partial S_{mj}} + \sum_{t=1}^{T}\frac{1}{(1+r)^t}\right]$$

$$\left[\frac{\partial PC_{jt}(H_{jt}^*, \delta_{mj}^*)}{\partial \delta_{mj}} + \sum_{i=1}^{S}\frac{\partial TC_{jit}(q_{ijt}^{1*}, \delta_{mj}^*)}{\partial \delta_{mj}} + \frac{\partial WC_{jt}(L_{jt}^*, \delta_{mj}^*)}{\partial \delta_{mj}} + \right.$$

$$\left.\frac{\partial HC_{jt}(H_{jt}^*, \delta_{mj}^*)}{\partial \delta_{mj}}\right]\right] \times \left[\delta_{mj} - \delta_{mj}^*\right] + \sum_{t=1}^{T}\sum_{i=1}^{S}\left[\frac{1}{(1+r)^t}\left(\frac{\partial PC_{it}(S_{it}^*, \delta_{si}^*)}{\partial S_{it}}\right) - \mu_{it}^*\right] \times$$

$$\left[S_{it} - S_{it}^*\right] + \sum_{t=1}^{T}\sum_{j=1}^{M}\left[\frac{1}{(1+r)^t}\left(\frac{\partial PC_{jt}(H_{jt}, \delta_{mj}^*)}{\partial H_{jt}} + \frac{\partial HC_{jt}(H_t^*, \delta_{mj}^*)}{\partial H_{jt}}\right) + \varphi_{jt}^* - \mu_{jt}^*\right] \times$$

$$\left[H_{jt} - H_{jt}^*\right] + \sum_{t=1}^{T-1}\sum_{i=1}^{S}\left[\frac{1}{(1+r)^t}\left(\frac{\partial IC_{it}(I_{it}^*, \delta_{si}^*)}{\partial I_{it}}\right) + \mu_{it}^* - \mu_{i(t+1)}^*\right] \times \left[I_i - I_i^*\right] +$$

$$\sum_{i=1}^{S}\left[\frac{1}{(1+r)^T}\left(\frac{\partial IC_{iT}(I_{iT}^*, \delta_{si}^*)}{\partial I_{iT}}\right) + \mu_{iT}^*\right] \times \left[I_{iT} - I_{iT}^*\right] +$$

$$\sum_{t=1}^{T-1}\sum_{j=1}^{M}\left[\frac{1}{(1+r)^t}\left(\frac{\partial WC_{jt}(L_{jt}^*, \delta_{mj}^*)}{\partial L_{jt}}\right) - \mu_{j(t+1)}^* + \mu_{jt}^*\right] \times \left[L_{jt} - L_{jt}^*\right] +$$

$$\sum_{j=1}^{M}\left[\frac{1}{(1+r)^T}\left(\frac{\partial WC_{jT}(L_{jT}^*, \delta_{mj}^*)}{\partial L_{jT}}\right) + \mu_{jT}^*\right] \times \left[L_{jT} - L_{jT}^*\right] + \sum_{i=1}^{S}\left[S_{i1}^* - I_{i1}^* - \right.$$

$$\sum_{j=1}^{M}q_{ijt}^{1*}\right] \times \left[\mu_{i1} - \mu_{i1}^*\right] + \sum_{t=2}^{T}\sum_{i=1}^{S}\left[I_{i(t-1)}^* + S_{it}^* - I_{it}^* - \sum_{j=1}^{M}q_{ijt}^{1*}\right] \times \left[\mu_{it} - \mu_{it}^*\right] +$$

$$\sum_{j=1}^{M}\left[H_{j1}^* - L_{j1}^* - \sum_{j=1}^{M}q_{jk1}^{2*}\right] \times \left[\mu_{j1} - \mu_{j1}^*\right] + \sum_{t=2}^{T}\sum_{j=1}^{M}\left[L_{j(t-1)}^* + H_{jt}^* - L_j^* - \sum_{k=1}^{K}q_{jkt}^{2*}\right] \times$$

$$\left[\mu_{jt} - \mu_{jt}^*\right] + \sum_{j=1}^{M}\left[\sum_{t=1}^{T}\sum_{i=1}^{S} q_{ijt}^1 - \sum_{t=1}^{T} H_{jt}\right] \times \left[\varphi_j - \varphi_j^*\right] + \sum_{t=1}^{T}\sum_{k=1}^{K}\sum_{j=1}^{M}\left[q_{jkt}^{2*} - \right.$$

$$\left. D_{kjt}(P_{kjt}^{3*},\ \delta_{si}^*,\ \delta_{mj}^*)\right] \times \left[P_{kjt}^3 - P_{kjt}^{3*}\right] \geqslant 0 \qquad (5-68)$$

式中，$\forall (q^1,\ q^2,\ \delta^s,\ \delta^m,\ S,\ I,\ H,\ L,\ \mu^1,\ \mu^2,\ \varphi,\ p^3) \in \kappa$。

5.4.5　算例分析

考虑存在两个乳品供应商（$i=2$），两个乳品制造商（$j=2$）和两个消费市场（$k=2$）的乳品供应链网络均衡模型。采用前文的修正投影法求解变分不等式。利用 Matlab2018a 软件编写程序，设计计算步长 $SL=0.06$，终止条件为 $\varepsilon = 1 \times 10^{-5}$。

假设乳品制造商优先进行专用资产投资，并在规划期初决策资产专用率。设置规划期末库存为 0，折现率 r 为 3%。交易成本函数受到交易规划期长短的影响，交易关系越持久，交易成本相应降低，这一变化通过变动交易成本函数中的 α 值来体现。乳品供应商与乳品制造商的期初专用资产投资成本是资产专用率的二次函数，$\delta \in [0,\ 1]$。当 $\delta = 0$ 时，表示供、制双方的资产专用率为 0，此时双方均不作专用资产投入。当 $\delta = 1$ 时，表示供制双方的资产专用率为 1，此时乳品供应商与乳品制造商均投入专用资产，且投入水平具有差异性（$TI_i^1 = 300$；$TI_j^2 = 500 + 300$）。

专用资产折损率决定了专用资产在交易期末的剩余价值，其值越大，表明专用资产的期末残值越小，越难以移作他用。消费者购买成本在此处设置为常数，且两个需求市场上消费者的购买成本不同。需求函数由市场规模（a_j^t）、反映消费者价格敏感性的系数（b_j^t）和供制双方的资产专用率（δ_{si} 和 δ_{mj}）的影响效应构成，供制双方的资产专用率越大，其对应的市场需求就越大，反映出乳品供应链上游投资专用资产对需求市场的正向影响。

综上所述，乳品供应链网络各层级成本函数如下：

乳品供应商原材料及半成品生产成本：
$$PC_{it}(S_{it},\ \delta_{si}) = 2S_{it} + 0.05\,(S_{it})^2 - \delta_{si}S_{it}$$
$$i = 1,\ 2;\ t = 1,\ \cdots,\ 5$$

乳品供应商产品仓储成本：
$$WC_{it}(I_{it},\ \delta_{si}) = 1.05I_{it} + 0.002\,(I_{it})^2 - \delta_{si}I_{it} + 10$$
$$i = 1,\ 2;\ t = 1,\ \cdots,\ 5$$

乳品供应商承担的与乳品制造商的交易成本：
$$TC_{ijt}(q_{ijt},\ \delta_{si}) = \alpha^t q_{ijt} + 0.8\,(q_{ijt})^2 - \delta_{si}q_{ijt}$$
$$i = 1,\ 2;\ t = 1,\ \cdots,\ 5$$

$$\alpha^t = [2.5, \ 2, \ 1.5, \ 1, \ 0.5]$$

乳品制造商产品制造成本：

$$PC_{jt}(Y_{jt}, \ \delta_{mj}) = 2Y_{jt} + 0.05 \ (Y_{jt})^2 - \delta_{mj}Y_{jt}$$
$$j = 1, \ 2; \ t = 1, \ \cdots, \ 5$$

乳品制造商库存持有成本：

$$HC_{jt}(Y_{jt}, \ \delta_{mj}) = 3Y_{jt} + 0.05 \ (Y_{jt})^2 - \delta_{mj}Y_{jt}$$
$$j = 1, \ 2; \ t = 1, \ \cdots, \ 5$$

乳品制造商产品库存成本：

$$IC_{jt}(Z_{jt}, \ \delta_{mj}) = 1.01Z_{jt} + 0.002 \ (Z_{jt})^2 - \delta_{mj}Z_{jt}$$
$$j = 1, \ 2; \ t = 1, \ \cdots, \ 5$$

乳品制造商承担的与乳品供应商的交易成本：

$$TC_{jit}(q_{ijt}, \ \delta_{mj}) = \alpha^t q_{ijt} + 0.8 \ (q_{ijt})^2 - \delta_{mj}q_{ijt}$$
$$j = 1, \ 2; \ t = 1, \ \cdots, \ 5$$
$$\alpha^t = [3, \ 2.5, \ 2, \ 1.5, \ 1]$$

乳品制造商承担的与消费市场的交易成本：

$$TC_{jkt}(q_{jkt}) = 1.5q_{jkt} + 0.8 \ (q_{jkt})^2 - \delta_{mj}q_{jkt}$$
$$j = 1, \ 2; \ t = 1, \ \cdots, \ 5$$

乳品供应商期初专用资产投资：

$$TI^1 \ i = 300 \ (\delta_{si})^2$$
$$i = 1, \ 2$$

乳品制造商期初专用资产投资：

$$TI^2_j = 500 + 300 \ (\delta_{mj})^2$$
$$j = 1, \ 2$$

消费者购买成本：

$$TC_{1jt}(q_{jkt}) = 2$$
$$TC_{2jt}(q_{jkt}) = 1$$
$$j = 1, \ 2; \ t = 1, \ \cdots, \ 5$$

需求函数：

$$D_{1jt}(P^3, \ \delta_{si}, \ \delta_{mj}) = a^t_1 - b^t_1 P^3_{1jt} + 2\delta_{si} + 2\delta_{mj}$$
$$j = 1, \ 2; \ t = 1, \ \cdots, \ 5$$
$$a^t_1 = [130, \ 110, \ 80, \ 50, \ 40]$$
$$b^t_1 = [1.3, \ 1.1, \ 0.9, \ 0.7, \ 0.4]$$
$$D_{2jt}(P^3, \ \delta_{si}, \ \delta_{mj}) = a^t_2 - b^t_2 P^3_{2jt} + 2\delta_{si} + 2\delta_{mj}$$
$$j = 1, \ 2; \ t = 1, \ \cdots, \ 5$$

$$a_2^t = [80, 120, 150, 180, 200]$$

$$b_2^t = [0.7, 1, 1.2, 1.7, 2]$$

5.4.5.1　短期（$T=5$ 时）乳品供应链上游网络均衡

研究专用资产折损率在短期交易下（$T=5$ 时）对乳品供应链上游网络均衡的作用以及专用资产投资选择的影响，表 5 - 3 给出折损率不等时的均衡解。

表 5 - 3　　　　　　　　　$T=5$ 期内乳品供应链网络均衡解变动情况

变量		$a\% = 0.1$					$a\% = 0.2 - 1$				
	T	1	2	3	4	5	1	2	3	4	5
供应商	S^*	39.56	41.45	43.39	45.36	47.38	35.73	37.59	39.48	41.41	43.38
	q^{1*}	19.68	20.62	21.59	22.57	23.57	17.76	18.69	19.63	20.59	21.58
	I^*	0.00	0.00	0.00	0.00	0.00	0.00	0.00	0.00	0.00	0.00
	P^{1*}	34.38	35.41	36.47	37.57	38.69	33.28	34.28	35.31	36.36	37.46
	δ_{si}^*	$\delta_{s1} = 1$ $\delta_{s2} = 1$					$\delta_{s1} = 0$ $\delta_{s2} = 0$				
制造商	H^*	46.75	48.67	47.09	35.97	37.56	42.18	45.39	43.25	31.67	34.01
	q^{2*}	22.73	21.12	15.47	8.88	14.22	21.01	19.19	13.44	6.68	11.52
	L^*	0.66	0.00	0.00	0.59	0.00	0.01	0.00	0.00	0.01	0.00
	P^{2*}	46.73	48.14	48.89	47.76	49.21	46.72	48.35	48.96	47.70	49.26
	δ_{mj}^*	$\delta_{m1} = 1$ $\delta_{m2} = 1$					$\delta_{m1} = 0$ $\delta_{m2} = 0$				
需求	D^*	22.73	21.12	15.47	8.88	14.22	21.01	19.19	13.44	6.68	11.52
	P^{3*}	85.59	84.44	76.14	64.46	74.45	83.84	82.56	73.96	61.89	71.19

乳品供应商与乳品制造商的产量随着 T 值的增加呈现背离变化趋势。以 $a\% = 0.2$ 为例（如图 5 - 22 所示），乳品供应商的产量 S^* 呈增长趋势，在前 3 期的产量均小于乳品制造商，4 ~ 5 期乳品供应商产量反超乳品制造商，使乳品制造商出现库存积累（$L_{i4}^* = 0.01$），乳品制造商采取缩小生产规模消耗库存的策略。说明对于乳品制造商而言，在短期交易下，生产策略和库存策略都比较保守。

对比表 5 - 3 中专用资产折损率为 0.1 与 0.2 两种情况，发现折损率较低时，乳品供应商与乳品制造商的资产专用率均衡结果 δ_{si} 和 δ_{mj} 都为 1，表明两者均愿进行专用资产投入。而折损率 $a \in [0.2, 1]$ 时，δ_{si} 和 δ_{mj} 都为 0，说明此时供—制双方不会选择投资专用资产，更倾向于采取一次性特定交易的市场治理结构。表 5 - 3 中可看出，在专用资产折损率较小时，投资专用资产使乳品供应商与乳品制造商的产量、交易量都优于专用资产折损率较高的情况。说明短期交易中，比起完全不投资专用资产，乳品供应链上游选择投资折损率较低的资产，有利于双方交易关系的改善，专用资产能够发挥短期关系治理效果。

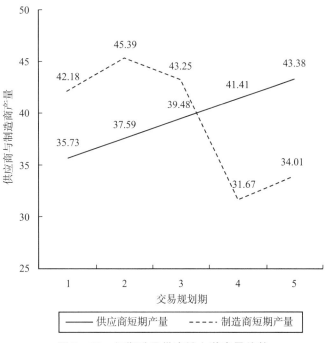

图 5 - 22　短期乳品供应链上游产量趋势

5.4.5.2　长期（$T=10$）乳品供应链上游网络均衡

考虑规划期 T 延长到 10 期的均衡结果（见表 5 - 4）。由于乳品供应商与乳品制造商交易成本函数和需求市场函数受时间 t 影响，现分别对乳品供应商、乳品制造商交易成本函数以及两个需求市场的需求函数做以下设定：

乳品供应商承担的与乳品制造商的交易成本：

$$TC_{ijt}(q_{ijt}, \delta_{si}) = \alpha^t q_{ijt} + 0.8(q_{ijt})^2 - \delta_{si}q_{ijt}$$
$$i = 1, 2; \quad t = 1, \cdots, 10$$
$$\alpha^t = [3, 3, 2.5, 2.5, 2.5, 2.5, 2, 1.5, 1, 0.5]$$

乳品制造商承担的与乳品供应商的交易成本：

$$TC_{jit}(q_{ijt}, \delta_{mj}) = \alpha^t q_{ijt} + 0.8(q_{ijt})^2 - \delta_{mj}q_{ijt}$$
$$j = 1, 2; \quad t = 1, \cdots, 10$$
$$\alpha^t = [4, 4, 3.5, 3.5, 3.5, 3, 2.5, 2, 1.5, 1]$$

需求市场 1 在 $T = 6 \sim 10$ 期的需求函数：

$$D_{1jt}(P^3, \delta_{si}, \delta_{mj}) = a_1^t - b_1^t P_{1jt}^3 + 2\delta_{si} + 2\delta_{mj}$$

$$j = 1, 2; \ t = 6, \cdots, 10$$

$$a_1^t = 40; \ b_1^t = 0.4$$

需求市场 2 在 $T = 6 \sim 10$ 期的需求函数：

$$D_{2jt}(P^3, \delta_{si}, \delta_{mj}) = a_2^t - b_2^t P_{2jt}^3 + 2\delta_{si} + 2\delta_{mj}$$

$$j = 1, 2; \ t = 6, \cdots, 10$$

$$a_2^t = [200, 160, 130, 130, 100]$$

$$b_2^t = [2, 1.7, 1.5, 1, 1]$$

表 5 - 4　　　　　　$T = 10$ 期内乳品供应链网络均衡解变动情况

变量		规划期									
		$t=1$	$t=2$	$t=3$	$t=4$	$t=5$	$t=6$	$t=7$	$t=8$	$t=9$	$t=10$
供应商	S^*	33.86	35.02	36.84	38.07	39.34	41.27	43.24	45.24	47.29	49.38
	q^{1*}	16.93	17.51	18.42	19.04	19.67	20.64	21.62	22.62	23.65	24.69
	I^*	0.00	0.00	0.00	0.00	0.00	0.00	0.00	0.00	0.00	0.00
	P^{1*}	31.28	32.22	33.18	34.18	35.20	36.26	37.35	38.47	39.62	40.81
	δ_{si}^*	$\delta_{s1}=1$　$\delta_{s2}=1$									
制造商	H^*	48.82	50.80	49.31	38.19	39.85	39.62	35.86	37.19	38.94	33.51
	q^{2*}	23.86	22.22	16.52	9.85	14.96	14.71	14.63	14.29	13.92	13.90
	L^*	0.70	0.00	0.00	0.50	0.00	0.00	0.00	6.17	0.00	0.00
	P^{2*}	44.04	45.38	46.04	44.82	46.17	47.18	47.52	48.91	50.41	50.51
	δ_{mj}^*	$\delta_{m1}=1$　$\delta_{m2}=1$									
需求	D^*	47.98	44.69	33.26	19.89	30.06	29.56	29.40	28.72	27.98	27.93
	P^{3*}	84.62	83.32	74.86	62.93	72.43	73.05	73.25	74.10	75.02	75.08

对比短期交易发现，在长期交易中，乳品供应商与乳品制造商的专用资产投资策略不受折损率的影响，双方始终选择进行专用资产投入，即乳品供应商与乳品制造商关注到资产专用率（$\delta_{si}=1$，$\delta_{mj}=1$）对双方交易关系的治理作用（如表 5 - 4 所示）。在长期交易情况下，乳品供应商的产量呈递增趋势，且前 5 期的增幅较缓（由第 1 期的 33.86 增长到第 5 期的 39.34，增幅为 16.18%），后 5 期的增长速度加快（由第 6 期的 41.27 增长到第 10 期的 49.38，增幅为 19.65%），说明在长期关系中投资专用资产有利于上游长期合作关系的稳定，

乳品供应商采取扩大生产策略。乳品制造商产量呈"三阶段"下降趋势,这与制造商库存策略有关。

由图 5-23 可见,乳品制造商库存量分别在 $T=1$、$T=4$ 和 $T=8$ 期凸显,相比短期交易中保守的库存策略,长期交易中,乳品制造商可以分阶段制定库存策略,对库存保有量持乐观态度,这说明专用资产投资行为增加了乳品制造商对乳品供应商的信任,使其敢于做出保有库存量的决策。

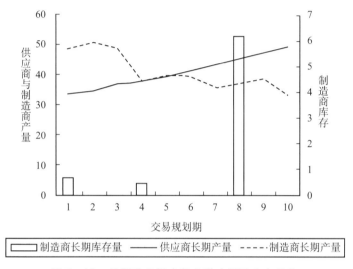

图 5-23 长期乳品供应链上游产量及库存趋势

5.4.5.3 专用资产投资额对乳品供应链上游网络均衡的影响

考察乳品供应商和乳品制造商专用资产投资额以及专用资产折损率变动对资产专用率的影响。假设乳品制造商期初专用资产投资总高于乳品供应商,重新设置乳品供应商和乳品制造商的期初专用资产投资成本,如下:

乳品供应商期初专用资产投资成本:

$$TI_{si} = \beta (\delta_{si})^2 \quad \beta = [100:50:400]$$

乳品制造商期初专用资产投资成本:

$$TI_{mj} = (\beta + 100)(\delta_{mj})^2 \quad \beta = [100:50:400]$$

乳品供应商与乳品制造商的初始投资成本函数都是关于资产专用率的二次函数,若 δ 为 0,则双方期初专用资产投入都为 0,若 δ 为 1,投资额由系数 β 决定。

乳品供应商与制造商为构建更良好持久的交易关系,对各自的专用资产投资额进行决策,若投资额度超过自身承受能力或出现"入不敷出"的现象,就会拒绝专用资产投资。图 5-24 展现了不同专用资产折损率情况下,乳品供应商与制造商期初专用资产投资额变动对资产专用率的影响效果,即专用资产折损率和初始专用资产投资额均直接影响专用资产的投资意愿。

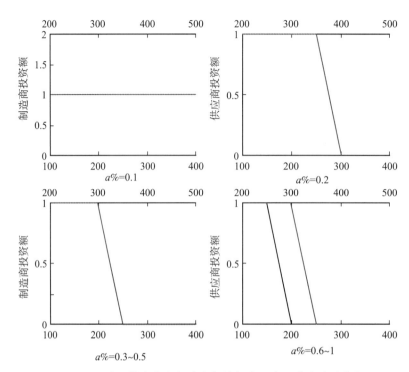

图 5 – 24　乳品供应商和制造商初始投资下专用资产率均衡解

当专用资产折损率为 0.1 时，初始投资额变动不影响专用资产投资决策，说明若乳品供应商与乳品制造商投资沉没成本较低的专用资产时，初始资产价值不影响投资决策。而当专用资产折损率增大时，专用资产投资策略开始受到初始投资额影响。在折损率处于 [0.2 ~ 0.5] 时，供—制双方的投资策略具有一致性，且随折损率的增加，投资意愿开始减弱，表现在双方专用资产投资额降低。当专用资产折损率 $a\% \in [0.6 ~ 1]$ 时，乳品供应商在初始投资较小的情况下（$TI_i \in [100，200]$），愿意考虑投资专用资产。乳品制造商具有更大的投资强度，在 $TI_j \in [200，350]$ 内会采取专用资产投资策略。因此，在专用资产折损较大的情况下，乳品制造商的专用资产投资意愿要大于乳品供应商。同时，专用资产折损率较高，一旦投入会产生大量无法挽回的沉没成本。而乳品制造商的投资强度为乳品供应商的 1.5 倍，说明乳品制造商相对于乳品供应商具有更强的风险承担能力；还发现了专用资产投资行为具有相互性。专用性投资的不可回收性质构成了持续性参与的显性信号，当交易一方不进行投入时（信号熄灭），另一方会终止投资行为。这一特点与惠双民的研究结果一致。

5.4.5.4　资产专用率与折损率共同影响下的乳品供应链上游网络均衡

资产专用率与专用资产折损率从资产投资效率和资产性质两个维度衡量了乳品供应链企业专用资产的投资意愿。图 5 - 25 显示资产专用率和专用资产折损率双重因素影响下的乳品供应链上游利润情况。随着资产专用率增大，乳品供应链上游整体利润呈先增后减的倒"U"型趋势，说明专用资产投资程度不一定要达到最大才能实现乳品供应链利润最优，中度资产专用程度即可实现利润与投资的平衡，实现上下游关系治理。同时，当专用资产折损率较小时，资产专用率变动对乳品供应链上游利润影响较小。以 $a\%=0.1$ 为例，乳品供应链利润下降了 2.18%。相反，当折损率较大时，资产专用率对乳品供应链上游利润的负向影响更明显，以 $a\%=0.9$ 为例，此时乳品供应链利润减少 63.99%，由此可见，在不同折损率下，资产专用率对乳品供应链利润影响作用变化不同，说明专用资产的再转化利用价值（即专用资产折损情况）影响乳品供应链上游企业建立交易关系，是影响专用资产投资决策的关键因素，所以，在企业建立交易关系时，确定专用资产的性质，往往是企业做出投资程度决策的重要依据。

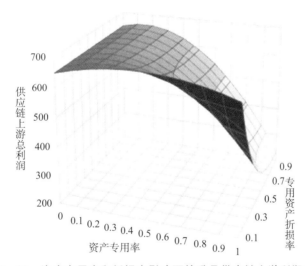

图 5 - 25　资产专用率和折损率影响下的乳品供应链上游利润变化

5.4.6　主要结论

本节旨揭示在由乳品供应商—乳品制造商—需求市场构建的三层多规划期乳品供应链网络均衡中，专用资产折损率以及资产专用率对专用资产投资策略和乳品供应链上游交易关系的影响。通过数值算例对关键参数进行灵敏度分析，以探讨不同规划期下的均衡解和重要参数变化。

研究结论为：（1）从交易期来看，在短期交易中，当专用资产折损率较小时，乳品供应链上游企业会选择投资专用资产，而当折损率增加时，便不会进行专用资产投资。这表明在短期交易中，乳品供应链上游企业可选择投资沉没成本较小的专用资产。随着交易规划期的延长，乳品供应链上游企业会始终选择投资专用资产，即适当放宽对资产折损的容忍度，采取积极的专用资产投资策略。（2）从专用资金的折损率来看，上游企业选择折损率较低的专用资产时，会放宽专用资产投资额度的限制，并且具有一致的投资意愿。而选择投资折损率较高的专用资产时，乳品制造商表现出较高的风险抵御能力，更愿意积极地投资专用资产，促成双赢效果。专用资产投资意愿表现出相互性特征，一方撤投，另一方也会做出相同反应。（3）乳品供应链上游企业增加资产专用率以提高资产专用程度，促进交易关系，但超过一定范围后会对利润造成负面影响。

5.5　本章小结

首先，结合乳品新鲜度随着时间衰减的特点，以及时间因素对乳品品质的影响，构建"时变品质度"函数。结合消费者对品质的敏感性，将乳品品质加成和时变特性与厂商收益管理有机结合，设计"批发价＋收益共享"契约和"收益共享＋品质投入成本共担"契约作为激励机制，来促进乳品供应链上的主体企业提高品质投入水平。

其次，构建由制造商主导，供应商追随的 Stackelberg 博弈模型，考虑消费者对乳品质量努力的偏好作为影响企业决策的内部驱动力，加之政府补贴策略为外部驱动力。研究在政府对不同主体补贴的策略下，价格、质量努力投入水平及利润等供应链决策的变化。

最后，考虑资产专用性及资金时间价值对乳品供应链上游关系治理的影响，构建多规划期供应链均衡网络模型。利用变分不等式刻画各决策主体的经济行为，求解整体乳品供应链网络均衡条件。

研究表明，"收益共享＋品质投入成本共担"契约可以实现供销双方经济利润的帕累托改进，明晰供销双方在品质投入问题上的利益分配与权责关系，并在一定参数取值区间内，协调实现整体乳品供应链利润最优。无论何种补贴策略，消费者对生产质量努力的偏好以及保鲜质量努力的偏好均能正向激励供应链成员投入质量努力。专用资产折损率与投资额共同决定企业的投资意愿，随着折损率的增大，乳品制造商的投资引领作用愈发显著，是关系治理的推动者；资产专用率的增加使得供应链上游整体利润呈倒"U"型趋势，专用资产折损率直接影响乳品供应链主体的利润浮动程度。

第6章

考虑检测技术投入主体差异的
乳品供应链协同治理

"民以食为天",食品安全一直都是消费者最关心的问题。2008年暴发的"三聚氰胺"事件依然警醒着我国乳品市场,如果制造企业与政府漠视生产流程及质量控管,牧场及乳品集散中心在成分检测时弄虚作假,"三聚氰胺"等类似事件便不可杜绝。2011年,蒙牛乳业(眉山)有限公司生产的液态乳制品被检出黄曲霉毒素超标达。乳品质量安全问题的发生,再次将我国乳品行业推向了风口浪尖。2018年5月,国务院办公厅印发《关于推进奶业振兴保障乳品质量安全的意见》(以下简称《意见》),指出要不断提高奶业发展质量效益和竞争力,大力推进奶业现代化,为决胜全面建成小康社会提供有力支撑。《意见》的发布,为我国乳品行业打了一剂"强心针"。

新形势下全面推进高质量食品安全工作,强调各地要加强食品源头污染控制、建立健全有效的监管体制、提升食品质量监管的能力,特别是对我国食品检测行业质量管理提出更高的要求。在此背景下,大量食品检测机构涌入市场,检测技术发展也达到了新的高度,但质量管理机制落后、检测质量良莠不齐、设备检测准确率不稳定等现象依旧影响着食品检测行业质量管理的高质量发展,面对这种情况,供应链如何通过检测技术投入来调节网络均衡就变得尤为重要。

6.1 检测技术投入的相关研究

原料生鲜乳作为乳品加工企业的基本原料,其质量安全是乳品供应链质量管控的首要环节(陈梅等,2015),但由于我国乳品产业链利益分配机制不健全,且质量检测技术多以加工企业投入为主,原料供应商很容易成为供应链风险的承担者,为诱发行业性风险埋下隐患(郭迎春等,2020)。郭本海等(2019)

研究指出，乳品质量管控具有多环节、多主体的特征，需要乳品供应链上下游协同共管，才能有效避免不同节点的机会主义行为。因此，有效的质量检测技术投入是保障乳品供应链产品质量安全的有效措施之一，不同供应链参与主体进行质量检测技术投入则成为重要的研究维度。

尹巍巍等（2009）通过乳品供应链质量安全静态博弈模型，提出上游企业应正当经营，下游企业须积极承担检查责任的最优混合策略。穆丽英（Mu L. Y.，2014）等指出，通过政府干预来提高生鲜乳质量检测水平，可以使各站点之间的有害竞争转化为优质生鲜乳的良性竞争，且所有供应商提供的生鲜乳只需一次独立测试，避免重复测试。吴强等（2016）利用双种群进化博弈理论对奶农质量预防水平和加工企业质量检验水平选择策略进行研究。张莉等（2017）基于乳企在原料乳收购环节可选择质量检测水平的高低，探究奶农与乳企之间质量投入行为及质量控制策略。郭本海等（2019）认为，与各参与主体独立进行质量技术投入相比，核心企业主导下的全产业链质量技术投入更具优势，有助于优化资源配置、平衡利益分配机制。王磊（2019）研究乳品企业与经销商合作机制下双方质量安全投入策略，为协调两者之间质量安全投入行为提供借鉴。

本节在深度调研的基础上，明确提出我国原奶供给端（奶源）供给质量和供给能力不足，质量检测技术和监测机制不健全，是造成我国乳品供应链风险的重要诱因，但这仅是表面现象，根本问题在于我国乳品供应链资源配置不均衡，上下游合作利益机制不完善，原奶供应商处于链条劣势地位，进而导致我国乳品供应链发展失衡，国际竞争力不足。

6.2　检测技术投入的主体

关于检测技术投入的相关研究，首先需要明确目前食品质量检验检测的主体及其优缺点，然后才能为相关产业发展提供有针对性的建议参考。

6.2.1　检测技术投入主体分类

检验检测活动是伴随着经济生活不断发展而产生的服务行业，是基于整个社会对于产品、服务质量、安全和健康产生的需求而诞生和发展的。检测技术的投入在一定程度上决定了整个供应链的基本安全，从源头上保障了产品的质量。为强化食品安全质量管理，首先要明确检验检测技术的承担主体，张倩云（2014）按照检测主体的性质将检测技术投入主体分为政府部门机构、企业性质的独立第三方检测机构、外资检测机构与民营检测机构共同构成了独立第三方检测主体；成晓朦（2023）则结合机构背景对检验检测机构进行了分类，包括综合性政府检验检测机构、授权设立的行业检验检测机构以及营利性检验检测机构。吴蕾（2023）则直接指出，目前市场上以政府直属、民营和外资三方检测机构为提高食品质量监管保驾护航。

本节结合我国乳品检验检测的现实情境，将乳品检测技术投入主体分为企业内部实验室、政府部门及其下设的事业单位、第三方检测机构。

6.2.2 不同检测技术投入主体的优缺点

6.2.2.1 企业内部实验室投入检测技术研发

企业内部实验室进行检测技术研发投入，优点主要围绕两个方面，一方面是企业实验室可成为应用基础研究和竞争前共性技术研究的基地，不仅能够提升企业产品自主创新能力；另一方面还可以兼顾产品质量检验检测技术并形成行业标准。

企业内部实验室缺点主要表现在产品机密和数据保护，企业竞争对手一般不会选择从事同行业的实验室作为检验检测服务商，一方面是考虑企业产品关键技术外泄；另一方面顾虑技术标准权旁落，宁愿选择自建实验室。而企业"自检自测"可能无法发挥有效的监督作用。林龙（2015）发现，目前我国仅有少数几个城市的水质检测单位独立于水厂，供水主管部门通过地方水质监测站对水质的抽检实际上仍是供水企业在自检自测，发挥不了监督作用。

6.2.2.2 政府部门进行检测技术投入

政府投入检测技术的主要表现形式一般是国有或事业单位性质的综合性实验室，但政府在食品安全的监管方面存在的主要问题为多头监管和监管空白、行政主管部门不作为，政府部门应拓宽信息渠道，更多地参考第三方检测机构或其他方面的信息（张博伦，2014）。耿弘和童星（2009）通过对我国食品质量安全监管体系进行分析后，也认为单一主体的政府垄断型监管模式已不能保证政府食品安全监管职能的切实履行，从而提出将多元参与机制纳入原有的食品监管体系当中的想法。成晓朦（2023）从政府管辖的公益性检验检测机构的角度出发，也认为公益性检验检测机构更具有行政资源方面的优势，其相对于第三方检测机构来说参与市场竞争压力较小。但她也发现公益性检验检测机构的资金来源相比第三方检测机构较为单一，服务范围也具有一定的局限性。

6.2.2.3　第三方检测机构的优缺点

随着检测行业市场化发展和政府监管体制的变革，越来越多的第三方食品检测机构纷纷入市，而且随着消费者对食品质量安全意识的不断提升，大家对独立的第三方检测机构的认同感也在逐渐增强。

德亚顿（Deaton，2004）研究表明，独立的第三方认证机构能够传递食品质量安全的市场信号，确保供应链参与主体利益的同时，降低食品供应链市场风险，提升企业质量行为责任。刘鹏（2009）指出，国外质量管理多由专门从事第三方认证的第三方机构承担，因此我国应借鉴建立独立权威的第三方检测机构，充分发挥其对行业的协调监管职能。张倩云（2014）总结出独立第三方检测相对于政府机构检测具有独立性、先进性和竞争性等特点，并认为独立第三方检测机构相比政府机构更有利于降低产品监管的边际成本，以及更有利于分散政府部门的决策风险。不论是政府还是企业，在引入第三方检测机构时，都要加强对独立第三方检测机构的监督并设立一定的规范。同时，第三方检测机构的检测水平也各高低有别，为了规范第三方检测市场，政府和企业也应在第三方检测机构的市场准入上设置一定的门槛予以筛选，加强对第三方检测机构的资格认证（张倩云，2014）。李翠霞等（2015）认为，第三方检测机构借助专业检测技术对乳品质量安全进行客观、公平地评定，进而维护消费者合法权益，缓解乳品供应链参与主体之间的"合谋"行为。伊万斯（EVANS，2021）等认为，第三方检测机构具有独立性、客观性、公正性和权威性，更有利于监管产品安全和质量，同时获得第三方食品安全认证对食品企业发展有益。

6.3　考虑供、制两方检测技术投入的乳品供应链网络均衡

本节结合乳品供应链的特点，在考虑同层成员相互竞争、相邻层级成员开展合作的基础上，引入供应商、制造商生鲜乳检测技术革新投入水平，构建乳品供应链网络均衡模型，通过变分不等式描述各层成员的最优行为模型。

6.3.1　问题描述及参数说明

考虑由多个生鲜乳供应商、多个乳品制造商及多个需求市场组成的供应链网络，节点关系如图 6-1 所示。M 代表供应商集合，N 代表制造商集合，K 代表需求市场集合，箭头分别表示产品交易。在该均衡模型中，供应商和制造

商的目标是满足需求市场对乳品的需求，同时使各自利润达到最大化。

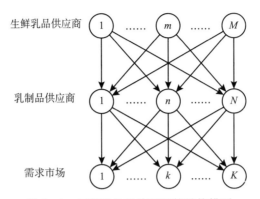

图 6 - 1　三级乳品供应链网络结构模型

考虑消费者对乳品品质要求提高这一现实情境，在模型中引入供应商及制造商的生鲜乳品检测技术革新投入水平，并结合乳品供应链的特征，做出如下假设：

假设 1：只考虑生鲜乳独立检测，不考虑容易产生"搭便车"等投机行为的混合检测；

假设 2：供应商提供的生鲜乳均为合格品，达到国家生鲜乳品质量标准；

假设 3：在乳品行业质量标准下，生鲜乳检测技术革新投入水平越高，越能从源头保障生鲜乳质量，进而可规避可能发生的市场风险，增强市场消费信心；

假设 4：考虑乳品行业风险对企业的损害可能是毁灭性的，如"三聚氰胺事件"等，在模型中加入风险成本；

假设 5：模型中设计的生产函数与交易成本函数均为连续可微凸函数。

具体参数说明见表 6 - 1，文中右上角带"＊"号的变量为表 6 - 1 中对应变量的均衡值。

表 6 - 1　　　　　　　　　　　　参数说明

参数	说明
m	某生鲜乳品供应商 $m = 1, 2, \cdots, M$
n	某乳品制造商 $n = 1, 2, \cdots, N$
k	某需求市场 $k = 1, 2, \cdots, K$
q_m	供应商 m 关于生鲜乳品的产量
q_{mn}	供应商 m 与制造商 n 之间的生鲜乳交易量，所有交易量 q_{mn} 构成列向量 $Q^1 \in R_+^{MN}$
ρ_{mn}	供应商 m 与制造商 n 之间的生鲜乳交易价格（内生变量）
f_m	供应商 m 关于生鲜乳品的生产成本，其成本函数式为 $f_m = f_m(q_m)$

参数	说明
c_{mn}^M	供应商 m 与制造商 n 进行生鲜乳交易时承担的交易成本（含运输成本），与交易量有关，其成本函数式为 $c_{mn}^M = c_{mn}^M(q_{mn})$
c_{mn}^N	制造商 n 与供应商 m 进行生鲜乳品交易时承担的交易成本（含运输成本、对供应商的额外奖励成本），与交易量有关，其成本函数式为 $c_{mn}^N = c_{mn}^N(q_{mn})$
q_{nk}	制造商 n 与需求市场 k 之间乳品交易量，所有交易量 q_{nk} 构成列向量 $Q^2 \in R_+^{NK}$
ρ_{nk}	制造商 n 与需求市场 k 之间乳品交易价格（内生变量）
β_n	制造商 n 对于生鲜乳的加工转化率
e_m^{Mu}	供应商 m 的生鲜乳检测技术革新投入水平，以下简称供应商 m 的投入水平，$e_m^{Mu} \in (0,1)$
e_n^{Nu}	制造商 n 的生鲜乳检测技术革新投入水平，以下简称制造商 n 的投入水平，$e_n^{Nu} \in (0,1)$
S_0	国内最低生鲜乳质量标准
S_m	供应商 m 提供的生鲜乳质量水平，与其投入水平有关，$S_m = S_m(e_m^{Mu})$
S_n	制造商 n 按生鲜乳质量水平高低确定的对供应商进行奖励的临界水平，当 $S_0 \leqslant S_m < S_n$ 时，供应商 m 仅能获得固定报酬，即生鲜乳的销售收益；当 $S_m \geqslant S_n$ 时，供应商 m 除了获得固定报酬外，还可获得制造商 n 的额外奖励 g_{mn}
g_{mn}	制造商 n 支付的额外奖励，与供应商 m 提供的生鲜乳质量水平以及交易量有关，$g_{mn} = g_{mn}(S_m, q_{mn})$
μ	限制参数，$\mu = \begin{cases} 0 & \text{供应商 } m \text{ 提供的生鲜乳质量水平未达到奖励的临界水平，} \\ & \text{即供应商 } m \text{ 未获得奖励 } g_{mn} \\ 1 & \text{供应商 } m \text{ 提供的生鲜乳质量水平在奖励的临界水平之上，} \\ & \text{即供应商 } m \text{ 获得奖励 } g_{mn} \end{cases}$
c_m^{Mu}	供应商 m 投入的生鲜乳质量检测成本，受其投入水平影响，其成本函数为 $c_m^{Mu} = c_m^{Mu}(e_m^{Mu}, q_{mn})$
c_n^{Nu}	制造商 n 投入的生鲜乳质量检测成本，受其投入水平影响，其成本函数为 $c_n^{Nu} = c_n^{Nu}(e_n^{Nu}, q_{mn})$
f_n	制造商 n 生产乳品的成本，其成本函数为 $f_n = f_n(\beta_n, Q^1)$
c_{nk}^N	制造商 n 承担与需求市场 k 之间的乳品交易成本（含运输成本），成本函数为 $c_{nk}^N = c_{nk}^N(q_{nk})$
θ_k	需求市场 k 中消费者对乳品的偏好，$\theta_k = \theta_k(e_m^{Mu}, e_n^{Nu})$
p_{mn}	风险事件发生的概率，与供应商、制造商投入水平以及生鲜乳质量有关，$p_{mn} = p_{mn}(e_m^{Mu}, e_n^{Nu}, S_m)$
R	发生风险事件时乳品供应链承担的风险成本
R_{mn}^M	由于自身投入水平较低，供应商未能有效检测出相应品质时，承担的风险成本，与风险事件发生的概率有关，$R_{mn}^M = R_{mn}^M(p_{mn})$
R_{mn}^N	由于自身投入水平较低，制造商未能有效检测出相应品质时，承担的风险成本与风险事件发生的概率以有关，$R_{mn}^N = R_{mn}^N(p_{mn})$

6.3.2 乳品供应链不同层级均衡模型构建

6.3.2.1 生鲜乳供应商行为与均衡条件

生鲜乳供应商投入水平影响四个方面：生鲜乳质量、供应商能否获得制造商奖励及奖励多少、需求市场对乳品的偏好，供应商同层成员的横向竞争。

由于供应商生产的生鲜乳均达到国家最低质量标准，故供应商的生产数量满足流量守恒方程：

$$q_m = \sum_{n=1}^{N} q_{mn} \tag{6-1}$$

供应商 m 以利润最大化为目标，其利润最大化模型为：

$$\max \pi_m = \sum_{n=1}^{N} \rho_{mn} \cdot q_{mn} + \sum_{n=1}^{N} g_{mn}(S_m, q_{mn}) - f_m(Q^1) - \sum_{n=1}^{N} c_{mn}^M(q_{mn})$$
$$- \sum_{n=1}^{N} c_m^{Mu}(e_m^{Mu}, q_{mn}) - \sum_{n=1}^{N} R_{mn}^M(p_{mn}) \tag{6-2}$$
$$\text{s. t.} \quad q_{mn} \geqslant 0, \ \forall m, n \tag{6-3}$$

式（6-3）表示决策变量非负。所有供应商进行非合作博弈达到 Nash 均衡，其最优条件可表示为式（6-4）：确定 $\forall Q^{1*} \in \Omega^M$，使其满足：

$$\sum_{m=1}^{M} \sum_{n=1}^{N} \left[\frac{\partial f_m(Q^{1*})}{\partial q_{mn}} + \frac{\partial c_{mn}^M(q_{mn}^*)}{\partial q_{mn}} + \frac{\partial c_m^{Mu}(e_m^{Mu}, q_{mn}^*)}{\partial q_{mn}} - \frac{\partial g_{mn}(S_m, q_{mn}^*)}{\partial q_{mn}} - \rho_{mn}^* \right]$$
$$(q_{mn} - q_{mn}^*) \geqslant 0 \tag{6-4}$$
$$\forall Q^{1*} \in \Omega^M, \ \text{其中} \ \Omega^M = R_+^{MN}$$

式（6-4）的经济含义为，当供应商 m 承担的边际生产成本、边际交易成本、边际质量检测成本之和恰好等于制造商 n 愿意为生鲜乳付出的价格与其支付的边际奖励费用之和时，供应商才会与制造商发生交易行为，即供应商 m 与制造商 n 之间的交易量大于 0，否则，等于 0。

6.3.2.2 乳品制造商行为与均衡条件

制造商投入水平同样影响着需求市场对乳品的偏好，并且制造商也会面临同层成员横向竞争。故制造商 n 以利润最大化为目标，其利润最大化模型为：

$$\max \pi_n = \sum_{k=1}^{K} \rho_{nk} \cdot q_{nk} - \sum_{m=1}^{M} \rho_{mn} \cdot q_{mn} - f_n(\beta_n, Q^1) - \sum_{m=1}^{M} c_{mn}^N(q_{mn})$$
$$- \sum_{k=1}^{K} c_{nk}^N(q_{nk}) - \sum_{m=1}^{M} c_n^{Nu}(e_n^{Nu}, q_{mn}) - \sum_{m=1}^{M} R_{mn}^N(p_{mn}) \tag{6-5}$$
$$\text{s. t.} \quad \sum_{k=1}^{K} q_{nk} \leqslant \sum_{m=1}^{M} \beta_n \cdot q_{mn} \tag{6-6}$$

$$q_{mn} \geqslant 0, \quad q_{nk} \geqslant 0, \quad \forall m, n, k \tag{6-7}$$

式（6-6）表示制造商 n 与 K 个需求市场之间的乳品交易量之和不超过其生产出的乳品总量，式（6-7）表示决策变量非负。设约束式（6-6）对应 $Lagrange$ 乘子为 η_n，所有的 η_n 构成 N 维列向量 η。所有制造商进行非合作博弈达到 Nash 均衡，其最优条件可表示为式（6-8）：确定 $(Q^{1*}, Q^{2*}, \eta^*) \in \Omega^N$，使其满足：

$$\sum_{m=1}^{M} \sum_{n=1}^{N} \left[\rho_{mn}^* + \frac{\partial f_n(\beta_n, Q^{1*})}{\partial q_{mn}} + \frac{\partial c_{mn}^N(q_{mn}^*)}{\partial q_{mn}} + \frac{\partial c_n^{Nu}(e_n^{Nu}, q_{mn}^*)}{\partial q_{mn}} - \beta_n \cdot \eta_n^* \right]$$

$$(q_{mn} - q_{mn}^*) + \sum_{m=1}^{M} \sum_{n=1}^{N} \sum_{k=1}^{K} \left[\frac{\partial c_{nk}^N(q_{nk}^*)}{\partial q_{nk}} + \eta_n^* - \rho_{nk}^* \right] \cdot (q_{nk} - q_{nk}^*) +$$

$$\sum_{n=1}^{N} \left(\sum_{m=1}^{M} \beta_n \cdot q_{mn}^* - \sum_{k=1}^{K} q_{nk}^* \right) \cdot (\eta_n - \eta_n^*) \geqslant 0 \tag{6-8}$$

$$\forall (Q^{1*}, Q^{2*}, \eta^*) \in \Omega^N, \text{ 其中 } \Omega^N = R_+^{MN+NK+N}$$

式（6-8）的经济含义为，如果影子价格 $\eta_n \geqslant 0$，则 $\sum_{k=1}^{K} q_{nk} = \sum_{m=1}^{M} \beta_n \cdot q_{mn}$，即制造商 n 将产品全部销售给了需求市场。如果制造商 n 在供应商 m 处购买的生鲜乳数量为正，则影子价格 η_n^* 等于购买生鲜乳所花费价格 ρ_{mn} 与制造商 n 边际生产成本、购买生鲜乳的边际交易成本、边际质量检测成本之和与其生鲜乳转化率 β_n 的比值；如果需求市场 k 中消费者从制造商 n 处购买了所需的乳品，即交易量 q_{nk}^* 为正时，制造商向需求市场收取的价格 ρ_{nk}^* 等于边际交易成本与影子价格 η_n^* 之和。

6.3.2.3　需求市场行为与均衡条件

需求市场消费决策需要考虑乳品交易价格和交易成本。设 ρ_k 为需求市场 k 的乳品价格，即消费者愿意支付的价格；d_k 是需求市场 k 对乳品的需求量，与需求市场的综合价格 ρ_k 以及消费者偏好 θ_k 有关，$d_k = d_k(\rho_k, \theta_k)$。令 c_{nk}^K 表示消费者购买乳品所需支付的单位交易成本，$c_{nk}^K = c_{nk}^K(q_{nk})$，则需求市场的均衡条件为：

$$\rho_{nk} + c_{nk}^K(q_{nk}) \begin{cases} = \rho_k, & \text{若 } q_{nk} > 0 \\ > \rho_k, & \text{若 } q_{nk} = 0 \end{cases} \tag{6-9}$$

$$d_k(\rho_k, \theta_k) \begin{cases} = \sum_{n=1}^{N} q_{nk}, & \text{若 } \rho_k > 0 \\ \leqslant \sum_{n=1}^{N} q_{nk}, & \text{若 } \rho_k = 0 \end{cases} \tag{6-10}$$

式（6-9）表示：若制造商 n 的乳品售价加上消费者所需支付的交易成本恰好等于消费者愿意支付的价格时，制造商 n 和需求市场 k 之间存在交易，否

则制造商 n 和需求市场 k 之间不存在交易；式（6-10）表示如果实现均衡时，需求市场 k 的价格为正，则需求市场 k 对乳品的需求量与其从制造商 n 处购买的数量相等。

将需求市场的均衡条件表示为式（6-11）：确定 $(Q^{2*}, \rho_k^*) \in \Omega^K$，使其满足：

$$\sum_{n=1}^{N} \sum_{k=1}^{K} [\rho_{nk}^* + c_{nk}^K(q_{nk}^*) - \rho_k^*] \cdot (q_{nk} - q_{nk}^*) +$$

$$\sum_{k=1}^{K} [\sum_{n=1}^{N} q_{nk}^* - d_k(\rho_k^*, \theta_k)] \cdot (\rho_k - \rho_k^*) \geq 0 \qquad (6-11)$$

$$\forall (Q^{2*}, \rho_k^*) \in \Omega^K, \text{ 其中 } \Omega^K = R_+^{NK+K}$$

式（6-11）的经济含义为，若需求市场 k 与制造商 n 之间的乳品交易量大于零，则制造商 n 的产品售价没有超过需求市场 k 中消费者愿意支付的价格，反之交易量为零。当需求市场 k 中乳品价格 ρ_k 大于零时，市场 k 期望的乳品量等于制造商 n 提供给需求市场 k 的乳品量，达到交易量均衡。

6.3.2.4　乳品供应链网络均衡条件

在供应链网络中，只有当供应商、制造商以及需求市场的最优条件同时获得满足时，才能实现乳品供应链网络的整体均衡，见式（6-12），确定 $(Q^{1*}, Q^{2*}, \eta^*, \rho_k^*) \in \Omega$，其中 $\Omega = \Omega^M \times \Omega^N \times \Omega^K$，满足：

$$\sum_{m=1}^{M} \sum_{n=1}^{N} \left[\frac{\partial f_m(Q^{1*})}{\partial q_{mn}} + \frac{\partial c_{mn}^M(q_{mn}^*)}{\partial q_{mn}} + \frac{\partial c_m^{Mu}(e_m^{Mu}, q_{mn}^*)}{\partial q_{mn}} - \frac{\partial g_{mn}(S_m, q_{mn}^*)}{\partial q_{mn}} + \right.$$

$$\left. \frac{\partial f_n(\beta_n, Q^{1*})}{\partial q_{mn}} + \frac{\partial c_{mn}^N(q_{mn}^*)}{\partial q_{mn}} + \frac{\partial c_n^{Nu}(e_n^{Nu}, q_{mn}^*)}{\partial q_{mn}} - \beta_n \cdot \eta_n^* \right] \cdot (q_{mn} - q_{mn}^*) +$$

$$\sum_{n=1}^{N} \sum_{k=1}^{K} \left[\frac{\partial c_{nk}^N(q_{nk}^*)}{\partial q_{nk}} + \eta_n^* + c_{nk}^K(q_{nk}^*) - \rho_k^* \right] \cdot (q_{nk} - q_{nk}^*) +$$

$$\sum_{n=1}^{N} (\sum_{m=1}^{M} \beta_n \cdot q_{mn}^* - \sum_{k=1}^{K} q_{nk}^*) \cdot (\eta_n - \eta_n^*) +$$

$$\sum_{k=1}^{K} [\sum_{n=1}^{N} q_{nk}^* - d_k(\rho_k^*, \theta_k)] \cdot (\rho_k - \rho_k^*) \geq 0 \qquad (6-12)$$

6.3.3　数值算例分析

某市乳品供应链网络中含 2 个生鲜乳供应商、2 个乳品制造商及 2 个需求市场。供应商将生鲜乳以 ρ_{mn} 的价格销售给制造商，制造商将生鲜乳加工成乳品后，以 ρ_{nk} 的价格销售给下游需求市场，需求市场以 ρ_k 购买乳品。在生鲜乳流通过程中，供应商、制造商实行风险共担机制，加大各自质量检测投入水平。假设国家生鲜乳质量最低标准为 0.4，制造商向供应商支付额外奖励的临界水平为 0.6。采用修正投影算法进行求解，设定迭代步长 $\alpha = 0.05$，循环验证条件为 $\varepsilon = 10^{-6}$。

供应商 m 关于生鲜乳的生产成本函数为：

$$f_1(q_1) = 1.25q_1^2 + 0.5q_1q_2 + q_1, \quad f_2(q_2) = 1.25q_2^2 + 0.5q_1q_2 + q_2$$

供应商 m 与制造商 n 进行生鲜乳交易时承担的交易成本函数为：

$$c_{mn}^M(q_{mn}) = 0.25q_{mn}^2 + 1.75q_{mn}$$

制造商 n 与供应商 m 进行生鲜乳交易时承担的交易成本函数为：

$$c_{mn}^N(q_{mn}) = 0.25q_{mn}^2 + 1.75q_{mn}$$

供应商 m 的生鲜乳质量检测成本 c_m^{Mu}，随着检测技术革新投入水平 e_m^{Mu} 的增加而增加，且呈现边际递增趋势，即 $\dfrac{dc_m^{Mu}}{de_m^{Mu}} > 0$，$\dfrac{d^2c_m^{Mu}}{de_m^{Mu}} > 0$，故函数为：

$$c_m^{Mu}(e_m^{Mu}, q_m) = \frac{1}{2}l_1(e_m^{Mu})^2 \cdot \left(\sum_{n=1}^N q_{mn}\right) \text{（其中供应商投入水平系数 } l_1 = 4\text{）}$$

制造商 n 的生鲜乳质量检测成本 c_n^{Nu} 同上，故函数为：

$$c_n^{Nu}(e_n^{Nu}, q_{mn}) = \frac{1}{2}l_2(e_n^{Nu})^2 \cdot \left(\sum_{m=1}^M q_{mn}\right) \text{（其中制造商投入水平系数 } l_2 = 4\text{）}$$

制造商 n 生产成本函数为：

$$f_1(\beta_1, q_{m1}) = 1.25\left[\beta_1(q_{11} + q_{21})\right]^2 + 0.5\beta_1\beta_2(q_{11} + q_{21})(q_{12} + q_{22})$$
$$+ \beta_1(q_{11} + q_{21})$$
$$f_2(\beta_2, q_{m2}) = 1.25\left[\beta_2(q_{12} + q_{22})\right]^2 + 0.5\beta_1\beta_2(q_{11} + q_{21})(q_{12} + q_{22})$$
$$+ \beta_2(q_{12} + q_{22})$$

制造商 n 和需求市场 k 之间乳品交易成本函数为：

$$c_{nk}^N(q_{nk}) = 0.05q_{nk}^2 + 0.1q_{nk}$$

供应商 m 提供的生鲜乳质量水平函数为：

$$S_m(e_m^{Mu}) = S_0 \cdot (1 + (e_m^{Mu})^\gamma), \text{ 其中 } \gamma \in (0, 1)，\text{令 } \gamma = 0.9$$

供应商 m 可获得制造商 n 的额外奖励函数为：

$$g_{mn}(S_m, q_{mn}) = \mu A(S_m - S_n)q_{mn}，\text{其中供应商获得的单位生鲜乳奖励 } A = 10$$

需求市场 k 的偏好函数为：

$$\theta_1(e_m^{Mu}, e_n^{Nu}) = 0.2 + 3e_m^{Mu} + 4e_n^{Nu}，\quad \theta_2(e_m^{Mu}, e_n^{Nu}) = 0.2 + 4e_m^{Mu} + 3e_n^{Nu}$$

需求市场 k 购买乳品所需支付的单位交易成本函数为：

$$c_{nk}^K(q_{nk}) = q_{nk} + 5$$

消费市场的需求函数为：

$$d_1(\rho_k, \theta_k) = -2\rho_1 - 1.5\rho_2 + 2\theta_1 + 100，\quad d_2(\rho_k, \theta_k) = -2\rho_2 - 1.5\rho_1 + 2\theta_2 + 100$$

风险事件发生概率：

$$p_{mn} = (1 - e_m^{Mu}) \cdot (1 - e_n^{Nu}) \cdot (1 - S_m)$$

发生乳品质量危机事件时，供应商和制造商分别承担的风险成本：

$R_{mn}^M = R_{mn}^M(p_{mn}) = p_{mn} \cdot aR$；$R_{mn}^N = R_{mn}^N(p_{mn}) = p_{mn} \cdot (1-a)R$，其中 a 为风险成本分摊系数，$a = 0.6$。

针对供应商、制造商投入水平对企业利润的影响，进行灵敏度分析。主要考虑三种情况：①供应商、制造商投入水平协同变化；②制造商单方面加强投入水平；③供应商单方面加强投入水平。

①供应商、制造商投入水平协同变化。

当 $\dfrac{e_m^{Mu}}{e_n^{Nu}} = 1$，即供应商、制造商投入水平相等时，$e_m^{Mu} = e_n^{Nu} = 0.1 : 0.1 : 0.9$ 变化。供应链网络达到均衡状态时，供应商与制造商之间生鲜乳交易量 $Q^{1*} = q_{11}^* = q_{12}^* = q_{21}^* = q_{22}^*$，制造商与需求市场之间乳品交易量 $Q^{2*} = q_{11}^* = q_{12}^* = q_{21}^* = q_{22}^*$，影子价格 $\eta^* = \eta_1^* = \eta_2^*$，需求市场 k 的乳品价格 $\rho_k^* = \rho_1^* = \rho_2^*$，根据式（6-2）、式（6-5）可求单个供应商利润 $\pi_m = \pi_1 = \pi_2$，以及单个制造商利润 $\pi_n = \pi_1 = \pi_2$。具体情况如表6-2所示。

表6-2　　　　供应商、制造商投入水平协同对乳品供应链均衡的影响

投入水平	0.10	0.20	0.30	0.40	0.50	0.60	0.70	0.80	0.90
$\dfrac{e_m^{Mu}}{e_n^{Nu}}$	1	1	1	1	1	1	1	1	1
迭代次数	256	256	256	257	257	257	257	258	258
Q^{1*}	1.2573	1.2763	1.2900	1.2982	1.3107	1.3340	1.3514	1.3631	1.3689
ρ_{mn}^*	10.9422	11.1262	11.3148	11.5080	11.6257	11.6151	11.6126	11.6176	11.6298
Q^{2*}	1.2572	1.2763	1.2900	1.2981	1.3107	1.3340	1.3514	1.3630	1.3689
ρ_{nk}^*	22.1100	22.4800	22.8586	23.2458	23.6261	23.9895	24.3620	24.7438	25.1346
η^*	21.8843	22.2524	22.6296	23.0160	23.3950	23.7561	24.1269	24.5075	24.8977
ρ_k^*	28.3673	28.7564	29.1486	29.5439	29.9368	30.3234	30.7135	31.1068	31.5035
c_m^{Mu}	0.0503	0.2042	0.4644	0.8308	1.3107	1.9209	2.6488	3.4894	4.4353
c_n^{Nu}	0.0503	0.2042	0.4644	0.8308	1.3107	1.9209	2.6488	3.4894	4.4353
R_{mn}^M	2.6713	1.9432	1.3661	0.9172	0.5785	0.3335	0.1673	0.0655	0.0142
R_{mn}^N	1.7808	1.2954	0.9107	0.6115	0.3856	0.2223	0.1115	0.0436	0.0094
π_m	6.0225	7.0166	7.7861	8.3513	8.8696	9.4539	9.8777	10.1531	10.2923
π_n	7.0706	7.8268	8.4074	8.8252	9.2338	9.7425	10.1156	10.3602	10.4840
$\pi_总$	26.1862	29.6868	32.3870	34.3530	36.2068	38.3928	39.9866	41.0266	41.5526

通过表 6 - 2 可以看出，e_m^{Mu}，e_n^{Nu} 协同增加，生鲜乳交易量 Q^1 等于乳品交易量 Q^2，且逐渐变大，说明加大对生鲜乳检测技术的革新投入可以刺激下游需求市场的消费，为乳品供应链增添活力；同时，供应商、制造商两方的生鲜乳检测成本虽有所增加，但各自承担的风险成本却在逐渐减小，说明投入水平的增加可以增强乳品供应链中各方成员抵御风险的能力，提高整个供应链网络的稳定性。

在利润方面，制造商利润始终大于供应商利润，这符合目前我国乳业现实情境。协同增加 e_m^{Mu}，e_n^{Nu}，能实现单个成员企业利润的增加，这表明供制双方均在该过程中受益，且供应商、制造商的利润逐渐趋近，说明加大生鲜乳检测技术革新投入是实现供应商参与供应链协同治理的有益尝试，有利于改善供应商的弱势博弈地位，能够有效提高供应商与制造商之间的纵向公平，优化利益分配机制。

②制造商单方面加强投入水平。

供应商投入水平 e_m^{Mu} 不变，$e_n^{Nu} = 0.1 : 0.1 : 0.9$ 时，分别令 $e_m^{Mu} = 0.2$，0.5，0.8。当 $e_m^{Mu} = 0.2$ 时，随着制造商投入水平的增加，乳品供应链中单个成员企业利润实现增长，这意味着制造商加大投入水平对乳品供应链网络局部利润有拉动作用。当 $e_m^{Mu} = 0.5$ 时，供应商利润在 $e_n^{Nu} = 0.8$ 处增至最大值，随后呈略微下降趋势。制造商利润在 $e_n^{Nu} = 0.7$ 处达到最大值，而后稍有回落，这说明制造商过多检测技术投入会造成适得其反的效果，此外供、制双方未能同时实现最大利润，意味着乳品供应链网络可能存在信息不对称、响应速度慢、核心业务偏离等问题。

如图 6 - 2 所示，当 $e_m^{Mu} = 0.8$ 时，随着 e_n^{Nu} 增加，供应商、制造商利润呈类抛物线状，增减幅度较大，在 $e_n^{Nu} = 0.6$ 处，双方利润均能达到最大值，这是因为消费者对乳品存在一定的品质预期，只有在企业投入水平达到一定程度，乳品品质达到消费者预期时，消费者才愿意为优质乳品买单。当制造商投入水平较低时，对生鲜乳质量的影响不明显，致使下游消费者对乳品的偏好亦不明显；而当供应商、制造商投入水平处于中间层次时，消费者对乳品的偏好逐渐显现，使乳品供应链中单个成员的利润达到最大；当制造商继续加大投入时，生鲜乳质量检测成本占比较大，这可能会影响供应链中企业的决策，最终导致局部利润的减少。

如图 6 - 3 所示，无论 e_n^{Nu} 如何变化，当 $e_m^{Mu} = 0.8$ 时供应链网络的整体利润总是最大的，其次是 $e_m^{Mu} = 0.5$ 时，供应链网络整体利润最大，而 $e_m^{Mu} = 0.2$ 时，供应链网络整体利润总是最小。这表明，当供应商投入水平较低时，无论制造商如何加大其投入水平，对乳品供应链局部利润、总体利润的拉动作用都不明显。

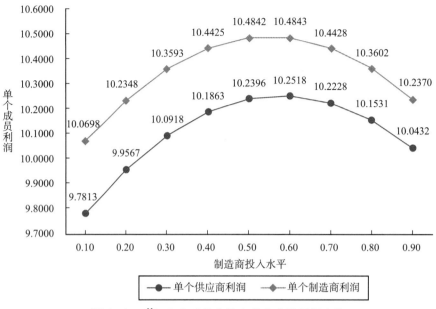

图 6 - 2 $e_m^{Mu}=0.8$ 时供应链中单个成员利润走势

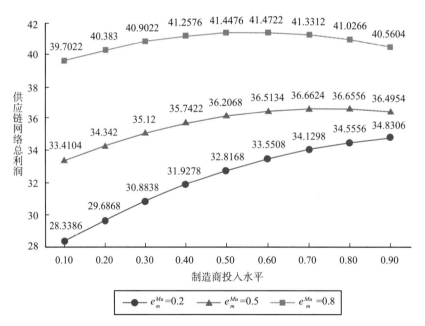

图 6 - 3 三种情况下加大制造商投入水平供应链中总利润走势

③供应商单方面加强投入水平。

制造商生鲜乳质量检测技术革新投入水平 e_n^{Nu} 不变，$e_m^{Mu}=0.1:0.1:0.9$

时，分别令 $e_n^{Nu} = 0.2$，0.5，0.8。在 e_n^{Nu} 分别为 0.2 和 0.8 的情况下，随着供应商投入水平的增加，乳品供应链中单个成员企业的利润均实现增长，这意味着供应商加大投入水平对乳品供应链网络局部利润有拉动作用。

如图 6-4 所示，当 $e_n^{Nu} = 0.5$ 时，单个成员企业利润随着供应商投入水平的增大而增大，且 $e_m^{Mu} < 0.5$ 时，利润的增速小于 $e_m^{Mu} > 0.5$ 时利润的增速，在 $e_m^{Mu} = 0.8$ 处增速再次放缓，直至 $e_m^{Mu} = 0.9$ 时，供应商利润等于制造商利润，即供应商投入与制造商投入比例为 9∶5 的时候，双方利润趋同。这是由于 $e_m^{Mu} > 0.5$ 时供应商提供的生鲜乳质量已达到奖励的临界标准，额外的供应链奖励可以对供应商起到激励作用，成为供应商提高利润的重要举措，为生鲜乳供应商通过供应链纵向治理，获得供应链上下游合作主导地位提供可能。

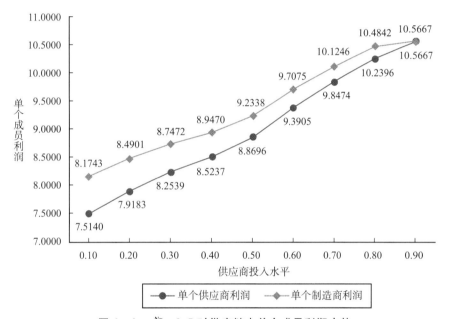

图 6-4　$e_n^{Nu} = 0.5$ 时供应链中单个成员利润走势

由图 6-5 可知，制造商投入水平为 0.2 时，供应链网络总利润总是小于其他两种情况时的总利润，这说明不能只依靠供应商一方加大投入水平；随着供应商投入水平的增加，$e_n^{Nu} = 0.5$ 与 $e_n^{Nu} = 0.8$ 的两条总利润也逐渐增加，两者大约在 $e_m^{Mu} = 0.65$ 处交汇，而后 $e_n^{Nu} = 0.8$ 情况下的总利润小于 $e_n^{Nu} = 0.5$ 时的总利润，这说明供应商加大投入有利于供应链总利润的提升，而制造商只需保持中等的投入水平，不必一直加大投入，过高的投入水平反而可能会适得其反。

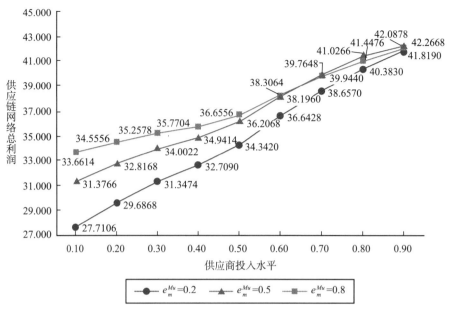

图 6-5　三种情况下加大供应商投入水平供应链中总利润走势

6.4　考虑第三方检测市场入侵条件下的乳品供应链均衡

6.3 节探讨了乳品制造商、生鲜乳供应商及其双方合作下的检测技术投入，主要聚焦于乳品供应链参与主体内部，不论是供应商还是制造商，都既是运动员又是裁判员，鉴于自身利益最大化，很有可能引发上下游企业"合谋"等机会主义风险，不利于乳品产业的可持续发展。因此，本节考虑从供应链外部引入具有政府监管（补贴或者惩罚）的第三方检测机构作为乳品供应链的主要参与者，优化乳品供应链网络利润分配。

6.4.1　问题描述及参数说明

本节构建由多个生鲜乳供应商、多个第三方检测机构、多个乳品制造商及多个需求市场组成的供应链网络，刻画检测技术投入变化对乳品供应链网络均衡决策的影响，并结合第三方检测机构实际经营情境，探究均衡状态下政府补贴及惩罚策略的影响机理，重构乳品供应链上下游利益分配机制，以期为乳品供应链质量检测的科学有效开展提供有益参考。

生鲜乳供应商委托第三方检测机构对其生产的生鲜乳进行质量检测，并向第三方检测机构支付相关检测费用，节点关系如图 6 - 6 所示。

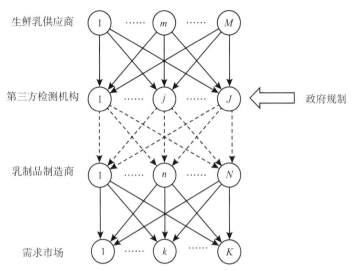

图 6 - 6　包含第三方检测机构的乳品供应链网络

图 6 - 6 中，M 代表生鲜乳供应商集合，J 代表第三方检测机构集合，N 代表乳品制造商集合，K 代表需求市场集合。供应商与制造商、制造商与需求市场之间的箭头分别表示生鲜乳、乳品的产品交易，供应商与第三方检测机构之间的箭头表示生鲜乳检测。在该均衡模型中，各层企业的目标是满足需求市场中消费者对于乳品的需求，同时使各自利润达到最大化。

假设 1：供应商提供的生鲜乳均为合格品，达到国家生鲜乳质量标准。

假设 2：政府通过补贴扶持第三方检测机构以独立主体参与到乳品供应链竞争中，能够有效激励其规范自身检测行为，但政府补贴有上限。

假设 3：考虑消费偏好，由于乳品市场安全信息不对称，消费者获得的乳品安全信息有限，与供应链主体检测下的乳品相比，消费者更倾向于购买第三方检测机构检测下的乳品。

假设 4：模型中设计的生产函数与交易成本函数均为连续可微凸函数。

具体参数说明见表 6 - 3。

表 6 - 3　　　　　　　　　　　　　　　　参数说明

参数	说明
m	某一生鲜乳供应商 $m = 1, 2, \cdots, M$
n	某一乳品制造商 $n = 1, 2, \cdots, N$
k	某一需求市场 $k = 1, 2, \cdots, K$

参数	说明
j	某一第三方检测机构 $j = 1$, 2, $\cdots$, J
q_m	生鲜乳供应商 m 的产量
q_{mn}	生鲜乳供应商 m 与乳品制造商 n 之间的生鲜乳交易量，所有交易量 q_{mn} 构成列向量 $Q^1 \in R_+^{MN}$
ρ_{mn}	生鲜乳供应商 m 与乳品制造商 n 之间的生鲜乳交易价格
f_m	生鲜乳供应商 m 的生产成本
β_n	乳品制造商 n 对于生鲜乳的加工转化率
c_{mn}^M	生鲜乳供应商 m 与乳品制造商 n 交易时承担的交易成本
c_{mj}^M	生鲜乳供应商 m 与第三方检测机构 j 交易时承担的交易成本
q_{mj}	交验批量，即生鲜乳供应商 m 交由第三方检测机构 j 的检验量，所有交验批量 q_{mj} 构成列向量 $Q^3 \in R_+^{MJ}$
ω	第三方检测机构 j 对生鲜乳交验批量检测时的抽检比例，$\omega \in (0, 1)$
q_{cmj}	第三方检测机构 j 生鲜乳检测抽检量，所有抽检量 q_{cmj} 构成列向量 $Q^4 \in R_+^{MJ}$，$q_{cmj} = \omega \times q_{mj}$
c_{mj}^{Tu}	生鲜乳供应商 m 交付第三方检测机构 j 检测承担的检测费用
e_j^{Ju}	第三方检测机构 j 的生鲜乳检测技术革新投入水平，$e_j^{Ju} \in (0, 1)$
S_j	第三方检测机构 j 的生鲜乳检测质量
p_j	由第三方检测机构 j 所造成的风险事件发生概率
c_j^{Ju}	第三方检测企业 j 投入的生鲜乳质量检测成本
η_j	政府对第三方检测机构的补贴力度
G_j	第三方检测机构 j 获得的政府补贴
H_j	发生危机事件时，政府对第三方检测机构征收的罚款
f_n	制造商 n 生产乳品的成本
c_{mn}^N	乳品制造商 n 与生鲜乳供应商 m 交易时承担的交易成本
c_{nk}^N	制造商 n 承担的与需求市场 k 之间的乳品交易成本
θ_k	需求市场 k 中消费者对乳品的偏好
q_{nk}	制造商 n 与需求市场 k 之间乳品交易量，所有交易量 q_{nk} 构成列向量 $Q^2 \in R_+^{NK}$
ρ_{nk}	制造商 n 与需求市场 k 之间的乳品交易价格

6.4.2 乳品供应链不同层级均衡模型构建

6.4.2.1 生鲜乳供应商行为与均衡条件

生鲜乳供应商是乳品供应链的源头，依据乳品制造商的需求量进行生鲜乳生产，并委托第三方检测机构对生鲜乳进行质量检测，其利润最大化模型为：

$$\max \pi_m = \sum_{n=1}^{N} \rho_{mn} \cdot q_{mn} - f_m(q_m) - \sum_{n=1}^{N} c_{mn}^M(q_{mn}) - \sum_{j=1}^{J} c_{mj}^M(q_{mj}) - \sum_{j=1}^{J} c_{mj}^{Tu}(q_{cmj})$$

$$(6-13)$$

$$\text{s. t.} \qquad \sum_{n=1}^{N} q_{mn} \leqslant q_m \qquad\qquad (6-14)$$

$$\sum_{n=1}^{N} q_{mn} \leqslant \sum_{j=1}^{J} q_{mj}, \quad \forall m, n, j \qquad (6-15)$$

$$q_{mn} \geqslant 0, \; q_{mj} \geqslant 0, \; q_{cmj} \geqslant 0, \quad \forall m, n, j \qquad (6-16)$$

约束条件式（6-14）意味着供应商 m 与 N 个制造商之间的交易量之和不超过其生产总量，约束条件式（6-15）意味着供应商 m 与 n 个制造商之间的交易量之和不超过其交于 J 个第三方检测机构的交验批量之和。约束条件式（6-16）表明决策变量非负。约束条件式（6-14）、式（6-15）对应的 *Lagrange* 乘子分别为 γ_m、τ_m，所有的 γ_m、τ_m 构成 M 维列向量 γ、τ。市场上所有生鲜乳供应商为非合作竞争，进行 Nash 非合作博弈，其最优行为表示为变分不等式。

6.4.2.2　第三方检测机构行为与均衡条件

第三方检测机构受生鲜乳供应商委托，收取相应的检测费用并承担检测成本。乳品属于抽样检验产品，其质量由批次抽样检验获得，其检测费用、检测成本与抽检量大小有直接关系，则利润最大化模型为：

$$\max \pi_j = \sum_{m=1}^{M} c_{mj}^{Tu}(q_{cmj}) - \sum_{m=1}^{M} c_j^{Ju}(e_j^{Ju}, q_{cmj}) + \sum_{m=1}^{M} G_j(e_j^{Ju}, q_{mj}) - \sum_{m=1}^{M} H_j(p_{mj}, e_j^{Ju}, q_{mj})$$

$$(6-17)$$

$$\text{s. t.} \qquad q_{mj} \geqslant 0, \; q_{cmj} \geqslant 0 \qquad (6-18)$$

约束条件式（6-18）表明决策变量非负。市场上所有第三方检测机构为非合作竞争，进行 Nash 非合作博弈，最终实现均衡状态，其最优行为可以表示为变分不等式。

6.4.2.3　制造商行为与均衡条件

制造商依据供应商的供应量进行生产，其利润最大化模型为：

$$\max \pi_n = \sum_{k=1}^{K} \rho_{nk} \cdot q_{nk} - \sum_{m=1}^{M} \rho_{mn} \cdot q_{mn} - f_n(\beta_n, q_{mn}) - \sum_{m=1}^{M} c_{mn}^N(q_{mn}) - \sum_{k=1}^{K} c_{nk}^N(q_{nk})$$

$$(6-19)$$

$$\text{s. t.} \qquad \sum_{k=1}^{K} q_{nk} \leqslant \sum_{m=1}^{M} \beta_n \cdot q_{mn} \qquad (6-20)$$

$$q_{mn} \geqslant 0, \quad q_{nk} \geqslant 0, \quad \forall m, n, k \qquad (6-21)$$

约束条件式（6-20）意味着制造商 n 与 K 个需求市场之间的乳品交易量之和不超过其乳品生产量。约束条件式（6-21）表明决策变量非负。设约束条件式（6-20）对应的 *Lagrange* 乘子为 ξ_n，所有的 ξ_n 构成 N 维列向量 ξ。市场上所有生鲜乳供应商为非合作竞争，进行 Nash 非合作博弈，最终实现均衡状态，其最优行为可表示为变分不等式。

6.4.2.4 需求市场的均衡条件

依据空间均衡价格理论，需求市场的均衡策略可表示为：

$$\rho_{nk} + c_{nk}^{K}(q_{nk}) \begin{cases} = \rho_k, & 若 \, q_{nk} > 0 \\ > \rho_k, & 若 \, q_{nk} = 0 \end{cases} \qquad (6-22)$$

$$d_k(\rho_k, \theta_k) \begin{cases} = \sum_{n=1}^{N} q_{nk}, & 若 \, \rho_k > 0 \\ \leqslant \sum_{n=1}^{N} q_{nk}, & 若 \, \rho_k = 0 \end{cases} \qquad (6-23)$$

式（6-22）表明，若乳品制造商的销售价格 ρ_{nk} 与需求市场承担的交易成本之和恰好与需求市场支付价格相等，双方存在交易，否则无交易；式（6-23）表明，若市场需求价格 ρ_k 为正，则需求市场 k 的乳品需求量与其从制造商 n 处的购买量相等。均衡条件为需求市场最优决策及均衡条件变分不等式，确定 $(Q^{2*}, \rho_k^{*}) \in \Omega^K$。

6.4.2.5 乳品供应链网络均衡条件

在乳品供应链网络中，当供应商、第三方检测机构、制造商以及需求市场的最优条件同时获得满足时，才能实现乳品供应链网络的整体均衡。由变分不等式可加性得整个乳品供应链网络的均衡条件，即确定 $(Q^{1*}, Q^{2*}, Q^{3*}, \tau_m^{*}, \gamma_m^{*}, \xi_n^{*}, \rho_k^{*}) \in \Omega$，其中 $\Omega = \Omega^M \times \Omega^J \times \Omega^N \times \Omega^K$，满足：

$$\langle F(X^{*}), X - X^{*} \rangle \geqslant 0 \qquad (6-24)$$

6.4.3 数值算例分析

某乳品供应链网络中含 2 个生鲜乳供应商、2 个第三方检测机构、2 个乳品制造商以及 2 个需求市场。本书借鉴华连连等（2020）关于生鲜乳供应商和乳品制造商单方面检测技术革新投入及双方协同投入情形，构建如下函数：

生鲜乳供应商 m 生产成本函数：

$$f_1(q_1) = 1.25q_1^2 + 0.5q_1q_2 + q_1$$

$$f_2(q_2) = 1.25q_2^2 + 0.5q_1q_2 + q_2$$

生鲜乳供应商 m 与乳品制造商 n 交易时承担的交易成本函数：

$$c_{mn}^M(q_{mn}) = 0.25q_{mn}^2 + 1.75q_{mn}$$

生鲜乳供应商 m 与第三方检测机构 j 交易时承担的交易成本函数：

$$c_{mj}^M(q_{mj}) = 0.25q_{mj}^2 + 1.75q_{mj}$$

第三方检测机构 j 的检测质量 $S_j(e_j^{Ju})$，随着检测技术革新投入水平 e_j^{Ju} 的增加而增加，但上升的速度会有所下降，满足 $\dfrac{\partial S_j}{\partial e_j^{Ju}} > 0$，$\dfrac{\partial^2 S_j}{\partial e_j^{Ju2}} < 0$，故函数为：

$$S_j(e_j^{Ju}) = \frac{\sqrt{e_j^{Ju}}}{\sqrt{e_j^{Ju} + k}}$$

风险事件发生概率：

$$p_j = (1 - e_j^{Ju}) \cdot (1 - S_j)$$

生鲜乳供应商 m 交付第三方检测机构 j 检测承担的检测费用：

$$c_{mj}^{Tu}(q_{cmj}) = c_0 \cdot S_j \cdot q_{cmj} \text{（其中，} c_0 \text{ 为生鲜乳供应商支付的检测费用基数）}$$

第三方检测机构 j 的生鲜乳质量检测成本 c_j^{Ju}，随着检测技术革新投入水平 e_j^{Ju} 的增加而增加，且呈现边际递增趋势，即 $\dfrac{dc_j^{Ju}}{de_j^{Ju}} > 0$，$\dfrac{d^2 c_j^{Ju}}{de_j^{Ju}} > 0$，故函数为：

$$c_j^{Ju}(e_j^{Ju}, q_{cmj}) = 1/2 \cdot l(e_j^{Ju})^2 \cdot (\sum_{m=1}^{M} q_{cmj})$$

政府对第三方检测机构 j 的补贴力度 η_j：

$$\eta_j(e_j^{Ju}) = 1 - e_j^{Ju}$$

第三方检测机构 j 获得的政府补贴：

$$G_j(e_j^{Ju}, q_{mj}) = g \cdot \eta_j \cdot (S_j - 0) \cdot (\sum_{m=1}^{M} q_{mj})$$

（其中，g 为政府对第三方检测机构的补贴基数）

发生危机事件时，政府对第三方检测机构征收的罚款：

$$H_j(p_j, e_j^{Ju}, q_{mj}) = h \cdot p_j \cdot (e_j^{Ju} - 0) \cdot (\sum_{m=1}^{M} q_{mj})$$

（其中，h 为政府对第三方检测机构的惩罚基数）

乳品制造商 n 承担的与生鲜乳供应商之间的交易成本函数为：

$$c_{mn}^N(q_{mn}) = 0.25q_{mn}^2 + 1.75q_{mn}$$

乳品制造商 n 生产乳品的成本函数为：

$$f_1(\beta_1, q_{m1}) = 1.25[\beta_1(q_{11} + q_{21})]^2 + 0.5\beta_1\beta_2(q_{11} + q_{21})(q_{12} + q_{22})$$
$$+ \beta_1(q_{11} + q_{21})$$

$$f_2(\beta_2, q_{m2}) = 1.25[\beta_2(q_{12} + q_{22})]^2 + 0.5\beta_1\beta_2(q_{11} + q_{21})(q_{12} + q_{22})$$
$$+ \beta_2(q_{12} + q_{22})$$

制造商 n 承担的与需求市场 k 之间的乳品交易成本函数为：

$$c_{nk}^N(q_{nk}) = 0.05q_{nk}^2 + 0.1q_{nk}$$

需求市场 k 获得乳品承担的交易成本函数为：

$$c_{nk}^K(q_{nk}) = q_{nk} + 5$$

需求市场 k 中消费者对乳品的偏好：

$$\theta_1(e_j^{Ju}) = \theta_2(e_j^{Ju}) = 0.2 + 3e_j^{Ju}$$

消费市场的需求函数为：

$$d_1(\rho_k, \theta_k) = -2\rho_1 - 1.5\rho_2 + 2\theta_1 + 100$$
$$d_2(\rho_k, \theta_k) = -2\rho_2 - 1.5\rho_1 + 2\theta_2 + 100$$

通过 MATLAB 采用修正投影算法求解，设 $\alpha = 0.05$，$\varepsilon = 10^{-6}$，$\omega = 15\%$，$c_0 = 4$，$l = 4$，$g = 2$，$h = 6$，当 $e_1^{Ju} = e_2^{Ju} = 1$，即两者投入水平相等时，讨论 e_j^{Ju} 从 $0.1 \sim 0.9$ 增加过程中相关决策变量的变化。

由图 6-7 可见，与供应商投入检测技术相比，第三方检测机构进行生鲜乳检测技术革新投入，在 $e_j^{Ju} < 0.3$ 时，生鲜乳交易价格较低，在 $e_j^{Ju} > 0.3$ 时，生鲜乳交易价格处于较高水平，即制造企业须以较高的价格获得生鲜乳原料，从这一点来讲，生鲜乳供应商承担的检测费用实际上具有价格传导作用，将部分检测费用转移到制造商，以此来缓解供应商单方面承担检测费用的负担。就乳品销售价格而言，引入第三方检测机构进行检测技术革新投入后，价格较低。由此说明，通过价格传导机制，将生鲜乳供应商承担的检测费用部分转移到乳品加工企业，同时以较低的销售价格将乳品销售到需求市场，能够更好地协调上下游之间利益分配，提升乳品供应链的稳定性。

由图 6-8 可知，随着 e_j^{Ju} 的增加，Q^1、Q^2、Q^3、Q^4 均增加，说明引入第三方检测机构并逐步加大其对生鲜乳检测技术的革新投入，可以有效增加上游供应量，同时刺激下游需求市场的消费，为乳品供应链运作增添活力；另外，随着第三方检测技术革新水平投入不断提高，风险事件发生率呈现下降趋势，相应的生鲜乳检测质量水平初期增幅较大，后上升趋势趋于平缓，但整体得到显著提升（如图 6-8 所示），说明提升第三方检测机构技术水平的革新投入有助于抵御生鲜乳检测中行业性风险事件的发生，提升检测质量水平及其可信度，为乳品供应链内部可持续发展注入新活力。

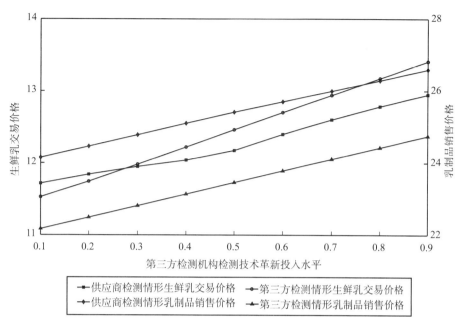

图 6 - 7　不同 e_j^{Ju} 生鲜乳交易价格及乳品销售价格对比

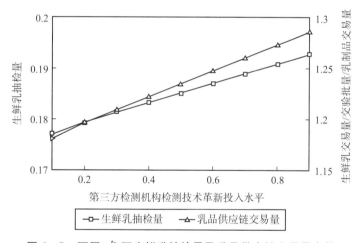

图 6 - 8　不同 e_j^{Ju} 下生鲜乳抽检量及乳品供应链交易量走势

政府监管有助于规范第三方检测机构行为（如图 6 - 9 所示）。由政府背书的第三方检测机构获得的政府补贴约在 $e_j^{Ju} < 0.85$ 时，总是高于其所承担的生鲜乳检测成本，在 $e_j^{Ju} > 0.85$ 之后，低于其检测成本，且政府补贴会随着检测技术革新投入水平的提升呈现出先上升后下降的倒 "U" 型变化趋势，这是由于初期阶段，政府通过补贴扶持第三方检测机构以独立主体参与到乳品供应链竞争中，此时，政府补贴随着检测技术水平提高而增加，随着第三方检测机构检测革新水平的提升，其市场化特征越来越凸显，会逐渐减少对政府补贴的依赖，此时相应的政府补贴力度会逐渐减少。同时，第三方检测机构收取的检测费用上升趋势平缓。所以，第三方检测机构在初期发展阶段主要依赖于政府补贴，但是随着第三方检测的不断完善，其市场自主化能力逐渐提升，利润来源多元化，政府监管职能转变，由传统的反应型监管逐渐演化为第三方检测企业的自主型监管，提升了第三方检测机构的市场自主性和责任感。

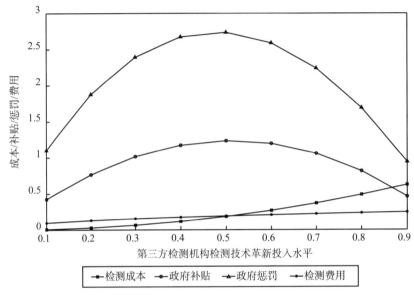

图 6 - 9　不同 e_j^{Ju} 下第三方检测质量、风险概率走势

由图 6 - 10 可见，政府惩罚力度远远大于奖励，表明政府在第三方检测机构实施生鲜乳检测过程中更倾向于惩罚机制的规范作用。当风险事件发生时，政府惩罚呈现类抛物线形状，在 $e_j^{Ju} = 0.5$ 时达到最高值，之后逐渐下降。这是由于第三方检测机构检测技术革新投入处于较低水平时，对生鲜乳检测质量提升影响较小，虽然风险事件发生的概率趋势在逐渐下降，但是其发生率相对较高，并且市场对第三方检测机构的革新投入具有一定的滞后性，导致政府对其惩罚呈现上升趋势；随着第三方生鲜乳检测技术革新投入逐步加大，风险事件发生的概率减小，且生鲜乳检测质量也有显著提升，乳品供应链市场得到"净化"，政府惩罚相应减少。因此，政府在第三方检测机构参与的供应链中，适时调整正负向激励，能够有效促成供应链的可持续发展。

如图 6 - 11 所示，乳品制造商利润始终高于生鲜乳供应商利润，这符合目前我国乳品供应链的现实情境，但第三方检测机构投入技术革新，对供应商及制造企业均有明显的带动作用。第三方检测机构利润水平相对较低，整体呈现缓慢增长趋势，这符合政府监管的独立第三方检测机构的发展特征，优化资源配置的作用远高于其本身的盈利能力。同时，供应链总利润显著增加，说明提升第三方检测机构生鲜乳检测革新技术投入，是实现乳品供应链协同治理的有益尝试，也是规避生鲜乳供应商和乳品制造商"合谋"等机会主义风险的有益举措。

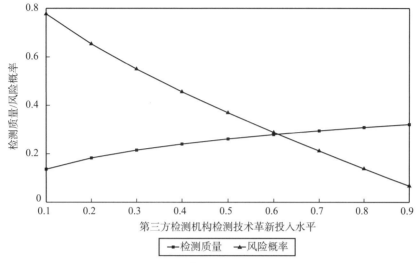

图 6 – 10　不同 e_j^{fu} 下政府补贴及惩罚走势

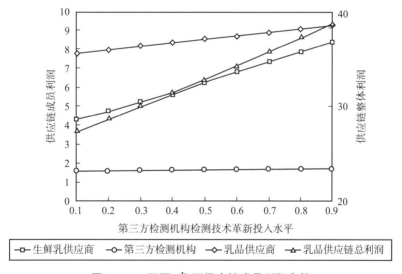

图 6 – 11　不同 e_j^{fu} 下供应链成员利润走势

6.5　本章小结

1. 原奶供应商是乳品供应链网络均衡的关键调节者

原料生鲜乳作为乳品加工企业的战略性原料，其质量安全是乳品供应链质量管控的关键环节。目前我国原奶供给端（奶源）供给质量和供给能力不足，质量检测技术和监测机制不健全，根本问题在于我国乳品供应链资源配置不均衡，上下游合作利益机制不完善，原奶供应商处于链条劣势地位，进而导致我国乳品供应链发展失衡，国际竞争力不足。因此，未来应重视原奶供应商的筛选与管理，对原奶供应商制定统一的质量标准，投入有效的质量检测技术，从源头上对乳品供应链网络进行管理，助力乳品供应链网络均衡的发展。

2. 构建"共建、共享、共赢"的供应链网络

生鲜乳质量的提升离不开供应链网络成员的共同努力，仅依靠一方去加大生鲜乳检测技术革新投入水平，可能会产生"事倍功半"的效果，甚至会出现某些成员利润下降等不利于供应链网络协调发展的现象。由于供应商、制造商以及第三方检测机构加大投入均可实现供应链网络总利润的增加，因此，制造商可以依靠自己处于核心地位的优势，建立以"合作共享、风险共担"为核心的战略联盟。

3. 乳品供应链要规避行业性风险的出现

乳品作为食品的关键组成部分，其质量安全是重中之重，制造商既做运动员又做裁判员，很容易造成行业性风险的出现，因此为有效规避行业性风险的重现，必须有效控制上下游关系及利润分配机制。本章研究指出：引入第三方检测机构能够有利于供应链全链条检测质量水平的提升，并加强行业风险规避能力，以及促进供应链整体获利，是实现乳品供应链治理的有益尝试。

4. 政府是乳品供应链质量安全的外部驱动力

国外质量管理大多由专门从事第三方认证的第三方机构承担，我国乳品行业发展可以借鉴，建立由政府授权检测与仲裁的独立的第三方检测机构，以此强化政府在监督乳品供应链质量安全方面的作用。政府能够在第三方检测环境下扮演监管角色，通过补贴与惩罚举措提升第三方检测机构的公平性及公正性，并通过策略调整来推动第三方检测的市场化运作，从供应链外部为乳品供应链的可持续发展保驾护航。

第7章

考虑企业社会责任传导的
乳品供应链协同治理

随着经济全球化和一体化的持续增强，企业的竞争不再局限于单一企业间，而是升级为供应链间的竞争。供应链管理模式由竞争转变为合作，最后演变为竞合模式，可见合作和协调成员关系是供应链优化的核心问题，但很多企业忽视供应链成员间的合作与协调，仅关注自身的生存与发展，存在机会主义现象。特别是随着利益主体的多元化，如食品安全、产品质量、违规经营等社会责任缺失问题频频发生。例如，2008年曾给中国乳品行业带来重创的"三聚氰胺"事件，虽然缘起于乳品供应链上游分散奶农的不法行为，但三鹿集团作为链条核心企业，对供应链上下游企业社会责任监管不力，出现乳品质量安全问题，进而影响了整体乳品行业的持续发展。

关于激励供应链节点承担企业社会责任的研究大多聚集在政策法规、财政补贴等外部激励手段，虽然这些外部激励手段能够在一定程度上调动企业在社会责任实施过程中的积极性，但需要较大的成本输出，还有可能存在滞后效应，无法有效解决企业社会责任缺失的问题。因此，本章节重点研究供应链结构内部激励手段，探索优化供应链结构和技术驱动两方面对乳品供应链CSR的传导效果。

供应链企业社会责任治理日渐成为供应链竞争的必选项，供应链企业在施行企业社会责任的同时，也必须敦促其合作企业重视企业社会责任投资，这是建立统一社会价值取向的可持续供应链体系的必然要求。

7.1 供应链企业社会责任和供应链传导

7.1.1 企业社会责任和供应链社会责任

7.1.1.1 企业社会责任

自"企业社会责任"的概念被提出以来，关于企业社会责任的内容和含义便被广泛讨论，随着社会的快速发展，企业社会责任的概念和内涵在不断演变，其演变历程分为三阶段：第一阶段的企业社会责任是基于伦理视角的，戴维斯（Davis，1960）认为，企业社会责任是指商人决策或行为的原因，至少有一部分是经济或技术利益至上；第二阶段的企业社会责任是基于利益相关者视角的，琼斯（Jones，1980）认为，企业社会责任是公司对除股东以外的公司群体负有义务的概念；第三阶段则是对企业社会责任的拓展和延伸，威廉姆斯等（Willams M. S. et al.，2006）认为，企业社会责任是超越公司利益和法律要求且能促进社会利益的行为。

一些学者、企业家和机构对企业社会责任进行了不同的界定。弗里德曼（Friedman，1989）基于股东利益最大化提出，企业社会责任就是在不违背法律、伦理规范的情况下为股东谋取更多利润，即企业不需要履行对股东之外的社会责任。而卡洛（Carrol，1999）基于利益相关者理论提出"金字塔"模型，认为企业社会责任除了承担经济责任、确保自身收益之外，还需要承担法律责任、伦理责任、慈善责任，同时强调4种责任可以相互转化，不是固定的和互相排斥的。卢代富（2002）认为，企业社会责任就是指企业在谋求股东利润最大化之外所负有的维护和增进社会利益的义务。2001年，欧盟委员会在其发表的绿皮书中提出，企业社会责任是从主观能动性角度对企业的构想，这种构想将社会与环境问题融入到企业的经营管理和利益相关方的关系之中。钱明（2017）等认为，企业社会责任通常是指企业以一种有利于社会的方式进行经营和管理，承担高于组织自身目标的社会义务。公彦德（2021）等基于利益相关者理论，指出CSR是企业为改善利益相关者福利、实现社会效益的提升而进行的一系列社会管理活动。

综合以上学者对CSR的定义，虽然涉及多种主体，但其基本内涵都是一致的，可总结为：企业除追求经济效益、实现股东利益最大化外还同时兼顾社会效益和环境效益所进行的一系列社会管理活动，实现企业盈利、利益相关者福利之间的均衡，进一步实现可持续发展。

7.1.1.2　供应链社会责任

随着全球供应链竞争的日益加剧，企业社会责任逐渐从企业拓展至供应链，成为助推供应链可持续运行的必选项，对乳品供应链来说更是如此。供应链社会责任最早可以追溯到 20 世纪 90 年代，波伊斯特（Poist，1989）认为，应当在供应链情境下考虑企业社会责任，并指出社会因素在物流系统设计中一直扮演着重要角色，物流管理者对社会和企业都有责任，在系统设计和管理决策中应该同时考虑社会和企业利益。

之后，供应链情境下的社会责任研究逐步增多。陈远高（2015）最早提出了供应链社会责任（Supply Chain Social Responsibility，简称 SCSR）的概念，认为供应链社会责任是当社会责任行为的主体从单一企业扩展到供应链时，个体企业为了追求对社会负责任的简单行为，会通过供应链传导、反馈等机制，形成一类具有新结构、新模式的复杂群体社会责任行为。唐（Tang，2018）认为，供应链中不道德企业行为的案例并非孤立存在，而是经常系统地发生，这些系统性事件导致越来越多的人认识到，组织必须在其运营和供应链中解决企业社会责任问题，供应链社会责任问题的复杂性涉及供应链生产运作的全过程，将供应链看作一个系统有助于发现隐藏的社会责任问题。

朱（Zhu，2019）通过对中国 211 家跨国公司供应商的调查数据进行回归分析，发现包括互惠合作和企业层面互动在内的关系纽带对这些供应商控制企业社会责任的实践实施环节具有中介和调节作用。供应链成员企业的互惠合作、相互激励、共担风险能够帮助提高供应链社会责任水平。程慧锦（2022）等提出供应链社会责任除了受上下游 CSR 决策的影响，还容易产生"搭便车"行为，最终影响整条链履行社会责任的水平。因此，处于供应链中心地位的核心企业除了要掌握整条供应链的信息流、资金流和物流之外，还要监督供应链上所有成员的社会责任履行情况，使供应链上下游企业主体在共同的价值取向下履行社会责任，热比亚·吐尔逊（2022）认为，这不仅有利于推动供应链企业社会责任管理体系的完善，还能够提升企业声誉和供应链的整体竞争力。

7.1.1.3　供应链社会责任的特征

基于陈远高在 2015 年提出的供应链社会责任的三个特点，本书认为供应链社会责任不同于企业社会责任，主要表现在以下五个方面。

（1）核心企业主导性。供应链核心企业作为整个供应链体系中的重要角色，承担着协调和管理各个环节的责任，对于供应链整体的社会责任水平起着至关重要的作用，供应链社会责任的标准往往由核心企业主导。

（2）供应链间外部性。由于供应链上企业间的密切合作，导致供应链中任何一个企业的社会责任贡献行为都会让供应链上下游企业受益，任何一个企业的社会责任缺失行为都会让供应链上下游企业受损。相对于企业社会责任，供应链社会责任呈现出更为明显的外部性特征。

（3）责任收益不对称性。处于供应链核心或主导地位的企业往往需要承担更多的社会责任，而处于供应链始端和末端的企业承担的社会责任较小，但利润分配在各个环节并非按照社会责任履责来进行分配。这就会导致供应链中游的企业履行社会责任的意愿不强，这时需要供应链外部力量来调节平衡各企业的收益。

（4）社会责任的传导性。斯瓦米（Swami，2019）认为，如果企业在采购过程中遵守社会和环境标准，企业社会责任的概念就可以传播到供应商，整个供应链的社会责任水平才得以提高。这说明当供应链节点上任一企业履行了社会责任，社会责任就能够通过供应链进行传导影响上下游企业，从而提升全链条社会责任的履行水平。

（5）网络资源配置均衡性。均衡性不是指平均而是指网络主体企业要共享资源，共担网络风险。在一般情况下，市场环境比较平稳，应当以市场机制为主导，各企业间所承担的社会责任是相对均衡的；当面对市场风险冲击时，抗风险能力强的企业可以承担更多的社会责任，通过合理配置资源，使企业社会责任进行动态调节、相互补充、相互协调，从而达到最优状态，保证供应链的良性运行。

7.1.2 供应链传导

7.1.2.1 供应链传导的含义

目前关于供应链传导的文章多聚焦于供应链风险，李刚（2011）认为，供应链社会责任风险传导是指当风险从风险源发出，依附风险载体进行传导，企业在接受上一节点传来的风险后，又将风险传导下一节点企业，体现风险的传导路径。李保京（2014）对食品供应链社会责任风险传导进行了描述，对食品供应链企业社会责任风险传导要素和传导机制进行了深入细化地研究，并基于食品的特殊属性，提出了社会责任风险在食品供应链传导的特殊规律和路径。

本书认为乳品供应链遵循供应链风险传导的一般规律，主要表现为社会责任风险会沿着上下游供需关系载体（有食品、资金、传媒等）传导到链条的各个环节。

（1）食品载体：乳品供应链包含原材料、在制品、产成品，任何环节产品出现质量问题都会直接影响终端产品。乳制品安全风险不仅来源于奶农生产环境污染的直接传导，还有可能在运输加工过程中出现问题，而且往往通过间接传导对乳制品质量安全产生更具持久性、复杂性、隐蔽性和滞后性等复杂影响。所以，乳品安全风险不断累积、相互交叉与叠加达到或超过临界点就有可能产生食品安全事件并危及人体健康。

（2）资金载体：资金流是乳品供应链上下游企业链接的主通道，若乳品企业由于资金短缺，造成不能及时、低成本地购买所需的各种原材料，风险将因资金短缺传导到其他环节，必然使自身的风险传导至其他乳品企业，延误生产计划。或者由于暂时的原材料短缺、技术工人的缺乏、机器设备的周转率低下，企业没有生产出符合要求的乳制品或者不能及时交货，也会影响链上其他企业的正常生产经营。

（3）传媒载体：传媒在社会责任风险的传导中起关键作用，特别是在信息全球化的背景下，乳品安全事件一经发生，会通过互联网迅速暴露在公众面前，链条上的关联企业都会受到消费者监督和审视，即风险会快速传导至整体供应链。

7.1.2.2 供应链传导的特征

本书前文提到乳品供应链和食品供应链有一定的相似性，所以乳品供应链社会责任风险的传导遵循风险传导的一般规律，主要有时间规律、混沌规律和跳跃规律等。

（1）时间规律：社会责任风险最初只是潜伏在风险因素中，随着时间的变化，风险因子的集成度达到风险释放的阈值，难以化解和阻止时，风险因素便依附风险载体在供应链中传导，传导到节点企业时，根据业务关联度和风险性质的匹配度形成子风险系统，通过风险耦合增强或减弱风险。可见风险从产生、积聚、释放直到传导，再对食品供应链的运营造成影响是有一定的时间的，也正是由于风险传导的时间规律，使风险的控制有章可循，在一定的时间限度可以减缓和阻止风险在供应链上的传导，提高整体供应链的风险承受能力。

（2）混沌规律：混沌理论认为，在一定条件下的非线性系统中，输入的微小误差将导致输出的巨大漂移。姜启军（2014）认为，在供应链传导过程中，初始的一个小小的社会责任风险因子依附传导载体扩散到企业内部的生产经营，随着时间指数放大，进而传递整个供应链，并且不断放大和增强。

（3）跳跃规律：社会责任风险在乳品供应链上不一定是全部传导，可能是部分传递，前一阶段的风险可能会跨过一个或多个阶段向后一阶段传导，这便是风险传导的跳跃规律。传导链并不等同供应链的价值链和业务链，从传导程度来看，风险量的大小由于供应链利益相关者的联系紧密度和风险决策实施力度的不同，也会存在跳跃式传导。

7.1.3 供应链社会责任传导及乳品供应链社会责任相关研究

7.1.3.1 供应链社会责任传导相关研究

面对日益复杂的竞争环境，供应链成员企业被提出更高的要求，供应链上的企业不仅自身要履行社会责任，而且还要与供应链上的其他企业共同履责，或者督促其他企业履行社会责任。薛亚（Hsueh C.，2008）指出，一个由供应商和下游企业所组成的二级供应链中，CSR等外生参数可能影响整体供应链运营。王宝英（2015）研究指出，在供应链系统中，各节点企业缺失社会责任产生社会责任风险会传导并引发经济利益和社会利益损失。万松钱等（2015）采用实证检验的方法证明中小企业在一定程度上能够成为供应链上标准CSR传导者。赛义德·侯塞尼等（Seyed Hosseini et al.，2019）构建单生产商—两零售商的供应链结构，通过分析零售商与制造商的CSR投入，发现对于降低消费者价格敏感程度来说，制造商进行CSR投入为更优选择。陈倩（2021）认为，供应商环境责任缺失会导致消费者对企业的形象评价发生变化，进而影响其态度并产生新的行为，且供应商环境责任缺失造成的后果越严重，引起的"连锁效应"越明显，消费者的行为态度波动也更为强烈。廉吉全（2021）构建由旅行社和考虑CSR的景区构成的两级旅游供应链，研究了基于不同权利结构下旅游供应链的CSR传导效应。刘（2023）考察了区域和行业内企业的平均企业社会责任水平对个体企业社会责任水平的影响，指出在供应链中存在传导效应以及如何在企业间传播的问题。

上述大部分研究属于CSR在供应链上的主动传导，但在供应链的实际运营中，存在通过供需关系结构调整促成的信息外溢情况，基于信息流动性和扩散性的特征，使CSR在不同供应链链条上形成非主动性传导。易永锡（2011）比较分析了集群供应链企业通过信息外溢等非主动性传导进行合作创新的行为决策。杨志强等（2020）基于供应链信息外溢的经验证据，探讨了资本市场公共信息披露及其外溢效应有助于缓解长鞭效应的作用机理。但关于供需关系结构形成的信息外溢如何影响 CSR 在供应链间的传导机制，尚有待深入探讨。

7.1.3.2　乳品供应链社会责任相关研究

提斯（Teece，1994）等认为，乳品供应链各节点企业之所以愿意参与供应链体系之中，就是想通过节点企业之间的优势互补来实现自身利益最大化，合理完善的利益分配机制可以促使乳品供应链各节点企业间的行动协调一致，这样既可以帮助企业实现自身利益最大化，也可以保证合作伙伴的利益，从而通过相互合作取得共赢，促使乳品供应链企业认真积极地履行对节点企业的社会责任。李颖（2012）等人对接连曝出质量问题的乳制品行业进行研究，在深入分析乳制品供应链企业履行社会责任现状及存在的问题的基础上，为乳制品企业增强供应链企业社会责任意识提供解决方案。杨熙纯（2016）分析了乳品企业社会责任的内涵，构建了乳品企业社会责任评价指标体系，并以此为指导标准，提出不断完善乳品企业实现社会责任的内部管理、外部激励和监督机制，推动乳品企业的可持续发展。关于乳品供应链企业社会责任方面，刘艳秋（2013）将乳品供应链企业社会责任划分为两个维度：乳品供应链企业内部社会责任和乳品供应链企业外部社会责任，同时，又将乳品供应链企业内部社会责任划分为两部分：供应链各节点企业内部社会责任和节点企业间的社会责任。

7.2　乳品供应链异质性结构对社会责任传导的影响研究

传统供应链上下游主体以自身利益最大化为目标进行决策，而在供应链发展背景下，上下游企业因价值驱动而形成不同的治理结构，如横向联盟结构、股权结构等，本章从企业践行社会责任的动因着手，探究不同的供应链结构对社会责任的传导机制。

7.2.1　供应链结构与 CSR

关于供应链不同权力结构方面：谭春桥等（2021）研究表明，CSR 在不同权力结构和不同承担主体下均有利于增加物流服务水平、市场需求、集成商和提供商的效用以及供应链整体效用。史成东（2021）发现，随着社会责任投入量敏感系数的增加，三类不同权力博弈模型中，制造商和零售商的利润以及供应链的总利润均增加，适度提高社会责任投入量敏感系数可以提升社会福利水平。姚锋敏（2022）研究三种渠道权力结构下不同成员企业的社会责任行为对闭环供应链定价决策的影响，发现在纳什均衡下，无论制造商还是零售商承担社会责任，新产品的零售价格都最低、市场需求量都最高，闭环供应链整体的总利润都最优。

关于供应链渠道协调方面：姚锋敏等（2019）在三种不同回收渠道结构下，探讨具有 CSR 的闭环供应链回收渠道选择及定价决策问题，结果显示制造商的 CSR 行为有利于扩大新产品市场需求、提高废旧产品回收率。潘达（Panda，2015）等通过研究制造商承担 CSR 的三级供应链渠道协调问题，分析了制造商 CSR 行为对供应链决策及利润分配的影响。刘等（2018）研究由一个主导零售商和 n 个同质供应商组成的供应链中的渠道协调和决策问题，指出基于 CSR 成本分担的机制优于仅由零售商或供应商承担 CSR 的机制，并增加零售商和供应商在各种情况下履行其社会责任的积极性，而不会对利润产生不利影响。拉扎（2018）讨论了需求不确定情况下制造商投入 CSR 的供应链协调问题，并运用收益共享契约结构实现了供应链成员间的双赢。马（2017）等研究表明，主导零售商通过两部收费制契约可以提高制造商的 CSR 水平，并使自身利润最大。王丽（2016）构建 NN 模式、SN 模式以及 SS 模式三种不同的竞争供应链纵向结构选择模型，探讨 CSR 环境下的纵向结构均衡与契约选择问题。

有学者认为，通过关系治理的方法诱导供应链企业实施负责任行为，在关系治理的过程中，供应链结构被认为是价值传递的媒介，结构的不同会使传导效应有所不同。亨德里克斯（Hendrikse，2011）等基于 5 种供应链结构研究了两个异质供应商和一个分销商在集中、获取和抵消力量之间的相互作用下，双重分配的治理结构总是可以带来高效的绿色投资。门多萨（2013）等分析了两种供应链结构（共享供应商和独立供应商）对企业社会责任激励的价，但没有涉及传导效应的解析。勒蒂兹亚（P. Letizia，2016）等考虑了 3 种供应链结构对两个同质供应商和一个分销商投资企业社会责任的激励，其中，横向联盟结构能够激发供应商实施 CSR 的积极性，但没有体现供应链上下游企业之间社会责任的传导机制。

上述几篇论文均是将生产资料所有权作为供应链结构博弈的调节要素，其不足是只对拥有生产资料所有权的成员起到激励作用，不能体现供应链结构对参与主体的收益共享作用机理，有可能导致参与方产生劳而不获的心理，在履行 CSR 时消极懈怠，所以驱动供应链企业承担 CSR 的前提是在寻求共同利益点的基础上确定公平的收入分配方式。

为探索不同乳品供应链结构下的 CSR 传导效应，促成全乳品行业的 CSR 改善，本章基于两个同质乳品供应商和一个乳品制造商组成的二级供应链，采用沙普利值法探讨了 5 种供应链内部治理结构对 CSR 的横纵向传导机理。5 种供应链治理结构包括三方独立结构、乳品供应商横向联盟结构、乳品供应商对乳品制造商持股结构、乳品制造商对乳品供应商持股结构、纵向一体化结构。

7.2.2　参数说明与基本假设

相关参数定义如表 7 – 1 所示。

表 7 – 1　　　　　　　　　　相关参数定义

参数	表示意义
k_1	乳品供应商 1 和乳品供应商 2 分别投资企业社会责任的成本
k_3	乳品制造商投资企业社会责任的成本
k_4	乳品制造商与一个乳品供应商在纵向一体化中投资企业社会责任的成本
A	乳品供应商投资企业社会责任产生的额外收益，$R_i = A(i = 1, 2)$
B	乳品制造商投资企业社会责任产生的额外收益，$R_i = B(i = 3)$
ν	特征函数
$S(S > 1)$	上下游纵向协同参数
$\gamma(0 < \gamma < 1)$	上游乳品供应商对下游乳品制造商的持股比例
$\theta(0 < \theta < 1)$	下游乳品制造商对上游乳品供应商的持股比例

假设 1：供应链成员都是信息对称、风险中性且完全理性的，均以自身收益最大化进行决策。

假设 2：两个乳品供应商同质，即两者投资企业社会责任的成本和额外收益皆相同。

假设 3：文中持股仅指对企业社会责任进行持股，目的是激励上游或下游更积极主动地履行企业社会责任。

假设 4：消费者更青睐企业社会责任产品，愿意为企业社会责任产品支付更高的价格。

假设 5：乳品供应商为供应链上游企业，为核心企业提供原材料，核心企业则为下游乳品制造商。

7.2.3 传统供应链结构对社会责任的传导

7.2.3.1 模型构建

针对以上问题，本节研究在传统供应链运营结构的情形下，上游两个同质乳品供应商 S_1 和乳品供应商 S_2 分别为下游乳品制造商 M 提供相同的产品和服务，三者之间除了供需关系之外各自独立，在此基础上探讨乳品供应商和乳品制造商不同的企业社会责任投资策略，具体如图 7 - 1 所示。其中，$X_i = 1$ 表示进行企业社会责任投资，$X_i = 0$ 表示不进行企业社会责任投资，$i = 1$，2，3 分别表示乳品供应商 1、乳品供应商 2、乳品制造商 3。乳品供应商投资企业社会责任产生的额外收益为 A，因为乳品供应商 1 和乳品供应商 2 同质，则 $R_i = A(i = 1, 2)$，同理，乳品制造商投资企业社会责任产生的额外收益为 B，即 $R_i = B(i = 3)$，用参数 S 表示乳品供应商和乳品制造商之间的企业社会责任纵向协同作用。

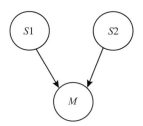

图 7 - 1　供应链结构 I

供应链结构 I 代表三方各自独立，彼此之间不存在联盟或持股关系，上下游之间仅为传统乳品供应链供需关系。其中假设供应链成员只要投资 CSR，就会从中获得额外收益；不投资 CSR，则不获得额外收入，此假设符合沙普利值空玩家的属性。当乳品供应商和乳品制造商三方中仅有一方选择投资 CSR 时，用式（7 - 1）定义；乳品供应商和乳品制造商三方中存在两方选择投资 CSR 时，用式（7 - 2）定义；乳品供应商和乳品制造商三方均选择投资 CSR 时，用式（7 - 3）定义，具体公式定义如下：

$$v(\{i\}) = X_i R_i, \text{ 其中 } R_i = A(i = 1, 2), R_3 = B \tag{7-1}$$

$$\left.\begin{array}{l} \text{当 } i + j \leqslant 3 \text{ 或当 } i + j > 3 \text{ 且 } X_i X_j = 0 \text{ 时，} v(\{i, j\}) = v(\{i\}) + v(\{j\}) \\ \text{其他情况下，} v(\{i, j\}) = S[v(\{i\}) + v(\{j\})]，(i, j = 1, 2, 3) \end{array}\right\} \tag{7-2}$$

$$当 X_j X_3 = 1(j = 1,2), v(\{1,2,3\}) = S\sum_{i=1}^{3} v(\{i\})$$

$$其他情况下, v(\{1,2,3\}) = \sum_{i=1}^{3} v(\{i\}) \qquad (7-3)$$

7.2.3.2　均衡求解

当所有成员均投资 CSR，即 $(X_1, X_2, X_3) = (1, 1, 1)$，所有联盟的特征函数值如表 7-2 所示。

表 7-2　所有供应链成员投资企业社会责任时的特征函数

特征函数	$v\{1\}$	$v\{2\}$	$v\{3\}$	$v\{1,2\}$	$v\{1,3\}$	$v\{2,3\}$	$v\{1,2,3\}$
值	A	A	B	$2A$	$S(A+B)$	$S(A+B)$	$S(2A+B)$

类似的方式可以计算一个或多个成员不投资 CSR 情况下的特征函数，例如，当乳品供应商 2 不投资 CSR 时，$(X_1, X_2, X_3) = (1, 0, 1)$ 存在 $v\{2\} = 0$，$v\{1\} = v\{1,2\} = A$，$v\{3\} = v\{2,3\} = B$，$v\{1,3\} = v\{1,2,3\} = S(A+B)$。

在本节中，Shapley 值是对不同 CSR 投资决策下产生的收益进行分配的结果，记 $I = \{1, 2, \cdots, n\}$ 为 n 个成员的集合，对于 I 的任何子集 $y = \{i_1, i_2, \cdots, i_n\} \subseteq I$。$v$ 是特征函数，$\nu(y)$ 代表各种联盟的总效用，$v(y) - v\left(\dfrac{y}{\{i\}}\right)$ 表示成员 i 在参与合作 y 中的贡献，其中 $\nu\left(\dfrac{y}{\{i\}}\right)$ 为集合 y 去掉元素 i 之后的合集。在 Shapley 值计算中还要考虑每个参与者不同的到达顺序对于各自边际贡献存在影响，参与者 i 与其前面的 $(y-1)$ 个人形成联盟 y，由于 $\dfrac{y}{\{i\}}$ 的成员共有 $(n-y)!\,(y-1)!$ 种排序，每种排序出现的概率是 $\dfrac{(n-y)!\,(y-1)!}{n!}$，所以每个成员的 Shapley 值的计算公式为 $y_i = \sum \dfrac{(n-y)!(y-1)!}{n!}(n-y)!(y-1)!$。

例如，计算供应链结构 I 中 $(X_1, X_2, X_3) = (1, 1, 1)$ 投资决策下乳品供应商 1 的 Shapley 值（由 y_1 表示）。三个参与者存在 6 种排序组合，分别为 $\{1, 2, 3\}$、$\{1, 3, 2\}$、$\{2, 1, 3\}$、$\{2, 3, 1\}$、$\{3, 1, 2\}$、$\{3, 2, 1\}$。乳品供应商 1 在每个联盟中对前者的边际贡献分别为：$v\{1\} = A$；$v\{1\} = A$；$v\{1,2\} - v\{2\} = A$；$v\{1,2,3\} - v\{2,3\} = SA$；$v\{1,3\} - v\{3\} = S(A+B) - B$；$v\{1,2,3\} - v\{2,3\} = S(2A+B) - S(A+B) = SA$，所以，乳品供应商 1 的沙普利值就是上述边际贡献的平均值：

$$y_1 = \frac{1}{6}(A + A + A + SA + S(A + B) - B + SA) = \frac{A(S+1)}{2} + \frac{B(S-1)}{6}$$

同理计算 $(X_1, X_2, X_3) = (1, 1, 1)$ 投资决策下乳品制造商的 Shapley 值（由 y_3 表示），同样存在 6 种排序组合，分别为 $\{1, 2, 3\}$、$\{1, 3, 2\}$、$\{2, 1, 3\}$、$\{2, 3, 1\}$、$\{3, 1, 2\}$、$\{3, 2, 1\}$。乳品制造商在每个联盟中对前者的边际贡献分别为：$v\{3\} = v\{1, 2, 3\} - v\{1, 2\} = S(2A + B) - 2A = 2A(S-1) + SB$；$v\{1, 3\} - v\{1\} = S(A + B) - A = A(S-1) + SB$；$v\{2, 1, 3\} - v\{2, 1\} = v\{1, 2, 3\} - v\{1, 2\} = S(2A + B) - 2A = 2A(S-1) + SB$；$v\{2, 3\} - v\{2\} = S(A + B) - A = A(S-1) + SB$；$v\{3\} = B$；$v\{3\} = B$，所以，乳品制造商的沙普利值就是上述边际贡献的平均值：

$$y_1 = \frac{1}{6}(2A(S-1) + SB + A(S-1) + SB + 2A(S-1)$$
$$+ SB + A(S-1) + SB + 2B)$$
$$= A(S-1) + \frac{B(2S+1)}{3}$$

其他投资决策下不同成员的沙普利值均可用类似方法求得，具体结果如表 7-3 所示。

表 7-3　　　　供应链结构 I 中供应链成员在投资决策
(X_1, X_2, X_3) 下的沙普利值

(X_1, X_2, X_3)	y_1	y_2	y_3
$(1, 1, 1)$	$\frac{A(S+1)}{2} + \frac{B(S-1)}{6}$	$\frac{A(S+1)}{2} + \frac{B(S-1)}{6}$	$A(S-1) + \frac{B(2S+1)}{3}$
$(1, 1, 0)$	A	A	0
$(1, 0, 1)$	$\frac{A(S+1)}{2} + \frac{B(S-1)}{2}$	0	$\frac{A(S-1)}{2} + \frac{B(S+1)}{2}$
$(0, 1, 1)$	0	$\frac{A(S+1)}{2} + \frac{B(S-1)}{2}$	$\frac{A(S-1)}{2} + \frac{B(S+1)}{2}$
$(0, 1, 0)$	0	A	0
$(0, 0, 1)$	0	0	B

假设 CSR 投资是由乳品供应商 1、乳品供应商 2 和乳品制造商了依次进行的。因此，CSR 投资决策是一个三阶段的博弈，其中每一方都非合作地决定其投资决策。因为投资方必须承担成本 $k_i (i = 1, 3)$，投资可能无法盈利。在供应链参与主体是负利润的情况下，该参与方不会投资 CSR，其对于各个联盟结构的贡献值为零。根据供应链所有成员的 CSR 投资决策，分配给每一

方的收益由相应的沙普利值给出，双形博弈可以方便地以扩展的形式表示，具体如图 7-2 所示。

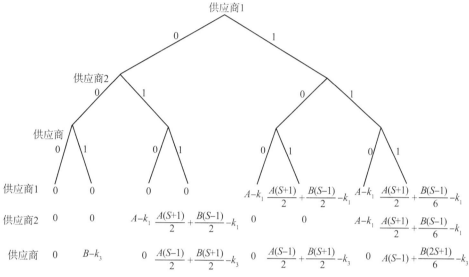

图 7-2　供应链结构 I 的双形博弈的扩展形式

7.2.4　横向联盟结构对社会责任的传导

7.2.4.1　模型构建

上游两个同质乳品供应商 S_1 和乳品供应商 S_2 形成横向联盟，两者之间可能会共享价格信息以及成本信息，因此，在为下游乳品制造商 M 提供产品和服务时候，可以提高自身的议价能力，三者之间具体的关系如图 7-3 所示。

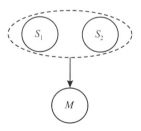

图 7-3　供应链结构 II

横向联盟结构是用 $v(\{1, 2\})$ 计算上游乳品供应商联盟的整体收益，当 $X_i = 1 (i = 1, 2)$ 时，由于两个乳品供应商是同质的，最终各方分得联盟收入的 $1/2$。具体公式定义如下：

$$v\{(1, 2)\} = \sum_{i=1}^{2} X_i R_i, \text{ 其中 } R_i = A(i = 1, 2);$$

$$\nu\{3\} = X_3 R_3, \text{ 其中 } R_3 = B \tag{7-4}$$

当 $(X_1 + X_2)X_3 = 0$ 时，$v\{(1, 2), 3\} = v\{(1, 2)\} + v\{3\}$；

其他情况下 $v\{(1, 2), 3\} = S[v\{(1, 2)\} + v\{3\}]$ $\tag{7-5}$

7.2.4.2　均衡求解

在供应链结构 Ⅱ 中，首先计算 $(X_1, X_2, X_3) = (1, 1, 1)$ 投资决策下乳品供应商 1、乳品供应商 2 和乳品制造商 3 的 Shapley 值，三个参与者关于企业社会责任投资决策存在两种排序组合，分别为 $\{(1, 2), 3\}$、$\{3, (1, 2)\}$。乳品供应商 1 和乳品供应商 2 在每个联盟中对前者的边际贡献分别为：

$$\nu\{(1, 2)\} = 2A;$$

$$v\{(1, 2)\} = v\{3, (1, 2)\} - v\{3\} = S(2A + B) - B = 2SA + B(S - 1)$$

所以，乳品供应商 1 和乳品供应商 2 形成的横向联盟结构的沙普利值就是上述边际贡献的平均值：

$$\frac{1}{2}(2A + 2SA + B(S - 1)) = A(S + 1) + \frac{B(S - 1)}{2}$$

又因为乳品供应商 1 和乳品供应商 2 是同质乳品供应商，所以各自的沙普利值占横向联盟结构沙普利值的 $1/2$，即 $y_1 = y_2 = \frac{1}{2}\left(A(S + 1) + \frac{B(S - 1)}{2}\right) = \frac{A(S + 1)}{2} + \frac{B(S - 1)}{4}$。

乳品制造商 3 在每个联盟中对前者的边际贡献分别为：

$$v\{3\} = v\{(1, 2), 3\} - v\{(1, 2)\} = S(2A + B) - 2A$$
$$= 2A(S - 1) + SB, \nu\{3\} = B$$

因此，乳品制造商 3 的沙普利值就是上述边际贡献的平均值：

$$y_3 = \frac{1}{2}(2A(S - 1) + SB + B) = A(S - 1) + \frac{B(S + 1)}{2}$$

计算 $(X_1, X_2, X_3) = (1, 0, 1)$ 投资决策下乳品供应商 1、乳品供应商 2 和乳品制造商 3 的 Shapley 值，三个参与者关于企业社会责任投资决策同样存在两种排序组合，分别为 $\{(1, 2), 3\}$、$\{3, (1, 2)\}$，因为乳品供应商 2 在横向联盟结构中的边际贡献值为 0，根据沙普利值空玩家的属性特征可得，乳品供应商 2 的沙普利值为 0，即 $y_2 = v\{2\} = 0$，此时乳品供应商 1 和乳品供应商 2 在每个联盟中对前者的边际贡献分别为：

$$\nu\{(1, 2)\} = A; v(1, 2) = v\{3, (1, 2)\} - v\{3\}$$
$$= S(A + B) - B = SA + B(S - 1)$$

因此，乳品供应商 1 和乳品供应商 2 形成的横向联盟结构的沙普利值就是上述边际贡献的平均值，即乳品供应商 1 的沙普利值：

$$y_1 = \frac{1}{2}(A + SA + B(S-1)) = \frac{A(S+1)}{2} + \frac{B(S-1)}{2}$$

同理乳品制造商 3 在每个联盟中对前者的边际贡献分别为：

$$v\{3\} = v\{(1, 2), 3\} - v\{(1, 2)\} = S(A+B) - A = SB + A(S-1); \quad \nu\{3\} = B$$

因此，乳品制造商 3 的沙普利值就是上述边际贡献的平均值：

$$y_3 = \frac{1}{2}(SB + A(S-1) + B) = \frac{A(S-1)}{2} + \frac{B(S+1)}{2}$$

其他投资决策下不同成员的沙普利值均可用类似方法求得，具体结果如表 7-4 所示。双形博弈可以方便地以扩展的形式表示，具体如图 7-4 所示。

表 7-4　供应链结构 II 中供应链成员在投资决策（X_1，X_2，X_3）下的沙普利值

(X_1, X_2, X_3)	y_1	y_2	y_3
$(1, 1, 1)$	$\frac{A(S+1)}{2} + \frac{B(S-1)}{4}$	$\frac{A(S+1)}{2} + \frac{B(S-1)}{4}$	$A(S-1) + \frac{B(S+1)}{2}$
$(1, 1, 0)$	A	A	0
$(1, 0, 1)$	$\frac{A(S+1)}{2} + \frac{B(S-1)}{2}$	0	$\frac{A(S-1)}{2} + \frac{B(S+1)}{2}$
$(0, 1, 1)$	0	$\frac{A(S+1)}{2} + \frac{B(S-1)}{2}$	$\frac{A(S-1)}{2} + \frac{B(S+1)}{2}$
$(0, 1, 0)$	0	A	0
$(0, 0, 1)$	0	0	B

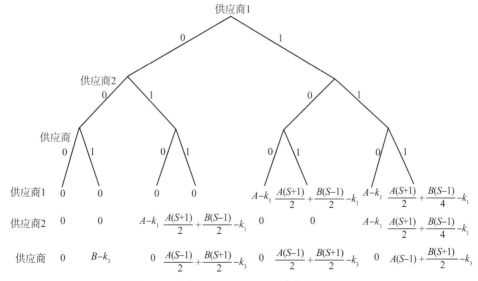

图 7-4　供应链结构 II 的双形博弈的扩展形式

7.2.5 乳品供应商对制造商持股结构对 CSR 的传导

7.2.5.1 模型构建

在上述的横向联盟结构中，上下游表现出来的是一种对抗博弈关系，上游形成横向联盟更多是为了削弱乳品制造商作为核心企业的议价能力。若以横向结盟为基础，在横向结盟的基础上增加一层纵向合作关系，在这一过程中，供应链中各参与主体的企业社会责任决策是否会有改变？这种结构是否既能促进企业社会责任的横向传导又能促进纵向传导？是否更利于供应链整体获利？本章将从乳品供应商对乳品制造商进行持股的结构，从收益性角度探讨不同结构对企业社会责任的横向传导的作用机理。三者之间具体的关系如图 7-5 所示。

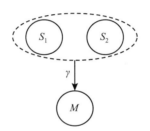

图 7-5 供应链结构Ⅲ

本节讨论的是供应链结构Ⅲ中上游乳品供应商形成横向联盟，并纵向持股下游乳品制造商的情形，引入了乳品供应商对乳品制造商持股比例 γ，与前两种结构不同的是，此时上游乳品供应商不仅能够获得投资企业社会责任带来的额外收入，还拥有股权分红的收入。具体公式定义如下：

$$v\{(1,2)\} = \sum_{i=1}^{2} X_i R_i + \gamma B, \text{ 其中 } R_i = A(i=1,2)$$
$$v\{3\} = (1-\gamma)X_3 R_3, \text{ 其中 } R_3 = B \tag{7-6}$$

$$\left.\begin{array}{l}当 (X_1+X_2)X_3=0 \text{ 时}, v\{(1,2),3\} = v\{(1,2)\} + v\{3\} \\ 其他情况下, v\{(1,2),3\} = S[v\{(1,2)\} + v\{3\}]\end{array}\right\} \tag{7-7}$$

7.2.5.2 均衡求解

在乳品供应商对乳品制造商持股结构中，首先计算 $(X_1, X_2, X_3) = (1, 1, 1)$ 投资决策下乳品供应商1、乳品供应商2和乳品制造商3的 Shapley 值，三个参与者关于企业社会责任投资决策存在两种排序组合，分别为 {(1, 2),

3}、{3，(1，2)}。乳品供应商 1 和乳品供应商 2 在每个联盟中对前者的边际贡献分别为：

$$v\{(1，2)\} = 2A + \gamma B$$

$$v\{(1，2)\} = v\{3，(1，2)\} - v\{3\} = S(2A+B) - (1-\gamma)B$$

因此，乳品供应商 1 和乳品供应商 2 形成的横向联盟并纵向持股乳品制造商结构的沙普利值就是上述边际贡献的平均值：$\frac{1}{2}(2A + \gamma B + S(2A+B) - (1-\gamma)B) = A(S+1) + \frac{B(S-1)}{2} + \gamma B$，又因为乳品供应商 1 和乳品供应商 2 是同质乳品供应商，所以各自的沙普利值占横向联盟并纵向持股乳品制造商结构沙普利值的 1/2，即：

$$y_1 = y_2 = \frac{1}{2}\left(A(S+1) + \frac{B(S-1)}{2} + \gamma B\right) = \frac{A(S+1)}{2} + \frac{B(S-1)}{4} + \frac{\gamma B}{2}$$

乳品制造商 3 在每个联盟中对前者的边际贡献分别为：

$$v\{3\} = v\{(1，2)，3\} - v\{(1，2)\} = S(2A+B) - 2A - \gamma B$$

$$v\{3\} = (1-\gamma)B$$

因此，乳品制造商 3 的沙普利值就是上述边际贡献的平均值：

$$y_3 = \frac{1}{2}(S(2A+B) - 2A - \gamma B + (1-\gamma)B) = A(S-1) + \frac{B(S+1-2\gamma)}{2}$$

计算 $(X_1，X_2，X_3) = (1，0，1)$ 投资决策下乳品供应商 1、乳品供应商 2 和乳品制造商 3 的 Shapley 值，三个参与者关于企业社会责任投资决策同样存在两种排序组合，分别为 {(1，2)，3}、{3，(1，2)}，因为乳品供应商 2 在横向联盟并纵向持股乳品制造商结构中的边际贡献值为 0，根据沙普利值空玩家的属性特征可得，乳品供应商 2 的沙普利值应为 0，但上游乳品供应商联盟对下游乳品制造商持股，因此可以获得 $\frac{\gamma B}{2}$ 的沙普利值，即 $y_2 = v\{2\} = \frac{\gamma B}{2}$，此时乳品供应商 1 和乳品供应商 2 在每个联盟中对前者的边际贡献分别为：

$$v\{(1，2)\} = A + \gamma B$$

$$v\{(1，2)\} = v\{3，(1，2)\} - v\{3\} = S(A+B) - (1-\gamma)B$$

所以，乳品供应商 1 和乳品供应商 2 形成的横向联盟并纵向持股乳品制造商结构的沙普利值就是上述边际贡献的平均值，即乳品供应商 1 的沙普利值：

$$y_1 = \frac{1}{2}(A + \gamma B + S(A+B) - (1-\gamma)B) = \frac{A(S+1)}{4} + \frac{B(S-1)}{4} + \frac{\gamma B}{2}$$

同理，乳品制造商 3 在每个联盟中对前者的边际贡献分别为：

$$v\{3\} = v\{(1，2)，3\} - v\{(1，2)\} = S(A+B) - A - \gamma B = A(S-1) + B(S-\gamma)$$
$$v\{3\} = (1-\gamma)B$$

因此，乳品制造商 3 的沙普利值就是上述边际贡献的平均值：

$$y_3 = \frac{1}{2}(A(S-1) + B(S-\gamma) + (1-\gamma)B) = \frac{A(S-1)}{2} + \frac{B(S+1-2\gamma)}{2}$$

其他投资决策下不同成员的沙普利值均可用类似方法求得，具体结果如表 7 - 5 所示。双形博弈可以方便地以扩展的形式表示，具体如图 7 - 6 所示。

表 7 - 5 　　　　　供应链结构 III 中供应链成员在投资决策
$(X_1，X_2，X_3)$ 下的沙普利值

$(X_1，X_2，X_3)$	y_1	y_2	y_3
(1，1，1)	$\frac{A(S+1)}{2} + \frac{B(S-1)}{4} + \frac{\gamma B}{2}$	$\frac{A(S+1)}{2} + \frac{B(S-1)}{4} + \frac{\gamma B}{2}$	$A(S-1) + \frac{B(S+1-2\gamma)}{2}$
(1，1，0)	A	A	0
(1，0，1)	$\frac{A(S+1)}{4} + \frac{B(S-1)}{4} + \frac{\gamma B}{2}$	$\frac{\gamma B}{2}$	$\frac{A(S-1)}{2} + \frac{B(S+1-2\gamma)}{2}$
(0，1，1)	$\frac{\gamma B}{2}$	$\frac{A(S+1)}{4} + \frac{B(S-1)}{4} + \frac{\gamma B}{2}$	$\frac{A(S-1)}{2} + \frac{B(S+1-2\gamma)}{2}$
(0，1，0)	0	A	0
(0，0，1)	$\frac{\gamma B}{2}$	$\frac{\gamma B}{2}$	$(1-\gamma)B$

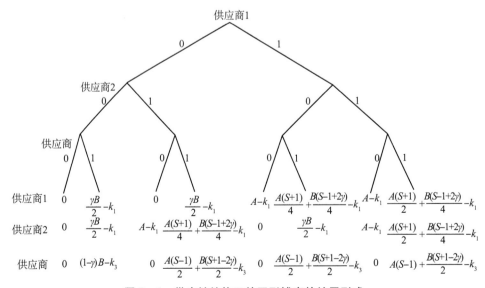

图 7 - 6 　供应链结构 III 的双形博弈的扩展形式

7.2.6　乳品制造商对供应商持股结构对 CSR 的传导

7.2.6.1　模型构建

本节讨论的是供应链结构Ⅳ中上游乳品供应商形成横向联盟，乳品制造商纵向持股上游乳品供应商的情形，引入乳品制造商对乳品供应商持股比例 θ，此时下游乳品制造商不仅能获得投资企业社会责任带来的额外收入，还拥有股权分红的收入。具体公式定义如下：

$$v\{(1,2)\} = (1-\theta)\sum_{i=1}^{2} X_i R_i，其中 R_i = A(i=1,2)$$

$$v\{3\} = X_3 R_3 + \theta\sum_{i=1}^{2} X_i R_i，其中 R_3 = B \qquad (7-8)$$

当 $(X_1+X_2)X_3 = 0$ 时，$v\{3,(1,2)\} = v\{3\} + v\{(1,2)\}$

其他情况下，$v\{3,(1,2)\} = S(v\{3\} + v\{(1,2)\})$ 　　(7-9)

$v\{(1,2)\} = v\{3,(1,2)\} - v\{3\} = S(2A+B) - B - 2\theta A$。

7.2.6.2　均衡求解

在乳品制造商对乳品供应商持股的结构中，首先计算 $(X_1,X_2,X_3) = (1,1,1)$ 投资决策下乳品供应商 1、乳品供应商 2 和乳品制造商 3 的 Shapley 值，三个参与者关于企业社会责任投资决策存在两种排序组合，分别为 $\{(1,2),3\}$、$\{3,(1,2)\}$。乳品供应商 1 和乳品供应商 2 在每个联盟中对前者的边际贡献分别为：

$$v\{(1,2)\} = (1-\theta)2A$$

$$v\{(1,2)\} = v\{3,(1,2)\} - v\{3\} = S(2A+B) - B - 2\theta A$$

因此，乳品供应商 1 和乳品供应商 2 形成的横向联盟并纵向被乳品制造商持股的结构的沙普利值就是上述边际贡献的平均值：

$$\frac{1}{2}((1-\theta)2A + S(2A+B) - B - 2\theta A) = A(S+1-2\theta) + \frac{B(S-1)}{2}$$

因为，乳品供应商 1 和乳品供应商 2 是同质乳品供应商，所以各自的沙普利值占上述联盟结构沙普利值的 1/2，即：

$$y_1 = y_2 = \frac{1}{2}\left(A(S+1-2\theta) + \frac{B(S-1)}{2}\right) = \frac{A(S+1-2\theta)}{2} + \frac{B(S-1)}{4}$$

乳品制造商 3 在每个联盟中对前者的边际贡献分别为：

$$v\{3\} = v\{(1,2),3\} - v\{(1,2)\} = S(2A+B) - (1-\theta)2A$$

$$v\{3\} = B + 2\theta A$$

因此，乳品制造商 3 的沙普利值就是上述边际贡献的平均：

$$y_3 = \frac{1}{2}\left(S(2A+B) - (1-\theta)2A + B + 2\theta A\right) = A(S-1+2\theta) + \frac{B(S+1)}{2}$$

计算 $(X_1, X_2, X_3) = (1, 0, 1)$ 投资决策下乳品供应商 1、乳品供应商 2 和乳品制造商 3 的 Shapley 值，三个参与者关于 CSR 投资决策同样存在两种排序组合，分别为 $\{(1, 2), 3\}$、$\{3, (1, 2)\}$，因为乳品供应商 2 在乳品制造商对乳品供应商持股结构中的边际贡献值为 0，根据沙普利值空玩家的属性特征可得，乳品供应商 2 的沙普利值应为 0，即 $y_2 = v\{2\} = 0$，此时乳品供应商 1 和乳品供应商 2 在每个联盟中对前者的边际贡献分别为：

$$v\{(1, 2)\} = (1-\theta)A$$
$$v\{(1, 2)\} = v\{3, (1, 2)\} - v\{3\} = S(A+B) - B - \theta A$$

所以，乳品供应商 1 和乳品供应商 2 形成的横向联盟并被乳品制造商纵向持股结构的沙普利值就是上述边际贡献的平均值，即乳品供应商 1 的沙普利值：

$$y_1 = \frac{1}{2}\left((1-\theta)A + S(A+B) - B - \theta A\right) = \frac{A(S+1-2\theta)}{2} + \frac{B(S-1)}{2}$$

同理，乳品制造商 3 在每个联盟中对前者的边际贡献分别为：

$$v\{3\} = v\{(1, 2), 3\} - v\{(1, 2)\} = S(A+B) - (1-\theta)A = A(S-1+\theta) + SB$$
$$v\{3\} = B + \theta A$$

因此，乳品制造商 3 的沙普利值就是上述边际贡献的平均值：

$$y_3 = \frac{1}{2}\left(A(S-1+\theta) + SB + B + \theta A\right) = \frac{A(S-1+2\theta)}{2} + \frac{B(S+1)}{2}$$

其他投资决策下不同成员的沙普利值均可用类似方法求得，具体结果如表 7-6 所示。双形博弈可以方便地以扩展的形式表示，具体如图 7-7 所示。

表 7-6　　　　供应链结构Ⅳ中供应链成员在投资决策
(X_1, X_2, X_3) 下的沙普利值

(X_1, X_2, X_3)	y_1	y_2	y_3
$(1, 1, 1)$	$\frac{A(S+1-2\theta)}{2} + \frac{B(S-1)}{4}$	$\frac{A(S+1-2\theta)}{2} + \frac{B(S-1)}{4}$	$A(S-1+2\theta) + \frac{B(S+1)}{2}$
$(1, 1, 0)$	$(1-\theta)A$	$(1-\theta)A$	$2\theta A$
$(1, 0, 1)$	$\frac{A(S+1-2\theta)}{2} + \frac{B(S-1)}{2}$	0	$\frac{A(S-1+2\theta)}{2} + \frac{B(S+1)}{2}$
$(0, 1, 1)$	0	$\frac{A(S+1-2\theta)}{2} + \frac{B(S-1)}{2}$	$\frac{A(S-1+2\theta)}{2} + \frac{B(S+1)}{2}$
$(0, 1, 0)$	0	$(1-\theta)A$	θA
$(0, 0, 1)$	0	0	B

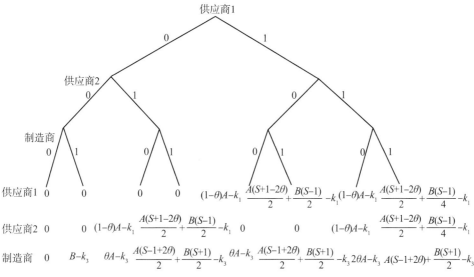

图 7 - 7　供应链结构Ⅳ的双形博弈的扩展形式

7.2.7　纵向一体化结构对 CSR 的传导

7.2.7.1　模型构建

供应链结构Ⅳ表示下游乳品制造商并购上游一个乳品供应商，两者之间形成垂直一体化，而另一乳品供应商不参与纵向联合。该结构用 $v(\{1,3\})$ 计算纵向一体化中成员的整体收入，当 $X_i = 1 (i = 1,3)$ 时，乳品供应商和乳品制造商之间会存在纵向协同效应。具体公式定义如下：

当 $X_1 X_3 \neq 0$ 时，$v\{(1,3)\} = S(v\{1\} + v\{3\})$

其他情况下，$v\{(1,3)\} = v\{1\} + v\{3\}$ 　　　　　　(7-10)

当 $(X_1 + X_2)X_3 = 0$ 时，$v\{2,(1,3)\} = v\{2\} + v\{(1,3)\}$

其他情况下，$v\{2,(1,3)\} = S(v\{2\} + v\{(1,3)\})$ 　　(7-11)

$v\{(1,3)\} = v\{2,(1,3)\} - v\{2\} = S(2A+B) - A$。

在乳品制造商和一个乳品供应商形成的纵向一体化的结构中，首先计算 $(X_1, X_2, X_3) = (1,1,1)$ 投资决策下乳品供应商 1、乳品供应商 2 和乳品制造商 3 的 Shapley 值，三个参与者关于 CSR 投资决策存在两种排序组合，分别为 $\{(1,3),2\}$、$\{2,(1,3)\}$。乳品供应商 1 和乳品制造商 3 在每个联盟中对前者的边际贡献分别为：

$$v\{(1,3)\} = S(A+B)$$

$$v\{(1,3)\} = v\{2,(1,3)\} - v\{2\} = S(2A+B) - A$$

所以，乳品供应商 1 和乳品制造商 3 形成的纵向一体化结构的沙普利值就是上述边际贡献的平均值：

$$y_1 y_3 = \frac{1}{2}(S(A+B) + S(2A+B) - A) = \frac{A(3S-1)}{2} + SB$$

乳品供应商 2 在每个联盟中对前者的边际贡献分别为：

$$v\{2\} = v\{(1,3),2\} - v\{(1,3)\} = S(2A+B) - S(A+B)$$

$$\nu\{2\} = A$$

因此，乳品供应商 2 的沙普利值就是上述边际贡献的平均值：

$$y_2 = \frac{1}{2}(S(2A+B) - S(A+B) + A) = \frac{A(S+1)}{2}$$

7.2.7.2 均衡求解

计算 $(X_1, X_2, X_3) = (1,0,1)$ 投资决策下乳品供应商 1、乳品供应商 2 和乳品制造商 3 的 Shapley 值，三个参与者关于 CSR 投资决策同样存在两种排序组合，分别为 $\{(1,3),2\}$、$\{2,(1,3)\}$，因为乳品供应商 2 在纵向一体化结构中的边际贡献值为 0，根据沙普利值空玩家的属性特征可得，乳品供应商 2 的沙普利值应为 0，即 $y_2 = \nu\{2\} - 0$，此时乳品供应商 1 和乳品制造商 3 在每个联盟中对前者的边际贡献分别为：

$$v\{(1,3)\} = S(A+B)$$

$$v\{(1,3)\} = v\{2,(1,3)\} - v\{2\} = S(A+B)$$

因此，乳品供应商 1 和乳品制造商 3 形成的纵向一体化结构的沙普利值就是上述边际贡献的平均值：

$$y_1 y_3 = \frac{1}{2}(S(A+B) + S(A+B)) = S(A+B)$$

同理，在 $(0,1,1)$ 的 CS 投资决策下，乳品供应商 1 和乳品制造商 3 在每个联盟中对前者的边际贡献分别为：

$$\nu\{(1,3)\} = B$$

$$v\{(1,3)\} = v\{2,(1,3)\} - v\{2\} = S(A+B) - A$$

则乳品供应商 1 和乳品制造商 3 形成的纵向一体化结构的沙普利值就是上述边际贡献的平均值：

$$y_1 y_3 = \frac{1}{2}(B + S(A+B) - A) = \frac{A(S-1)}{2} + \frac{B(S+1)}{2}$$

其他投资决策下不同成员的沙普利值均可用类似方法求得，具体结果如表 7-7 所示。双形博弈可以方便地以扩展的形式表示，具体如图 7-8 所示。

表 7 - 7　　　　　　供应链结构 V 中供应链成员在投资决策

(X_1, X_2, X_3) 下的沙普利值

(X_1, X_2, X_3)	$y_1 y_3$	y_2
$(1, 1, 1)$	$\dfrac{A(3S-1)}{2} + SB$	$\dfrac{A(S+1)}{2}$
$(1, 1, 0)$	$\dfrac{S(A+B)}{2}$	$\dfrac{S(A+B)}{2}$
$(1, 0, 1)$	$S(A+B)$	0
$(0, 1, 1)$	$\dfrac{A(S-1)}{2} + \dfrac{B(S+1)}{2}$	$\dfrac{A(S+1)}{2} + \dfrac{B(S-1)}{2}$
$(0, 1, 0)$	0	A
$(0, 0, 1)$	B	0

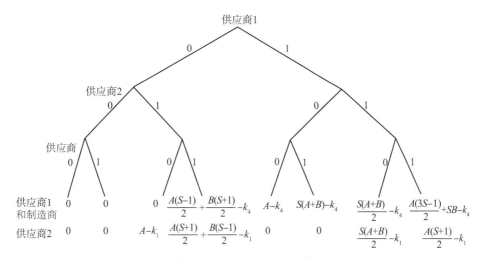

图 7 - 8　供应链结构 V 的双形博弈的扩展形式

7.2.8　算例分析

7.2.8.1　传统独立结构 Ⅰ

对于每种结构，根据乳品供应商和乳品制造商的均衡投资决策以及对各方的相关收益分配，均能得出子博弈完美均衡（SPE）。将各成员的收益表示在投资成本平面 k_1、k_3 中，利于区分对应于不同企业社会责任投资策略下的不同区域（如图 7 - 9 所示）。

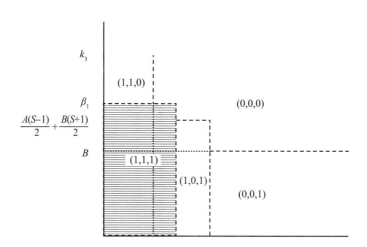

图 7 – 9　供应链结构 I 的子博弈完美均衡投资

在（0，0，0）的投资决策中，如果投资成本 K_1 和 K_3 都较高，乳品供应商和乳品制造商均无法保证获得正向收益，最终各方均不会投资 CSR；而在（1，1，1）的投资决策中，如果 K_1 和 K_3 均较低，则乳品供应商和乳品制造商均选择投资企业社会责任，并且获利空间愈大，其投资 CSR 的动机愈强；在（1，1，0）和（0，0，1）的投资决策中，上下游成员的投资成本存在差异，只有当投资成本较低时，乳品供应商和制造商才会进行 CSR 投资。因此，对于供应链成员企业而言，合理的成本控制是激励上下游投资 CSR 的重要因素。

传统供应链结构 I 的子博弈完美均衡在图 7 – 9 中表示，其中有四个领域：两个对称均衡（1，1，1）和（0，0，0），表示所有成员均投资或没有成员投资；两个不对称均衡（1，1，0）和（0，0，1），表示投资只在供应链上游或下游进行。但还有一个额外的不对称均衡（1，0，1），其中 CSR 投资仅由上游乳品供应商 1 进行，并且乳品供应商 1 在该投资决策下的收益达到最大。造成这种结果的原因是率先投资 CSR 的乳品供应商具有先动优势，更能获得额外收益。

事实上，在两个乳品供应商都进行 CSR 投资的情况下，两个乳品供应商之间的竞争反而会降低他们的收益，如图 7 – 9 中，（1，0，1）的横坐标 $\frac{A(S+1)}{2}+\frac{B(S-1)}{2}$ 要大于（1，1，1）的横坐标 $\alpha_I\left(\alpha_I=\frac{A(S+1)}{2}+\frac{B(S-1)}{6}\right)$，因此当上游乳品供应商均投资 CSR，虽存在明显的获利区间，却未必都能实现最大获利。而相反乳品制造商在（1，1，1）的投资决策中获利最大，此时纵坐标 β_I

$\left(\beta_1 = A(S-1) + \dfrac{B(2S+1)}{3}\right)$ 大于 （1，0，1） 的纵坐标 $\dfrac{A(S-1)}{2} + \dfrac{B(S+1)}{2}$，

原因是市场上此时有两个乳品供应商给制造商提供 CSR 产品，乳品制造商有能力去满足更多具有 CSR 产品偏好的消费者需求，此时乳品制造商的收益达到最大。

7.2.8.2　横向联盟结构 II

上游乳品供应商形成战略联盟，以整体利润最优为目标，充分共享产品相关信息、统一协调生产和销售，增强与下游制造商的议价能力。消费者偏好 CSR 产品，愿意支付更高的零售价格，所以在 （1，1，1） （如图 7-10 所示）的投资决策下，当乳品供应商和制造商都具有社会责任意识、共同履行 CSR 时，可以刺激市场，使产品需求增加，从而乳品制造商可以销售更多的产品，获得更大的利润，此时乳品制造商的利润达到最优。

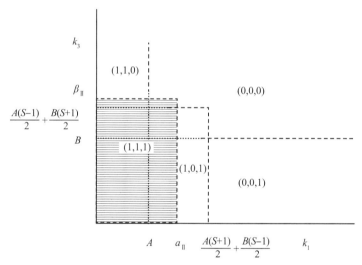

图 7-10　供应链结构 II 的子博弈完美均衡投资

随着企业履责水平的提高，边际社会责任成本也越高，需要投入的成本也会增加，因此，乳品制造商增加的利润不一定能抵销成本投入的增加，所以乳品制造商也可能降低零售价格来扩大销售，从而达到新的均衡。

当乳品供应商和制造商共同履行 CSR 时，乳品供应商的利润同样不是最优，这一结论与传统供应链结构中一样，率先进行 CSR 投资的乳品供应商具有先动优势，更容易获利。在两个乳品供应商都进行 CSR 投资的情况下，两个乳品供应商之间的竞争反而会降低其收益。

从乳品供应商联盟的视角来看，在 （1，1，1） 的投资决策中，供应链结

构Ⅱ中形成横向联盟的乳品供应商收益大于供应链结构Ⅰ中乳品供应商的收益 $\left(\alpha_{\mathrm{II}} > \alpha_{\mathrm{I}},\ \alpha_{\mathrm{II}} = \dfrac{A(S+1)}{2} + \dfrac{B(S-1)}{4}\right)$（如图 7-11 所示）。相较于供应链结构Ⅰ，供应链结构Ⅱ中乳品供应商通过建立横向联盟，可以增强其整体纵向议价能力，提升其在供应链中的地位，从而有助于激发乳品供应商投资 CSR 的动机，并有促进企业社会责任横向传导的直接动力。同时，乳品供应商议价能力的提高势必导致乳品制造商的采购成本上升，因此相对于供应链结构Ⅰ，乳品制造商的收益有所下降 $\left(\beta_{\mathrm{II}} > \beta_{\mathrm{I}},\ \beta_{\mathrm{II}} = \dfrac{A(S-1)}{2} + \dfrac{B(S+1)}{2}\right)$。这与谢乌（Sheu, 2014）的研究结论一致，逆向物流提供商间的联盟能够提升其联盟的讨价还价能力，有效改善逆向物流提供商的收益，但会降低制造商的盈利能力。

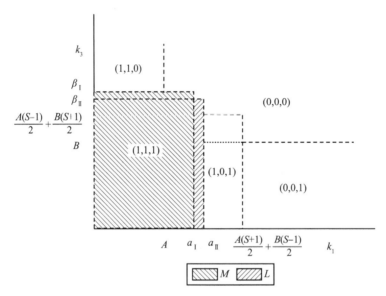

图 7-11　供应链结构Ⅰ与结构Ⅱ的子博弈完美均衡投资对比

值得注意的是，在供应链结构Ⅰ和供应链结构Ⅱ中，当仅有一个乳品供应商投资 CSR 时，两种结构下投资 CSR 的乳品供应商获得相同的收益，而在此情形下，供应链结构Ⅱ中的横向联盟并未对乳品供应商的盈利产生溢出作用，这表明横向联盟生效的前提是各成员均需同时进行 CSR 投资。

7.2.8.3　乳品供应商对制造商持股的结构Ⅲ

从供应链结构Ⅲ的 SPE 来看，当乳品供应商对制造商的持股比例 $\gamma \in \left(\dfrac{2A}{B}, 1\right)$，上游至少存在一个乳品供应商投资 CSR 时，CSR 投资决策从（0，

（0，1）到（1，0，1）再到（1，1，1），供应链两层级之间实现纵向协同效应，三方收益均在增加。从图7-12可以看出，各个均衡投资决策下每个横坐标数值均大于对应的纵坐标数值，这表明乳品供应商收益增长的速度更快，并且在（1，1，1）的投资决策中，各方收益达到最大，这意味着上游对下游持股的供应链结构有助于节点企业求得共同利益上的契合点，达成行动上的一致性，实现双方共赢。此时的供应链结构使上下游成员都具有投资CSR的动机，能够最大程度地促进企业社会责任实现纵向传导。

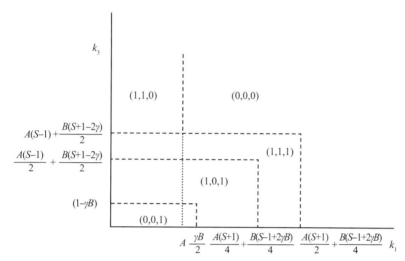

图7-12　乳品供应商对制造商持股的子博弈完美均衡投资

将供应链结构Ⅰ和乳品供应商对制造商持股的供应链结构Ⅲ对比来看，发现在（1，1，1）的投资决策中，结构Ⅲ中乳品供应商获得的收益较高，说明乳品供应商横向联盟并对制造商持股的供应链结构，更有利于乳品供应商获取较高的盈利水平，乳品供应商在这种结构中则更具有投资CSR的动机。相反对于乳品制造商而言，这种乳品供应商对其持股的结构增加了乳品供应商从制造商那获得的收益比例，因此乳品制造商在供应链结构Ⅲ中所获得的收益要小于供应链结构Ⅰ，但乳品供应商对制造商进行CSR持股，分担了制造商投资CSR的成本。由图7-12可以看出，从（0，0，1）到（1，1，1），乳品制造商的收益一直在增加，因此，在供应链结构Ⅲ中乳品制造商同样具有投资CSR的动机。

从供应链结构Ⅱ和供应链结构Ⅲ对比来看，乳品供应商对制造商持股的结构Ⅲ相对于供应链结构Ⅱ多一层纵向持股关系，更能促进CSR在上下游之间的纵向传导，但其中一个乳品供应商可能决定不投资并利用另一个供应商的投资获益，这种机会主义行为会阻碍供应链上游的CSR投资。解释如下：

由表 7 - 5 可知，在（1，0，1）和（0，1，1）的投资决策中，对于不投资 CSR 的乳品供应商而言，仍然能够通过股权获益，但其收益要远小于投资 CSR 的乳品供应商，这种削弱作用在（0，0，1）的投资决策中最显著。结合图 7 - 12 可见，两个乳品供应商均在自身未承担 CSR 时获得了 $\frac{\gamma B}{2}$ 的收益，但与（1，1，1）投资决策中乳品供应商的收益 $\frac{A(S+1)}{2} + \frac{B(S-1)}{4} + \frac{\gamma B}{2}$ 相比，此时两个乳品供应商仅通过股权分红所获得的收益微乎其微。

总体来说，在乳品供应商对制造商持股的结构中选择投资 CSR 对乳品供应商有利，最终乳品供应商的获利更可观。

7.2.8.4　乳品制造商对供应商持股结构Ⅳ

与表 7 - 5 所考虑的股权结构不同，表 7 - 6 描述的是下游乳品制造商对上游乳品供应商持股的结果。结合图 7 - 13 可以看出，$C = \frac{A(S+1-2\theta)}{2} + \frac{B(S-1)}{4}$，$D = \frac{A(S+1-2\theta)}{2} + \frac{B(S-1)}{2}$，随着乳品制造商对供应商持股比例的增加，乳品供应商的利润空间一直在被压缩，其能够承担的 CSR 成本 K_1 也随之降低，导致乳品供应商投资 CSR 的动力日益匮乏。相反，乳品制造商的盈利水平却在大幅度上升，这说明乳品供应商利润与制造商利润存在着此消彼长的情况。

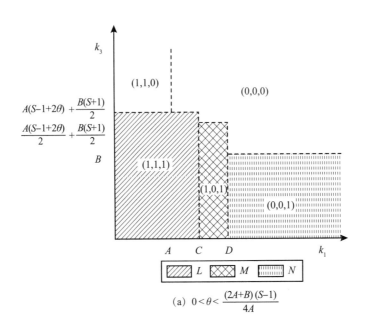

(a) $0 < \theta < \frac{(2A+B)(S-1)}{4A}$

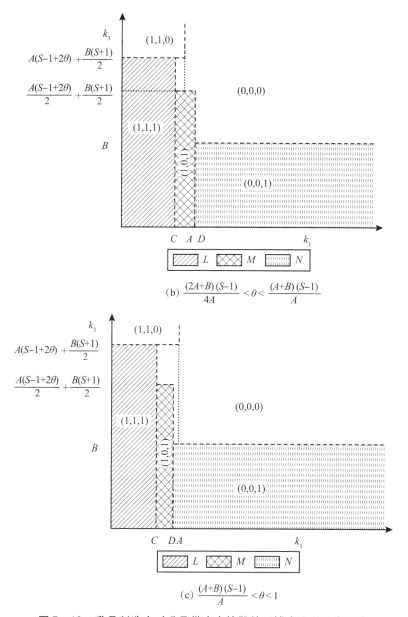

(b) $\dfrac{(2A+B)(S-1)}{4A}<\theta<\dfrac{(A+B)(S-1)}{A}$

(c) $\dfrac{(A+B)(S-1)}{A}<\theta<1$

图 7-13　乳品制造商对乳品供应商持股的子博弈完美均衡投资

当乳品制造商对供应商持股比例达到 $\theta>\dfrac{(2A+B)(S-1)}{4A}$ 时，乳品制造商可能会以股东的身份挤压乳品供应商的利润空间，从而降低乳品供应商的盈利能力，挫伤乳品供应商投资企业社会责任的积极性，这与蔡昕皓（2012）和郭跃飞（2020）等许多学者反对核心企业纵向股权战略联盟的观点一致。当乳品制造商对供应商的持股比例 $\theta\in\left(\dfrac{(S-1)B}{12A},1\right)$ 时，乳品制造商在供应链结构Ⅲ中获利能力最大，该结构会成为乳品制造商的选择偏好，但乳品供应商在该结构中的收益最少，致使这种结构很难得到乳品供应商的青睐，所以在下游对上游持股的结构Ⅳ中，恰当的持股比例能够激励CSR的纵向传导，反之，如果超出这个比例，乳品供应商和制造商就难以达到利益的契合点，从而不能使上下游同时具备投资CSR的动机，不利于CSR的纵向传导。因此，乳品制造商必须掌握好持股比例，以使自身及闭环供应链系统都能更稳定地运作。

对于不投资CSR的乳品供应商而言，在（1，0，1）和（0，1，1）的投资决策中，乳品制造商对供应商持股的目的是希望有效监管乳品供应商提供具有CSR的服务和产品，但现实中很多乳品供应商并没有选择进行CSR投资，甚至是对乳品制造商谎称自己实施了CSR，乳品供应商和乳品制造商之间存在信息不对称的现象。由于信息不对称，乳品供应商是否真正投资CSR以及投资强度都不易识别，使乳品供应商存在一定的机会主义行为。如今，乳品制造商面临着来自政府、竞争对手和员工对于可持续发展的产品诉求越来越高，制造商需要激励其乳品供应商投资有意义的CSR，而信息不对称则会影响供应链结构Ⅳ对CSR在供应链中的纵向传导。

从乳品制造商对供应商持股的供应链结构Ⅳ与横向联盟供应链结构Ⅱ对比来看，前者比后者多一层纵向持股的关系，可以深度绑定上下游之间的利益关系，进而对供应链成员的行为起到约束作用，在适当控制持股比例的情况下，能较好地激励CSR从下游向上游传导。

从乳品制造商对供应商持股的供应链结构Ⅳ与乳品供应商对乳品制造商持股的供应链结构Ⅲ对比来看，在供应链结构Ⅳ中，随着持股比例的增加，乳品供应商和制造商的收益会出现此消彼长的现象，因此乳品制造商需要控制持股比例，才能在一定程度上促进CSR投资的纵向传导。而供应链结构Ⅲ中，供应链两层级之间更容易产生纵向协同效应，随着持股比例和投资CSR成员数量的增加，乳品供应商和制造商三方收益均在增加，并在（1，1，1）的投资决策中，各方收益均达到最大，上游对下游持股的供应链结构更有助于节点企业求得共同利益上的契合点，达成行动上的一致性，实现双方共赢。综上所述，供应链结构Ⅲ更容易激发上下游成员投资CSR的动机，能够最大程度地促进CSR实现纵向传导。

7.2.8.5 纵向一体化结构Ⅴ

如图7-14所示，在（1，1，1）的投资决策下，纵向一体化中成员的整体收益是$\frac{A(3S-1)}{2}+SB$，该收益在5种供应链结构中最优，这说明当上下游同时投资 CSR 并形成纵向一体化时，更有利于上下游成员共同获利，从而能够为纵向一体化内部成员投资 CSR 提供较大的激励并促进 CSR 的纵向传导。而其中不参与纵向一体化的乳品供应商的收益是 $\frac{A(S+1)}{2}$，该收益在所有的供应链结构中最小，这是因为参与纵向一体化中的乳品供应商可以从制造商那里获得更多的资源和优惠政策。对于不参与纵向一体化的乳品供应商来说，即便投资 CSR，也无法从制造商那里获得任何优势，这种结构会严重挫伤纵向一体化之外的成员实施 CSR 的积极性。

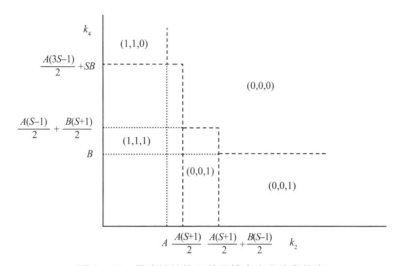

图 7－14　供应链结构 V 的子博弈完美均衡投资

由表 7－7 可知，在所有的供应链结构中，供应链整体收益仅在（1，1，1）的投资决策中达到最优，均为 $S(2A+B)$，这说明当供应链上下游成员均投资 CSR 时，供应链结构不会影响供应链整体收益，但对供应链成员的收益产生影响。因此，当节点企业未全员投资 CSR 时，可以通过供应链结构调节上下游成员的收益，进而激发成员的投资意愿和动力，最终提高供应链的 CSR 实施水平。

从纵向一体化结构与供应商对制造商持股的结构以及制造商对供应商持股的结构对比来看，三种结构都能够促进 CSR 行为在供应链中的纵向传导，不同的是在供应商对制造商持股的结构以及制造商对供应商持股的结构中，供应商和制造商均以自身利益最大化进行决策，而在纵向一体化结构中，制造商和参与纵向整合的供应商的决策更多的是从两者整体利益最大化出发，决策内容的改变会牵制其在 CSR 方面的投入。

此外，在供应商对制造商持股的结构中，供应商会利用股权分红产生机会主义行为，而且不易被制造商识别。虽然在纵向一体化结构中，乳品供应商不存在机会主义行为，但是纵向一体化结构只能促进结构内 CSR 行为的纵向传导，会损害结构外企业投资 CSR 的积极性，不会促进同层产业层级的 CSR 传导。

7.2.9 主要结论

企业履行 CSR 行为动机的复杂性一直备受学术界关注，学者们不断研究影响企业承担 CSR 的主要因素，试图从不同视角解密企业社会责任复杂行为的"黑箱"。本节以供应链上下游 CSR 投资为研究切入点，重点探索异质性供应链结构对整体供应链网络 CSR 传导效应的影响。通过对比分析乳品供应商和乳品制造商在不同结构中有关 CSR 投资决策下的收益，得出以下主要结论。

（1）供应链结构是影响 CSR 传导的有效媒介，存在下游到上游的纵向传导效应和上游之间的横向传导效应。在供应链上下游成员均投资 CSR 时，供应链结构本身不影响供应链整体收益，但对链内不同成员的收益有影响，且率先实施 CSR 的乳品供应商具有先动优势，更能获得额外利润。

（2）乳品供应商横向联盟能提高乳品供应商层级的议价能力，有促进 CSR 横向传导的直接动力，但会增加乳品制造商的采购成本，对乳品制造商投资 CSR 的激励不足，整体供应链收益不变。纵向一体化结构只能为结构内的成员投资 CSR 提供较大的激励，而不能为纵向一体化外的成员投资 CSR 提供激励，也就是说纵向一体化结构最终并不会促进产业层级的 CSR 传导。

（3）持股比例会影响供应链成员投资 CSR 的积极性，进而影响供应链结构的选择。当乳品供应商对乳品制造商持股时，恰当的持股比例能够最大程度地促进 CSR 的纵向传导，值得注意的是，当乳品制造商对乳品供应商持股时，乳品制造商的收益随着持股比例的增加而增加，而乳品供应商的收益却在不断减少，仅乳品制造商具有投资 CSR 的意愿，不利于 CSR 的纵向传导。

（4）不同的供应链结构对 CSR 传导作用不同。横向联盟是用来改善供应商企业能力的重要渠道，它不仅能增强上游乳品供应商与下游乳品制造商交易中的谈判能力和议价能力，同时能保证乳品供应商在 CSR 投入时的正当权益，因此乳品供应商具有较大的决心和动力去实施 CSR，从而推动 CSR 在同层级的横向传导；股权结构以及纵向一体化结构是通过深度绑定上下游主体间的利益关系，进而对供应链成员的行为起到约束作用，在适当控制持股比例的情况下，能较好地激励 CSR 从下游到上游的传导。

7.3 区块链驱动下的竞争性乳品 供应链 CSR 传导研究

上述研究强调供应链内部网络结构对 CSR 传导的影响，本节是以乳品供应链上下游主体存在 CSR 信息不对称为切入点，以两条乳品竞争性供应链为研究对象，主要构建了三种区块链技术投入策略，分析乳品制造商区块链技术的投入对于解决 CSR 信息不对称问题、提升供应链主体企业 CSR 的实施水平、拓宽 CSR 在供应链网络内的传导范围等管理决策。

7.3.1 供应链信息不对称与技术投入的相关研究

当前，已有大量文献对信息不对称问题进行了研究探讨，其中市场需求信息不对称是主要研究视角。哈等（Ha et al.，2011）构建了一个由制造商和零售商构成的二级供应链，探讨在零售商发布私有市场需求信息后，供应链企业的均衡解和最优利润的变化。孔等（Kong et al.，2013）按照是否掌握私有市场信息来区别零售商，讨论零售商与供应商之间的博弈，并构建利润共享合同与批发价格合同进行对比研究，主要探讨了利润共享合同在促进市场信息共享及抑制信息泄露方面的作用。李等（Li et al.，2015）研究在经销商掌握私有市场需求信息和采用非线性定价时，供应商如何发展直销渠道的决策博弈。哈等（2008，2011）通过两阶段博弈法探讨了供应链竞争中的信息分享问题，并表明推动信息分享的重要因素之一是供应链中的协调机制类型。张等（Zhang et al.，2019）在考虑需求信息不对称和产品质量的基础上，研究制造商与零售商之间的竞争，表明公开信息、开辟直销渠道都会影响上下游的利润及产品质量。关等（Guan et al.，2020）构建制造商与零售商间的多阶段博弈，其中制造商提供售后服务，零售商掌握市场信息，在此基础上考虑零售商的信息共享策略对各主体的决策及利益的影响。唐丹等（2021）指出，供应链内部信息结构是影响供应链运营和决策的重要因素之一。胡晓青等（2022）通过对契约设计方案、信息共享价值研究与信息共享方法等进行梳理，认为在需求信息不对称背景下，供应链运营将面临更多新挑战。

关于技术投入对供应链运营影响的研究也不少见，张（Zhang，2018）基于全球化的现代供应链管理体制，在构建服务型供应链的背景下，通过采用异构数据交换引擎和数据交换代理形成了企业销售管理信息的新型系统。查梅赫（Chamekh，2018）等人基于物联网技术，提出供应链跟踪系统这一概念，并证明其能使项目实现全周期的可追溯性，重点探讨了供应链各环节信息的即时共享问题。胡和王（Hu & Wang，2019）都重点探究了信息共享平台在供应链服务方面的建设，认为赋能技术能够提供真实且精准的信息来解决信息不对称问题。杨慧琴等人（2018）基于区块链技术构建了供应链联盟、金融机构及政府监管机构的三位一体的供应链信息平台。高鹏（2024）为解决由于产品信息不透明引起的消费者信任下降问题，在线上线下竞争型双渠道直销供应链系统中引入区块链技术。王心（2024）研究了政府对区块链技术的重视程度越高，则企业对区块链技术的投资努力水平、产品价格、政府的补贴率、市场需求以及供应商、电商平台和政府的利润均越高。但关于区块链技术究竟如何影响供应链运营的相关研究并不多见。

7.3.2 乳品制造商不进行区块链技术投入的策略研究

本节研究两个乳品制造商均不投入区块链技术追溯其 CSR 的真实水平。如图 7 - 15 中的 NN 模型，即两条链的乳品制造商均不投入区块链技术，此时两条链的乳品供应商考虑成本收益，也均不实施 CSR。在此情形下，在无法判断乳品供应商真实 CSR 实施水平的情况下，面对不确定的乳品市场需求，乳品制造商与乳品供应商会做出何种行为决策，以及产生怎样的均衡结果，并分析CSR 信息不对称对乳品供应商及乳品制造商的利润影响。

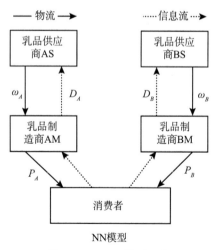

图 7 - 15　NN 模型结构

考虑两条竞争性乳品供应链 A 和 B，均由一个乳品供应商 S 和一个乳品制造商 M 组成，下游乳品制造商 AM、BM 分别为供应链主导者。NN 模型中，AM、BM 均不进行技术投入，由于没有区块链技术的有效追溯，基于降本增利的目的，AS、BS 不实施 CSR，此时，由上而下仅传递产品价格等相关产品和物流信息，而由于 CSR 信息的不对称性，由下至上传递的仅是基于乳品制造商判断得到的需求信息，无法得到精准的市场需求信息。基于以上问题的描述，考虑到模型的合理性，本节对模型做出如下假设。

（1）假设两条链的乳品制造商均实施 CSR，且由于信息不对称，当乳品制造商不投资区块链技术时，不对乳品供应商进行 CSR 监管，这时乳品供应商出于成本收益考虑，不投入实施 CSR。

（2）假设一般消费者更愿意购买具有 CSR 属性的乳制品。

（3）假设当乳品制造商投入区块链技术时，乳品供应商受消费者偏好及投入成本影响，有可能实施高水平 CSR 和低水平 CSR 两种情况。

（4）令市场规模为 $E[A\,|\,s]$，当乳品供应商实施高水平 CSR，即 e^H 时，市场潜力为 $A_H = (1+\delta)\overline{A}$；而当乳品供应商实施低水平 CSR，即 e^L 时，市场潜力为 $A_L = (1-\delta)\overline{A}$；$\overline{A} > 0$ 为平均市场潜力；$\delta \in (0,1)$ 为市场不确定性水平。

（5）预测信号 s 分为高（h）、低（l）两种，是乳品制造商对实际市场需求的预测，高预测信号 h 表示此时的市场规模较大；低预测信号 l 表示此时的市场规模较小。

（6）假设高低市场潜力出现的概率均为 $\frac{1}{2}$。

（7）使用参数 $\rho \in [0,1]$ 来描述预测信号的精确度，ρ 越大，表示预测信息越可靠。其中，$E[A\,|\,s] = A_H P_r(A_H\,|\,s) + A_L P_r(A_L\,|\,s)$，由此，$E[A\,|\,h] = (1+\delta\rho)\overline{A}$，$E[A\,|\,l] = (1-\delta\rho)\overline{A}$。

基于上述研究问题，定义相关参数见表 7-8。

表 7-8　　相关参数

参数	说明
δ	市场不确定水平，$0 < \delta < 1$
ρ	信息精确度，$0 \leqslant \rho \leqslant 1$
$\overline{A}$	市场平均潜力，$\overline{A} > 0$
D_i^{NN}	i 供应链的乳制品需求量
P_i^{NN}	i 供应链乳制品的价格
ω_i^{NN}	i 供应链乳制品的批发价
π_{iS}^{NN}	乳品供应商利润
π_{iM}^{NN}	乳品制造商利润
NN	两条链的乳品制造商均不进行区块链技术投入的策略
i	$i = A$、B，代表 A、B 两条乳品供应链

在基准模型中，乳品制造商 AM、BM 均不投入区块链技术，存在 CSR 信息不对称问题，此时乳品供应商均不实施 CSR。乳品供应商提供一个批发价格 ω 给乳品制造商，乳品制造商根据观测到的市场需求状态进行订单量决策，即发出信号，且各自的销售价格由需求函数决定，故市场上只有每条乳品供应链内部的乳品供应商和乳品制造商双方进行的不完全信息博弈。

基准模型中，由于在该策略下乳品制造商并未实施区块链技术，下游乳品制造商无法准确掌握上游乳品供应商 CSR 实施的真实情况，基于假设 1，此时乳品供应商并未实施 CSR，乳品制造商无法依靠 CSR 水平精准判断市场需求，所以市场需求并不受 CSR 水平高低的影响，市场需求仅受产品定价以及乳品制造商对实际市场需求预测的影响，此时 A、B 两供应链的市场需求函数分别为：

$$D_A = \sum_{s \in \{l,h\}} Pr(s)(E[A \mid s] - P_A + P_B)$$

$$D_B = \sum_{s \in \{l,h\}} Pr(s)(E[A \mid s] - P_B + P_A)$$

在基准模型下，乳品供应商及乳品制造商的利润等于销售收入，销售收入为价格和市场需求量的乘积，此时 A、B 两供应链乳品制造商和乳品供应商的利润函数分别为：

$$\pi_{iS}^{NN} = \omega_i D_i$$

$$\pi_{iM}^{NN} = (P_i - \omega_i) D_i$$

命题 1：在 A、B 两条乳品供应链的制造商均无区块链技术投入的情况下，存在最优批发价 ω_i^{NN}、最优产品价格 P_i^{NN} 使乳品供应商和乳品制造商的利润最大化。

证明：由于乳品供应链 A、B 的供应商和制造商的求解结果相同，所以根据逆向归纳法，可得出 i 乳品供应链制造商不投资区块链技术时的最优决策为：

$$P_i^{NN} = 2\overline{A}$$

$$\omega_i^{NN} = \overline{A}$$

$$\pi_{iS}^{NN} = \overline{A}^2$$

$$\pi_{iM}^{NN} = \overline{A}^2$$

在基准模型（NN）中，由于乳品制造商并未投入区块链技术，此时受信息不对称这一因素的影响，乳品制造商无法明确得知乳品供应商实施 CSR 的真实情况，而更接近消费者市场的乳品制造商，更容易被消费者观测到其 CSR 行为，且面对消费者严苛的要求，制造商通常会实施 CSR 来满足消费者偏好，以此占据更大的消费者市场，此时乳品制造商的行为也为乳品供应商带来了溢出效应，综合导致乳品供应商在无技术监管的情况下投入 CSR 的动力较低。而且随着消费者对产品 CSR 属性的要求越来越高，并且愈加关注产品供应端的行为时，市场潜在规模越来越受到上游乳品供应商 CSR 实施水平的影响，因此，在基准模型（NN）中，由于 CSR 信息的不透明，乳品制造商无法精准预测此时的市场需求，故乳品制造商在不进行区块链技术投入时，乳品制造商和乳品供应商的利润均不受 CSR 成本投入系数及预测信息精确度的影响。

7.3.3 乳品制造商进行区块链技术投入的策略研究

在由两条竞争性乳品供应链组成的供应链系统中，为解决供应链 CSR 信息不对称问题，在新兴信息技术层出不穷的背景下，本节结合实际问题，探讨下游乳品制造商不同的区块链技术投入策略。为解决 CSR 信息不对称问题，本节设计两种区块链技术投入策略。

（1）单条链的乳品制造商投入区块链技术。A、B 为同质供应链，本节仅考虑乳品供应链 A 的乳品制造商投入区块链技术，即 AM 借助区块链技术对乳品供应链上游 AS 的 CSR 实施水平进行有效追溯。在此情形下，乳品供应链 A 的 CSR 实施信息完全透明化，而乳品供应链 B 的 CSR 实施信息仍存在信息不对称问题。由于研究的是竞争性供应链，且容易出现链条间的交叉贸易，则存在信息外溢现象，即乳品制造商 AM 投入区块链技术，要求其上游 AS 实施 CSR 后，当 AS 同时与 BM 合作时，则 BM 有可能通过交易信息判断乳品供应链 A 的 CSR 实施情况，进而做出调整，要求 BS 实施 CSR，至此 CSR 有可能在链条间实现了有效传导。如图 7-16 所示，YN 模型表示只有一条链的乳品制造商投入区块链技术，相应的上游乳品供应商实施 CSR，且不存在信息外溢的情况；而图 7-17 的 YN^* 模型则表示当只有一条链的乳品制造商投入区块链技术，相应的上游乳品供应商实施 CSR 时，如果该乳品供应商同时与另一条链的乳品制造商合作，会发生的信息外溢情况。

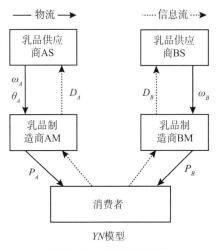

图 7-16 YN 模型结构

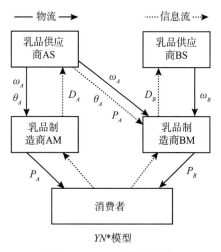

YN*模型

图 7 - 17   YN* 模型结构

（2）两条链的乳品制造商均投入区块链技术，即 AM、BM 借助区块链技术对供应链上游企业实施的 CSR 水平进行有效追溯，如图 7 - 18 所示。本节主要探讨在技术驱动下，当两条链乳品制造商得知乳品供应商 CSR 实施水平后，结合对市场需求的预测，会做出何种行为决策以及产生怎样的均衡结果。

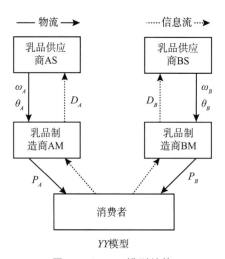

YY模型

图 7 -18   YY 模型结构

考虑两条竞争性乳品供应链 A 和 B，均由一个乳品供应商 S 和一个乳品制造商 M 组成，乳品制造商 AM、BM 分别为供应链主导者。本节主要研究两种结构，在单条链技术投入的博弈模型中，分为有无信息外溢（YN 与 YN*）两种情况进行探讨。在 YN 模型中，AM 进行技术投入，受区块链技术的可追溯性影响，AS 实施 CSR，且此时 AS 与 BM 没有合作，因此不会产生信息外溢现象；而在 YN^* 模型中，AS 与 BM 合作，形成了受供需关系影响的信息外溢现象。在两条链技术投入的博弈模型（YY）中，AM、BM 均进行区块链技术投入，AS、BS 均受技术的影响而实施 CSR。

在区块链技术驱动下，乳品供应商会实施不同水平的 CSR，乳品制造商根据 CSR 实施水平的高低及市场需求预测信号的高低，对市场规模进行判断，根据市场规模确定价格，向乳品供应商订购产品后销售给消费者。乳品供应商也会根据乳品制造商提供的精准的市场需求信息，做出能使其利润最大化的 CSR 实施决策。在本章中，对两种策略建立博弈模型，分别在两种策略下分析乳品供应链成员的均衡决策，并对比两种策略下乳品供应链主体的利润。

在之前基本假设的基础上，为保证模型的合理性，本节增加了如下假设：假设当乳品制造商投入区块链技术时，乳品供应商受消费者偏好及投入成本影响，有可能实施高水平 CSR 和低水平 CSR 两种情况。

在前文的参数描述下，增加的参数，定义的符号释义如表 7 - 9 所示。

表 7 - 9　　　　　　　　　　　　相关参数

参数	说明
τ	CSR 成本投入系数，$\tau > 0$
e_i^J	i 供应链乳品供应商实施的 J 水平的 CSR，$e_i^J > 0$
τe_i^{J2}	乳品供应商 CSR 实施成本，$\tau e_i^{J2} > 0$
G	技术投资成本，$G > 0$
$\pi_{iS_S}^{YNJ}$	i 供应链乳品供应商在 YN 策略下实施 J 水平 CSR，且预测信号为 s 时的利润
$\pi_{iM_S}^{YNJ}$	i 供应链乳品供应商在 YN 策略下实施 J 水平 CSR，且预测信号为 s 时乳品制造商的利润
$\pi_{iS_S}^{YN*J}$	i 供应链乳品供应商在 YN* 策略下实施 J 水平 CSR，且预测信号为 s 时的利润
$\pi_{iM_S}^{YN*J}$	i 供应链乳品供应商在 YN* 策略下实施 J 水平 CSR，且预测信号为 s 时乳品制造商的利润
$\pi_{iS_S}^{YYJ}$	i 供应链乳品供应商在 YY 策略下实施 J 水平 CSR，且预测信号为 s 时的利润
$\pi_{iM_S}^{YYJ}$	i 供应链乳品供应商在 YY 策略下实施 J 水平 CSR，且预测信号为 s 时乳品制造商的利润
YN	仅有一条链的乳品制造商进行区块链技术投入且无信息外溢的策略
YN^*	仅有一条链的乳品制造商进行区块链技术投入且存在信息外溢的策略
YY	两条链的乳品制造商均进行区块链技术投入的策略
J	$J = H$、L 代表 CSR 实施水平的高低
s	$s = h$、l 代表预测信号的高低
i	$i = A$、B，代表 A、B 两条乳品供应链

在 YN 模型中，由于乳品供应链 A、B 同质，仅考虑乳品供应链 A 的制造

商投入区块链技术，即 AM 区块链技术对乳品供应链上游 AS 的 CSR 实施水平进行有效追溯，则乳品供应链 A 的供应商实施 CSR；乳品供应链 B 的制造商并无技术投入，因此乳品供应链 B 的供应商不实施 CSR，在此情形下，乳品供应链 A 的 CSR 实施信息完全透明化，而乳品供应链 B 的 CSR 实施信息仍存在信息不对称问题。乳品供应链 A 的市场需求不仅受价格的制约、预测信号高低的影响，还与乳品供应商 CSR 实施水平的高低有关，乳品供应链 B 的市场需求仍然只受价格和预测信号高低的影响，此时，乳品供应链 A 供应商的 CSR 实施水平分为高水平（e_A^H）和低水平（e_A^L）两种情况。由此表明，A、B 两乳品供应链制造商和供应商的利润函数分别为：

$$D_A = E(A_J \mid s) - P_A + P_B + e_A^J \tag{7-12}$$

$$D_B = \sum_{s \in |l,h|} Pr(s)E(A \mid s) - P_B + P_A \tag{7-13}$$

$$\pi_{AS_s}^{YNJ} = \omega_{As}D_{As} - \tau e_A^{J^2} \tag{7-14}$$

$$\pi_{AM_s}^{YNJ} = (P_{As} - \omega_{As})D_{As} - G \tag{7-15}$$

$$\pi_{BS}^{YN} = \omega_B D_B \tag{7-16}$$

$$\pi_{BM}^{YN} = (P_B - \omega_B)D_B \tag{7-17}$$

其中，$\pi_{AS_s}^{YNJ}$ 表示，在信息不外溢的情况下，当乳品制造商观测的需求预测信号为 s 时，乳品供应链 A 的供应商实施 J 水平 CSR 时供应商的利润；$\pi_{AM_s}^{YNJ}$ 表示在信息不外溢的情况下，当乳品制造商观测的需求预测信号为 s 时，乳品供应链 A 的供应商实施 J 水平 CSR 时制造商的利润。

然后分为乳品供应商实施高水平 CSR 和低水平 CSR 两种情况进行讨论，分别得到命题 2 与命题 3 所示的最优均衡决策结果。

命题 2：参数满足 $0 < \delta < 1$，$\bar{A} > 0$ 时，存在 $0 \leq \rho \leq 1$ 且 $\tau > \dfrac{3}{10}$，海瑟矩阵

$|H| = \begin{bmatrix} -2 & 1 \\ 1 & -2\tau \end{bmatrix} > 0$，在乳品供应链 A 制造商投入区块链技术的情况下，若

不存在信息外溢，此时在预测信号 s 下，当供应商实施高水平 CSR 时，存在最优批发价 ω_{Ah}^{YNH}、ω_{Al}^{YNH}、ω_B，最优 CSR 实施水平 e_{Ah}^{YNH}、e_{Al}^{YNH}，最优产品价格 P_{Ah}^{YNH}、P_{Al}^{YNH}、P_B，使供应商和制造商的利润实现最大化。

证明：当供应商实施高水平 CSR 且无信息外溢时，A、B 两乳品供应链制造商和供应商的利润函数分别为：

$$D_{Ah}^{YNH} = \frac{1}{2}(1+\rho)(1+\delta)\bar{A} - P_{Ah}^{YNH} + P_B^{YNH} + e_{Ah}^{YNH}$$

$$D_{Al}^{YNH} = \frac{1}{2}(1-\rho)(1+\delta)\bar{A} - P_{Al}^{YNH} + P_B^{YNH} + e_{Al}^{YNH}$$

$$D_B^{YNH} = \frac{1}{2}\left(\bar{A}(1+\delta\rho) - P_B^{YNH} + P_{Ah}^{YNH}\right) + \frac{1}{2}\left(\bar{A}(1-\delta\rho) - P_B^{YNH} + P_{Al}^{YNH}\right)$$

$$\pi_{AS_s}^{YNH} = \omega_{As}^{YNH} D_{As}^{YNH} - \tau e_{As}^{YNH^2}$$

$$\pi_{AM_s}^{YNH} = \left(P_{As}^{YNH} - \omega_{As}^{YNH}\right) D_{As}^{YNH} - G$$

$$\pi_{BS}^{YNH} = \omega_B^{YNH} D_B^{YNH}$$

$$\pi_{BM}^{YNH} = \left(P_B^{YNH} - \omega_B^{YNH}\right) D_B^{YNH}$$

基于 A、B 两乳品供应链制造商和供应商的利润函数，根据逆向归纳法，令海瑟矩阵负定且大于 0，即当 $\tau > \frac{3}{10}$ 时，得到命题 2 中提到的最优解，如表 7 - 10 所示。

表 7 - 10　无信息外溢下实施高 CSR 时制造商和供应商的最优决策（高低预测信号）

决策变量	最优决策
AS 在 h 下的批发价	$\omega_{Ah}^{YNH} = \dfrac{\tau\left(-7 - 3\rho - 3\delta(1+\rho) + 42\tau + 2(9\delta + 5(1+\delta)\rho)\tau\right)\bar{A}}{3 + 4\tau(-7+15\tau)}$
AS 在 l 下的批发价	$\omega_{Al}^{YNH} = \dfrac{\tau\left(-7 + 3\delta(-1+\rho) + 3\rho + 42\tau + 18\delta\tau - 10(1+\delta)\rho\tau\right)\bar{A}}{3 + 4\tau(-7+15\tau)}$
BS 的批发价	$\omega_B^{YNH} = \dfrac{(-1 + 2(4+\delta)\tau)\bar{A}}{-3 + 10\tau}$
AS 在 h 下的高 CSR	$e_{Ah}^{YNH} = \dfrac{(-7 - 3\rho - 3\delta(1+\rho) + 42\tau + 2(9\delta + 5(1+\delta)\rho)\tau)\bar{A}}{6 + 8\tau(-7+15\tau)}$
AS 在 l 下的高 CSR	$e_{Al}^{YNH} = \dfrac{(-7 + 3\delta(-1+\rho) + 3\rho + 42\tau + 18\delta\tau - 10(1+\delta)\rho\tau)\bar{A}}{6 + 8\tau(-7+15\tau)}$
A 在 h 下的价格	$P_{Ah}^{YNH} = \dfrac{2\tau(-4 + 8(4+\delta)\tau + (1+\delta)(1+\rho)(-3+10\tau))\bar{A}}{3 + 4\tau(-7+15\tau)}$
A 在 l 下的价格	$P_{Al}^{YNH} = \dfrac{2\tau(-4 + 8(4+\delta)\tau - (1+\delta)(-1+\rho)(-3+10\tau))\bar{A}}{3 + 4\tau(-7+15\tau)}$
B 的价格	$P_B^{YNH} = \dfrac{2(-1 + 8\tau + 2\delta\tau)\bar{A}}{-3 + 10\tau}$
AS 在 h 下的利润	$\pi_{AS_h}^{YNH} = \dfrac{\tau(-1+4\tau)(7 + 3\delta + 3\rho + 3\delta\rho - 2(21 + 5\rho + \delta(9+5\rho))\tau)^2 \bar{A}^2}{4(3 + 4\tau(-7+15\tau))^2}$
AS 在 l 下的利润	$\pi_{AS_l}^{YNH} = \dfrac{\tau(-1+4\tau)(7 + 3\delta - 3\rho - 3\delta\rho + 2(-21 + 5\rho + \delta(-9+5\rho))\tau)^2 \bar{A}^2}{4(3 + 4\tau(-7+15\tau))^2}$
AM 在 h 下的利润	$\pi_{AM_h}^{YNH} = -G + \dfrac{\tau^2(7 + 3\delta + 3\rho + 3\delta\rho - 2(21 + 5\rho + \delta(9+5\rho))\tau)^2 \bar{A}^2}{(3 + 4\tau(-7+15\tau))^2}$
AM 在 l 下的利润	$\pi_{AM_l}^{YNH} = -G + \dfrac{\tau^2(7 + 3\delta - 3\rho - 3\delta\rho + 2(-21 + 5\rho + \delta(-9+5\rho))\tau)^2 \bar{A}^2}{(3 + 4\tau(-7+15\tau))^2}$
BS 的利润	$\pi_{BS}^{YNH} = \dfrac{(1 - 2(4+\delta)\tau)^2 \bar{A}^2}{(3 - 10\tau)^2}$

决策变量	最优决策
BM 的利润	$\pi_{BM}^{YNH} = \dfrac{(1-2(4+\delta)\tau)^2\,\overline{A}^2}{(3-10\tau)^2}$

当供应商实施低水平 CSR 时，在不同的预测信号下，供应链上下游的利润函数及市场需求函数如下：

$$D_{Ah}^{YNL} = \frac{1}{2}(1-\rho)(1-\delta)\overline{A} - P_{Ah}^{YNL} + P_B^{YNL} + e_{Ah}^{YNL}$$

$$D_{Al}^{YNL} = \frac{1}{2}(1+\rho)(1-\delta)\overline{A} - P_{Al}^{YNL} + P_B^{YNL} + e_{Al}^{YNL}$$

$$D_B^{YNL} = \frac{1}{2}(\overline{A}(1+\delta\rho) - P_B^{YNL} + P_{Ah}^{YNL}) + \frac{1}{2}(\overline{A}(1-\delta\rho) - P_B^{YNL} + P_{Al}^{YNL})$$

$$\pi_{AS_s}^{YNL} = \omega_{As}^{YNL} D_{As}^{YNL} - \tau\, e_{As}^{YNL^2}$$

$$\pi_{AM_s}^{YNL} = (P_{As}^{YNL} - \omega_{As}^{YNL}) D_{As}^{YNL} - G$$

$$\pi_{BS}^{YNL} = \omega_B^{YNL} D_B^{YNL}$$

$$\pi_{BM}^{YNL} = (P_B^{YNL} - \omega_B^{YNL}) D_B^{YNL}$$

命题 3： 参数满足 $0 < \delta < 1$，$\overline{A} > 0$ 时，存在 $0 \leqslant \rho \leqslant 1$ 且 $\tau > \dfrac{3}{10}$，海瑟矩阵 $|H^{(1)}| = \begin{bmatrix} -2 & 1 \\ 1 & -2\tau \end{bmatrix} > 0$，在乳品供应链 A 制造商投入区块链技术的情况下，若不存在信息外溢，此时在预测信号 s 下，当供应商实施低水平 CSR 时，存在最优批发价 ω_{Ah}^{YNL}、ω_{Al}^{YNL}、ω_B，最优 CSR 实施水平 e_{Ah}^{YNL}、e_{Al}^{YNL}，最优产品价格 P_{Ah}^{YNL}、P_{Al}^{YNL}、P_B，使供应商和制造商的利润最大化。

证明： 基于 A、B 两乳品供应链制造商和供应商的利润函数，当 $\tau > \dfrac{3}{10}$ 时，可得命题 3 中提到的最优解，如表 7 – 11 所示。

表 7 – 11　　无信息外溢下低 CSR 实施时制造商和供应商的最优决策

决策变量	最优决策
AS 在 h 下的批发价	$\omega_{Ah}^{YNL} = \dfrac{\tau(-7+3\delta+3\rho-3\delta\rho+2(21-5\rho+\delta(-9+5\rho))\tau)\overline{A}}{3+4\tau(-7+15\tau)}$
AS 在 l 下的批发价	$\omega_{Al}^{YNL} = \dfrac{\tau(-7+3\delta(1+\rho)+42\tau-2\delta(9+5\rho)\tau+\rho(-3+10\tau))\overline{A}}{3+4\tau(-7+15\tau)}$
BS 的批发价	$\omega_B^{YNL} = \dfrac{(-1-2(-4+\delta)\tau)\overline{A}}{-3+10\tau}$

续表

决策变量	最优决策
AS 在 h 下的低 CSR	$e_{Ah}^{YNL} = \dfrac{(-7 + 3\delta + 3\rho - 3\delta\rho + 2(21 - 5\rho + \delta(-9 + 5\rho))\tau)\overline{A}}{6 + 8\tau(-7 + 15\tau)}$
AS 在 l 下的低 CSR	$e_{Al}^{YNL} = \dfrac{(-7 + 3\delta(1 + \rho) + 42\tau - 2\delta(9 + 5\rho)\tau + \rho(-3 + 10\tau))\overline{A}}{6 + 8\tau(-7 + 15\tau)}$
A 在 h 下的价格	$P_{Ah}^{YNL} = \dfrac{2\tau(4 + (-1 + \delta)(-1 + \rho)(3 - 10\tau) + 8(-4 + \delta)\tau)\overline{A}}{(3 - 10\tau)(-1 + 6\tau)}$
A 在 l 下的价格	$P_{Al}^{YNL} = \dfrac{2\tau(4 + 8(-4 + \delta)\tau + (-1 + \delta)(1 + \rho)(-3 + 10\tau))\overline{A}}{(3 - 10\tau)(-1 + 6\tau)}$
B 的价格	$P_{B}^{YNL} = -\dfrac{2(1 - 8\tau + 2\delta\tau)\overline{A}}{-3 + 10\tau}$
AS 在 h 下的利润	$\pi_{AS_h}^{YNL} = \dfrac{(1 - \tau)\tau^2 \, (-7 + 3\delta + 3\rho - 3\delta\rho + 2(21 - 5\rho + \delta(-9 + 5\rho))\tau)^2 \, \overline{A}^2}{(3 + 4\tau(-7 + 15\tau))^2}$
AS 在 l 下的利润	$\pi_{AS_l}^{YNL} = \dfrac{\tau(-1 + 4\tau)(7 + 3\rho - 3\delta(1 + \rho) + 2\delta(9 + 5\rho)\tau - 2(21 + 5\rho)\tau)^2 \, \overline{A}^2}{4\,(3 + 4\tau(-7 + 15\tau))^2}$
AM 在 h 下的利润	$\pi_{AM_h}^{YNL} = -G + \dfrac{\tau^2 \, (-7 + 3\delta + 3\rho - 3\delta\rho + 2(21 - 5\rho + \delta(-9 + 5\rho))\tau)^2 \, \overline{A}^2}{(3 + 4\tau(-7 + 15\tau))^2}$
AM 在 l 下的利润	$\pi_{AM_l}^{YNL} = -G + \dfrac{\tau^2 \, (7 + 3\rho - 3\delta(1 + \rho) + 2\delta(9 + 5\rho)\tau - 2(21 + 5\rho)\tau)^2 \, \overline{A}^2}{(3 + 4\tau(-7 + 15\tau))^2}$
BS 的利润	$\pi_{BS}^{YNL} = \dfrac{(1 + 2(-4 + \delta)\tau)^2 \, \overline{A}^2}{(3 - 10\tau)^2}$
BM 的利润	$\pi_{BM}^{YNL} = \dfrac{(1 + 2(-4 + \delta)\tau)^2 \, \overline{A}^2}{(3 - 10\tau)^2}$

YN^* 模型表示受供需关系影响形成的信息外溢现象,该模型考虑仅有乳品供应链 A 的制造商投入区块链技术,且供应商 AS 同时与 AM 和 BM 合作。AS 实施 CSR,对于 BM 而言,与 AS 合作可以带来更多的市场需求。同时,通过与提供 CSR 属性产品的 AS 合作后,BM 通过 AS 提供的批发价等要素,能感知到其 CSR 实施水平,从而采取措施要求 BS 实施 CSR,即产生了信息外溢,在此过程中实现 CSR 实施水平及价格等信息的有效传递(如图 7 - 17 所示)。

在信息外溢的情况下,当预测信号 $s = l$ 时,AM 定价为 $P_{Al}^{YN^*J}$,批发价为 $\omega_{Al}^{YN^*J}$;当预测信号 $s = h$ 时,AM 定价为 $P_{Ah}^{YN^*J}$,批发价为 $\omega_{Ah}^{YN^*J}$,且 $\omega_{Ah}^{YN^*J} > \omega_{Al}^{YN^*J}$。

由此,BM 对需求预测信号判断的依据为:

$$Pr(s = h) = \begin{cases} 1, & \text{如果 } \omega_A > \omega_{Al}^{YN^*J} \\ 0, & \text{如果 } \omega_A \leqslant \omega_{Al}^{YN^*J} \end{cases}$$

那么对于 AM 而言,形成以上定价的激励约束条件为:

$$\begin{cases} \max_{P_A} E\left[\pi_{Am}(P_A > P_{Al}^{YN*J} \mid h)\right] \geq \max_{P_A} E\left[\pi_{Am}(P_A \leq P_{Al}^{YN*J} \mid h)\right] \\ \max_{P_A} E\left[\pi_{Am}(P_A \leq P_{Al}^{YN*J} \mid l)\right] \geq \max_{P_A} E\left[\pi_{Am}(P_A > P_{Al}^{YN*J} \mid l)\right] \\ P_{Al}^{YN*J} \geq 0 \end{cases}$$

其中，定义 $E\left[\pi_{Am}(P_A > P_{Al}^{YN*J} \mid h)\right]$ 表示高预测信号下 AS 实施 J 水平 CSR 时，在 $P_A > P_{Al}^{YN*J}$ 的情况下，AM 的期望利润。

分析在不同预测信号下，受信息精确度及 CSR 成本投入影响后，当 AS 实施不同水平 CSR 时，会给 A、B 两条乳品供应链的上下游带来不同的最优决策。

当供应商实施高水平 CSR 时，此时在不同的预测信号下，A、B 两条乳品供应链上下游的利润函数及市场需求函数如下：

$$D_{As}^{YN*H} = E(A_H \mid s) - P_{As}^{YN*H} + P_B^{YN*H} + e_{As}^{YN*H} \qquad (7-18)$$

$$D_B^{YN*H} = \sum_{s \in \{l,h\}} Pr(s \mid P_{As}^{YN*H}) E(A \mid s) - P_B^{YN*H} + P_{As}^{YN*H} + e_{As}^{YN*H} \qquad (7-19)$$

$$\pi_{AS_s}^{YN*H} = \omega_{As}^{YN*H} D_{As}^{YN*H} - \tau e_{As}^{YN*H2} \qquad (7-20)$$

$$\pi_{AM_s}^{YN*H} = (P_{As}^{YN*H} - \omega_{As}^{YN*H}) D_{As}^{YN*H} - G \qquad (7-21)$$

$$\pi_{BS_s}^{YN*H} = \omega_B^{YN*H} D_B^{YN*H} \qquad (7-22)$$

$$\pi_{BM}^{YN*H} = (P_B^{YN*H} - \omega_B^{YN*H} - \omega_{As}^{YN*H}) D_B^{YN*H} \qquad (7-23)$$

命题 4：在 YN^* 策略下，当 AM 投入区块链技术，若存在信息外溢，且供应商实施高水平 CSR 时，在满足激励约束条件下，参数满足 $0 < \delta < 1$，$\overline{A} > 0$ 时，存在 $0 \leq \rho \leq 1$ 且 $\tau > \frac{1}{4}$，海瑟矩阵 $|H^{(2)}| = \begin{bmatrix} -2 & 1 \\ 1 & -2\tau \end{bmatrix} > 0$，当预测信号 $s = h$，参数满足 $0 < \delta < 1$，$\overline{A} > 0$，$0 \leq \rho \leq 1$，$\tau > \frac{5}{6}$ 时；及当预测信号 $s = l$，参数满足 $0 < \delta < 1$，$\overline{A} > 0$，$0 \leq \rho \leq 1$ 且 $\frac{5}{8} < \tau < \frac{5}{6}$ 时，两条乳品供应链上的供应商和制造商存在最优决策。

证明：根据逆向归纳法，分别求 $\pi_{AS_h}^{YN*H}$ 关于 ω_{Ah}^{YN*H} 和 e_{Ah}^{YN*H}，$\pi_{AS_l}^{YN*H}$ 关于 ω_{Al}^{YN*H} 和 e_{Al}^{YN*H} 的海瑟矩阵 $H^{(2)} = \begin{bmatrix} -2 & 1 \\ 1 & -2\tau \end{bmatrix}$，$H^{(2)}$ 负定，且当 $\tau > \frac{1}{4}$ 时，海瑟矩阵大于 0。

此外，在满足激励约束条件后，当预测信号 $s = h$ 时，参数满足 $0 < \delta < 1$，$\overline{A} > 0$，$0 \leq \rho \leq 1$，$\tau > \frac{5}{6}$ 的条件下，得到命题 4 中提及的最优解，如表 7 - 12 所示。

表 7 - 12　信息外溢且高预测信号下，实施高 CSR 时制造商和供应商的最优决策

决策变量	最优决策
AS 在 h 下的批发价	$\omega_{Ah}^{YN*H} = \dfrac{(7+3\delta+\rho(3+7\delta))\,\tau\bar{A}}{2(-5+6\tau)}$
BS 的批发价	$\omega_{Bh}^{YN*H} = \dfrac{(-2(4+\rho+\delta+4\rho\delta)+(11+3\delta+\rho(3+11\delta))\tau)\bar{A}}{2(-5+6\tau)}$
AS 在 h 下的高 CSR	$e_{Ah}^{YN*H} = \dfrac{(7+3\delta+\rho(3+7\delta))\bar{A}}{4(-5+6\tau)}$
A 在 h 下的价格	$P_{Ah}^{YN*H} = \dfrac{(7+3\delta+\rho(3+7\delta))(-5+8\tau)\bar{A}}{4(-5+6\tau)}$
B 的价格	$P_{Bh}^{YN*H} = \dfrac{(-4(4+\rho+\delta+4\rho\delta)+(29+9\delta+\rho(9+29\delta))\tau)\bar{A}}{2(-5+6\tau)}$
AS 在 h 下的利润	$\pi_{AS_h}^{YN*H} = \dfrac{(7+3\delta+\rho(3+7\delta))^2\tau(-1+4\tau)\bar{A}^2}{16(5-6\tau)^2}$
AM 在 h 下的利润	$\pi_{AM_h}^{YN*H} = -G + \dfrac{(7+3\delta+\rho(3+7\delta))^2\tau\bar{A}^2}{8(-5+6\tau)}$
BS 的利润	$\pi_{BS_h}^{YN*H} = \dfrac{(-2(4+\rho+\delta+4\rho\delta)+(11+3\delta+\rho(3+11\delta))\tau)^2\bar{A}^2}{4(5-6\tau)^2}$
BM 的利润	$\pi_{BM_h}^{YN*H} = \dfrac{(-2(4+\rho+\delta+4\rho\delta)+(11+3\delta+\rho(3+11\delta))\tau)^2\bar{A}^2}{4(5-6\tau)^2}$

同理，在满足激励约束条件后，当预测信号 $s=l$ 时，参数满足 $0<\delta<1$，$\bar{A}>0$，$0\leq\rho\leq1$，$\dfrac{5}{8}<\tau<\dfrac{5}{6}$ 的条件下，得到命题 4 中提及的最优解，如表 7 - 13 所示。

表 7 - 13　信息外溢且低预测信号下，实施高 CSR 时制造商和供应商的最优决策

决策变量	最优决策
AS 在 l 下的批发价	$\omega_{Al}^{YN*H} = -\dfrac{(-7-3\delta+\rho(3+7\delta))\tau(-5+8\tau)\bar{A}}{2(-5+4\tau)(-5+6\tau)}$
BS 的批发价	$\omega_{Bl}^{YN*H} = \dfrac{(40+\delta(10-11\tau)+\tau(-59+16\tau)+\rho(-10+11\tau+\delta(-40+(59-16\tau)\tau)))\bar{A}}{2(-5+4\tau)(-5+6\tau)}$
AS 在 l 下的高 CSR	$e_{Al}^{YN*H} = -\dfrac{(-7-3\delta+\rho(3+7\delta))(-5+8\tau)\bar{A}}{4(-5+4\tau)(-5+6\tau)}$
A 在 l 下的价格	$P_{Al}^{YN*H} = \dfrac{(7+3\delta-\rho(3+7\delta))(5-4\tau)\bar{A}}{4(5-6\tau)}$
B 的价格	$P_{Bl}^{YN*H} = \dfrac{(-20(-4+\rho-\delta+4\rho\delta)+(-153-37\delta+\rho(37+153\delta))\tau+8(11+3\delta-\rho(3+11\delta))\tau^2)\bar{A}}{2(-5+4\tau)(-5+6\tau)}$

续表

决策变量	最优决策
AS 在 l 下的利润	$\pi_{AS_l}^{YN*H} = \dfrac{(7+3\delta-\rho(3+7\delta))^2(5-8\tau)^2\tau(-1+4\tau)\overline{A}^2}{16(5-6\tau)^2(5-4\tau)^2}$
AM 在 l 下的利润	$\pi_{AM_h}^{YN*H} = -G - \dfrac{(7+3\delta-\rho(3+7\delta))^2(5-8\tau)^2\tau\overline{A}^2}{8(5-4\tau)^2(-5+6\tau)}$
BS 的利润	$\pi_{BS_l}^{YN*H} = \left(\dfrac{(40+\delta(10-11\tau)+\tau(-59+16\tau)+\rho(-10+11\tau+\delta(-40+(59-16\tau)\tau)))\overline{A}}{2(-5+4\tau)(-5+6\tau)}\right)^2$
BM 的利润	$\pi_{BM_l}^{YN*H} = \dfrac{(10(-4+\rho-\delta+4\rho\delta)+(59+11\delta-\rho(11+59\delta))\tau+16(-1+\rho\delta)\tau^2)^2\overline{A}^2}{4(5-6\tau)^2(5-4\tau)^2}$

当供应商实施低水平 CSR 时，此时在不同预测信号下，A、B 两条乳品供应链上下游的利润函数及市场需求函数如下：

$$D_{As}^{YN*L} = E(A_L\mid s) - P_{As}^{YN*L} + P_B^{YN*L} + e_{As}^{YN*L} \tag{7-24}$$

$$D_B^{YN*L} = \sum_{s\in\{l,h\}} Pr(s\mid P_{As}^{YN*L})E(A\mid s) - P_B^{YN*L} + P_{As}^{YN*L} + e_{As}^{YN*L} \tag{7-25}$$

$$\pi_{AS_s}^{YN*L} = \omega_{As}^{YN*L}D_{As}^{YN*L} - \tau e_{As}^{YN*L^2} \tag{7-26}$$

$$\pi_{AM_s}^{YN*L} = (P_{As}^{YN*L} - \omega_{As}^{YN*L})D_{As}^{YN*L} - G \tag{7-27}$$

$$\pi_{BS}^{YN*L} = \omega_B^{YN*L}D_B^{YN*L} \tag{7-28}$$

$$\pi_{BM}^{YN*L} = (P_B^{YN*L} - \omega_B^{YN*L} - \omega_{As}^{YN*L})D_B^{YN*L} \tag{7-29}$$

命题 5：在 YN^* 策略下，当 AM 投入区块链技术，若存在信息外溢，且供应商实施低水平 CSR 时，在满足激励约束条件下，参数满足 $0<\delta<1$，$\overline{A}>0$ 时，存在 $0\leqslant\rho\leqslant1$ 且 $\tau>\dfrac{1}{4}$，海瑟矩阵 $H^{(3)} = \begin{bmatrix} -2 & 1 \\ 1 & -2\tau \end{bmatrix}>0$，在满足激励约束条件下，当预测信号 $s=h$，参数满足 $0<\delta<1$，$\overline{A}>0$，$0\leqslant\rho\leqslant1$ 且 $\tau>\dfrac{8+\sqrt{29}}{14}$ 时；且当预测信号 $s=l$，参数满足 $0<\delta<1$，$\overline{A}>0$，$0\leqslant\rho\leqslant1$ 且 $\dfrac{5}{6}<\tau<\dfrac{8+\sqrt{29}}{14}$ 时，使两条乳品供应链的供应商和制造商存在最优决策。

证明：与供应商实施高水平 CSR 的证明过程一致，此处不再赘述，可以得到命题 5 中提到的最优解，如表 7-14、表 7-15 所示。

表 7-14　信息外溢且高预测信号下，实施低 CSR 时制造商和供应商的最优决策

决策变量	最优决策
AS 在 h 下的批发价	$\omega_{Ah}^{YN*L} = \dfrac{(7-3\delta+\rho(-3+7\delta))\tau(-1+6\tau)\bar{A}}{10+8\tau(-8+7\tau)}$
BS 的批发价	$\omega_{Bh}^{YN*L} = \dfrac{(8-2\delta+\rho(-2+8\delta)+(-47+\rho(11-47\delta)+11\delta)\tau+2(21-5\delta+\rho(-5+21\delta))\tau^2)\bar{A}}{10+8\tau(-8+7\tau)}$
AS 在 h 下的高 CSR	$e_{Ah}^{YN*L} = \dfrac{(7-3\delta+\rho(-3+7\delta))(-1+6\tau)\bar{A}}{4(5+4\tau(-8+7\tau))}$
A 在 h 下的价格	$P_{Ah}^{YN*L} = \dfrac{(7-3\delta+\rho(-3+7\delta))(1-6\tau)^2(-5+8\tau)\bar{A}}{4(-3+10\tau)(5+4\tau(-8+7\tau))}$
B 的价格	$P_{Bh}^{YN*L} = \dfrac{\begin{array}{c}(-13-3\rho-3\delta-13\rho\delta+(211-7\delta+\rho(-7+211\delta))\tau+\\8(-121+\rho(23-121\delta)+23\delta)\tau^2+4(287-83\delta+\rho(-83+287\delta))\tau^3)\bar{A}\end{array}}{2(-3+10\tau)(5+4\tau(-8+7\tau))}$
AS 在 h 下的利润	$\pi_{AS_h}^{YN*L} = \dfrac{(7-3\delta+\rho(-3+7\delta))^2(1-6\tau)^2\tau(-1+4\tau)\bar{A}^2}{16(5+4\tau(-8+7\tau))^2}$
AM 在 h 下的利润	$\pi_{AM_h}^{YN*L} = \dfrac{(7-3\delta+\rho(-3+7\delta))^2(1-6\tau)^2\tau\,\bar{A}^2}{8(-3+10\tau)(5+4\tau(-8+7\tau))}-G$
BS 的利润	$\pi_{BS_h}^{YN*L} = \left(\dfrac{(8-2\delta+\rho(-2+8\delta)+(-47+\rho(11-47\delta)+11\delta)\tau+2(21-5\delta+\rho(-5+21\delta))\tau^2)\bar{A}}{10+8\tau(-8+7\tau)}\right)^2$
BM 的利润	$\pi_{BM_h}^{YN*L} = \dfrac{8-2\delta+\rho(-2+8\delta)+[-47+\rho(11-47\delta)+11\delta]\tau}{4(-3+10\tau)[5+4\tau(-8+7\tau)]^2}$ $+\dfrac{2[21-5\delta+\rho(-5+21\delta)]\tau^2(11-9\rho-9\delta+11\rho\delta)\bar{A}^2}{4(-3+10\tau)[5+4\tau(-8+7\tau)]^2}$ $+\dfrac{2[21-5\delta+\rho(-5+21\delta)]\tau^2\{[-31+\rho(55-31\delta)+55\delta]\tau-8[22+5\delta+\rho(5+22\delta)]\tau^2+4[77-13\delta+\rho(-13+77\delta)]\tau^3\}\bar{A}^2}{4(-3+10\tau)[5+4\tau(-8+7\tau)]^2}$

表 7-15　信息外溢且低预测信号下，实施低 CSR 时制造商和供应商的最优决策

决策变量	最优决策
AS 在 l 下的批发价	$\omega_{Al}^{YN*L} = \dfrac{(7+\rho(3-7\delta)-3\delta)\tau\bar{A}}{2(-5+6\tau)}$
BS 的批发价	$\omega_{Bl}^{YN*L} = \dfrac{(-8+\delta(2-3\tau)+11\tau+\rho(-2+\delta(8-11\tau)+3\tau))\bar{A}}{2(-5+6\tau)}$
AS 在 l 下的高 CSR	$e_{Al}^{YN*L} = \dfrac{(7+\rho(3-7\delta)-3\delta)\bar{A}}{4(-5+6\tau)}$
A 在 l 下的价格	$P_{Al}^{YN*L} = -\dfrac{(-7+3\delta+\rho(-3+7\delta))(-5+8\tau)\bar{A}}{4(-5+6\tau)}$
B 的价格	$P_{Bl}^{YN*L} = \dfrac{(4(-4+\delta+\rho(-1+4\delta))+(29+\rho(9-29\delta)-9\delta)\tau)\bar{A}}{2(-5+6\tau)}$
AS 在 l 下的利润	$\pi_{AS_l}^{YN*L} = \dfrac{(-7+3\delta+\rho(-3+7\delta))^2\tau(-1+4\tau)\bar{A}^2}{16(5-6\tau)^2}$

决策变量	最优决策
AM 在 l 下的利润	$\pi_{AM_l}^{YN*L} = -G + \dfrac{(-7+3\delta+\rho(-3+7\delta))^2 \tau \overline{A}^2}{8(-5+6\tau)}$
BS 的利润	$\pi_{BS_l}^{YN*L} = \left(\dfrac{(-8+\delta(2-3\tau)+11\tau+\rho(-2+\delta(8-11\tau)+3\tau))\overline{A}}{2(-5+6\tau)} \right)^2$
BM 的利润	$\pi_{BM_l}^{YN*L} = \dfrac{(8-11\tau+\delta(-2+3\tau)+\rho(2-3\tau+\delta(-8+11\tau)))^2 \overline{A}^2}{4(5-6\tau)^2}$

　　YY 模型探讨 A、B 乳品供应链的制造商均投入区块链技术，供应商均实施 CSR，此时，不存在 CSR 信息不对称问题，A、B 乳品供应链的市场需求不仅受价格的制约、预测信号高低的影响，还与供应商 CSR 实施水平的高低有关。在不同的预测信号下，A、B 两条乳品供应链上下游的利润函数及市场需求函数如下：

$$D_{As}^{YYJ} = E[A_J \mid s] - P_{As}^{YYJ} + P_{Bs}^{YYJ} + e_{As}^{YYJ} \tag{7-30}$$

$$D_{Bs}^{YYJ} = E[A_J \mid s] - P_{As}^{YYJ} + P_{Bs}^{YYJ} + e_{Bs}^{YYJ} \tag{7-31}$$

$$\pi_{iS}^{YYJ} = \omega_{is}^{YYJ} D_{is}^{YYJ} - \tau e_{As}^{YYJ^2} \tag{7-32}$$

$$\pi_{iM}^{YYJ} = (P_{is}^{YYJ} - \omega_{is}^{YYJ}) D_{is}^{YYJ} - G \tag{7-33}$$

　　命题 6：参数满足 $0<\delta<1$，$\overline{A}>0$ 时，存在 $0 \leqslant \rho \leqslant 1$ 且 $\tau > \dfrac{1}{4}$，海瑟矩阵 $|H^{(4)}| = \begin{bmatrix} -2 & 1 \\ 1 & -2\tau \end{bmatrix} > 0$，在两条乳品供应链的制造商均投入区块链技术，且供应商实施 CSR，在预测信号 s 下，参数满足 $0<\delta<1$，$\overline{A}>0$，$0 \leqslant \rho \leqslant 1$ 且 $\tau > \dfrac{1}{2}$ 时，使两条乳品供应链的供应商和制造商存在最优决策（由于 A、B 乳品供应链的最优决策一致，所以此处用 i 代表供应链 A、B）。

　　证明：该命题与前文命题证明过程一致，此处不再赘述，当参数满足 $0<\delta<1$，$\overline{A}>0$ 时，存在 $0 \leqslant \rho \leqslant 1$ 且 $\tau > \dfrac{1}{2}$，可以得到命题 6 中提到的最优决策，如表 7-16 所示。

表 7-16　　　　AM、BM 均投入区块链技术且 AS、BS 均实施 CSR 时制造商和供应商的最优决策

决策变量	最优决策
iS 在 H、h 下的批发价	$\omega_{ih}^{YYH} = \dfrac{(1+\delta)(1+\rho)\tau A}{-1+2\tau}$

续表

决策变量	最优决策
iS 在 H、l 下的批发价	$\omega_{il}^{YYH} = -\dfrac{(1+\delta)(-1+\rho)\overline{\tau A}}{-1+2\tau}$
iS 在 L、h 下的批发价	$\omega_{ih}^{YYL} = \dfrac{(-1+\delta)(-1+\rho)\overline{\tau A}}{-1+2\tau}$
iS 在 L、l 下的批发价	$\omega_{il}^{YYL} = -\dfrac{(-1+\delta)(1+\rho)\overline{\tau A}}{-1+2\tau}$
iS 在 H、h 下的 CSR	$e_{ih}^{YYH} = \dfrac{(1+\delta)(1+\rho)\overline{A}}{-2+4\tau}$
iS 在 H、l 下的 CSR	$e_{il}^{YYH} = -\dfrac{(1+\delta)(-1+\rho)\overline{A}}{-2+4\tau}$
iS 在 L、h 下的 CSR	$e_{ih}^{YYL} = \dfrac{(-1+\delta)(-1+\rho)\overline{A}}{-2+4\tau}$
iS 在 L、l 下的 CSR	$e_{il}^{YYL} = \dfrac{(-1+\delta)(1+\rho)\overline{A}}{2-4\tau}$
iM 在 H、h 下的价格	$P_{ih}^{YYH} = \dfrac{2(1+\delta)(1+\rho)\overline{\tau A}}{-1+2\tau}$
iM 在 H、l 下的价格	$P_{il}^{YYH} = -\dfrac{2(1+\delta)(-1+\rho)\overline{\tau A}}{-1+2\tau}$
iM 在 L、h 下的价格	$P_{ih}^{YYL} = \dfrac{2(-1+\delta)(-1+\rho)\overline{\tau A}}{-1+2\tau}$
iM 在 L、l 下的价格	$P_{il}^{YYL} = -\dfrac{2(-1+\delta)(1+\rho)\overline{\tau A}}{-1+2\tau}$
iS 在 H、h 下的利润	$\pi_{iS_h}^{YYH} = \dfrac{(1+\delta)^2(1+\rho)^2\tau(-1+4\tau)\overline{A}^2}{4(1-2\tau)^2}$
iS 在 H、l 下的利润	$\pi_{iS_l}^{YYH} = \dfrac{(1+\delta)^2(-1+\rho)^2\tau(-1+4\tau)\overline{A}^2}{4(1-2\tau)^2}$
iS 在 L、h 下的利润	$\pi_{iS_h}^{YYL} = \dfrac{(-1+\delta)^2(-1+\rho)^2\tau(-1+4\tau)\overline{A}^2}{4(1-2\tau)^2}$
iS 在 L、l 下的利润	$\pi_{iS_l}^{YYL} = \dfrac{(-1+\delta)^2(1+\rho)^2\overline{\tau A}(-2+4\tau+\overline{A})}{4(1-2\tau)^2}$
iM 在 H、h 下的利润	$\pi_{iM_h}^{YYH} = -G + \dfrac{(1+\delta)^2(1+\rho)^2\tau^2\overline{A}^2}{(1-2\tau)^2}$
iM 在 H、l 下的利润	$\pi_{iM_l}^{YYH} = -G + \dfrac{(1+\delta)^2(-1+\rho)^2\tau^2\overline{A}^2}{(1-2\tau)^2}$
iM 在 L、h 下的利润	$\pi_{iM_h}^{YYL} = -G + \dfrac{(-1+\delta)^2(-1+\rho)^2\tau^2\overline{A}^2}{(1-2\tau)^2}$
iM 在 L、l 下的利润	$\pi_{iM_l}^{YYL} = -G + \dfrac{(-1+\delta)^2(1+\rho)^2\overline{\tau A}(-1+2\tau+\overline{A})}{2(1-2\tau)^2}$

性质 1：在 YN 模型下，

（1）当 $\frac{9-5\rho}{9+5\rho} \leqslant \delta < 1$，$0 < \rho \leqslant 1$ 且 $\tau > \frac{3}{10}$ 时，供应商在高预测信号下，总会实施高水平 CSR；

（2）当 $0 < \delta < 1$，$\bar{A} > 0$ 时，存在 $\tau > \frac{3}{10}$ 且 $0 \leqslant \rho \leqslant \bar{\rho}_1$，使供应商在低预测信号下，会实施高水平 CSR。

证明：当 $\frac{9-5\rho}{9+5\rho} \leqslant \delta < 1$，$0 < \rho \leqslant 1$ 且 $\tau > \frac{3}{10}$ 时，$\pi_{AS_h}^{YNH} > \pi_{AS_h}^{YNL} > \pi_{AS}^{NN}$，即供应商在高预测信号下，会实施高水平 CSR；在低预测信号下，令 $\pi_{AS_l}^{YNH} = \pi_{AS}^{NN}$，得 $\bar{\rho}_1 = \frac{1}{15}\left(51 - 180v_1 + \frac{20v_1}{1-4\tau} + \frac{20v_1}{\tau} + \frac{68}{-3+10\tau}\right)$，其中 $v_1 = \sqrt{\frac{\tau(-1+4\tau)}{(1-6\tau)^2}}$。当 $\tau > \frac{3}{10}$ 且 $0 \leqslant \rho \leqslant \bar{\rho}_1$ 时，$\pi_{AS_l}^{YNH} > \pi_{AS}^{NN}$；结合命题 3，可得 $\pi_{AS_l}^{YNH} > \pi_{AS_l}^{YNL} > \pi_{AS}^{NN}$。

性质 1 证毕。

性质 1 说明，当乳品制造商投入区块链技术后，如果无信息外溢，无论在何种预测信号下，乳品供应商一定会实施高水平 CSR。这主要是由于在无信息外溢时，即乳品供应商不与另一链条的乳品制造商合作，此时乳品供应商仅拥有自己所在链条上的市场，为使利润最大化，只能通过实施高水平 CSR 提高市场需求。尤其是在高预测信号下，在 $\frac{9-5\rho}{9+5\rho} \leqslant \delta < 1$，$0 < \rho \leqslant 1$ 且 $\tau > \frac{3}{10}$ 的范围内，为抓住旺盛的需求带来的市场红利，乳品供应商一定会实施高水平 CSR。而在低预测信号下，令 $\delta = \frac{1}{2}$，$\bar{A} = 40$，$G = 20$（本节所有数值分析时的参数均取此值，之后不再重复说明）可得图 7-19。如图 7-19 所示阴影部分，乳品供应商会在 $0 \leqslant \rho \leqslant \bar{\rho}_1$ 的大范围内实施高水平 CSR，随着 CSR 成本投入的提高，面对低需求的市场环境，考虑对成本收益的衡量，在 $\bar{\rho}_1 \leqslant \rho \leqslant 1$ 范围内乳品供应商会选择不实施 CSR。

性质 2：在 YN^* 模型下，

（1）当 $0 < \delta < 1$，$\bar{A} > 0$，$\tau > \frac{22+\sqrt{229}}{34}$ 且 $\bar{\rho}_2 < \rho \leqslant 1$ 时，乳品供应商在高预测信号下，会实施高水平 CSR；

（2）当 $0 < \delta < 1$，$\bar{A} > 0$，$\frac{5}{8} < \tau < \frac{5}{6}$ 且 $\bar{\rho}_3 \leqslant \rho \leqslant 1$ 时，乳品供应商在低预测信号下，会实施高水平 CSR；

（3）当 $0 < \delta < 1$，$\bar{A} > 0$ 时，当 $\frac{5}{6} < \tau < \frac{8+\sqrt{29}}{14}$ 且 $0 \leqslant \rho \leqslant 1$ 时，乳品供应商在低预测信号下，会实施低水平 CSR。

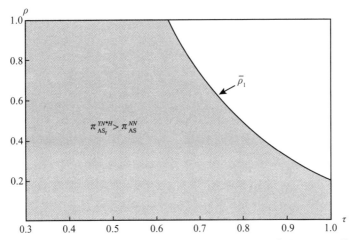

图7-19　YN模型中，在低预测信号下乳品供应商实施高水平 CSR 的决策

证明：在高预测信号下，令 $\pi_{AS_h}^{YN*H} > \pi_{AS_h}^{YN*L} > \pi_{AS}^{NN}$，得 $0 < \delta < 1$，$\bar{A} > 0$，$\tau > \dfrac{22 + \sqrt{229}}{34}$，$\bar{\rho}_2 < \rho \leqslant 1$ 的范围，同理，将乳品供应商在低预测信号下的利润进行比较分析，可知乳品供应商在低预测信号下 CSR 的实施情况，故性质 2 证毕。

性质 2 说明，只要乳品制造商投入区块链技术，并在受交叉贸易形成的信息外溢的影响下，乳品供应商就一定会实施 CSR，尤其在市场需求旺盛时，大部分情况下（如图 7-20 所示，Ω 范围：$0 < \delta < 1$，$\bar{A} > 0$，$\tau > \dfrac{22 + \sqrt{229}}{34}$，$\bar{\rho}_2 < \rho \leqslant 1$）会实施高水平 CSR，进一步说明在区块链技术驱动下，信息外溢能够推动乳品供应商 CSR 的有效实施。

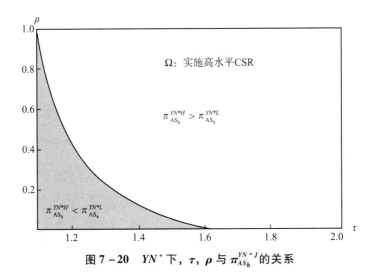

图7-20　YN^* 下，τ，ρ 与 $\pi_{AS_h}^{YN*J}$ 的关系

性质3：在 YY 模型下，

（1）当 $0 < \delta < 1$，$\bar{A} > 0$ 时，存在 $0 \leq \rho \leq 1$ 且 $\tau > \dfrac{1}{2}$，使乳品供应商在高预测信号下总会实施高水平 CSR；

（2）当 $0 < \delta < 1$，$\bar{A} > 0$ 时，存在 $0 \leq \rho \leq 1$ 且 $\tau > \dfrac{1}{2}$，使乳品供应商在低预测信号下，在区域 Ω_1 时，不实施 CSR；在区域 Ω_2 时，实施高水平 CSR；在区域 Ω_3 时，实施低水平 CSR。

证明：根据命题 5 的最优决策结果，当 $s = h$ 时，存在 $0 < \delta < 1$，$\bar{A} > 0$，$0 \leq \rho < 1$ 且 $\tau > \dfrac{1}{2}$，使 $\pi_{iS_h}^{YYH} > \pi_{iS_h}^{YYL} > \pi_{iS}^{NN}$，故在两条乳品供应链制造商均投入区块链技术时，乳品供应商在高预测信号下总会实施高水平 CSR；

当 $s = l$ 时，令 $\pi_{iS_l}^{YYH} = \pi_{iS}^{NN}$，得 $\bar{\rho}_4 = \dfrac{1}{3}\left(\dfrac{4\sqrt{\dfrac{\tau(-1+4\tau)}{(1-2\tau)^2}}}{\tau} + \dfrac{\left(-3 + 4\sqrt{\dfrac{\tau(-1+4\tau)}{(1-2\tau)^2}}\right)^{3+4\tau}}{1-4\tau} \right)$；

令 $\pi_{iS_l}^{YYL} = \pi_{iS}^{NN}$，得 $\bar{\rho}_5 = \dfrac{-19\tau - 2\tau^2 + 8\sqrt{5}(1-2\tau)^2\sqrt{\dfrac{\tau(19+2\tau)}{(1-2\tau)^2}}}{\tau(19+2\tau)}$；令 $\pi_{iS_l}^{YYH} = \pi_{iS_l}^{YYL}$，得 $\bar{\rho}_6 = \dfrac{-161 + 722\tau - 12\sqrt{5}\sqrt{-19+74\tau+8\tau^2}}{-199+718\tau}$。故如图 7-21 所示，即在 $s = l$ 时，乳品供应商不会在区域 Ω_1 内实施 CSR，而是选择在区域 Ω_2 与 Ω_3 内分别实施高水平 CSR 与低水平 CSR。

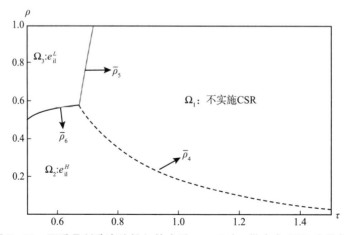

图 7-21 两乳品制造商均投入技术后，$s = l$ 时，供应商 CSR 实施策略

本节从乳品制造商的两种区块链技术投入策略入手，即单条链技术投入策略（YN 模型与 YN^* 模型）、两条链技术投入策略（YY 模型），分析其均衡状态以及不同参数对供应链决策的影响。通过分析得出，区块链技术的实施的确能推动乳品供应商投入 CSR。在 YN 策略与 YN^* 策略中，存在较大的阈值范围，使乳品供应商总是会实施高水平 CSR，尤其是在 YN 策略下，考虑消费者偏好以及对市场更高需求度的追求，无论面对何种水平的市场预测信号，乳品供应商总会实施高水平 CSR，且在受供需关系影响形成的信息外溢下，间接地促进了乳品供应商 CSR 的实施。在 YY 策略中，仅在部分阈值范围内，乳品供应商不实施 CSR，也就是说，区块链技术的投入确实在一定程度上避免了乳品供应商在 CSR 实施方面的"搭便车"行为，起到规避效果，同时推动了乳品供应商高水平 CSR 的投入。

7.3.4　不同策略下 CSR 实施水平对比分析

推论 1：在 YN 模型下，

（1）当参数满足 $\frac{9-5\rho}{9+5\rho} \leq \delta < 1$，$\bar{A} > 0$，$0 < \rho \leq 1$ 且 $\tau > \frac{3}{10}$ 时，面对不同的预测信号，乳品供应商更愿意在高预测信号下投入高水平的 CSR，且 $\frac{\partial e_{Ah}^{YNH}}{\partial \rho} > 0$，$\frac{\partial e_{Al}^{YNH}}{\partial \rho} < 0$；$\frac{\partial e_{Ah}^{YNH}}{\partial \tau} < 0$，$\frac{\partial e_{Al}^{YNH}}{\partial \tau} < 0$；

（2）当参数满足 $0 < \delta < 1$，$\bar{A} > 0$ 时，存在 $0 \leq \rho \leq \bar{\rho}$ 且 $\tau > \frac{3}{10}$，其中 $\bar{\rho} = -\frac{33}{5} + \frac{44}{15-50\tau} + \frac{4-12\tau}{(1-6\tau)^2 v} + 36v$，$v = \sqrt{\frac{\tau(-1+4\tau)}{(1-6\tau)^2}}$，使乳品供应商仅在低预测信号下实施低水平 CSR。且 $\frac{\partial e_{Ah}^{YNL}}{\partial \tau} < 0$，$\frac{\partial e_{Ah}^{YNL}}{\partial \rho} < 0$，$\frac{\partial e_{Al}^{YNL}}{\partial \tau} < 0$，$\frac{\partial e_{Al}^{YNL}}{\partial \rho} > 0$。

证明：令 $D_{Ah}^{YNH} > 0$，$D_{Al}^{YNH} > 0$，$\pi_{AS_h}^{YNH} > 0$，$\pi_{AS_l}^{YNH} > 0$，在 $0 < \delta < 1$，$\bar{A} > 0$ 时，可得 $0 \leq \rho \leq 1$ 且 $\tau > \frac{3}{10}$。

令 $\pi_{AS_h}^{YNH} - \pi_{AS_l}^{YNH} = \Delta\pi_{AS_s}^{YNH} = \frac{(1+\delta)(7+3\delta)\rho\tau(-1+4\tau)\bar{A}^2}{3+4\tau(-7+15\tau)}$，当 $0 < \delta < 1$，$\bar{A} > 0$，$0 \leq \rho \leq 1$ 且 $\tau > \frac{1}{4}$ 时，$\Delta\pi_{AS_s}^{YNH} > 0$；

此外，当 $\pi_{AS_h}^{YNH} > \pi_{AS}^{NN}$ 时，可得 $\frac{9-5\rho}{9+5\rho} \leq \delta < 1$，$0 < \rho \leq 1$ 且 $\tau > \frac{1}{4}$，故在无信息外溢时，乳品供应商更偏向于在高预测信号下，在 $\frac{9-5\rho}{9+5\rho} \leq \delta < 1$，$0 < \rho \leq 1$ 且

$\tau > \dfrac{3}{10}$ 范围内投入高水平 CSR。对 e_{Ah}^{YNH}、e_{Al}^{YNH} 求关于 τ 和 ρ 的一阶偏导得：$\dfrac{\partial e_{Ah}^{YNH}}{\partial \rho} >$

0，$\dfrac{\partial e_{Ah}^{YNH}}{\partial \tau} < 0$，$\dfrac{\partial e_{Al}^{YNH}}{\partial \rho} < 0$，$\dfrac{\partial e_{Al}^{YNH}}{\partial \tau} < 0$。

同理，令 $\pi_{AS_h}^{YNL} - \pi_{AS_l}^{YNL} = \Delta \pi_{AS_s}^{YNL}$，当 $0 < \delta < 1$，$\overline{A} > 0$，$0 \leqslant \rho \leqslant 1$，$\tau > \dfrac{3}{10}$ 时，

$\Delta \pi_{AS_s}^{YNL} < 0$，故在无信息外溢时，乳品供应商一定不会在高预测信号下实施低水平

CSR。而在低预测信号下，令 $\pi_{AS_l}^{YNL} = \pi_{AS}^{NN}$，得 $\overline{\rho} = -\dfrac{33}{5} + \dfrac{44}{15 - 50\tau} + \dfrac{4 - 12\tau}{(1 - 6\tau)^2 v} +$

$36v$，其中 $v = \sqrt{\dfrac{\tau(-1 + 4\tau)}{(1 - 6\tau)^2}}$，当 $\pi_{AS_l}^{YNL} > \pi_{AS}^{NN}$ 时，$0 \leqslant \rho \leqslant \overline{\rho}$，故乳品供应商有且仅

当 $0 < \delta < 1$，$\overline{A} > 0$，$0 \leqslant \rho \leqslant \overline{\rho}$，$\tau > \dfrac{3}{10}$ 时，在低预测信号下实施低水平 CSR。对

e_{Ah}^{YNL}、e_{Al}^{YNL} 求关于 τ 和 ρ 的一阶偏导得：$\dfrac{\partial e_{Ah}^{YNL}}{\partial \tau} < 0$，$\dfrac{\partial e_{Ah}^{YNL}}{\partial \rho} < 0$，$\dfrac{\partial e_{Al}^{YNL}}{\partial \tau} < 0$，$\dfrac{\partial e_{Al}^{YNL}}{\partial \rho} > 0$。

推论 1 证毕。

推论 1 表明：首先，乳品供应商实施 CSR 不仅与成本投入系数有关，而且与信息精确度和预测信号高低相关。如图 7-22（a）所示，在市场需求旺盛时（$s = h$），面对大量具有 CSR 偏好的消费者，高水平 CSR 能对消费市场带来刺激作用，进一步扩大市场需求，赋予乳品供应商持续提高 CSR 水平的动力；而在市场不景气时（$s = l$），尽管乳品供应商实施高水平 CSR，但基于将成本作为定价的考量因素之一，在投入高水平 CSR 后，产品价格势必会有一定幅度的提升，面对低需求的市场环境，投入了高水平 CSR 带来的溢价必将会对需求产生一定的负面影响，进而妨碍乳品供应商投入高水平 CSR。也就是说，当乳品供应链 A 的制造商投入区块链技术，且无信息外溢的情况下，乳品供应商在高预测信号下投入高水平 CSR 的意愿更强烈。

其次，低水平 CSR 与 CSR 成本系数无论在何种预测信号下均为负相关关系。与实施高水平 CSR 下的情况不同的是（如图 7-22（b）所示），在高预测信号下，低水平 CSR 投入会随信息精确度的增加而降低，而在低预测信号下，则相反。这是由于在高预测信号下，实际市场需求水平很高，但实施的低水平 CSR 对扩大市场需求而言带来的增量会越来越小，相应乳品供应商的利润也会不断降低，带给乳品供应商实施 CSR 的动力随之减少，因此在高预测信号下，低水平 CSR 的投入反而与信息精确度呈单调递减趋势。

反之，在低预测信号下，实际市场需求水平较低，虽然乳品供应商此时实施的是低水平 CSR，但是对于本就需求低迷的市场而言，CSR 的实施会成为需求增加的催化剂，所以随着 CSR 的不断投入，乳品供应商的利润不断提高，甚

至高于高预测信号下的利润。因此，在低预测信号下，低水平 CSR 与信息精确度为正相关关系。但随着 CSR 成本投入系数的提高，低水平 CSR 的投入会不断减少，使 π_{ASl}^{YNL} 降低，甚至低于不实施 CSR 时的利润，因此，在 $\bar{\rho} \leqslant \rho \leqslant 1$ 区域内，乳品供应商会选择不实施 CSR。

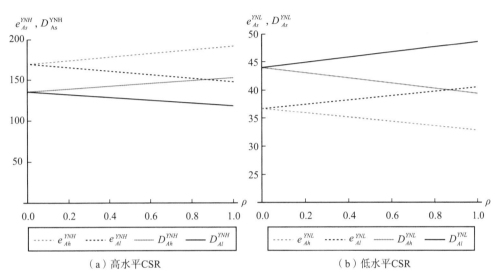

（a）高水平 CSR　　　　　　　　　（b）低水平 CSR

图 7-22　不同预测信号下信息精确度与 CSR 投入及市场需求的关系

推论 2： 在 YN^* 模型下，

（1）当 $0 < \delta < 1$，$\bar{A} > 0$，$\bar{\rho}_2 < \rho \leqslant 1$，$\tau > \dfrac{5}{6}$ 时，使乳品供应商在高预测信号下总会实施高水平 CSR；且 $\dfrac{\partial e_{Ah}^{YN^*H}}{\partial \tau} < 0$，$\dfrac{\partial e_{Ah}^{YN^*H}}{\partial \rho} > 0$；当 $0 < \delta < 1$，$\bar{A} > 0$，$\bar{\rho}_3 \leqslant \rho \leqslant 1$，$\dfrac{5}{8} < \tau < \dfrac{5}{6}$ 时，使乳品供应商在低预测信号下总会实施高水平 CSR；且 $\dfrac{\partial e_{Al}^{YN^*H}}{\partial \tau} > 0$，$\dfrac{\partial e_{Al}^{YN^*H}}{\partial \rho} < 0$。

（2）当 $0 < \delta < 1$，$\bar{A} > 0$ 时，存在 $0 \leqslant \rho \leqslant 1$ 且 $\tau > \dfrac{8 + \sqrt{29}}{14}$，使乳品供应商在高预测信号下总会实施低水平 CSR；且 $\dfrac{\partial e_{Ah}^{YN^*L}}{\partial \tau} < 0$，$\dfrac{\partial e_{Ah}^{YN^*L}}{\partial \rho} > 0$；当 $0 < \delta < 1$，$\bar{A} > 0$ 时，存在 $0 \leqslant \rho \leqslant 1$ 且 $\dfrac{5}{6} < \tau < \dfrac{8 + \sqrt{29}}{14}$，使乳品供应商在低预测信号下总会实施低水平 CSR，且 $\dfrac{\partial e_{Al}^{YN^*L}}{\partial \tau} < 0$，$\dfrac{\partial e_{Al}^{YN^*L}}{\partial \rho} < 0$。

证明：根据命题4，在高预测信号下，令 $\pi_{AS_h}^{YN*H} = \pi_{AS}^{NN}$，得 $\bar{\rho}_2 = \dfrac{-7-3\sigma}{3+7\sigma} + 4$

$\sqrt{\dfrac{25-60\tau+36\tau^2}{(3+7\sigma)^2\tau(-1+4\tau)}}$，当 $0<\delta<1$，$\bar{A}>0$，$\bar{\rho}_2<\rho\leqslant 1$，$\tau>\dfrac{5}{6}$ 时，$\pi_{AS_h}^{YN*H} >$

π_{AS}^{NN}，即乳品供应商实施高水平 CSR 时的利润大于不实施 CSR 时的利润。

在低预测信号下，令 $\pi_{AS_l}^{YN*H} = \pi_{AS}^{NN}$，得 $\bar{\rho}_3 = \dfrac{(7+3\delta)(3+7\delta) - \dfrac{4(5-6\tau)^2(5-4\tau)^2 v_3}{(5-8\tau)^2\tau(-1+4\tau)}}{(3+7\delta)^2}$，其中 $v_3 =$

$\sqrt{\dfrac{(3+7\delta)^2\tau(-1+4\tau)(-5+8\tau)^2}{(25-50\tau+24\tau^2)^2}}$，当 $0<\delta<1$，$\bar{A}>0$，$\bar{\rho}_3\leqslant\rho\leqslant 1$，$\dfrac{5}{8}<\tau<\dfrac{5}{6}$

时，$\pi_{AS_l}^{YN*H} > \pi_{AS}^{NN}$，即乳品供应商在低预测信号下会实施高水平 CSR。此外，对

e_{Ah}^{YN*H}、e_{Al}^{YN*H} 求关于 τ 和 ρ 的一阶偏导得：$\dfrac{\partial e_{Ah}^{YN*H}}{\partial\tau}<0$，$\dfrac{\partial e_{Ah}^{YN*H}}{\partial\rho}>0$；$\dfrac{\partial e_{Al}^{YN*H}}{\partial\tau}>0$，

$\dfrac{\partial e_{Al}^{YN*H}}{\partial\rho}<0$。

同理，由命题5中的最优决策可知，当 $0<\delta<1$，$\bar{A}>0$，$0\leqslant\rho\leqslant 1$ 且 $\tau>$

$\dfrac{8+\sqrt{29}}{14}$时，$\pi_{AS_h}^{YN*L} > \pi_{AS}^{NN}$；当 $0<\delta<1$，$\bar{A}>0$，$0\leqslant\rho\leqslant 1$ 且 $\dfrac{5}{6}<\tau<\dfrac{8+\sqrt{29}}{14}$时，

$\pi_{AS_l}^{YN*L} > \pi_{AS}^{NN}$。与前面证明一致，将 e_{Ah}^{YN*L}、e_{Al}^{YN*L} 分别对 τ 和 ρ 在范围内求一阶偏导。

推论2 证毕。

与之前性质结论不同的是，当预测信号 $s=l$ 时，乳品供应商实施高水平 CSR 与 CSR 成本投入系数呈单调递增关系，这主要是受 AS 与 BM 合作的影响，由于 BM 与 AS 合作的一个重要原因就是其产品具有 CSR 属性，从而可以将 AS 提供的具有 CSR 属性的产品与 BS 提供的产品一起售卖，扩大市场需求，所以在低预测信号下，即便此时市场需求较小，但通过与 BM 合作可获取更多市场需求，赚取更多盈余，因此尽管 CSR 投入成本在不断增加，但是 AS 依然会选择继续增加对高水平 CSR 的投入，以获取更多市场及利润。

根据命题4，当 $0<\delta<1$，$\bar{A}>0$，$\bar{\rho}_3\leqslant\rho\leqslant 1$，$\dfrac{5}{8}<\tau<\dfrac{5}{6}$ 时，对 D_{Al}^{YN*H}、

D_{Bl}^{YN*H} 分别求关于 τ 的一阶偏导数及二阶偏导数可得：$\dfrac{\partial D_{Al}^{YN*H}}{\partial\tau}>0$，$\dfrac{\partial D_{Bl}^{YN*H}}{\partial\tau}>0$，

$\dfrac{\partial^2 D_{Al}^{YN*H}}{\partial\tau^2}>0$，$\dfrac{\partial^2 D_{Bl}^{YN*H}}{\partial\tau^2}>0$，即 D_{Al}^{YN*H}、D_{Bl}^{YN*H} 随 τ 单调递增，且随着 CSR 成本投入系数的不断增大，D_{Al}^{YN*H}、D_{Bl}^{YN*H} 的增速愈发变快，即在低预测信号下，当信

息外溢时，A、B 乳品供应链的产品市场需求随 CSR 成本投入的增加均呈现出快速增长的趋势，随之 AS 的利润与 CSR 投入成本呈现正相关关系，因此，CSR 的实施水平随 CSR 成本系数单调递增。

即当 AM 投入区块链技术后，若存在信息外溢，不论在何种预测信号下，AS 都一定会在范围内实施 CSR。因为 BM 与 AS 合作的原因在于其产品的 CSR 属性，所以即便是低水平 CSR，对于 AS 而言，也是一种合作优势，所以 AS 一定会选择实施 CSR。

7.3.5　不同策略下乳品制造商技术投入的策略分析

乳品制造商进行区块链技术投入决策的形成有两种原因：一是 AM、BM 最初同时决定投入区块链技术；二是在 AS 与 BM 合作形成信息外溢后，推动 BM 技术投入。

推论 3： YY 模型中，在高预测信号下，当 $0 < \delta < 1$，$\overline{A} > 0$ 时，存在 $0 \leqslant \rho < 1$ 且 $\tau > \dfrac{1}{2}$，使乳品制造商更愿意投入技术，且乳品供应商均会实施高水平 CSR；而在低预测信号下，乳品制造商只在（0，R_0）区域内投入技术，乳品供应商实施高水平 CSR。

证明： 通过对 NN 模型与 YY 模型下的最优决策结果进行分析，可以得到：

当 $s = h$ 时，存在 $0 < \delta < 1$，$\overline{A} > 0$，$0 \leqslant \rho \leqslant 1$ 且 $\tau > \dfrac{1}{2}$ 的范围，使 $\pi_{iS_h}^{YYH} > \pi_{iS_h}^{YYL}$，$\pi_{iM_h}^{YYH} > \pi_{iM_h}^{YYL}$，如图 7-23（a）所示，当 $s = h$ 时，YY 模型下，乳品供应商实施高水平 CSR 时的利润始终高于不实施 CSR 时的利润，随着信息精确度的提高，利润差会逐渐扩大，且乳品制造商的利润一直大于乳品供应商的利润，即乳品制造商更有动机投入区块链技术。

当 $s = l$ 时，在 $0 < \delta < 1$，$\overline{A} > 0$，$0 \leqslant \rho \leqslant 1$ 且 $\tau > \dfrac{1}{2}$ 的范围内，$\pi_{iS_l}^{YYL} < \pi_{iS}^{NN}$，$\pi_{iM_l}^{YYL} < \pi_{iM}^{NN}$，即乳品供应商在低预测信号下不会实施低水平 CSR。如图 7-23（b）所示，在（0，R）区域内，$\pi_{iM_l}^{YYH} > \pi_{iM}^{NN}$，但由于乳品供应商仅在（0，$R_0$）区域内实施高水平 CSR 时的利润始终高于不实施 CSR 时的利润（即 $\pi_{iS_l}^{YYH} > \pi_{iS}^{NN}$），故（0，$R_0$）的区域是乳品供应商与乳品制造商在低预测信号下的"双赢"区间，即乳品制造商仅在（0，R_0）区域内投入区块链技术，且在技术驱动下，乳品供应商会实施高水平 CSR。

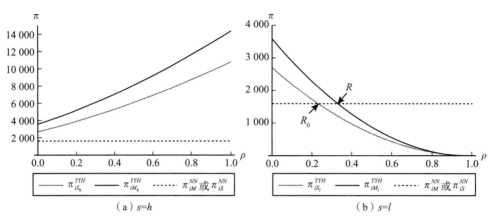

图 7 - 23　YY 模型与 NN 模型的利润对比

　　综上所述，供应链双方主体在行为决策上会形成相互激励，即只要乳品制造商投入区块链技术，乳品供应商必然会实施高水平 CSR，且乳品制造商在高水平 CSR 的加持作用下，能获得更优的利润，因此也更愿意投入区块链技术。

　　推论 4：存在信息外溢时，BM 仅会选择在低预测信号下投入区块链技术。

　　证明：通过对比 YN^* 模型与 YY 模型，根据对两模型的最优决策结果的对比分析可以得知，在高预测信号下，BM 在 YN^* 下的利润大于 YY 下的利润，因此，BM 不会在高预测信号下投入技术，且 BS 不会实施 CSR。这主要是因为在市场需求旺盛时（$s=h$），通过与 AS 合作，BM 已占据大量市场，出于对成本收益的考量，不投入区块链技术相对而言是继续实现盈利目标的最优决策。

　　而在低预测信号下，根据图 7 - 24 可知，当乳品供应商实施高水平 CSR 后，BM 在 YY 模型下的利润反而高于 YN^* 模型下的利润；这主要由于在市场不景气时（$s=l$），当 BM 与 AS 合作发现竞争对手 AM 售卖的产品带有 CSR 属性后，为获取竞争优势，争夺更多的市场需求，必然会采取措施推动其上游 BS 实施高水平 CSR，因而会选择投入区块链技术。

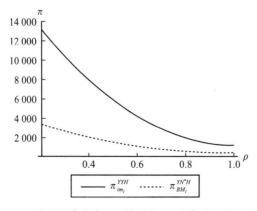

图 7 - 24　乳品制造商在 YY 模型与 YN^* 模型下的利润对比

7.3.6　乳品供应链 CSR 传导效应分析

推论 5：CSR 作为供应链生产运营过程中的关键信息要素，在区块链技术驱动下，不仅实现了在链条内的有效传导，同时在信息外溢的推动下，也达成了在链条间的充分传导。

证明：乳品制造商只要投入区块链技术，在无信息外溢时，受技术可追溯性及完全透明化的特征的影响，乳品供应商在不同阈值范围内均会选择实施 CSR，且在大部分情况下会投入高水平 CSR。在此情形下，乳品制造商能够依据更明确的 CSR 实施水平这一信息，精准预测市场需求信息，基于此向乳品供应商发起订单，通过之前的分析论证可以得出，乳品制造商和乳品供应商双方主体在乳品供应商实施 CSR 后，均可实现利润最大化，即在区块链技术驱动下，可以实现 CSR 在链条内的有效传导。

当乳品制造商投入区块链技术后，在交叉贸易结构下，供需关系产生的信息外溢同样也能够促成 CSR 在链条间实现有效传导。结合对乳品制造商技术投入策略的分析及图 7 – 25 所呈现的内容可知，在 $(0, R_2)$ 内，$\pi_{BS_l}^{YYH} > \pi_{BS_l}^{YN*H}$；在 (R_2, R_3) 内，$\pi_{BS_l}^{YN*H}$ 始终大于 $\pi_{BS_l}^{YYH}$ 与 $\pi_{BS_l}^{YYL}$；而在 $(R_3, 1)$ 内，$\pi_{BS_l}^{YYL} > \pi_{BS_l}^{YN*H}$，故 BS 仅在 (R_2, R_3) 内不实施 CSR，在 $(0, R_2)$ 内实施高水平 CSR，在 $(R_3, 1)$ 内实施低水平 CSR，即在低预测信号下，乳品制造商投入了区块链技术后，当 AS 实施高水平 CSR 时，在链条间的交叉贸易合作下形成的信息外溢会形成 CSR 在链条间的传导。总之，通过区块链技术驱动，信息外溢助力，能够推动 CSR 在竞争性供应链的链条间实现传导。

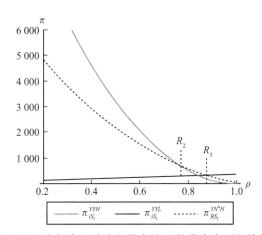

图 7 – 25　信息外溢对乳品供应链 B 的供应商利润的影响

7.3.7 主要结论

数字信息化的时代背景下，消费者对 CSR 的要求不仅局限于单个企业，而是将 CSR 的需求更多的扩散到整个产品供应链或是整个行业，在此背景下，面对阻碍供应链协同发展的 CSR 信息不对称的问题，CSR 信息的有效传导及全链条全成员高水平 CSR 的实施，是实现供应链多主体追寻利益最优化与建设可持续发展供应链运营之道的必由之路。主要有以下结论。

（1）在区块链技术驱动下，能够实现 CSR 在链条内的有效传导。在 YN 策略下，即当只有一个乳品制造商投入区块链技术且无信息外溢时，不受预测信号高低影响，高水平 CSR 无论在何种市场情况下都会起到刺激消费市场的作用，因此乳品供应商有强烈的动机实施高水平 CSR。

与高水平 CSR 投入情况不同的是，低水平 CSR 在高预测信号下，由于面对的是旺盛的市场需求，低水平 CSR 对扩大市场需求而言带来的增量会越来越小，导致乳品供应商的利润不断降低，带给乳品供应商实施 CSR 的动力随之减少，故在高预测信号下，低水平 CSR 的投入反而与信息精确度呈单调递减趋势。因此，在 YN 策略下，乳品供应商更愿意投入高水平 CSR。而在 YN^* 策略下，即存在信息外溢时，除市场不景气（$s=l$）的情况，乳品供应商一定会选择实施高水平 CSR，但如果 CSR 成本投入太高，考虑成本收益间的权衡，则会选择实施低水平 CSR。故受区块链技术驱动，无论是否存在信息外溢，CSR 均能在链条内实现传导，只要乳品制造商选择投入区块链技术，那么乳品供应商就一定会实施 CSR 从而提升整条链的 CSR 水平。

（2）区块链技术能够有效驱动 CSR 在竞争性供应链之间实现传导，进而推动整个行业向实施更高质量 CSR 的方向发展。在市场需求较低（$s=l$）的情况下，实施高水平 CSR 的供应链会在乳品供应商与另一乳品制造商合作形成的信息外溢下，将 CSR 实施信息被动传导至未实施 CSR 的供应链内，延伸了技术驱动下的 CSR 的传导范围，优化了可持续的供应链合作网络环境，促进了全行业高水平 CSR 的实施。

（3）区块链技术的投入驱动高水平 CSR 的实施能使供应链双方主体实现互利共赢，发挥出相得益彰的效果。当乳品制造商均投入区块链技术后，乳品供应商均实施高水平 CSR 是乳品制造商和乳品供应商"双赢"的条件，尤其在市场需求旺盛（$s=h$）时，乳品制造商可通过采取优化预测精度评估机制并结合技术投入等措施提升预测信息的精确度，为鼓励上游乳品供应商实施高水平 CSR 提供支持，进而使整条供应链的效益最大化。

7.4　本　章　小　结

本章关注的问题是乳品供应链上企业社会责任的传导，主要从乳品供应链结构和区块链技术投入两个层面来进行研究，7.2 节主要探索异质性供应链结构对整体供应链网络企业社会责任传导效应的影响，建立了供应商横向联盟结构、持股结构、纵向一体化结构，7.3 节则探讨区块链技术驱动下链条内和链条间 CSR 信息的有效传导性，构建了两条竞争性供应链，分析了 3 种技术投入策略下的结果，分别使用沙普利值和信号博弈的方法，最终明确了乳品企业上、下游之间的 CSR 传导策略选择区间。

通过本章研究，本书提出乳品供应链中的核心加工制造企业应承担更多的社会责任，并加强上下游企业之间的联动发展，对上游供应商进行相应监管，这对于企业间 CSR 的传导是有效的；通过优化构建不同的供应链结构类型和上下游利益联结机制，能有效促进 CSR 在乳品供应链中的有效传导；区块链技术在驱动 CSR 在竞争性供应链之间的传导上，存在可行区间，是推动 CSR 行业性实施的重要手段，是实现乳品供应链网络 CSR 协同治理的可行选择。

参 考 文 献

［1］《2015 中国奶业统计摘要》［J］. 中国奶牛，2015（21）：62.

［2］安玉发，任燕，刘畅，等. 供应链主体食品安全控制行为与政府监管研究［M］. 北京：中国农业出版社，2014.

［3］安玉发. 我国生鲜农产品流通渠道优化的有益探索［J］. 中国流通经济，2020，34（11）：126.

［4］毕军贤，赵定涛. 抽样检验产品的质量检验博弈与诚信机制设计［J］. 管理科学学报，2011，14（5）：43－51.

［5］曹東，杨春节. 考虑质量失误的供应链博弈模型研究［J］. 中国管理科学，2006，V（1）：25－29.

［6］曹金鑫，许伟忠，金弟，等. 复杂网络社团发现综述［J］. 计算机科学，2023，50（S2）：414－424.

［7］曹素娟. 基于供应链的 QQ 乳业营运资金管理优化研究［D］. 济南：山东大学，2023.

［8］常凯迪. 基于质量安全的乳品供应链利益分配问题分析［D］. 成都：西南交通大学，2017.

［9］陈佳佳，周根贵，梁薇薇，等. 基于努力水平的生鲜乳品供应链均衡研究［J］. 工业工程与管理，2018，23（5）：67－73＋81.

［10］陈军，但斌. 基于实体损耗控制的生鲜农产品供应链协调［J］. 系统工程理论与实践，2009，29（3）：54－62.

［11］陈军，但斌. 努力水平影响流通损耗的生鲜品订货策略［J］. 工业工程与管理，2010，15（2）：50－55.

［12］陈梅，茅宁. 不确定性、质量安全与食用农产品战略性原料投资治理模式选择——基于中国乳品企业的调查研究［J］. 管理世界，2015（6）：125－140.

［13］陈明星. 粮食安全韧性：内在机理、重塑路径与提升策略［J］. 贵州社会科学，2023（11）：120－128.

［14］陈倩，侯玉婷，胡志婷．供应链视角下环境责任缺失对消费者态度的影响研究——一个有调节的中介模型［J］．软科学，2021，35（7）：116－121.

［15］陈燃．Y 公司食品供应链风险管理研究［D］．重庆：重庆工商大学，2023.

［16］陈夏阳．基于博弈论的工业互联网安全防护策略研究［D］．北京：国防科技大学，2019.

［17］陈小玲．需求信息不对称条件下供应链竞争策略研究［D］．长沙：湖南大学，2010.

［18］陈远高，刘南．存在差异性产品的双渠道供应链协调研究［J］．管理工程学报，2011（2）：239－244.

［19］陈远高．供应链社会责任的概念内涵与动力机制［J］．技术经济与管理研究，2015（1）：75－78.

［20］陈跃刚，甘永辉．我国产业间波及效应的探讨［J］．南昌大学学报（人文社会科学版），2004（5）：58－63.

［21］成晓朦．公益性检验检测机构的改革发展研究［D］．济南：山东师范大学，2023.

［22］程慧锦，丁浩．供应链企业社会责任治理决策研究——基于 SD—演化博弈分析法［J］．运筹与管理，2022，31（5）：14－22.

［23］池国华，徐晨阳．资产专用性提升了企业风险承担水平？——基于边界调节和中介传导的双重检验［J］．中国软科学，2019，347（11）：109－118＋175.

［24］迟铭，毕新华，徐永顺．治理机制对顾客参与价值共创行为的影响——虚拟品牌社区的实证研究［J］．经济管理，2020，42（2）：144－159.

［25］戴春．大食物观的内涵辨析、生成逻辑与践行路径［J］．云南农业大学学报（社会科学），2023，17（6）：146－151.

［26］但斌，丁松，伏红勇．信息不对称下销地批发市场的生鲜供应链协调［J］．管理科学学报，2013，16（10）：40－50.

［27］但斌，伏红勇，徐广业，等．考虑天气与努力水平共同影响产量及质量的农产品供应链协调［J］．系统工程理论与实践，2013，33（9）：2229－2238.

［28］德鲁克·彼得．创新和企业家精神［M］．北京：企业管理出版社，1989.

［29］邓惠文．在不完全信息动态博弈视角下的地方政府职能部门绩效目标设置问题研究［D］．成都：电子科技大学，2020.

［30］东野升振，周岩，段丁钰，等．考虑研发投入溢出效应的供应链网

络均衡模型 [J]. 中国管理科学, 2016, 24 (S1): 14-21.

[31] 董悦祺. 食品供应链中断风险对组织绩效的影响研究 [D]. 长春: 吉林大学, 2023.

[32] 樊斌, 李翠霞. 基于质量安全的乳品加工企业隐蔽违规行为演化博弈分析 [J]. 农业技术经济, 2012 (1): 56-64.

[33] 樊胜根. 大食物观引领农食系统转型, 全方位夯实粮食安全根基 [J]. 中国农村经济, 2022 (12): 14-19.

[34] 樊志远, 孙云舒. 论大食物观的科学内涵、价值意蕴与实践要求 [J]. 西北农林科技大学学报 (社会科学版), 2023, 23 (6): 68-75.

[35] 房艳君, 吴梦娜. 供应链网络结构与博弈均衡分析 [J]. 系统科学学报, 2023, 31 (3): 104-108.

[36] 费威, 于宝鑫. 数字经济背景下食品安全协同治理机制 [J]. 制度经济学研究, 2021 (2): 124-141.

[37] 冯启. 借鉴新西兰乳业发展经验推进中国乳业又好又快发展 [J]. 农业技术与装备, 2011 (3): 73-77.

[38] 傅烨, 郑绍濂. 供应链中不对称市场信息的共享机制研究 [J]. 上海管理科学, 2003 (5): 4-5.

[39] 高阔. 农产品供应链中质量安全投入的动态分析及政府调控研究 [J]. 华东经济管理, 2016, 30 (8): 108-114.

[40] 高阔. 猪肉供应链网络均衡模型研究 [J]. 统计与决策, 2014 (6): 44-47.

[41] 高鹏, 聂佳佳, 朱宾欣, 等. 双渠道竞争下考虑消费者隐私关注的区块链技术采用策略 [J/OL]. 系统管理学报, 1-26 [2024-05-02].

[42] 高卫星. 乳品供应链中原奶供应商管理问题研究 [J]. 物流技术, 2009, 28 (2): 127-129.

[43] 高霞, 陈凯华. 基于SIPO专利的产学研合作模式及其合作网络结构演化研究——以ICT产业为例 [J]. 科学学与科学技术管理, 2016, 37 (11): 34-43.

[44] 耿弘, 童星. 从单一主体到多元参与——当前我国食品安全管制模式及其转型 [J]. 湖南师范大学社会科学学报, 2009, 38 (3).

[45] 公彦德, 陈梦泽. 考虑企业社会责任和公平偏好的绿色供应链决策 [J]. 控制与决策, 2021, 36 (7): 1743-1753.

[46] 公彦德. 主导模式、回收补贴对闭环供应链决策、稳定性和效率的影响 [J]. 控制与决策, 2013, 28 (8): 1263-1267+1272.

[47] 龚轶, 顾高翔, 刘昌新, 等. 技术创新推动下的中国产业结构进化

［J］．科学学研究，2013，31（8）：1252 –1259.

［48］古川，安玉发，刘畅．"农超对接"模式中质量控制力度的研究［J］．
软科学，2011，25（6）：21 –24.

［49］郭本海，储佳娜，赵荧梅．核心企业主导下乳品全产业链质量管控
GERT 网络模型［J］．中国管理科学，2019，27（1）：120 –130.

［50］郭捷．考虑交易安全风险控制投入的在线旅游供应链网络均衡模型
［J］．中国管理科学，2020，28（6）：137 –145.

［51］郭迎春，魏瑶，向飞，等．我国乳品产业链利益配比的风险系数修
正模型及实证研究［J］．技术经济，2020，39（8）：183 –190.

［52］郭昱，顾海英．我国乳品产业链竞争研究［J］．中国畜牧杂志，
2008（10）：14 –17.

［53］韩庆龄．协同共治与过程民主：农民自组织的治理实践——基于湖
北省秭归县 G 乡的实证分析［J］．求实，2022（3）：14 –28 +109.

［54］韩曙光，夏鹏．基于变质库存理论的生鲜农产品订货策略研究［J］．
浙江理工大学学报（社会科学版），2016，36（6）：532 –536.

［55］何大初．复杂系统与复杂网络［M］．北京：高等教育出版社，2009.

［56］何璠．中国和印度奶制品供应链的比较研究［D］．北京：中国农业
科学院，2014.

［57］洪岚，尚珂．我国粮食供应链问题研究［J］．中国流通经济，2005
（2）：13 –16.

［58］胡军，张镓，芮明杰．线性需求条件下考虑质量控制的供应链协调
契约模型［J］．系统工程理论与实践，2013，33（3）：601 –609.

［59］胡求光，朱安心．产业链协同对水产品追溯体系运行的影响——基
于中国 209 家水产企业的调查［J］．中国农村经济，2017（12）：49 –64.

［60］胡晓青，蔡建湖，孙海宁．需求信息不对称环境下供应链契约设计
研究进展［J］．管理学报，2022，19（5）：778 –788.

［61］胡一竑，李学迁，张江华，等．网购供应链网络均衡模型研究［J］．
运筹与管理，2012，21（4）：34 –40.

［62］华连连，邓思捷，王建国，等．考虑顾客效用和时变品质度的食品
供应链品质激励契约研究［J］．中国管理科学，2021，29（11）：146 –157.

［63］华连连，董春凤，张小芳，等．中国与新西兰乳品供应链模式差异
研究［J］．中国乳品工业，2017，45（8）：34 –36 +46.

［64］华连连，刘帅娟，王建国，等．多层级乳品供应链网络均衡问题研
究［J］．运筹与管理，2020，29（6）：157 –165.

［65］华连连，吴佳，王建国，等．考虑检测技术投入的乳品供应链网络

均衡研究 [J]. 工业工程与管理, 2020, 25 (5): 129 – 137.

[66] 华连连, 张莉莉, 杨艳丽, 等. 第三方检测市场入侵条件下乳品供应链网络均衡研究 [J]. 运筹与管理, 2023, 32 (2): 38 – 44.

[67] 黄崇珍. 基于复杂系统的供应链需求流管理研究 [D]. 哈尔滨: 哈尔滨工程大学, 2008.

[68] 黄季焜. 践行大食物观和创新政策支持体系 [J]. 农业经济问题, 2023 (5): 22 – 35.

[69] 黄建辉, 叶飞, 林强. 随机产出下考虑资金约束的农产品供应链补贴机制研究 [J]. 管理学报, 2017, 14 (2): 277 – 285.

[70] 黄鲁成, 石媛嫄, 吴菲菲. 基于专利引用的技术轨道动态分析——以太阳能电池为例 [J]. 科学学研究, 2013, 31 (3): 358 – 367.

[71] 黄宁. 碳减排投资下供应链渠道结构与融资模式选择研究 [D]. 兰州: 兰州大学, 2024.

[72] 黄睿. 中国乳品进口贸易及影响因素分析 [J]. 世界农业, 2016 (4): 173 – 176.

[73] 惠双民. 资产专用性、网络扩展和私人秩序 [J]. 经济研究, 2002 (7): 63 – 68 + 92.

[74] 姬小利. 伴随销售商促销努力的供应链契约设计 [J]. 中国管理科学, 2006, 14 (4): 46 – 49.

[75] 姜启军, 胡珂. 基于核心企业的乳制品供应链食品安全诚信管理研究 [J]. 中国乳品工业, 2017, 45 (4): 51 – 55.

[76] 金明寒. 供应链治理、协同能力和供应链绩效的影响机制研究 [D]. 杭州: 浙江工商大学, 2023.

[77] 肯尼思·普瑞斯, 普瑞斯, 武康平. 以合作求竞争 [M]. 沈阳: 辽宁教育出版社, 1998.

[78] 赖春彩. 基于消费者行为的生鲜品动态定价研究 [D]. 广州: 华南农业大学, 2016.

[79] 兰建平, 苗文斌. 嵌入性理论研究综述 [J]. 技术经济, 2009, 28 (1): 5.

[80] 冷志杰, 郑成功, 席汇泽, 等. 粮食供应链研究进展 [J]. 物流技术, 2023, 42 (11): 1 – 11.

[81] 李帮义, 王玉燕. 博弈论与信息经济学 [M]. 北京: 科学出版社, 2016.

[82] 李保京, 姜启军. 食品供应链社会责任风险传导机制分析 [J]. 中国农学通报, 2014, 30 (3): 315 – 320.

［83］李波，孙鹏，李庆华．双渠道供应链中信息共享价值研究［J］．系统工程学报，2015，30（4）：530 – 538．

［84］李翠霞，姜冰．情景与品质视角下的乳品质量安全信任评价——基于12个省份消费者乳品消费调研数据［J］．农业经济问题，2015，36（3）：75 – 82 + 111 – 112．

［85］李迪．非对称信息下乳制品供应链质量控制契约协调研究［D］．呼和浩特：内蒙古工业大学，2022．

［86］李东，刘开强，毕建新．基于协同理论的"互联网 + 科研信息服务"创新研究：以国家自然科学基金为例［J］．中国科学基金，2019，33（4）：7．

［87］李凤廷，宗淼，豆佳璇，等．我国粮食产业链供应链韧性和安全水平提升研究［J］．农村经济与科技，2023，34（23）：1 – 3 + 15．

［88］李刚．供应链风险传导机理研究［J］．中国流通经济，2011（1）：41 – 44．

［89］李光久，李昕．博弈论简明教程［M］．江苏：江苏大学出版社，2013．

［90］李辉，任晓春．善治视野下的协同治理研究［J］．科学与管理，2010，30（6）：55 – 58．

［91］李金华，黄光于．供应链社会责任治理机制、企业社会责任与合作伙伴关系［J］．管理评论，2019，31（10）：242 – 254．

［92］李珒，包晓斌．京津冀地区大气污染协同治理的实践困境及其破解路径［J］．改革，2021（2）：146 – 155．

［93］李连英，聂乐玲，傅青．不同类群消费者购买社区电商生鲜农产品意愿的差异性分析——基于南昌市578位消费者的实证［J］．农林经济管理学报，2020，19（4）：457 – 463．

［94］李亮，梅松．基于邻接表存储结构的遍历策略探讨［J］．无线互联科技，2012（3）：61 – 62．

［95］李青松，甘宇文，庞燕，等．生鲜农产品供应链的区块链技术采纳策略研究［J］．物流工程与管理，2024，46（3）：16 – 22．

［96］李舒豪．基于博弈论的废旧电子产品回收定价策略研究［D］．西安：长安大学，2019．

［97］李思瑶．考虑不确定需求的产品服务供应链网络均衡研究［D］．镇江：江苏大学，2022．

［98］李婷婷．基于订单农业模式的生鲜电商供应链风险识别与防控——以叮咚买菜为例［J］．全国流通经济，2024（4）：12 – 16．

［99］李维安，李勇建，石丹．供应链治理理论研究：概念、内涵与规范

性分析框架［J］. 南开管理评论，2016，19（1）：4－15＋42.

［100］李彦来. 物流网络结构复杂性及优化设计问题研究［D］. 北京：北京交通大学，2011.

［101］李赢. 乳品供应链质量风险评价和控制研究［D］. 北京：北京交通大学，2016.

［102］李颖，王婷，周强. 奶制品供应链视角的企业社会责任分析［J］. 经济研究导刊，2012（26）：19－20.

［103］李政德，毕曦丹，王娜，等. 全产业链TQM助推国产乳品企业高质量发展研究——以君乐宝乳业集团为例［J］. 现代商业，2023（1）：161－167.

［104］梁宇，郑易平. 我国政府数据协同治理的困境及应对研究［J］. 情报杂志，2021，40（9）：108－114.

［105］林龙. 对我国建立第三方水质检测制度的思考［J］. 福建农林大学学报（哲学社会科学版），2015，18（1）：99－102.

［106］林略，杨书萍，但斌. 时间约束下鲜活农产品三级供应链协调［J］. 中国管理科学，2011，19（3）：55－62.

［107］林志炳. 信息不对称下的制造商返利策略研究［J］. 系统工程理论与实践，2020，40（2）：324－333.

［108］刘芳，白燕飞，何忠伟. 世界乳品贸易发展趋势及对中国奶业的影响研究［J］. 世界农业，2016（7）：174－182.

［109］刘海龙. 浅说"哑铃型"结构管理模式［J］. 石油化工管理干部学院学报，1999（4）：16－18＋34.

［110］刘红云. 基于合作博弈的装配式建筑供应链收益分配研究［D］. 北京：北京建筑大学，2022.

［111］刘华，张颖露. 典型动漫企业3D技术专利分析及启示［J］. 科研管理，2017，38（11）：110－116.

［112］刘竞，傅科. 信息不对称下零售商自有品牌引入问题研究［J］. 管理科学学报，2019，22（9）：39－51.

［113］刘俊华，芦颖，白宝光. 政府规制下乳品供应链安全目标体系的构建［J］. 内蒙古大学学报（自然科学版），2012（6）：586－593.

［114］刘磊，乔忠，刘畅. 农超对接模式中的合作博弈问题研究［J］. 管理工程学报，2012，26（4）：100－106.

［115］刘丽，王海芳. 企业关系治理研究综述［J］. 财会通讯，2013（12）：26－28.

［116］刘鹏. 公共健康、产业发展与国家战略——美国进步时代食品药品监管体制及其对中国的启示［J］. 中国软科学，2009（8）：61－68.

［117］刘石磊.警惕全球粮食供应链新变局［J］.黑龙江粮食，2024（2）：11－12.

［118］刘箫.基于复杂网络理论的城市轨道交通网络脆弱性研究［D］.西安：长安大学，2021.

［119］刘艺卓，崔计顺.从新西兰奶业发展经验看我国奶业现代化发展［J］.中国奶牛，2015（2）：35－36.

［120］刘志迎，谭敏.纵向视角下中国技术转移系统演变的协同度研究——基于复合系统协同度模型的测度［J］.科学学研苑，2012，4：534－542.

［121］卢代富.企业社会责任的经济学与法学分析［M］.北京：法律出版社，2002.

［122］鲁云峰，高朝峰，许承云.新疆奶产业链利益分配问题与对策研究［J］.草食家畜，2023（2）：49－53.

［123］吕文学，李智.公平感与关系治理对工程争端谈判中合作行为的影响［J］.项目管理技术，2016，14（1）：7－13.

［124］马雯斐.基于CPFR的乳品行业供应链管理［J］.物流科技，2011（6）：101－103.

［125］马赞甫，彭凯.影子价格的特征及其计算［J］.管理学报，2009，6（7）：984－987.

［126］苗红，刘海丽，黄鲁成，等.基于专利合作网络的北京国际科技合作分析［J］.情报杂志，2014（10）：104－108.

［127］牟进进，张敏，王淑云.生鲜农产品新鲜度和价格共同影响需求的库存策略［J］.统计与决策，2019，35（6）：54－57.

［128］牛德生.资产专用性理论分析［J］.经济经纬，2004（3）：18－21.

［129］欧阳喜军.乳品供应链质量风险扩散机理与识别方法研究［D］.北京：北京交通大学，2016.

［130］潘颖，卢章平，黄晋.专利侵权诉讼网络在企业市场竞争研究中的应用［J］.情报杂志，2013（9）：78－83.

［131］彭珍珍，顾颖，张洁.动态环境下联盟竞合、治理机制与创新绩效的关系研究［J］.管理世界，2020，36（3）：205－220＋235.

［132］浦徐进，范旺达，吴亚.渠道模式、努力投入与生鲜品供应链运作效率研究［J］.中国管理科学，2015，23（12）：105－112.

［133］钱明，徐光华，沈弋，等.民营企业自愿性社会责任信息披露与融资约束之动态关系研究［J］.管理评论，2017，29（12）：163－174.

［134］钱学森.一个科学新领域——开放的复杂巨系统及其方法论［J］.上海理工大学学报，2011，33（6）：526－532.

[135] 青平，王玉泽，李剑，等．大食物观与国民营养健康 [J]．农业经济问题，2023（5）：61 - 73.

[136] 热比亚·吐尔逊，赵亚娟．食品供应链核心企业社会责任、质量安全管理与企业声誉 [J]．管理工程师，2022，27（6）：29 - 35.

[137] 任熙庆，张振华，周业付．突发性公共卫生事件下生鲜蔬菜行业供应链优化设计 [J]．时代经贸，2024，21（2）：62 - 64.

[138] 山丽杰，徐旋，谢林柏．实施食品可追溯体系对社会福利的影响研究——基于垂直差异化博弈的视角 [J]．公共管理学报，2013，10（3）：103 - 109 + 141 - 142.

[139] 申强，徐莉莉，杨为民，等．需求不确定下双渠道供应链产品质量控制研究 [J]．中国管理科学，2019，27（3）：128 - 136.

[140] 石丹，李勇建．基于契约和关系治理的供应链质量控制机制设计 [J]．运筹与管理，2014，23（2）：15 - 23.

[141] 史保阳，史保莉．考虑努力水平与损耗的农超对接生鲜产品供应链协调 [J]．工业工程与管理，2019，24（5）：43 - 48 + 55.

[142] 士明军，王勇，吉进迪，等．政府补贴下绿色供应链需求预测信息共享研究 [J]．管理工程学报，2020，34（4）：119 - 125.

[143] 宋灿，侯欣裕．股权网络结构对企业创新的影响：基于知识溢出效应的理论分析与实证检验 [J]．现代财经（天津财经大学学报），2021，41（11）：19 - 38.

[144] 苏东水．产业经济学 [M]．北京：高等教育出版社，2010.

[145] 孙寒冰，余梦莹，张晨晖，等．基于区块链技术的中国农畜产品质量安全可追溯体系研究 [J]．农业展望，2021，17（3）：78 - 83.

[146] 孙胜楠，张艳，王新平，等．考虑消费者支付意愿的食品供应链溯源采购策略分析 [J]．系统工程理论与实践，2017，37（5）：1265 - 1273.

[147] 孙世民，满广富．优质猪肉供应链的特征与定位初探 [J]．农业现代化研究，2006（6）：460 - 462 + 474.

[148] 孙涛涛，刘云．基于专利耦合的企业技术竞争情报分析 [J]．科研管理，2011，32（9）：140 - 146.

[149] 汤晓丹，孙啸吟．基于核心企业的乳品供应链合作伙伴关系研究 [J]．物流科技，2010，33（6）：106 - 108.

[150] 汤晓丹．乳品供应链合作机制设计与构建研究 [J]．经济论坛，2010（10）：142 - 144.

[151] 唐丹，庄新田．非对称信息下应收款链价值研究 [J]．工业工程与管理，2021，26（6）：66 - 74.

[152] 唐恒，高粱洲，刘桂锋．京津冀产学研专利合作网络时空演化研究[J].情报杂志，2017，36（10）：130-136.

[153] 万小丽．专利质量指标中"被引次数"的深度剖析[J].情报科学，2014（1）：68-73.

[154] 汪鑫苑．物联网背景下乳品供应链风险评价研究[D].蚌埠：安徽财经大学，2021.

[155] 王宝英．供应链系统企业社会责任风险与传导机制研究[J].经济问题，2015（3）：80-84.

[156] 王道平，朱梦影，王婷婷．生鲜品供应链保鲜努力成本分担契约研究[J].工业工程与管理，2020，25（2）：36-43.

[157] 王福，刘俊华，长青，等．乳品供应链零售商和消费者信息共享场景化适配机理模型构建[J].内蒙古工业大学学报（自然科学版），2022，41（6）：570-576.

[158] 王惠惠，刘芳，王琛，等．中新、中澳自由贸易区对中国奶业的影响研究[J].世界农业，2016（8）：57-63.

[159] 王建国，王飞，华连连，等．内蒙古产学研合作创新网络结构演化研究[J].科学管理研究，2018，36（6）：78-81.

[160] 王建华，顾启慧．考虑区块链技术投入的生鲜农产品供应链演化分析[J].物流技术，2024，43（2）：94-105.

[161] 王娟娟，曲健．数字经济赋能粮食供应链韧性的效应及区域分异研究[J/OL].西北民族大学学报（哲学社会科学版），1-17[2024-04-22].

[162] 王磊，但斌．基于消费者选择行为的生鲜农产品保鲜和定价策略研究[J].管理学报，2014，11（3）：449-454.

[163] 王磊，但斌．考虑零售商保鲜和消费者效用的生鲜品供应链协调[J].运筹与管理，2015，24（5）：44-51.

[164] 王磊，但斌．考虑质量与数量损耗控制的生鲜农产品保鲜策略研究[J].中国管理科学，2023，31（8）：100-110.

[165] 王磊，李翠霞，王泽民．合作伙伴特性对乳品供应链合作关系稳定性的影响——基于质量安全视角的实证研究[J].农业技术经济，2019（7）：104-114.

[166] 王磊．基于质量安全投入的乳品企业与经销商合作沟通机制形成的演化博弈分析[J].运筹与管理，2019，28（12）：95-105.

[167] 王玲．供应链竞合内涵及其理论诠释[J].生产力研究，2008（21）：143-145+162.

[168] 王微双．乳品生产企业原奶采购风险预警体系研究[D].哈尔滨：

哈尔滨商业大学，2014.

[169] 王心，李欢，张书华，等. 政府补贴下区块链投资策略与电商销售模式 [J/OL]. 计算机工程与应用，1 - 12 [2024 - 05 - 02].

[170] 王新利，赵艳波. 黑龙江省乳品供应链发展模式分析 [J]. 物流科技，2006 (12)：70 - 73.

[171] 王旭，方虹，张芳，等. 基于因子分析的乳品消费者质量安全信任研究 [J]. 数学的实践与认识，2016，46 (16)：69 - 77.

[172] 王耀东. 变分不等方程 [M]. 北京：高等教育出版社，1987.

[173] 王勇，王蒲生. 论突现与开放复杂巨系统 [J]. 系统科学学报，2014，22 (2)：16 - 19.

[174] 王云琴. 基于复杂网络理论的城市轨道交通网络连通可靠性研究 [D]. 北京：北京交通大学，2008.

[175] 吴蕾. 我国食品检测行业质量管理的现状及展望 [J]. 中国产经，2023 (17)：155 - 157.

[176] 吴强，孙世民. 基于质量安全的乳品供应链合作伙伴关系研究 [J]. 物流科技，2016，39 (2)：111 - 114.

[177] 吴强，张园园，孙世民. 奶农与乳品加工企业质量控制策略演化分析——基于双种群进化博弈理论视角 [J]. 湖南农业大学学报（社会科学版），2016，17 (3)：20 - 26.

[178] 吴强. 乳品供应链质量协同控制及其运行机制研究 [D]. 济南：山东农业大学，2020.

[179] 吴彦莉，胡劲松. 具过度自信零售商的双渠道供应链网络均衡研究 [J]. 运筹与管理，2018，27 (1)：96 - 102.

[180] 吴玉浩，姜红，孙舒榆. 协同视角下知识创新成果与技术标准转化的机理研究 [J]. 科学管理研究，2019，37 (2)：7 - 11.

[181] 习近平. 摆脱贫困 [M]. 福州：福建人民出版社，1992.

[182] 习近平. 粮食安全是"国之大者" [M]. 北京：中央文献出版社，2002：333.

[183] 习明明，倪勇，刘旭妍. 中国产业数字化对供应链结构的影响——基于 A 股上市公司的行业异质性分析 [J]. 福建论坛（人文社会科学版），2023 (5)：115 - 131.

[184] 肖迪，潘可文. 基于收益共享契约的供应链质量控制与协调机制 [J]. 中国管理科学，2012，20 (4)：67 - 73.

[185] 肖瑶，党兴华，向希尧. 基于文化异质性的创新网络治理选择研究 [J]. 科研管理，2017，38 (10)：48 - 57.

[186] 谢如鹤，罗湖桥，陈冠名．基于初始新鲜度的生鲜农产品订货策略 [J]．包装工程，2020，41（13）：179-184．

[187] 邢鹏，张翠华，李春雨．考虑社会责任和质量努力的服务供应链最优策略 [J]．东北大学学报（自然科学版），2017，38（6）：898-902．

[188] 邢宛飞．中国畜产品出口影响因素与优化对策研究 [J]．商场现代化，2024（7）：15-17．

[189] 熊德章，刘乔乔．资产专用性理论的回顾与反思 [J]．现代管理科学，2010（5）：75-78．

[190] 熊峰，方剑宇，袁俊，等．盟员行为偏好下生鲜农产品供应链生鲜努力激励机制与协调研究 [J]．中国管理科学，2019，27（4）：115-126．

[191] 熊峰，袁俊，王猛，等．公平偏好下生鲜品质量投入与定价研究 [J]．软科学，2017，31（4）：122-127．

[192] 徐丽丽，董一鸿，潘剑飞，等．面向复杂网络的图稀疏算法综述 [J]．计算机科学，2018，45（5）：24-30+43．

[193] 徐书宜．跨境电商乳品进口存在的问题和应对策略探析 [J]．中国乳品工业，2016，4（6）：40-42．

[194] 杨凡，罗治洪．新鲜度基于努力保鲜水平与时间影响下的易逝品定价和库存联合决策 [J]．物流科技，2023，46（17）：149-153．

[195] 杨桂元，宋马林．影子价格及其在资源配置中的应用研究 [J]．运筹与管理，2010，19（5）：39-44．

[196] 杨焕．基于网络协同的制造业供应链流程管理模型研究 [J]．商业经济，2011（7）：40-42．

[197] 杨慧琴，孙磊，赵西超．基于区块链技术的互信共赢型供应链信息平台构建 [J]．科技进步与对策，2018，35（5）：21-31．

[198] 杨熙纯，李春梅．乳品企业社会责任的评价指标及实现机制探析 [J]．人力资源管理，2016（4）：223．

[199] 杨玉香，吴增源，黄祖庆．考虑技术投资的供应链网络下可交易污染排放许可均衡问题 [J]．中国管理科学，2016，24（4）：74-82．

[200] 杨玉香．《闭环供应链网络竞争均衡策略》 [M]．上海：上海交通大学出版社，2016．

[201] 杨振宁．基于复杂网络理论的电网连锁故障分析评估 [D]．徐州：中国矿业大学，2023．

[202] 杨志祥．我国乳品行业发展前景分析 [J]．甘肃农业，2005（4）：44．

[203] 殷鑫．我国乳品行业供应链管理研究 [D]．秦皇岛：燕山大学，2010．

[204] 尹琳娟, 毕轶慧. 用图论方法建立"化学制品存放"的数学模型 [J]. 科学技术与工程, 2008 (22): 5977 - 5979 + 5982.

[205] 尹巍巍, 张可明, 宋伯慧, 等. 乳品供应链质量安全控制的博弈分析 [J]. 软科学, 2009, 23 (11): 64 - 68.

[206] 于海龙, 李秉龙. 我国乳品的国际竞争力及影响因素分析 [J]. 国际贸易问题, 2011 (10): 14 - 24.

[207] 于洪涛. 并购动机与并购绩效: 基于节约交易成本视角及进一步投资需求的检验 [J]. 商业研究, 2020, 518 (6): 75 - 84.

[208] 于涛, 刘长玉. 政府与第三方在产品质量监管中的演化博弈分析及仿真研究 [J]. 中国管理科学, 2016, 24 (6): 90 - 96.

[209] 余博文. 基于复杂网络理论的乳品供应链动力学行为及鲁棒性研究 [D]. 北京: 北京交通大学, 2018.

[210] 余星, 张卫国, 刘勇军. 基于相对浮动价和政府补贴的订单农业协调机制研究 [J]. 管理工程学报, 2020, 34 (3): 134 - 141.

[211] 俞启玫. 基于区块链技术的食品可追溯供应链系统研究 [J]. 物流科技, 2024, 47 (5): 124 - 127.

[212] 臧钰铭. 基于审计视角的食品供应链质量安全风险分析 [D]. 上海: 上海海洋大学, 2022.

[213] 詹爱岚, 王黎莹. 专利情报的社会网络学创新研究: 视角、进展及述评 [J]. 科研管理, 2017 (s1): 401 - 411.

[214] 曾小舟. 基于复杂网络理论的中国航空网络结构实证研究与分析 [D]. 南京: 南京航空航天大学, 2012.

[215] 曾珍香, 林雨琛, 张钰琦, 等. 基于 CAS 视角的供应链环境协同治理研究 [J]. 中国环境管理, 2019, 11 (6): 82 - 89.

[216] 张波. 考虑消费者异质性偏好的双渠道生鲜农产品供应链协调研究 [J]. 铁路采购与物流, 2024, 19 (3): 44 - 46.

[217] 张博伦. 食品安全政府监管问题分析 [J]. 辽宁公安司法管理干部学院学报, 2014 (1).

[218] 张桂涛, 曲箫宇, 戴更新, 等. 考虑再制造设计水平的多期闭环供应链网络均衡 [J]. 中国管理科学, 2018, 26 (8): 54 - 66.

[219] 张桂涛, 孙浩, 胡劲松. 考虑库存能力约束的多期闭环供应链网络均衡 [J]. 管理工程学报, 2017, 31 (1): 176 - 184.

[220] 张红霞. 核心企业主导的食品供应链质量安全风险控制研究 [D]. 北京: 中国农业大学, 2014.

[221] 张焕勇, 曾国钰, 许惠媛. 双渠道供应链产品推广策略研究 [J].

物流科技，2021，44（3）：129-135.

［222］张建军，王雅莉，句芳，等．牧区现代化视域下草原畜产品绿色供应链的形成机理及优化路径［J］．供应链管理，2023，4（8）：66-78.

［223］张建军，赵启兰．中蒙农牧业跨境供应链协作理论框架及实现路径［J］．中国流通经济，2024，38（1）：55-67.

［224］张剑雄，慕静，康林．考虑品牌差异及权力结构的电商物流模式决策研究［J/OL］．运筹与管理，1-8［2024-04-23］.

［225］张凯强．基于供应链的乳品行业营运资金管理研究［D］．青岛：中国海洋大学，2016.

［226］张科静，马曼琼．考虑生鲜电商退货的双渠道供应链协调研究［J］．东华大学学报（自然科学版），2021，47（6）：116-123.

［227］张莉，侯云先．基于演化博弈的乳品供应链主体质量保障策略分析［J］．大连理工大学学报（社会科学版），2017，38（2）：86-92.

［228］张倩云．基于第三方检测的鲜活水产品安全问题的演化博弈分析［D］．杭州：浙江工业大学，2014.

［229］张卫斌，顾振宇．基于食品供应链管理的食品安全问题发生机理分析［J］．食品工业科技，2007，28（1）：215-216.

［230］张晓飞．全渠道背景下生鲜农产品物流对消费者购买意愿的影响［J］．商业经济研究，2023（1）：63-66.

［231］张旭梅，朱江华，但斌，等．考虑补贴和公益性的生鲜冷链保鲜投入激励［J/OL］．系统工程理论与实践，1-18［2022-03-13］.

［232］张意帆．基于自相似理论的虹桥机场软交换网络流量建模及其应用研究［D］．上海：上海交通大学，2015.

［233］张勇，魏梦琴．农产品原产地形象对消费者购买意愿的影响研究——兼析消费者价格公平感助力农产品品牌建设［J］．价格理论与实践，2021（11）：142-145+198.

［234］赵艳波．黑龙江省乳品供应链协调机制研究［D］．大庆：黑龙江八一农垦大学，2008.

［235］郑士源．航运联盟利益分配机制设计及稳定性研究［M］．上海：上海交通大学出版社，2013.

［236］周磊，杨威．基于专利引用的企业技术竞争研究［J］．科学学与科学技术管理，2014（3）：42-48.

［237］周涛，吕圆圆，周亚萍．"农超对接"双渠道生鲜农产品供应链协调研究——基于不同主体保鲜努力视角［J/OL］．管理现代化，2022（1）：8-16.

［238］周雄勇，许志端．食品质量管理实践、供应链可追溯与企业可持续

绩效——基于全国四省食品企业的问卷调查 [J]. 宏观质量研究, 2022, 10 (4): 35 – 49.

[239] 朱桂阳, 贾涛, 林峰. 考虑产品新鲜度及策略型消费的供应链两阶段模型及策略研究 [J]. 工业工程与管理, 2019, 24 (1): 87 – 95.

[240] 朱立龙, 荣俊美, 张思意. 政府奖惩机制下药品安全质量监管三方演化博弈及仿真分析 [J]. 中国管理科学, 2021, 29 (11): 55 – 67.

[241] 朱立龙, 尤建新. 非对称信息供应链质量信号传递博弈分析 [J]. 中国管理科学, 2011, 19 (1): 109 – 118.

[242] 朱新超, 霍翠婷, 刘会景. 合作专利分类系统 (CPC) 与传统专利分类系统的比较分析 [J]. 数字图书馆论坛, 2013 (9): 38 – 44.

[243] 朱志坚. 数字化背景下乳品企业供应链成本管理研究 [J]. 乳品与人类, 2023 (6): 52 – 56.

[244] Von N., John, Morgenstemm et al. 博弈论与经济行为 [M]. 北京: 生活·读书·新知三联书店, 2004.

[245] Abebe G. K., Chalak A., Abiad M. G. The effect of governance mechanisms on food safety in the supply chain: Evidence from the Lebanese dairy sector [J]. Journal of the Science of Food and Agriculture, 2016, 97 (9): 1 – 31.

[246] Akcay Y., Natarajan H. P., Xu S. H. Joint dynamic pricing of multiple perishable products under consumer choice [J]. Management Science, 2010, 56 (8): 1345 – 1361.

[247] Alizamir S., Iravani F., Mamani H. An Analysis of Price vs. Revenue Protection: Government Subsidies in the Agriculture Industry [J]. Management Science, 2018, 65 (1): 32 – 49.

[248] Asche F., Straume H. M., Vrdal E. Perish or prosper: Trade patterns for highly perishable sea food products [J]. Agribusiness, 2021, 37 (4): 876 – 890.

[249] Barabasi A. L., Albert R. Emergence of scaling in random networks [J]. Science, 1999, 286: 509 – 512.

[250] Ben T., Sharshevsky H., Mangut L. S. et al. The power of an integrated monitoring technology system for minimizing quality and food safety risks in fresh produce supply chain [J]. ActaHorticulturae, 2015 (1079): 351 – 357.

[251] Bródka P., Saganowski S., Kazienko P. Community Evolution [J]. Encyclopedia of Social Network Analysis and Mining, 2014: 220 – 232.

[252] Carroll A. B. Corporate Social Responsibility Evolution of a Definitional Construct [J]. Business and Society, 1999, 38 (3): 268 – 295.

［253］ Chamekh M. ， Asmi S. E. ， Hamdi M. et al. IoT Based Tracking System For Supply Chain Management ［C］. 2018， 6th， International Conference on Wireless Networks and Mobile Communications （WINCOM）， Marrakesh， Morocco， 2018： 1 − 5.

［254］ Chiou C. C. ， Yao M. J. ， Tsai J. A mutually beneficial coordination mechanism for a one-supplier multi-retailers supply chain ［J］. International Journal of Production Economics， 2007， 108 （1 − 2）： 314 − 328.

［255］ Claro D. P. ， Hagelaar G. ， Omta O. The determinants of relational governance and performance： How to manage business relationships? ［J］. Industrial Marketing Management， 2003， 32 （8）： 703 − 716.

［256］ Cournot A. A. Researches into the Mathematical Principles of the Theory of Wealth ［J］. Journal of Political Economy， 1929， 4 （1）： 283 − 305.

［257］ Dafermos S. Isomorphic multiclass spatial price and multimodal traffic network equilibrium models ［J］. Regional Science & Urban Economics， 1986， 16 （2）： 197 − 209.

［258］ David C. ， Cynthin. A Montgomery Competing on Resources： Strategy in l990s ［J］. Harvard Business Review， 1995， 73 （4）： 110 − 135.

［259］ Davis K. Can Business Afford To Ignore Social Responsibilities? ［J］. California Management Review， 1960， 2 （3）： 70 − 76.

［260］ Deaton B. J. A theoretical framework for examining the role of third-party certifiers ［J］. Food Control， 2004， 15 （8）： 615 − 619.

［261］ Den O. M. ， Dijkhuizen A. A. ， Huirne R. B. M. et al. Vertical cooperation in agricultural production-marketing chains， with special reference to product differentiation in pork ［J］. Agribusiness： An international journal， 1996， 12 （3）： 277 − 290.

［262］ Dimitri C. ， Oberholtzer L. ， Zive M. et al. Enhancing food security of low-income consumers： An investigation of financial incentives for use at farmers markets ［J］. Food Policy， 2015， 52： 64 − 70.

［263］ Dixit， Avinash. Governance institutions and economic activity ［J］. American Economic Review， 2009， 99 （1）： 5 − 24.

［264］ Dolci P. C. ， Macada A. C. G. ， Paiva E. L. Models for understanding the influence of Supply Chain Governance on Supply Chain Performance ［J］. Supply Chain Management： An International Journal， 2017 （7）： 1 − 18.

［265］ Dong J. ， Zhang D. ， Nagurncy A. Supply chain networks with multicriteria decision-makers ［C］//Transportation and Traffic Theory in the 21st Century，

2002: 79 – 196.

[266] Dye C. Y. , Hsieh T. P. An optimal Replenishment Policy for Deteriorating Items with Effective Investment in Preservation Technology [J]. European Journal of Operational Research, 2012, 218 (1): 106 – 112.

[267] Dyer J. H. , Singh H. The relational view: Cooperative strategy and sources of interorganizational competitive advantage [J]. The Academy of Management Review, 1998, 23 (4): 660 – 679.

[268] Ehrgott M. , Reimann F. , Carter K. C. R. Social Sustainability in Selecting Emerging Economy Suppliers [J]. Journal of Business Ethics, 2011, 98 (1): 99 – 119.

[269] Ekeledo I. , Sivakumar K. International Market Entry Mode Strategies of Manufacturing Firms and Service Firms: A Resource-based Perspective [J]. International Marketing Review, 2004, 21 (1): 68 – 101.

[270] Evans E. W. , Lacey J. , Taylor H. R. Development and piloting of a support package to enable small and medium sized food and drink manufacturers to obtain third party food safety certification [J]. Food Control, 2021 (11): 108 – 129.

[271] Fitzgerald K. R. Big savings, but lots of risk [J]. Supply chain management review, 2005, 9 (9): 16 – 20.

[272] Fynes B. , Burca S. , Marshall D. Environmental Uncertainty, Supply Chain Relationship Quality and Performance [J]. Journal of Purchasing & Supply Management, 2004, 10: 179 – 190.

[273] Gerdoci, Blendi, Suzana Panariti, et al. Relational ties-an empirical test of the role of transaction cost and network determinants in sustainable vertical business relationships in Albania [J]. New Medit, 2015 (2): 55 – 64.

[274] Ghozzi H. , Platoni S. , Tillie P. et al. TCE determinants and governance forms in the EU "Non – GMO" soybean supply chain [J]. Food Policy, 2018, 78: 68 – 80.

[275] Gorton M. , Dumitrashko M. , White J. Overcoming supply chain failure in the agri-food sector: A case study from Moldova [J]. Food Policy, 2006, 31 (1): 90 – 103.

[276] Grimmer M. , Bingham T. Company environmental performance and consumer purchase intentions [J]. Journal of business research, 2013, 66 (10): 1945 – 1953.

[277] Grith D. A. , Hanvev M. G. et al. Socal Exchanein suopy chain Relaionshins [J]. The Resutino Beneits of procedural and Distibuive jusiewloumal of Opera-

tons Management, 2006, 24 (2): 85 – 98.

［278］ Guan Z. , Zhang X. , Zhou M. et al. Demand information sharing in competing supply chains with manufacturer-provided service ［J］. International journal of production economics, 2020, 220 (2): 107 – 450.

［279］ Ha A. Y. , Tong S. Contracting and information sharing under supply chain competition ［J］. Management Science, 2008, 54 (4): 701 – 715.

［280］ Ha A. Y. , Tong S. , Zhang H. et al. Sharing Demand Information in Competing Supply Chains with Production Diseconomies ［J］. Management Science, 2011, 57 (3): 566 – 581.

［281］ Haixiang W. , Bing X. , Ding Z. Closed – Loop Supply Chain Network Equilibrium Model with Subsidy on Green Supply Chain Technology Investment ［J］. Sustainability, 2019, 11 (16): 4403.

［282］ Halkier B. , Holm L. , Domingues M. et al. Trusting, Comple, Quality Conscious or Unprotected? Constructing the Food Consumer in Different European National Contexts ［J］. Journal of Consumer Culture, 2007, 7 (3): 379 – 402.

［283］ Harker P. T. , Pang J. S. Finite dimensional variational inequality and nonlinear complementarity problems: A survey of theory, algorithms and applications ［J］. Mathematical Programming, 1990, 48 (13): 161 – 220.

［284］ Harrison T. P. Global supply chain management at digital equipment corporation ［J］. Interface, 1995, 25 (1): 69 – 93.

［285］ Hawkes C. Identifying innovative interventions to promote healthy eating using consumption-oriented food supply chain analysis ［J］. Journal of Hunger & Environmental Nutrition, 2009, 4 (3 – 4): 336 – 356.

［286］ He L. , Mao J. , Hu C. et al. Carbon emission regulation and operations in the supply chain super network under stringent carbon ［J］. Policy Journal of Cleaner Production, 2019: 117 – 652.

［287］ He Y. , Li S. , Xu H. et al. An in-depth analysis of contingent sourcing strategy for handling supply disruptions ［J］. IEEE Transactions on Engineering Management, 2020, 67 (1): 201 – 219.

［288］ Hernandez J. E. , Mula J. , Poler R. , Pavon J. A multi-agent negotiation based model to support the collaborative supply chain planning process ［J］. Studies in Informatics and Control, 2011, 20 (1): 43 – 54.

［289］ Hoof B. V. , Thiell M. Collaboration capacity for sustainable supply chain management: small and medium-sized enterprises in Mexico ［J］. Journal of Cleaner Production, 2014, 67: 239 – 248.

［290］Houlihan J. B. International supply chain management ［J］. International journal of physical distribution & materials management, 1985 (15): 21 – 24.

［291］Hu X. , Wang X. Research on Food and Beverage Supply Chain Based on Real – Time Information Sharing Platform ［C］. 2019, 12th. International Conference on Intelligent Computation Technology and Automation (ICICTA), Xiangtan, China, 2019: 686 – 691.

［292］Humphrey J. , Schmitz H. Governance in Global Value Chains ［J］. IDS Bulletin, 2001, 32 (3): 19 – 29.

［293］Janssen M. , Roy S. Competition, Disclosure and Signaling ［J］. The Economic Journal, 2015, 125 (582): 86 – 114.

［294］Jiang B. J. , Liu C. Managerial Optimism in a Competitive Market ［J］. Production and Operations Management, 2019, 28 (4): 833 – 846.

［295］Jones, Thomas M. Corporate social responsibility revisited, redefined ［M］. California management review, 1980, 22 (3): 59 – 67.

［296］Karki M. M. S. Patent citation analysis: A policy analysis tool ［J］. World Patent Information, 1997, 19 (4): 269 – 272.

［297］Kembro, Joakim, Kostas Selviaridis, et al. Theoretical perspectives on information sharing in supply chains: A systematic literature review and conceptual framework ［J］. Supply Chain Management: An International Journal, 2014, 19 (5): 609 – 625.

［298］Kong G. , Rajagopalan S. , Zhang H. Revenue sharing and information leakage in a supply chain ［J］. Management Science, 2013, 59 (3): 556 – 572.

［299］Lee Y. P. , Dye C. Y. An inventory model for deteriorating items under stock-dependent demand and controllable deterioration rate ［J］. Computers & Industrial Engineering, 2012, 63 (2): 474 – 482.

［300］Li Y. , Zhang C. J. Vertical Integration of Agricultural products supply chain and quality Safety of Agricultural products ［J］. E3S Web of Conferences, 2021, 275: 2 – 48.

［301］Li Z. , Gilbert S. M. , Lai G. et al. Supplier encroachment as an enhancement or a hindrance to nonlinear pricing ［J］. Production and Operations Management, 2015, 24 (1): 89 – 109.

［302］Lin F. R. Reengineering the Order Fulfillment Processing Supply Chain Networks ［J］. The International Journal of Flexible Manufacturing Systems, 1998 (10): 197 – 229.

［303］Liu C. , Chen W. , Zhou Q. et al. Modelling dynamic freshness-keeping effort over a finite time horizon in a two-echelon online fresh product supply chain [J]. European Journal of Operational Research, 2020, 293 (2): 511 – 528.

[304] Liu Y. , Luo Y. , Liu T. Governing buyer-supplier relationships through transactional and relational mechanisms: Evidence from China [J]. Journal of Operations Management, 2009, 27 (4): 294 – 309.

[305] Liu Z. , Wang J. Supply chain network equilibrium with strategic supplier investment: A real options perspective [J]. International Journal of Production Economics, 2019, 208: 184 – 198.

[306] Liu Z. J. Contagion effect in the adoption of environmental corporate social responsibility [J]. Annals of Operations Research, 2023.

[307] LópezBayón S. , GonzálezDíaz M. , SolísRodríguez V et al. Governance decisions in the supply chain and quality performance: The synergistic effect of geographical indications and ownership structure [J]. International Journal of Production Economics, 2018, 197: 1 – 12.

[308] Lu X. , Xu F. C. Empirical Research on EPR Practices Performance and Governance Mechanism from the Perspective of Green Supply Chain [J]. Sustainability, 2018, 10 (12): 1 – 17.

[309] Manikas I. , Manos B. Design of an integrated supply chain model for supporting traceability of dairy products [J]. International Journal of Dairy Technology, 2009, 62 (1): 126 – 138.

[310] Martins, Franco M. , Jacques Trienekens, et al. Governance structures and coordination mechanisms in the Brazilian pork chain – Diversity of arrangements to support the supply of piglets [J]. International Food and Agribusiness Management Review, 2017, 20 (4): 511 – 531.

[311] Milton F. Economics and Economic Policy [J]. Economic Inquiry, 1989, 24 (1): 1 – 10.

[312] Mokhtar, Ahmad Rais Mohamad et al. Improving reverse supply chain performance: The role of supply chain leadership and governance mechanisms [J]. Journal of Cleaner Production, 2019, 216: 42 – 55.

[313] Mola L. , Russo I. , Giangreco A. et al. Who knows what? Reconfiguring the governance and the capabilities of the supply chain between physical and digital processes in the fashion industry [J]. Production Planning & Control, 2017, 28 (16): 1284 – 1297.

[314] Mou S. , Robb D. J. , Dehoratius N. Retail store operations: Literature review and research directions [J]. European Journal of Operational Research,

2018, 265 (2): 399 – 422.

[315] Mu L., Dawande M., Geng X. et al. Milking the quality test: improving the milk supply chain under competing collection intermediaries [J]. Management Science, 2016, 62 (5): 1259 – 1277.

[316] Mu L., Dawande M., Mookerjee V. Improving the Milk Supply Chain in Developing Countries: Analysis, insights, and recommendations [J]. Production and Operations Management, 2014, 23 (7): 1098 – 1112.

[317] Nagurney A. Migration equilibrium and variational inequalities [J]. Journal of Computational & Applied Mathematics, 1989, 31 (1): 109 – 112.

[318] Nagurney A. Network Economics: A Variational Approach [J]. Second and Revised Edition. The Netherlands: Kluwer Academic Publishing Limited, 1999: 3 – 28.

[319] Nagurney A. On the relationship between supply chain and transportation network equilibria: A super network equivalence with computations [J]. Transportation Research Part E, 2006, 42 (4): 293 – 316.

[320] Nagurney A. Supply chain network economics: dynamics of prices, flows and profits [M]. Northampton, MA, USA: Edward Elgar Publishers, 2006: 15 – 16.

[321] Nagurney A., Dong J., Zhang D. A supply chain network equilibrium model [J]. Transportation Research Part E: Logistics and Transportation Review, 2002, 38 (5): 281 – 303.

[322] Nagurney A., Dong J., Zhang D. A supply chain network equilibrium model [J]. Transportation Research Part E, 2002, 38 (5): 281 – 303.

[323] Nagurney A., Liu Z., Cojocaru M. G. et al. Dynamic electric power supply chains and transportation networks: An evolutionary variational inequality formulation [J]. Transportation Research Part E: Logistics and Transportation Review, 2007, 439 (5): 0 – 646.

[324] Newman M. E. J., Watts J. Scaling and percolation in the small world network model [J]. Physical review E, 1999, 6 (6): 7332 – 7342.

[325] Ni W. B., Sun H. Y. A contingent perspective on the synergistic effect of governance mechanisms on sustainable supply chain [J]. Supply Chain Management: An International Journal, 2018, 23 (3): 153 – 170.

[326] Noam S. Cartel Formation through Strategic Information Leakage in a Distribution Channel [J]. Marketing Science, 2016, 36 (1): 1 – 19.

[327] Ondersteijn C. J. M., Jo H. M., Ruud B. M. et al. Quantifying the agri-

food supply chain [D]. New York: Springer – Verlag, 2006: 87 – 102.

[328] Penrose E. T. The Theory of the Growth of the Firm [M]. New York: John Wiley, 1959.

[329] Peteraf M. A. The Cornerstones of Competitive Advantage: A Resource – Based View [J]. Strategic Management Journal, 1993, 14 (3): 179 – 191.

[330] Poist R. F. Evolution of Conceptual Approaches to the Design of Logistics Systems: A Sequel [J]. Transportation Journal, 1989, 28 (3): 35 – 39.

[331] Rong A., Akkerman R., Grunow M. An optimization approach for managing fresh food quality throughout the supply chain [J]. International Journal of ProductionEconomics, 2011, 131 (1): 421 – 429.

[332] Saberi S., Cruz J. M., Sarkis J. et al. A competitive multi period supply chain network model with freight carriers and green technology investment option [J]. European Journal of Operational Research, 2018, 266 (3): 934 – 949.

[333] Salhofer K., Tribl C., Sinabell F. Market power in Austrian food retailing: the case of milk products [J]. Empirical, 2012, 39 (1): 109 – 122.

[334] Sanfiel – Fumero M. Á., Armas – Cruz Y., González – Morales O. Sustainability of the tourist supply chain and governance in an insular biosphere reserve destination: the perspective of tourist accommodation [J]. European Planning Studies, 2017, 25 (7): 1256 – 1274.

[335] Schiefer G., Gellynck X., Molnár A. Chain governance structures: the European traditional food sector [J]. British Food Journal, 2009, 111 (8): 762 – 775.

[336] Shi C. X., Chen Y. Q., You J. Y. et al. Asset specificity and contractors' opportunistic behavior: Moderating roles of contract and trust [J]. Journal of Management in Engineering, 2018, 34 (5): 1 – 12.

[337] Shi J. Y., Peng J., School B. et al. Evolutionary game analysis on quality safety of fresh agricultural products supply chain with supply constraint of raw material [J]. Science – Technology and Management, 2018, 20 (3): 70 – 78.

[338] Shin J. Generation and Application of Patent Claim Map: Text Mining and Network Analysis [J]. Journal of Intellectual Property Rights, 2005, 12 (3): A136.

[339] Subramani M. How Do Suppliers Benefit from Information Technology Use in Supply Chain Relationships? [J]. MIS Quarterly, 2004, 28 (1): 45 – 73.

[340] Sun H. Y., Liu Y. C., Petruzzi N. C. Consumer Heterogeneity, Product Quality, and Distribution Channels [J]. Management Science, 2013, 59 (5):

1162 – 1176.

[341] Swami S. , Garg E. , Ghosh D. , Swami C. Corporate Social Responsibility in Supply Chains [J]. Encyclopedia of Renewable and Sustainable Materials, 2019 (5): 344 – 352.

[342] Swinnen F. M. Fuzzy performance measurement of a supply chain in manufacturing companies [J]. Expert Systems with Applications, 2011, 38 (6): 6681 – 6688.

[343] Taewon S. , IK – Whan G. K. Matter over mind: When specific asset investment affects calculative trust in supply chain partnership [J]. Industrial Marketing Management, 2006, 35: 191 – 201.

[344] Tang C. S. Socially responsible supply chains in emerging markets: some research opportunities [J]. Journal of Operations Management, 2018 (57): 1 – 10.

[345] Teece D. J. , Pisano G. The Dynamic Capabilities of the Firms: An Introduction [J]. Industrial and Corporate Change, 1994, 3 (3): 537 – 556.

[346] Tse Y. K. , Tan K. H. Managing product quality risk and visibility in multi-layer supply chain [J]. International journal of production economics, 2012, 139 (1): 49 – 57.

[347] Wang J. G. , Ran B. Sustainable Collaborative Governance in Supply Chain [J]. Sustainability, 2018, 10 (171): 1 – 17.

[348] Wathne K. H. , Heide J. B. Relationship Governance in a Supply Chain Network [J]. Journal of Marketing, 2004, 68 (1): 73 – 89.

[349] Watts D. J. , Strogatz S. H. Collective dynamics of small world networks [J]. Nature, 1998, 393 (6684): 440 – 442.

[350] Williams M. C. , Donald S. , Patrick M. Corporate social responsibility: Strategic implications [J]. Journal of management studies, 2006, 43 (1): 1 – 18.

[351] Williamson O. E. Strategy Research: Governance and Competence Perspectives [J]. Strategic Management Journal, 1999, 20 (12): 1087 – 1108.

[352] Williamson O. E. Transaction – Cost Economics: The Governance of Contractual Relations [J]. Journal of Lawand Economics, 1979, 22 (2): 233 – 261.

[353] Yadlapalli, A. , Shams R. et al. Socially responsible governance mechanisms for manufacturing firms in apparel supply chains [J]. International Journal of Production Economics, 2018, 196: 135 – 149.

[354] Yan B. , Chen X. , Cai C. et al. Supply Chain Coordination of Fresh Agricultural Products Based on Consumer Behavior [J]. Computers & Operations Research, 2020, 123: 10 – 5038.

［355］ Yang C. L. , Lien S. Y. Governance Mechanisms for Green Supply Chain Partnership ［J］. Sustainability, 2018, 10 (8): 1 – 15.

［356］ Yin H. L. , Wang Y. M. An effective approach for the design of safety fresh foodsupply chain networks with quality competition ［C］//IEEE International Conference on Information & Automation. IEEE, 2017: 921 – 924.

［357］ Yoon J. , Kim K. Identifying rapidly evolving technological trends for R&D planning using SAO – based semantic patent networks ［M］. Springer – Verlag New York, 2011.

［358］ Yu M. , Nagurney A. Competitive food supply chain networks with application to fresh produce ［J］. European Journal of Operational Research, 2013, 224 (2): 273 – 282.

［359］ Yuan Y. , Chu Z. , Lai F. et al. The impact of transaction attributes on logistics outsourcing success: A moderated mediation model ［J］. International journal of production economics, 2020, 219 (Jan.): 54 – 65.

［360］ Zhang B. Service – Oriented Logistics Supply Chain Information Management System ［C］. 2018 International Conference on Intelligent Transportation, Big Data & Smart City (ICITBS), Xiamen, 2018: 428 – 431.

［361］ Zhang J. , Li S. , Zhang S. et al. Manufacturer encroachment with quality decision under asymmetric demand information ［J］. European Journal of Operational Research, 2019, 73 (1): 217 – 236.

［362］ Zhang W. , Su Q. Quality Visibility Improvement with Effort Alignment and Cost – Sharing Policies in a Food Supply Chain ［J］. Mathematical Problems in Engineering, 2020: 1 – 17.

［363］ Zhu Q. , Lai K. Enhancing supply chain operations with extended corporate social responsibility practices by multinational enterprises: Social capital perspective from Chinese suppliers ［J］. International Journal of Production Economics, 2019 (213): 1 – 12.

后记　有效资源配置同样
能塑造新质生产力

　　本书是作者及团队在国家自然科学基金项目"创新努力下的乳品供应链网络多维协调均衡研究"（项目批准号：71963025）的支持下，历经4年逐步完成的理论及应用研究。该研究源于广泛的市场调研，我国乳品行业从2008～2018年十年间，完成了从分散小奶农原料奶供给向规模牧场原奶供给的转型，迅速整合了传统分散的原奶供应商组织模式，迎来万头牧场高速成长期。作者带领团队在对万头牧场、千头牧场、合作社、第三方规模牧场、自建牧场以及乳品全产业链深度调研的基础上，明确提出供应链网络要实现可持续发展，上下游成本利润必然要在一定程度上达到均衡协调，即资源要在不同的节点与关系上实现高效率配置，才能真正增强乳品为代表的大食物供应链运行的韧性和可持续性。

　　随着新质生产力研究如火如荼地开展，我根据多年研究提出有效的资源配置同样能塑造新质生产力。以乳品供应链为代表的大食物供应链基本上存在着同样的网络架构，即供应商端繁杂且分散、分销商端分散且冗长，中间加工制造企业都处于供应链主导企业的位置，引领供应链高质量发展方向，我把此类供应链阐释为哑铃型供应链。一方面从权力结构的角度来看，加工制造企业是供应链的核心力量，主导供应链的整体竞争力，上下游两端追随制造企业发展，随时面临着优胜劣汰；另一方面从网络结构的角度来看，加工制造企业数量少、规模大，是供应链的关键引擎，链接上下游分散的大量的中小企业主体，从网络上来看，呈现出哑铃型网络布局。

　　结构不同，运行的效率不同。本书关于供应商关系治理研究正是对本论点的最好诠释，当分散、不成规模的小供应商分布于供应链网络上时，整合后的供应商以规模牧场的形式重新分布于网络时，供应商通过横向或者纵向联盟、交叉持股等资源配置方式重新布局供应链网络时，整体运行效率发生了翻天覆地的变化，但我们同时看到新西兰等乳品业高速发展的国家，其原奶供应商与制造企业的链接机制有很大不同，中小规模牧场有序生存，这都是资源配置的智慧带给产业发展的可能性，在约束条件下，有效激活现有系统要件，同样可以转动起系统的生命齿轮，同样能够创造新质生产力。

在研究过程中，我深刻感受到理论研究的魅力和生命力，理论研究能够指引我们去回答解释发展中遇到的困惑，也能为新的发展找到成长路径。在国家自然科学基金完成的基础上，我拓展了对供应链网络协同治理的理论研究，从供应链竞合关系到供应链价值共创的方法和路径探索，相继申请获批了内蒙古杰出青年基金项目、内蒙古自治区青年科技人才创新团队项目、内蒙古自治区重点研发和成果转化计划项目，科技部国家重点研发计划政府间国际科技创新合作重点专项等，不仅研究乳品为代表的粮食产业区域发展、乳品为代表的粮食供应链运营策略，也开拓研究跨境能源矿产、畜牧业发展的机理机制。

此为后记，承前启后，作者将继续在供应链协同治理领域精耕细作，服务国家重大战略需求。

华连连

2023 年 5 月